《山东师范大学学报》(人文社会科学版)文粹书系

山师学人与山师学报:教育学心理学研究卷

李宗刚　编

山东大学出版社
·济南·

图书在版编目(CIP)数据

山师学人与山师学报.教育学心理学研究卷/李宗刚编. —济南:山东大学出版社,2020.10

(《山东师范大学学报》(人文社会科学版)文粹书系/李宗刚主编)

ISBN 978-7-5607-6723-9

Ⅰ.①山… Ⅱ.①李… Ⅲ.①山东师范大学-学报②教育心理学-文集 Ⅳ.①C55②G44-53

中国版本图书馆CIP数据核字(2020)第185463号

策划编辑 傅 侃
责任编辑 傅 侃
文案编辑 冯敬远
封面设计 牛 钧

出版发行 山东大学出版社
社 址 山东省济南市山大南路20号
邮政编码 250100
发行热线 (0531)88363008
经 销 新华书店
印 刷 济南万方盛景印刷有限公司
规 格 787毫米×1092毫米 1/16
24.5印张 399千字
版 次 2020年10月第1版
印 次 2020年10月第1次印刷
定 价 68.00元

总序

《山东师范大学学报》(人文社会科学版)已经走过60多个春秋。回顾学报的学术建设历程,我们不会忘记开拓者筚路蓝缕的艰辛,几代学报人的勤奋耕耘。正是由于一代代编辑们的努力,学报逐渐地形成了“传承学术、弘扬真理”的优良传统。为了不忘初心,砥砺前行,我们决定出版这样一套大致体现学报学术水准的论文选,以表达向这份学术期刊的致敬。

《山东师范大学学报》(人文社会科学版)最早可以追溯到1954年,当年,山东师范学院成立了校刊编辑委员会,编辑出版了《山东师院》(内部刊物)。1956年5月,上级部门同意山东师范学院出版“‘教与学’学报”,随后,学校成立校刊编辑室,正式出版了《教与学》。1957年12月,学校成立学报编辑委员会,以《山东师范学院学报》(人文科学)为名,正式出版了学报第1期(总1期)。之后,学报的现代文学版、地理版不定期地编辑出版。1967年,《山东师范学院学报》改名为《黄河评论》。1971年,学报改名为《教革简讯》。次年,又改为《山东师院》。1976年,改为《山东师院学报》(社会科学版)。1981年,山东师范学院升格为山东师范大学,《山东师院学报》(社会科学版)改为《山东师大学报》(哲学社会科学版)。2002年,学报由《山东师大学报》(哲学社会科学版)改为《山东师范大学学报》(人文社会科学版)。

面对这样一份具有60多年历史的学术期刊,我们计划对其历史渊源进行系统的梳理,彻底理清其历史发展的轨迹。然而,在实际工作中,却发现存在着不少难以逾越的障碍,主要在于历史资料的散佚。有鉴于此,我们除了继续通过图书馆、网络渠道搜购缺失的学报文本外,还启动了作为基础性建设工程的资料搜集和整理工作:一是搜集整理了学报1978~2016年被《新华文摘》和“复印报刊资料”转载复印等较为详尽的数据(详见翟德耀《新时期以来〈山东师范大学学报〉(人文社会科学版)学术建设述略》一文,载《山东师范大学学报》2017年第5期);二是即将付梓的这套文粹。

或许有人认为学术论文在学报发表后再编辑出版会给人以叠床架屋之感,似乎没有太大的必要,其实并不然。学报作为综合性的学术期刊,其栏目涉及人文社会科学的方方面面,其论文来自人文社会科学的不同学科,这样一来,综合性的学术期刊便犹如一个拼盘,其中盛放的诸多瓜果品类大不相同,效能也大不相同,这种情形相对于分化得日益专业化的读者阅读期待来讲,自然难以满足不同口味的读者需求。尽管,随着大数据时代的到来,诸多的数据库为读者查阅资料提供了许多便利,但缘于数据库呈现在读者面前的只是单篇论文,而对学术期刊的栏目设置及其刊发论文的整体面貌则无缘窥视,这就使得学术期刊这一重要平台退到了历史的幕后。为了保持期刊的学术风貌,也为了满足读者专业研究的需求,把发表在学术期刊上的论文进行分类梳理,从中精选出一些代表性的论文按照学科专业或专题出版,便显得很有必要。

其实,把学术期刊上发表的论文编选出代表性的论文再次出版,早已是一些名刊的惯例。《文史哲》就有与著名出版机构合作,将刊发过的文章按专题结集出版的传统。早在1957年,该杂志曾与中华书局合作,以"《文史哲》丛刊"为名,推出了一系列研究专集;近几年,《文史哲》编辑部与商务印书馆合作,推出了一系列研究专集。《中国社会科学》编辑部推出了四卷本的《〈中国社会科学〉创刊三十五周年论文选(1980～2014)》。这些名刊的实践经验充分说明,分门别类地编选的论文集,能够集中地展示一份学术期刊长期以来的学术坚守,其学术影响力也会随之扩大,产生叠加效应。

正是基于这样的考虑,我们编选了这套《山东师范大学学报》(人文社会科学版)文选。为了便于读者更直观地了解历史,我们辑录了60年来的论文,为以后再往历史深处延伸作好铺垫。我们希望,在重新编选并集纳成册之后,这些既体现了作者学术创新水平又承载了编辑学术愿景的文选,能够唤醒老读者的阅读情感体验,同时也能够满足新读者的阅读期待,从而为我国学术事业的繁荣发展发挥积极的作用。

李宗刚

2017年11月22日

(2020年修订)

目 录

对于格式塔心理学的初步批判

傅统先

格式塔心理学是资产阶级心理学派之一。它的创始人有韦特墨(Max Wertheimer)、考夫卡(Kurt Koffka)和苛勒(Wolsgang Kohler)等人。他们开始是研究"视见运动"。他们认为运动知觉不是许多空间连续的感觉的集合,在许多情境中,可以产生运动知觉而没有相应的运动的刺激。他们说运动是机体直接所经验到的一种现象,称为"似动现象"(Phi-phenomemon)。他们认为这种现象乃是一个完整的整体,一个格式塔(gestalt),所以他们的这个学派被称为"格式塔学派"。巴甫洛夫曾经明确地说明过这个概念。他说:"首先,什么是格式塔主义者呢?这是关于整体观念的一些拥护者、赞成者和代表们,应当在头脑里呈现和保持着的,乃是一种整体、综合、体系,而不是一些个别的现象。真不知道为什么个别现象会使他们感觉讨厌。格式塔是图形、图样或者模型。这个词按着不同的样式被译成各种各样的外国语。例如,英国人就把这个词译为'形状',或者如原作者所说,最好是译为'完形'。英国的格式塔主义者就是'完形主义者'。不过格式塔这个词,乃是表示着上述同样含义的一个德国字……"[①]苛勒曾将这个概念用于说明物理现象和猿猴的行为,考夫卡则用它来解释儿童心理的发展。本文仅试图就苛勒的《格式塔心理学》一书的基本论点,作一些初步的分析和批判。

① [苏联]巴甫洛夫:《巴甫洛夫选集》,吴生林等译,科学出版社1955年版,第361页。

第一,我们知道,格式塔心理学是建立在现象学和不可知论的方法论基础之上的。苛勒认为我们所直接经验到的这个世界不是客观现实,而只是有机体在外在影响下的一定神经激动所产生的最后结果;前者不能离开后者而独立存在。至于这种外在影响到底是什么呢?苛勒认为这属于认识论上的问题,是不可能得到解答的,作为一个"科学家",他必须"有所信仰和假定"。但马克思列宁主义的反映论和巴甫洛夫高级神经活动学说中的决定论原则,科学地证实了人脑的活动以及它对外界的反映是受客观现实本身所决定的。离开了客观现实,神经过程就不可能发生作用,它不能凭空地产生现象、对象和过程。物理世界是科学家更精密、准确地反映的客观存在,而不是由科学家在头脑中所构建的。在这里,苛勒否认了主观世界的客观性和客观世界的可知性。这是一种主观唯心主义的观点。因此,我们不能希望在这种方法论的指导思想之下来发现任何客观真理。

第二,苛勒反对在心理学研究中运用客观的间接方法,而主张采用直接经验法,即广义的内省法。苛勒认为:我们永远也不能确切地证明自己能有效地知道它。于是,苛勒就只能诉诸个人主观的"直接经验"。在这里,他就用"现象学的描述"去代替对客观发展过程的分析和解释。因此,这个方法不能帮助我们去发现心理过程的客观原因和产生的条件。对于心理的生理机制,苛勒不是通过客观观察法,而是采用粗糙的比较法。所谓"同形说",只是运用类比的方法把心理现象类比为生理现象。这种比较不是以客观观察的结果为根据的,而只是苛勒的所谓"猜测"和"大胆假设"的结果。巴甫洛夫清楚地指出:"用简单的'内部眼睛'是不能看见心理构造的机构的。在这一方面的任何企图都已经过时了。心理过程本身,是只有间接地用客观研究的方法才能认识的。"[①]因而,"心理学上的客观方法,其前提是无条件地拒绝一切相信科学的研究应当基于理解为直接认识心理过程工具的所谓内省的信仰余毒"[②]。苛勒在讨论中也似乎在利用大量的实验材料,但是在这

---

① 中国科学院心理研究室编辑:《巴甫洛夫学说与心理学的改造》,中国科学院 1953 年版,第 205 页。

② 中国科学院心理研究室编辑:《巴甫洛夫学说与心理学的改造》,中国科学院 1953 年版,第 204 页。

些材料中有不少是根据“直接经验”所进行的主观描述，有些是从比较法所推论出来的，因而它们是没有什么科学价值的。

第三，格式塔心理学派片面强调整体的组织和结构的形式——完形性，而抹杀了组成整理的基本因素和形式的具体内容，从而抽象地肯定了整体、组织、形式，而具体地否认了它的物质根源。按照苛勒的看法，无论在感觉知觉中、记忆和思考中，还是在行动中，“完形”是最基本的、最原始的事实，而“完形”中的部分是派生的；整体决定部分，而部分对整体不起决定作用。巴甫洛夫对此曾经驳斥说：“格式塔心理学产生于1912年，它证明因素与整体的一切区别乃是心理学上的误解。心理学一定是关于全部整体的认识。但是如果不把整体拆开，有谁在什么时候认识了整体呢？试举一种最简单的机器来说吧。如果你不把它拆成零件，不分析各种零件彼此的影响，怎样能理解它的结构呢？”①

“完形性质”(Gestalt Qualitat)这个概念，首先是由艾伦费尔斯(Christian Von Ehrenfels)在1890年提出的。他想解决这样一个问题：在空间和时间上的形式，是许多个别的性质的联合呢，还是一个新的性质呢？艾伦费尔斯认为这种形式本身就是一种特殊的新的性质。例如，一个正方形是由四条直线组成的，对这四条直线的感觉乃是对这个正方形的知觉的基本因素，但是在这四个基本因素中却找不到“正方形”这个性质。这个“形式”是为我们直接所感知的，它是一个新的性质——“完形性质”。格式塔心理学派却只接受这个“完形性质”的概念，而否认了它的基本组成因素，因而“完形”就成就了一种没有关系者的关系，没有组织内容的“整体”。正如巴甫洛夫所谴责的：这该是多么愚蠢啊！只玩弄词句，而不注意联系实际。

我们知道，内省主义心理学的一个主要错误就是它否认心理活动是受客观存在所决定的，否认主观世界乃是对客观世界的反映；而行为主义心理学的一个主要错误乃是用“刺激—反映”这样一个机械的公式来否认主观意识的事实。但是苛勒却不是(也不可能)从这些方面来批评这两个心理学派。苛勒并不反对内省主义者把心理现象当作是内省的直接经验，而只反

---

① [苏联]巴甫洛夫：《巴甫洛夫选集》，吴生林等译，科学出版社1955年版，第362页。

对内省主义者把直接经验视为过去的经验、意义对于当前“纯感觉”材料所作解释的结果。苛勒对于行为主义心理学极端不满的乃是反射的概念,以及行为是建立在反射联系的基础上的看法。而这两个学派在苛勒看来,有一个共同的基本错误,即他所谓“感受—传递—运动”的单程交通的公式:在这里,苛勒提出了他的“动力论”和“扩延中的过程”的概念,反对所谓“形式上的安排”,而把有机体的全部神经系统的活动说成像一个波涛汹涌的大海,为动力的自我分布状态所决定。他一笔抹杀了生理学上的客观事实,使神经冲动不受神经细胞和纤维组织的限制。这个“大胆的假设”除了他的唯心主义方法论的指导和主观的臆测比较以外,是没有什么事实根据的。

格式塔心理学派就在这样的基础上,不遗余力地向联想论进攻,坚决地反对条件反射的概念。苛勒认为,既然行为主义的机械论观点是错误的,就必须代之以“动力论”;既然“动力论”是正确的,那么联想和镶嵌细工的学说就是站不住脚的。苛勒的所谓“动力自我分布”的概念是完全和巴甫洛夫“反射论”的结构原则背道而驰的。根据结构原则,我们知道任何神经过程必定是在一定的形态结构中发生的,而各种特殊的神经活动是由中枢神经系统不同结构中所发生的过程所决定的。机能和结构是互相影响的。关于反射活动的特征,巴甫洛夫曾简单地指出:“……机体的外部环境和内部环境的各种动因刺激着不同的感受性神经装置。这种刺激转变成为神经过程,即神经兴奋现象。兴奋沿着神经纤维这个传导体到达中枢神经系统,并且由这里借着已经固定的联系,沿另外的传导路到达工作器官,然后再转变为该器官细胞所特有的过程。因此,一定的动因有规律地和机体的一定活动相联系,就像原因和结果有联系一样。”①这是最起码的生理学上的科学知识,苛勒却以水不仅在水管里流动,而且更多地在河川里流动为理由而拒绝接受兴奋沿着神经纤维和一定神经通路而传导的基本事实。巴甫洛夫说得很对:“就我的见解说,格式塔心理学是心理学者的那些最失败的企图之一。我可以说,它的作用简直是恶劣。事实上,它对于对象的认识究竟有何补充

① 转引自[苏联]康·米贝柯夫主编:《生理学》,何瑞荣等译,人民卫生出版社1956年版,第463页。

呢？一点也没有。相反地，它却破坏了最基本的、最正确的东西——联想论、综合、联系。这就是我对于这种格式塔心理学的态度。”①

按照苛勒的说法，如果神经过程是一种动力组织，它就不可能是由许多因素所组成的一种镶嵌细工；如果它是一种镶嵌细工式的过程，它就必然是机械的。这完全是一种形而上学的看法，也是一种违反巴甫洛夫反射论结构原则的看法。大脑皮层是一个极其复杂的分析——综合器官。巴甫洛夫认为大脑皮层的机能是一种镶嵌细工式的运作。他科学地描述说：“自然界无穷尽的现象经常地通过大脑两半球的装置，或是引起阳性条件反射的建立，或是引起阴性条件反射的建立，从而细致地决定着动物的一切活动（它的日常行为）。其中每一个反射，在大脑皮层内应该有其相关点，也就是说，有它的细胞或细胞群一个这样的皮层单位与机体的一种活动相联系，而另一个皮层单位则与另一种活动相联系；一个皮层单位引起一个活动，而另一个单位却阻止、抑制该活动。因此，大脑皮层应该是一个宏伟的镶嵌式、一块宏伟的信号板。”②这种情况，按照苛勒的形而上学的观点来看，只能意味着把大脑皮层当作一堆单位的机械的总和，其间不可能有任何动力上的组织。但事实却不是如此。大脑皮层的机能镶嵌细工式虽然是一个庞大的皮层细胞质块中兴奋过程与抑制过程的配列，但同时它也是一个极其复杂的动力体系。关于这一点，巴甫洛夫也曾作过透辟的阐述。他说：“从一个观点看，我们可以把大脑两半球皮质当做一种镶嵌细工式的组织看待，就是在一定瞬间内，这皮质仿佛是由各具有一定生理学作用的无数点而成立的镶嵌细工样的组织，而从另一个观点看，大脑两半球皮质是一个极复杂的力学系统，不断地努力于整体化（完整化……）及联合性活动常同性的成立……任何局部性的新作用，对于这个力学系统，或多或少地都影响于其全部。”③对于这个问题，巴甫洛夫自己曾讲过一个故事。他说：“应当说，我们是有相当多的妄诞的心理学者的。我现在跟他非常熟悉，而且是常常能碰到的：当

① ［苏联］巴甫洛夫：《巴甫洛夫选集》，吴生林等译，科学出版社 1955 年版，第 374 页。

② 转引自［苏联］康·米·贝柯夫主编：《生理学》，何瑞荣等译，人民卫生出版社 1956 年版，第 583 页。

③ ［苏联］巴甫洛夫：《大脑两半球机能讲义》，戈绍龙译，上海文通书局 1953 年版，第 221 页。

我在自己的著作里一面谈到大脑半球的镶嵌品,另一面谈到动力系统时,贝隆先生,这位巴黎心理学者竟感觉惊愕而大惑不解了。当时,我曾写信道,请转告他,让他翻开有机化学,哪怕是一页呢,也看看任何一种化合物的描述吧。他会看到,一方面是氢气、氧气、碳素等的镶嵌品,而另一方面它们却结合起来,形成了动力系统。每一种整体都是动力系统。"①

第四,由于苛勒否认了反射活动和暂时神经联系的生理事实,而强调感知是神经系统直接受感觉场中当前现实力量的特性和动力自我分布状态决定之下所产生的一个"特别成就",他不得不对于知觉问题极尽歪曲之能事。从格式塔心理学所依据的现象学的观点看来,在我们眼前所感知的世界并不是一个客观现实,而只是一个直接经验世界;这个直接经验世界,虽然是在外在影响之下产生的,但主要的它由是机体的神经过程动力组织所决定的;因此,知觉不是机体通过神经系统对外在世界的反映,而是眼前所感知的世界的创造者。也就是说,我们当前所感知的对象,它的各种感觉属性,如颜色、大小、远近、形状、运动等,都不是对客观现实的反映,而是神经系统的一种特殊成就。例如,外在影响作用于我们的视网膜,而在视网膜上的影像只有几何上的配列而未成为一个被组织起来的整体。

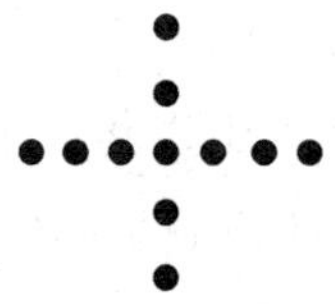

图 1　随机排列的黑点

上图在视网膜上的影像只是各不相干的 11 个小点,但在我们的知觉场中它却是一个"十"字形。这个"十"字形的知觉是怎样产生的呢?把问题说得再复杂一些,一根棍子放在 1 米远和放在 5 米远的地方投射在视网膜上的影像在几何上的大小是不相同的,但是在我们的知觉中,它的长度却未曾变动。又如,在我们正对面放一个圆盘,当它平放在桌上,我们去斜视它时,在前一种情况中,它在视网膜上的形状从几何学上讲是圆的,而在后一种情况

① [苏联]巴甫洛夫:《巴甫洛夫选集》,吴生林等译,科学出版社 1955 年版,第 362 页。

中它的视网膜影像是椭圆形，但在我们的知觉中，它看起来总是圆的。既然我们对于对象以及其各种感觉属性的知觉不是由视网膜影像几何式的配置所决定的(因而也不是由外在影响所决定的)，那么它是由什么所决定的呢？苛勒认为它是神经系统的一个特别成就，而不是从机体外面投射进来的。我们把它们视为客观现实所固有的特性，而苛勒把这种看法称之为“经验—错误”。神经系统怎么会有这样特别成就的呢？苛勒说，那是由知觉场的现实动力分布状态所决定的。它既与先天的神经联系无关，也与后天获得的暂时联系无关。他曾用小鸡和猿猴的实验证明知觉的常定性只受当前现实动力的决定性的影响，但是事实上这些动物和幼儿早已建立了一系列的暂时联系乃至一个联系系统，而这种后天获得的暂时神经联系系统就决定着它们对当前客观现实影响的反应。巴甫洛夫和他的后继者所进行的无数的条件反射实验完全可以证实这一点。这足证苛勒的说法完全是抹杀事实的。

由于格式塔心理学派违反了科学方法论的原则——反映论，他们否认了时间关系和空间关系等的客观性和真实性，因而也就不承认它们是产生空间和时间关系的知觉的复合刺激物，而把它们当作是机体神经活动的产物了。这是其一。其二，知觉的常定性是必须要用暂时神经联系系统以及各种感觉之间的相互作用的科学事实去解释的，这是一个比较复杂而细致的问题，不可能在这篇短文内作详细的讨论。苏联心理学家索科洛夫等人曾作过许多极其精密而透辟的实验研究和分析批判。现在引用他的一段话来说明这个问题。他在一篇题为《从巴甫洛夫暂时联系系统学说的观点看知觉》的文章中曾指出：“从巴甫洛夫学说的观点来说，知觉并不是意识的初步的‘直接材料’，而是在大脑分析和综合活动高级发展阶段上所产生的外界的反映。知觉是一种暂时联系系统，它不只可以保证反映较复杂的种种对象和过程，而且可以保证反映这些对象或现象的那些因为缺乏分析与综合的复杂过程而反映不出来的各个方面。这种作为反映对象的个别特性与性质之间联系的暂时联系系统的知觉，其规律性的基础乃是在于那些复杂刺激联系的动力。”[①]最后，让我们再用巴甫洛夫自己的话来批驳苛勒吧。巴甫洛夫说：“知觉这一词究竟何所指呢？这乃是细胞内的动感觉与其他一切刺激的联系。这一切都是知觉。这完全是在大脑内进行的。吴伟士所主张的，收缩的肌肉组织本身也参加知觉过程，是胡说八道。显然这完全是在大脑内进行着的。”[②]

第五，由于格式塔心理学派反对联想论和坚持这样一个错误的知觉论，苛勒对于联想、重现、记忆等问题没有提出什么新的东西。苛勒曾经利用许多日常生活事实的类比和文字上的比拟来代替科学实验的事实；他还捏造了一个图式来恶毒地攻击联系系统的学说。在其他地方，正如巴甫洛夫所指出的，他把联想论心理学者说成是把各种现象无穷地联系着的主观世界认为是彼此毫无相互影响，像装着苹果、黄瓜和马铃薯的麻袋那样，而实际上谁也没有这样主张过。像这样的态度是不符合学术讨论的起码的条件的。关于联想与完形的关系，巴甫洛夫科学分析的结论告诉我们：“……我们十分明显地看到，由于联想才形成了系统，形成了组织，正像他所说的那样，才形成了完形，可见是由联想形成完形的，而不是相反地，是由完形形成了联想。这后一种说法简直是胡说八道。”[③]

最后，让我们简单地来剖析一下苛勒的所谓“学习即顿悟”的学说。由于苛勒主张无因素的组织和不受结构所制约的动力分布，因而他反对反射和联系系统的科学事实，认为学习、思维和一个人的过去经验，一系列的联想关系不大，主要是由“现场动力的自我分布”决定的。一个人之所以有某种知觉或抱有某种对待事物的态度，这是直接受现实情境的动力分布状态影响而产生的自然而然的结果，他直接经验到某一种分布状态，直接决定着某一种感觉组织或行为组织，但这只是“沉默的”，即他只知其然而不知其所以然。当他直接地经验到这种起直接决定作用的“所以然”的时候，他就有了“顿悟”，而这时候，他就有了学习。学习就是由现实情境的动力组织直接所决定的一种顿然的领悟。苛勒根据他关于猿猴的实验，得出结论：一切学

① ［苏联］B. M. 科瓦尔金等：《感觉知觉与表象》，科学出版社 1955 年版，第 52 页。

② ［苏联］巴甫洛夫：《巴甫洛夫选集》，吴生林等译，科学出版社 1955 年版，第 370 页。

③ ［苏联］巴甫洛夫：《巴甫洛夫选集》，吴生林等译，科学出版社 1955 年版，第 388 页。

习都是由于顿悟组成的,除了顿悟外差不多无所谓学习。根据巴甫洛夫的科学实验和研究的结果,所谓"顿悟"就是理解,就是新知识的获得,而理解与新知识的获得不是别的,只能是暂时联系的形成,即联想。巴甫洛夫曾精确地指出:"当形成联系的时候,即形成称作联想的东西的时候,这无疑的就是关于事物的知识,关于外在世界一定关系的知识,但当你下一次利用它的时候,这就叫作理解,也就是说,利用知识,利用所获得的联系,这就是理解(即顿悟)。"[①]他又说:"这就是说,那些先生们,格式塔主义者们却不是从起点开始,而是从那些终点开始。有一种原来就有的先天联系。至于谈到那些后天的联系,那么只要一种事物紧接着另一种事物发生的话,我们就会确立、形成这种联系。这是充分显然的事。一切学习就在于形成暂时联系,而这就是思维、知识。所以说,暂时联系的形成乃是根本的东西:这是联想,这是思维,而且这是一部分心理学者早已知道并无疑地主张的东西。"[②]巴甫洛夫重复和重新考察过苛勒对于猿猴的实验,进而批驳了苛勒的顿悟说,阐述了自己关于联系系统的学说。在苛勒看来,当猿猴在进行许多尝试和错误的活动时表现不出它的智慧,而只有当它多次失败,静坐下来,不再从事任何其他工作的时候,它才可以说是在进行一种智慧的工作,但根据巴甫洛夫亲自的观察,事实却完全是另一回事。当猿猴正在进行这样或那样的尝试时,它才是在进行智慧的工作。整个的活动过程就是一系列的联想,如巴甫洛夫所指出的,"其中一部分是在过去就已经获得的,另一部分是在大家眼前立刻形成和获得的,而且在大家眼前或者组合起来形成阳性的联想系列,或者相反地,被逐渐抑制起来,而导向了失败"[③]。因此,巴甫洛夫提出自己的科学结论:"现在我们谈谈我们的猿猴实验情形。在这种实验里情形是变得更加明显了:这完全是一种'理解',这完全是'思维',显然这是同一种东西,而且它完全是由联想形成的,先由一些初级的联想形成,然后由这些初级联想的联系形成,即由复杂的联想来形成的。"[④]但是苛勒由于他的唯心主

① [苏联]巴甫洛夫:《巴甫洛夫选集》,吴生林等译,科学出版社1955年版,第369页。
② [苏联]巴甫洛夫:《巴甫洛夫选集》,吴生林等译,科学出版社1955年版,第369页。
③ [苏联]巴甫洛夫:《巴甫洛夫选集》,吴生林等译,科学出版社1955年版,第352页。
④ [苏联]巴甫洛夫:《巴甫洛夫选集》,吴生林等译,科学出版社1955年版,第371页。

义方法论、形而上学的研究方法,没有任何物质结构制约着的所谓"动力自我分布"的"大胆的假设",对于这种客观事实却是熟视无睹。

以上只是就几个主要的方面对苛勒的格式塔心理学作一些简单而初浅的分析和批判,这是不全面的,也是不够深刻的,而且由于笔者水平的限制,有些地方可能是错误的。希望读者对于这个资产阶级的心理学派进行精当的批评,并指正我的错误。最后,我还愿意引用巴甫洛夫的一段话来作为这个评述的结论。他说:"这就是我对于格式塔心理学的批评。在我看来,这个批评很严格的。原来,老的东西是合乎真理的,而新的东西却是完全无用的。"[①]这是对格式塔心理学的一个极其正确的总的评价。

[原载《山东师范学院学报》(人文科学)1957年第1期]

① [苏联]巴甫洛夫:《巴甫洛夫选集》,吴生林等译,科学出版社1955年版,第385页。

论伟大的捷克教育家杨·阿摩斯·夸美纽斯的著作

——纪念夸美纽斯诞生365周年和《大教学论》[①]出版300周年而作

李文奎

伟大的捷克教育家杨·阿摩斯·夸美纽斯，是世界和平理事会号召今年纪念的七位世界文化名人之一。现在，全世界各国爱好和平的进步人类，都怀着骄傲和尊敬的心情纪念着他。纪念他诞生的365周年，纪念他的不朽著作《大教学论》在荷兰阿姆斯特丹出版300周年，纪念他在争取人类的和平和文化的发展上所作的伟大贡献。我同所有的爱好和平的人们一样，在纪念夸美纽斯的今天，感到无比的兴奋。为了纪念夸美纽斯，为了继承他宝贵的教育遗产，我想谈谈学习《大教学论》一书的几点体会。现在着重讨论以下几个问题：(一)夸美纽斯写作《大教学论》时的历史特点；(二)《大教学论》一书中的几个重要问题；(三)《大教学论》一书在教育科学史上的地位与作用。

一

夸美纽斯生活的时代是1592～1670年，这个时代的特点是欧洲各国封

① 原作发表时“大教学论”以引号标示，此处统改为“《大教学论》”。——编者注

建社会正在崩溃,资本主义的生产方式将要确立。在这个时代中,由于资本主义经济的发展,新兴的资产阶级走上了历史的舞台。所以,资产阶级当时在政治、经济和文化教育各方面,都与封建主义存在着尖锐的矛盾。在教育领域内的矛盾是:资产阶级要求教育为他们培养能书写、计算、商品生产、商品流通的各种人才;同封建主义的教育不适应这个要求相矛盾。要解决这个矛盾,资产阶级就必须自己开办学校,就必须对封建主义的教育和学校加以改造。夸美纽斯伟大的功绩就在于他在自己的教育理论体系中,反映了这种要求,为新兴的资产阶级指出了开办新的学校和改造旧的、过时的封建主义的教育的途径和方法。这就是说,夸美纽斯在教育理论方面阐述了建立新的学校的途径和方法。那么,当时夸美纽斯为什么有可能在理论上解决这个问题呢?

夸美纽斯是一位教育实践家,他先后在捷克、波兰、匈牙利、英国、瑞典和荷兰从事过教育工作。他在工作的实践过程中,积累了丰富的教育经验,并广泛地观察与研究了当时欧洲各国已经积累起来的教育经验,这样,使他有可能把这些经验中那些正确的、先进的加以概括和总结,写成了世界教育史上永垂不朽的著作——《大教学论》。

《大教学论》是一部教育科学的伟大巨著。在这部著作中,夸美纽斯第一次全面地、系统地把前人和他自己教育工作中积累起来的先进经验加以总结和概括,批判地检查了当代已经积累起来的教育遗产,并对一系列的教育问题给予理论上新颖的、正确的论证。他的伟大功绩是在这些问题的论证中,为当时新兴的资产阶级指出了改造旧的、封建主义的教育与学校的途径和方法。因此,他的著作把握了历史的脉搏,在当时促进了社会的进步,直至现在,它仍然是我们教育理论宝库中的宝贵遗产。为了继承这些遗产,我们必须认真地研究《大教学论》这部著作。但为了正确地了解这部著作的精神实质,我们需要考察夸美纽斯的世界观。

有些人说,夸美纽斯是一位神学家,单凭他是"捷克兄弟会"的主教,就断言他是唯心主义者,这是片面的。因为"捷克兄弟会"是捷克人民继承着"胡司传统"而形成的一个组织,这是一个捷克人民反抗德国贵族与争取祖国独立的组织。"兄弟会"是其组织形式,它不同于当时社会上的其他教派。

其实"捷克兄弟会"的主教是为祖国的独立和自由而斗争的领导者。

要正确地了解夸美纽斯的世界观,就要考察他生活时代的特点。他生活在西欧各国封建社会制度接近瓦解、资本主义生产方式将要确立的时代,这个时代是一个新旧社会互相交错的时代。这个时代存在着深刻的矛盾,即旧的、宗教的力量仍然很强大,但新的东西也在迅速地发展着。因此,生活在这个时代的夸美纽斯的世界观,也存在着矛盾性和双重性,这正是这个时代的矛盾的反映。

夸美纽斯的世界观的矛盾性和双重性是什么呢?那就是在他的世界观中,唯心主义的倾向与唯物主义的倾向互相渗透着、交织着和斗争着。例如,在《大教学论》这部著作中,当他认为人是上帝创造的事物中最好的、最完善的形象,证明儿童必须进行宗教教育时,他是站在唯心主义的立场上讲话的。相反,当他承认感觉是认识的泉源,要求儿童学习现实生活中的各种科学知识,指出教学过程、原则和方法必须建立在人的感觉活动的基础上时,他是牢牢地站在唯物主义的立场上讲话的。在唯心主义倾向与唯物主义倾向的交错和斗争中,从他的思想体系来看,唯心主义的倾向往往是占上风的。

但应该重视的是,夸美纽斯在《大教学论》一书中,对许多问题的论证,都使自己的理论建筑在唯物主义倾向的观点上。他说:"知识的开端永远是从感官来到的。"①因此,他坚定地说,感觉是教学活动的源泉和基础。

正确地把握夸美纽斯的世界观的特点,是研究他的著作的一把钥匙。但是要通晓他的著作,只有这把钥匙是不够的。当你打开《大教学论》这部著作时,就会看到他对教育理论的任何问题,都是用自然现象(物理、生物、化学等现象)来论证的。这个问题应该怎样来理解呢?这就是贯穿在他的著作中的一个原则,即自然适应性原则。为了研究他的著作,必须解剖这个原则。

那么什么是夸美纽斯的自然适应性的原则呢?

夸美纽斯认为,人是自然的一部分,因此,对人所进行的教学活动,就应

① [捷克]夸美纽斯:《大教学论》,傅任敢译,人民教育出版社 1957 年版,第 152 页。

该同自然规律一样。所以,他在《大教学论》中对教育和教学的各种问题,都是用自然界的一般规律来论证的。他说:我们只能尽量把教学艺术的步骤同自然的步骤相同化,追随着自然的方法。假如我们看到园丁、画家和建筑家步自然后尘,得到良好的结果,就会明白:教育青年的教育家也应该步自然的后尘。例如,园丁培养果树特别注意幼小的树苗,那么,我们对儿童的教育,应该特别注意少年期和青年期。

当我们在探讨他的著作《大教学论》时,怎样正确地理解他用自然现象来论证教育理论的原因呢?

如果有人看到他用自然现象来论证教育理论,就认为他在作品中阐述的理论是从观察自然现象而获得的,那就大错而特错了。众所周知,他的理论是总结自己长期从事教育工作实践的结晶,是批判地概括与改造了当时欧洲已经积累起来的教育经验的结果。

在当时,他之所以用自然现象来论证教育理论,其目的在于使自己的理论更有说服力。他同其他的作者一样,照例想引证一些无可争辩的权威来作为自己的理论的论据。那时候,封建主义的意识形态已经接近崩溃了,宗教圣经的教条已经受到欧洲各国文艺复兴时期的人文主义者的抨击了,所以夸美纽斯选择作为自己的论据的不是圣经,而是现实的自然界,是我们周围每天耳闻目见的生活现象和自然现象。

必须指出的是,夸美纽斯当时用自然现象来论证教育理论是有进步意义的。因为这样论证问题的结果就是,给了封建主义经院派那种脱离社会生活的烦琐教条一个有力的打击,把人们对教育和教学问题的思考与研究的方向从抽象的、烦琐的教条的圈子里解放出来,从而投向自然的怀抱。其实夸美纽斯用自然现象来说明教育问题的真正要求是:他渴望像自然现象的变化那样严格而有条理地来组织儿童的教育和教学的过程。这种要求反映了他努力寻找教育和教学的规律。他认为,如果把握了教学的艺术,那么教学就能合理地进行了。所以,他说:“秩序是把一切事物教给一切人们的教学艺术的主导原则……一旦这个原则彻底地被获得以后,艺术的进行立刻便会同自然的运行一样地容易，一样地自然。”[①]也就是说，教师如果透彻地把握了教学的艺术，那么教学的进行就同自然的变化一样井然有序了。当然，用辩证唯物主义的观点来论述教育的规律性，我们不能期望于17世纪的教育家。

以上阐述的是夸美纽斯的世界观和自然适应性的原则，这是我们研究他的著作不可缺少的前提，现在，我们可以来探讨《大教学论》一书的结构和具体的内容了。

二

《大教学论》一书是从序文开始的。序文是：(1)致意读者；(2)教学的艺术的用途。这些序文是世界教育史上自觉地、有意识地对社会各阶层的人士进行教育理论宣传的第一个文件。在序文中，他对教育事业的热心和对儿童的热爱的情感，一直到现在还让我们感到亲切。似乎他对儿童热爱的心到现在还在跑动着。

《大教学论》一书在序文之后，就分三十三章分别阐述了各种教育理论与实践的问题。概括地来说，在这三十三章中，他提出了社会教育的目的，表述了普及思想与统一的国民教育制度，说明了这个制度中的各级学校的教学内容，创立了班级上课制的理论，详细地论证了教学原则及语文等学科的教学法。总之，他广泛地论证了对青年一代进行教育的目的、内容、制度、组织和原则以及方法等问题。他积累和概括起来的经验是正确的，所以他在《大教学论》一书中所总结的理论，首次把教育理论提高到科学的水平线上，在世界文化的发展中创立了教育科学。因此，我们称夸美纽斯是教育科学的创始人。

这位教育科学之父，对人类文明和进步，对教育科学作出了哪些伟大的贡献呢？在《大教学论》一书中的几个问题的分析中，笔者将详细地回答这个问题。

① [捷克]夸美纽斯：《大教学论》，傅任敢译，人民教育出版社1957年版，第76页。

我认为，《大教学论》一书中最有价值的、最有意义的问题是：

（一）关于教育的目的

有些人片面地抓住了夸美纽斯在《大教学论》中第一章至第四章所表述的宗教观点，就断言夸美纽斯的教育目的的理论是宗教性的，是培养儿童虔诚，使他们去过来世生活的。这些人片面地把他思想体系中宗教和唯心主义的观点绝对化了。这是不正确的。从《大教学论》这部著作的思想体系来看，他并不是培养儿童去过来世生活，而是培养儿童去过现实幸福的生活。在这个问题的研究中，我们如果把他的思想片面化了或简单化了都是危险的。我们必须看到，在教育目的这个问题中，夸美纽斯的思想是有矛盾的，这个矛盾就是：一方面他从宗教唯心主义的观点出发，要求培养人去过"来世生活"；另一方面，他又从唯物主义的观点出发，要求培养儿童去过现实幸福生活。在这两种倾向的交织与斗争中，应该认为他要求儿童能去过现实幸福的生活的倾向是占上风的。

但是，我们必须谨慎来思考的是：在夸美纽斯的思想体系中，他对"来世生活"这个概念的见解，与天主教和僧侣们对"来世生活"的见解和宣传是不同的。天主教和僧侣们要劳动人民过"来世生活"的反动公式是：大家没饭吃不叫苦，应该禁欲，应该回避现实生活中的一切矛盾和要求，也就是说，你们乖乖服从统治，将来才能上天堂。夸美纽斯与这种反动公式相反，他要求和希望劳动人民能过幸福的生活，他说人类的主要目的是人类的幸福。因此，他认为不能用禁欲主义、死背圣经和关在寺院禅房里脱离社会去过"来世生活"，而是到现实生活中去过社会生活。在他对儿童的教学内容的观点中，就特别突出地体现了他的现实主义的思想。他说："对于每门科目，都要提到它的实用问题，务使不学无用的东西。"①因此，他要求教师所教的教材必须是社会生活中有用的科学内容。他写道："凡是所教的都应当当作能在日常生活中应用，并有一定用途的去教授。"②可见，在教学内容中，他反映了现实生活的要求。当时生活要求人们掌握科学知识，所以自然科学——天

① ［捷克］夸美纽斯：《大教学论》，傅任敢译，人民教育出版社1957年版，第126页。

② ［捷克］夸美纽斯：《大教学论》，傅任敢译，人民教育出版社1957年版，第156页。

文学、物理学、地理学和数学，在他的教学内容中占重要的地位。哪怕是对幼儿进行教育的教学内容，他都有具体的要求。他说："在物理学方面，一个孩子在他的人生的头六年可以学着去知道什么是水、土、空气、火、雨、雪、霜、石头、铁、树、草、鱼、鸟、牛，等等。"①由此可见，夸美纽斯想要培养的人不是去过"来世生活"的人，而是掌握丰富的科学知识能去过现实幸福生活的人。他说，假如种种科目在"国语学校"里得到熟练的处理，那么青年从事农业、商业或其他职业生活的时候便不至于遇到任何生疏的事了。可见，对于教育的目的，他是考虑到社会生活对于教育的要求的。因此，我认为在教育目的问题的论证中，他是从宗教观点出发而走向现实生活的道路的。他使教育目的服从于社会的目的，希望人能幸福地生活，这是他的人道主义思想的体现。

（二）普及教育思想与国民教育制度

怎样才能使每一个人幸福地生活呢？他认为需要受教育。因此，他提出了普及教育思想。这个思想像一条红线一样贯穿在他的著作《大教学论》中，在第九章和第十八章特别突出地体现了这种思想。他说："不独有钱有势的人的儿女应该进学校，而且所有城镇乡村的男孩和女孩，不论富贵贫贱，都应该进学校。"②可见，夸美纽斯坚决要求不受阶级、性别、民族的限制，所有的儿童都可以进学校，都应该进学校，都有权利进学校。在当时，这种观点打击了封建主义和僧侣对学校的独占和垄断，表达了人民要求受教育的响亮呼声，特别突出地体现了他的民主主义的思想和热爱人民的感情。因此，他对封建统治阶级所捏造的说人民没有受教育的素质、低能等谬论严加痛斥。他抗议说："在那些被摈于学校以外的人们里面，也许就有极优秀的才智之士。"③可见，他信任人民是有才能的。所以他写道：大家会说，有些人心情非常迟钝，要他们去求知识是不可能的。并回应道："我们差不多找不出一块模糊的镜子模糊到了完全反映不出任何影像的田地，我们也差不多找不出一块粗糙的板子粗糙到了完全不能刻上什么东西的地步。并且，

① ［捷克］夸美纽斯：《大教学论》，傅任敢译，人民教育出版社1957年版，第218页。
② ［捷克］夸美纽斯：《大教学论》，傅任敢译，人民教育出版社1957年版，第47页。
③ ［捷克］夸美纽斯：《大教学论》，傅任敢译，人民教育出版社1957年版，第57页。

假如镜子是被灰尘或斑点弄污了，便得把镜子先弄干净；假如木板粗糙，便得把木板先磨光……同样，假如教员肯充分卖力气，人们是可以琢磨好的。”[①]这就是说，人民不仅可以受教育，而且能成为才智之士。可见，在普及教育思想的表述中，夸美纽斯是勇敢而坚决的。他真正不愧为一位民主主义者。在人民没有受教育权的黑暗时代中，他站在人民这一边，喊出了人民的呼声，他同人民有共同的情感、共同的语言，这样的情感基础使得他的著作《大教学论》具有无限的生命力。

为了实现广大人民都能受教育这个愿望，他在《大教学论》中首次提出了统一的国民教育制度的体系。并且在第二十七章至三十二章中详细地论证了这个国民教育制度的学校系统。他根据儿童年龄发展的不同阶段，提出了人民都可以受教育的“母语学校”“国语学校”“拉丁学校”和“大学”的学校系统。在这些学校中，人民都有权利入学读书。可见，夸美纽斯的教育理论体系是很严密的，他提出普及教育思想的同时，论证了实现这种学校制度的系统，并想通过这种制度来保证自己思想的实现。

在国民教育制度的主张中，“国语学校”的问题是最值得注意的，因为在“国语学校”中，他的思想是新颖的和进步的。他不仅要求在“国语学校”中要用本族语言进行教学，同时也要求采用的书籍也是用本族语言写成的。他曾说过：“关于这种书籍的材料与形式，我打算在别的地方再去仔细讨论。现在我只再加一句：它们既然是用国语编写的，所以艺术上的专门术语，也应当用国语，不应该用拉丁或希腊。”[②]也就是说，国语学校要用本族语言进行教学，教科书也不例外。其实夸美纽斯在自己的行动中也表明这一点，因为他的《大教学论》一书是用捷克文——他自己祖国的语言写成的。如果我们现在把他这种思想和行动，同当时所有的学校都必须用儿童非常陌生的拉丁语进行教学相比较时，那可以说，这是一个革命，是爱国主义的行动，这种思想和行动突出地体现了夸美纽斯的爱国主义精神。

如果我们把他要求用本族语言进行教学这种思想与当时时代的特点联

---

① ［捷克］夸美纽斯：《大教学论》，傅任敢译，人民教育出版社1957年版，第65页。
② ［捷克］夸美纽斯：《大教学论》，傅任敢译，人民教育出版社1957年版，第227页。

系起来考察，就会感到他这种思想是很进步的。因为当时欧洲处在资本主义上升和民族形成的时期，有本民族的语言乃是形成民族的一个条件，而用本民族语言进行教学，可大大地提高教学效率，以满足新兴的资产阶级对教育的要求。所以他这种思想是真正把握了时代的脉搏，与当时人类社会的发展和进步是相呼应的。

以上阐述了夸美纽斯关于普及教育的思想和统一的国民教育制度的主张。必须指出的是，在资本主义社会中，他这种反映广大人民利益的要求是不可能全部实现的，只有在社会主义的制度下，他的思想才能获得全部的、彻底的实现。社会主义国家的人民在共产党的领导下胜利地实现了夸美纽斯这一伟大崇高的理想。

（三）班级上课制的创立

在《大教学论》一书中，他阐述的理论在教育实践中早就实现的是班级上课制的思想。众所周知，在尚未创立这种教学制度以前，无论是欧洲，还是我国，学校教学工作的组织都是采用个别教学的。在那里，上课下课没有固定的时间，不同程度的学生在一起，你读我唱，不像个学校，简直是个市集。教学的效果不好，培养出的优秀学生人数极少，教师不能发挥主导作用。他创立了班级上课制的理论，明确地在《大教学论》中指出：学生要按照年龄和知识水平分成班级，教师对班级的学生进行集体教学。这样进行教学的结果是个别教学中存在的缺点克服了，教师也从对学生的个别工作转入对班级集体进行工作了。这样工作的效果好，教学不仅容易进行了，而且教师能发挥主导作用。现在全世界各个国家的国民教育，都在采用这种组织形式进行教学。因此，夸美纽斯所创立的班级上课制，是教学工作中的一个重大变革。从教学工作的理论与实践方面来看，是具有全世界意义的。现在，我们怀着尊敬的心情纪念他，不谈他在其他方面的功绩，只提到他创立班级上课制这件事，就已经足够永垂不朽了。

如果我们从社会意义来考察班级上课制，就应该指出：这种教学工作的组织形式解决了当时新兴的资产阶级要求通过教育和学校培养出有知识而且数量多的干部的任务。因此，夸美纽斯的理论就反映了当时社会的要求，反映了当时正在形成和发展的资本主义生产关系对教育的要求。所以他的理论促进了社会新的生产力的发展,从而促进人类社会的进步,这就是他的著作《大教学论》永垂不朽的社会原因。同时,班级上课制这种教学的组织形式,被几百年来世界各国的教学实践证明是最科学的组织形式,一直到现在,这种教学组织形式还以被改造过的形式为我们社会主义的教育和学校服务。所以我们应该衷心地感谢这位捷克伟大的教育家,铭记他在世界文化发展上作出的杰出贡献。

在创立班级上课制时,他还规定了升级、毕业和考试等制度。这样,就使学校教导工作的组织逐步地完善起来了。

为了使班级上课制能合理地进行教学,他指出每一节课的教材应很好地安排。所以他很重视圆周式地排列教材。他说:"各个班级的一切功课都应该仔细分成阶段,务使先学的能为后学的扫清道路,给予解释。"①一直到现在,圆周式地排列教材还是我们处理教学内容和排列教材的一种方法。例如,在化学、历史等学科中,就是用圆周式排列的。

在处理教材时,他正确地指出要照顾儿童的年龄特征和知识水平。他写道:"一切应学的科目都应加以排列,使其适合学生的年龄,凡是超过了他们的理解的东西就不要给他们去学习。"②

为了有计划地进行教学工作,他严格要求每一位教师认真制定自己的工作计划。他说过:"时间应该仔细地划分,务使每年、每月、每日、每时,都有它的指定的工作。"③他这个要求对我们现在的工作仍然是适用的,在我们的教学日历和教师个人工作计划中,现在还遵循着他这个有益的指示。实践证明:这样来安排自己的工作,才能保证教学工作的计划性,这一点对每个教师来说都是非常重要的。

(四)教学过程与教学的直观性原则

以上阐述了夸美纽斯关于班级上课的理论。那么,班级上课的教学过程应该怎样进行呢?

首先,他要求让儿童在理解知识的基础上去掌握知识。他说:"学生首

① [捷克]夸美纽斯:《大教学论》,傅任敢译,人民教育出版社1957年版,第97页。

② [捷克]夸美纽斯:《大教学论》,傅任敢译,人民教育出版社1957年版,第88页。

③ [捷克]夸美纽斯:《大教学论》,傅任敢译,人民教育出版社1957年版,第98页。

先应当学会理解事物，然后再去记忆它们，要到这两点已经经过训练之后，方才可以着重言语与笔墨的运用。”①这就是说，要运用知识，首先必须理解它，才能掌握它。怎样掌握呢？他指出：必须让学生自觉地去学习和掌握。所以他说：“凡是强迫孩子们去学习功课的人，他们便是给了孩子们很大的害处。”②可见，他反对强迫学生学习，主张学习的自觉性与积极性原则。因此，他要求学生要顽强地学习。他说过：“凡是进了学校的人，对于学习要有毅力。”③在这里，他指出要勤奋地学习，才能掌握知识。

怎样才能使学生在教学过程中牢固地掌握知识呢？

夸美纽斯认为必须注意以下几个问题：

第一，学生在上课时，注意力要集中，同时，教师的教学进度不能太快。他打趣道：“不跑野马，才能了解放在跟前的一切事物。”④也就是说，教学不能赶进度，必须按部就班、有计划地进行教学。

第二，要使学生牢固地掌握知识，必须让学生透彻地理解知识。他认为：“只有彻底地懂得，并且记忆了的东西才能够看作心理的财产。”⑤

第三，要使学生牢固地掌握知识，必须经常地进行练习和复习。所以他说：“所教的科目若不常有适当的反复与练习，教育便不能够达到彻底的境地。”⑥也就是说，只有练习和复习，才能使知识转化为技能和技巧，达到彻底的境地。

第四，要使学生牢固地掌握知识，教学要遵循循序渐进、点滴积累的原则。他说：“一点之上再加上一点，加了一点又加一点，不要多久的工夫，你就可以堆起一大堆了。”⑦

由上所述可见，夸美纽斯对教学过程的见解也是深刻的，他所提出的几个应该注意的问题，对我们现在的工作还有指导意义。

---

① [捷克]夸美纽斯：《大教学论》，傅任敢译，人民教育出版社 1957 年版，第 94 页。
② [捷克]夸美纽斯：《大教学论》，傅任敢译，人民教育出版社 1957 年版，第 103 页。
③ [捷克]夸美纽斯：《大教学论》，傅任敢译，人民教育出版社 1957 年版，第 91 页。
④ [捷克]夸美纽斯：《大教学论》，傅任敢译，人民教育出版社 1957 年版，第 154 页。
⑤ [捷克]夸美纽斯：《大教学论》，傅任敢译，人民教育出版社 1957 年版，第 123 页。
⑥ [捷克]夸美纽斯：《大教学论》，傅任敢译，人民教育出版社 1957 年版，第 127 页。
⑦ [捷克]夸美纽斯：《大教学论》，傅任敢译，人民教育出版社 1957 年版，第 84 页。

那么,为了使学生在教学过程中获得丰富而牢固的知识,教师应怎样进行教学呢?

他指出,要进行直观教学。我们知道,夸美纽斯是世界教育史上第一个详细研究与论证直观教学的教育家。在《大教学论》一书的第十五章至二十章中,他验证了各个教学原则问题。在直观原则方面,他是以唯物主义的感觉论为理论基础的。他认为,在意识中没有一件东西不是事先经过感觉的。从这一个观点出发,他论证了直观教学的理论,提出了一条直观教学的金科玉律般的公式,那就是:"在可能的范围以内,一切事物都应该尽量地放到感官的跟前。一切看得见的东西都应该放到视官的跟前,一切听得见的东西都应该放到听官的跟前。气味应当放到嗅官的跟前,尝得出的和触得着的东西应当分别放到味官和触官的跟前。假如有一件东西能够同时在几个感官上面留下印象,它便应当和几种感官去接触。"①应该说,他对直观教学提出的这个公式,一直到现在仍然是正确的。因为我们知道,感觉是学生获得知识的源泉。如果学生能运用视觉、听觉和触觉的各种分析器同时地对被感知的对象进行分析和综合,那么,学生通过直观而获得的表象就会更清楚明晰。

夸美纽斯对直观教学正确的论证,就给当时封建主义经院派抽象的文字游戏的教学一个有力的打击。他认为,事物是本质,而文字是一种偶然性的东西;事物是躯体,而文字是衣服;事物是内核,而文字则是表皮,是外壳。在这个问题中,夸美纽斯有些矫枉过正。但是他坚定要求教学从观察具体事物开始这一点是正确的。他特别强调说:"十次耳闻不如一次目见。"②

在直观原则方面,他的分析是很深入的。他指出,对有些不能直接看的东西要制造模型来代替它。同时,他号召几何学家、生物学家要用各种画图的形象和模型来讲解科学知识。例如,他在如何教人体这个问题中说:"假如采用下面的计划,利用目击的指正,人体就可以得到很好的解释。我们应当去找一副骨骼(大学里面通常所藏的也可以,木制的也可以),在这副骨架

① [捷克]夸美纽斯:《大教学论》,傅任敢译,人民教育出版社1957年版,第152页。
② [捷克]夸美纽斯:《大教学论》,傅任敢译,人民教育出版社1957年版,第153页。

上面，应当加上肌肉、筋肉、神经、血脉、动脉、肠、肺、心、横隔膜和肝。这些东西当用皮革做成，里面塞满羊毛，大小应当正确，应当放在恰当的位置，在每个器官上面要写上它的名目和它的功用。假如你把学医的学生领到这副制作跟前，把每一部分向他分别解释，他就可以毫不费力地领会一切详情了。”[①]可见，夸美纽斯不仅告诉我们必须运用直观教学，同时还指出自己制造教具的方法和要求。

在第二十章中，他详细地说明了直观教学在引起学生的兴趣和巩固学生的知识方面的作用。同时，对在课堂教学中运用教具的方法、方式、技巧和要求作了详细的说明。他认为，运用直观教具时必须遵守以下这些要求："(1)把它放在眼睛的跟前；(2)不要太远，要放在一个合理的距离以内；(3)不要放在一边，要直接放在眼睛的前面；(4)使事物的前方不要离开观看的人，要对着观看的人；(5)眼睛先看整个事物；(6)然后再去分辨它的各个部分；(7)把各部分从头至尾考察一遍；(8)注意到每一个部分；(9)直到它们由它们经由它们的主要属性，全被领会为止。”[②]可见，夸美纽斯对直观教学所提出的要求是详细的、正确的，它对我们现在的工作还有现实的指导意义。

众所周知，夸美纽斯在直观教学的理论的基础上编写了《语法入门》和《世界图解》两本教科书，这两本教科书是当代最出色的教科书。在教科书中，他贯彻了直观性原则。因为他认为儿童是看图识字的，所以要求在物理学、光学、天文学、几何学中，应该把最重要的事物图像给学生。他写道："书上应当画出山岳、山谷、树木、鸟儿、鱼儿、马、牛、羊和各种年岁与高度的人们。光明、黑暗与天体及日、月、星、云也当图示出来，并且还应着上主要的颜色……兵士带着武器，农夫带着犁头，车夫带着货车，邮车绝尘奔驰；每张图画的上端应该写出它所代表的物件的名称，如同‘屋’‘牛’‘狗’‘树’之类。”[③]

由上所述可见，夸美纽斯详细地阐述了直观教学的理论。这种理论在

① [捷克]夸美纽斯：《大教学论》，傅任敢译，人民教育出版社 1957 年版，第 153～154 页。
② [捷克]夸美纽斯：《大教学论》，傅任敢译，人民教育出版社 1957 年版，第 155 页。
③ [捷克]夸美纽斯：《大教学论》，傅任敢译，人民教育出版社 1957 年版，第 223 页。

当时是很有进步意义的。因为它反映与解决了当时新兴的资产阶级的学校在教授自然科学知识所必须解决的教学法问题,打击了封建主义抽象的、烦琐的教学,使当时学校教学从经院派的文字游戏的绝境中解放出来,从而把学校教学引导到认识生活、认识周围自然界的广阔的道路上去,这乃是他伟大的功绩。

(五)学校的纪律

为了使学校教导工作能顺利地进行,夸美纽斯非常重视学校的纪律。在《大教学论》的第二十六章中他指出:“学校没有纪律便如磨坊没有水。”① 在这里,他正确地指出学校纪律是保证学校有条理地进行教导工作的一个不可缺少的条件。因此,他严格地要求全校师生遵守学校纪律。在他看来,学校里有了纪律,教学工作才能很好地开展起来。

在纪律问题的论证中,他谈到对学生的赞扬和惩罚问题。在惩罚中,他指出:惩罚学生是因为他们犯了过错,这次教育他,为的是使他们日后不再犯错误。最有意义的是他正确地指出:课堂教学组织不好,课堂教学的质量低,是课堂纪律不好的重要原因。在这种情况下,他认为不应该怪学生不好,而应该让教师自己负责。他说:“功课的本身就有充分的吸引力,就可以利用它们固有的快感吸引一切人们(除了畸形的人是例外)。假如情形与此不符,错处便不在学生身上,错处是在教师身上,假如我们不能运用我们的技能,把印象印在悟性上面,我们的教鞭是不会发生效力的。”②可见,夸美纽斯早就指示:教鞭不能解决纪律问题,关键在于使教学具有吸引力,也就是说,重要的是提高教学质量。

以上我着重谈了夸美纽斯的著作《大教学论》一书中几个重要的问题,从这些问题的阐述中,我们可以断定《大教学论》一书在教育科学史上有特殊的意义。

---

① [捷克]夸美纽斯:《大教学论》,傅任敢译,人民教育出版社 1957 年版,第 209 页。

② [捷克]夸美纽斯:《大教学论》,傅任敢译,人民教育出版社 1957 年版,第 210 页。

三

《大教学论》一书是世界教育史上第一部教育学巨著。在这部著作中，夸美纽斯以惊人的精力概括了欧洲当时对青年一代的教育、教养和教学的经验，这些经验通过他的著作先后传播到欧洲各国，随着时间的推移和历史的进展以及世界各国文化的交流，他的作品逐渐成为世界文化宝贵的财富。一直到现在，它仍然是世界文化宝库中最有价值的遗产之一。

现在，我们同捷克人民一样，特别珍视这些遗产。在《大教学论》这部著作中，他详细地论证了对青年一代进行教育和培养的各种问题。在当时，这些理论为新兴的资产阶级指出了改造封建主义教育和学校的光明道路，使新兴资产阶级在文艺复兴时期所创立与发展起来的学校，向着正确的道路前进。因此，它就大大地加速了封建的教育和学校的瓦解。

必须指出的是，《大教学论》一书在夸美纽斯生活的时代，即欧洲封建社会接近崩溃，而新的资本主义的生产方式将要确立的时代，它以教育领域为切入点多方面地反映了新兴的资产阶级的要求，因为根据夸美纽斯提出的途径和方法，可以通过教育这个工具为资产阶级培养大量的人才。这正是当时社会历史的发展所需要的。因此，他的思想和著作反映了时代的要求，促进了新的、当时正在形成和发展的资本主义的生产关系的发展，加速了正在瓦解的封建的生产关系的崩溃。

夸美纽斯在《大教学论》中所阐述的关于教学过程与教学原则的理论，关于统一的国民教育制度和学校纪律的理论，是以后几百年来世界各国的教育科学进一步发展与提高的基础。一直到现在，苏联和我国以及一切人民民主国家的教育科学中，仍然继承与实践着他那些正确而有益的理论。

夸美纽斯在《大教学论》中勇敢而坚决地表述了人民的要求，阐述了普及教育思想。因此，他的著作与人民有共同的声音、共同的语言，人民热爱他的著作，受到他的思想的鼓舞，虽然他的普及教育思想在当时未能实现，但对人民为争取受教育权而斗争方面，发挥了宣传与鼓舞的作用。

总之，夸美纽斯为人类的文明与进步而战斗的一生，为教育事业而辛苦劳动的一生,为祖国的独立与自由而斗争的光辉形象,在全世界爱好和平的人类的心灵中是永远不会消失的。今年,全世界爱好和平的进步人类,在世界和平理事会的号召下,怀着尊敬与骄傲的心情纪念着这位世界杰出的爱国主义、民主主义和人道主义教育家。

本文所阐述的是夸美纽斯思想体系中那些最进步的、最有价值的东西。在他的思想体系中,由于历史的局限性,还有些唯心主义的观点和不正确的结论。例如,他主张对儿童进行宗教教育,这当然是错误的。对于这些问题,在研究夸美纽斯的著作时,应该谨慎地、切实地注意到,本文不论述这些问题了。

1957 年 9 月

[原载《山东师范学院学报》(人文科学)1957 年第 1 期]

关于教育的本质

潘伯庚

教育是社会现象，产生于人类社会的需要。人类社会之所以能延续，由野蛮到文明、由低级向高级发展，重要的因素之一是人类把生产劳动和生活实践中得来的知识经验代代相传。人类对后代的要求，不仅是种属的繁衍，而且要求他们把前辈对世界的认识结果与改造世界的本领接受下来，并在此基础上进一步发展，这就需要教育，教育是人类文明进步的重要因素。教育为社会服务，主要是通过传授知识、技能，促进受教育者个性发展实现的。简单地说：教育通过传授知识、培养人为社会服务。传授知识与技能是教育的中心环节，是教育区分于其他社会现象的本质特点。离开了这个特点就不称其为教育，或取消了教育。在阶级社会里，教育为阶级斗争服务也是通过它的本质特点实现的，离开了这一特点它就不能为阶级斗争服务。

教育是培养人的，是传授科学知识、技能与技术的。科学技术是生产力，而人又是生产力中最活跃的因素，那是不是可以说教育是生产力的因素呢？我认为不能这样说。社会需要什么样的教育是由其经济基础决定的。马克思和恩格斯在《共产党宣言》中驳斥资产阶级诬蔑共产党人要消灭教育时指出："你们的教育……不也是由你们借以进行教育的那种社会关系决定的吗?不也是由社会通过学校等进行的直接或间接的干涉决定的吗?”[①]马克思和恩格斯在这里清楚地指出资产阶级的教育是由资本主义的社会关系决定的。社会关系中起决定作用的是经济关系、生产关系。资产阶级的教育是由资本主义的生产关系、资本主义社会的经济基础决定的。马克思和恩格斯的这段话是对资本主义社会说的,我们认为是有普遍意义的。恩格斯在《在马克思墓前的讲话》中说得更清楚。他说:“马克思发现了人类历史的发展规律,即历来为繁茂芜杂的意识形态所掩盖着的一个简单事实:人们首先必须吃、喝、住、穿,然后才能从事政治、科学、艺术、宗教,等等;所以,直接的物质的生活资料的生产,从而一个民族或一个时代的一定的经济发展阶段,便构成基础,人们的国家设施、法的观点、艺术以至宗教观念,就是从这个基础上发展起来的,因而,也必须由这个基础来解释,而不是像过去那样做的相反。”[②]恩格斯的这一论述虽然没有直接提到教育,但完全适用于教育。人们必须先解决吃、穿、住,然后才能从事教育活动。教育的思想、观点、路线、方针、政策以及谁办教育、谁受教育等是由社会物质生活条件、由经济基础决定的,这一点即使是把教育作为生产力因素的同志似乎也无法否认。可一涉及教育是培养人的,那有人就认为教育是生产力的因素了。作为生产力最活跃的因素的人,绝不是抽象的人,马克思在《关于费尔巴哈的提纲》中说:“人的本质并不是单个人所固有的抽象物,在其现实性上,它是一切社会关系的总和。”[③]所以,教育要培养的人是由社会决定的,他绝不是单纯的劳动力,他首先处在一定的社会关系之中,社会生产是不能离开生产关系进行的。培养什么样的劳动力不是由教育自身所决定,是由社会决定的,而教育不过是执行社会的职能而已。再说,教育不仅培养劳动力,它还为社会培养政治、法律等工作人员,培养文学艺术人才与神职人员以及社会各方面的管理人才等。就从培养劳动力来说,教育绝不是单纯传艺,还有思想灌输,在阶级社会里这还是主要的。我们并不否定教育对于训练劳动力、提高劳动力的质量的重要作用。这正是教育为经济基础服务、为社会生

---

① 《马克思恩格斯选集》第1卷,人民出版社1972年版,第269页。
② 《马克思恩格斯全集》第19卷,人民出版社1963年版,第374页。
③ 《马克思恩格斯选集》第1卷,人民出版社1972年版,第18页。

产服务的有决定意义的方面。人们把教育提高劳动者的智力水平、提高劳动力的质量说成是开发智力资源，是智力投资，并说它比开发物的资源更重要，这是无可非议的。人类不仅用手劳动，而且用脑劳动。发展人的抽象思维，发挥人的创造才能，给人类带来的好处是不用细说的。为了充分发挥人的智慧，把教育开发人的智力资源与物质生产开发物的资源作类比，在某种意义上说是可以的。开发物的资源也是要人类智力活动参加的。开发智力涉及人，人与物是不能简单类比的，前面已经说过，人不是抽象的，是属于一定社会集团的，在阶级社会里是在一定阶级地位中生活的。人的智力的开发脱离不了什么样的人受教育，受什么样的教育，这总是受社会物质生活条件制约，由生产关系决定的。在阶级社会里是由阶级利益决定的。为了说明这个问题，我们不妨对教育的历史作简单的考察：在奴隶制社会和封建社会里，受教育的是奴隶主和封建主的子弟，培养的是武士、僧侣、士、君子等统治人才。资产阶级办大学，开始都是办的人文科学的，是为了培养统治人才的。直到现在，资本主义国家里大学的文法专业仍占很大比重。以工业发达的日本、美国为例，据 1964 年及 1965 年的统计，大学生学文法专业的日本占 56.6%，美国占 56.3%；而学理工的日本占 30.5%，美国只占 16.1%。从发展的趋势来说，理工专业学生的比例在增加。资本主义国家开始推行普及义务教育，是在经过工人阶级的斗争，资产阶级需要伶俐工人的情况下进行的，主要还是各教派为了在斗争中获胜，通过教育把自己教派的教义灌输给学生，争取徒众。现代科学技术迅速发展，发达的资本主义国家很重视提高劳动力的质量，重视教育的普及与提高，重视人才的培养，这不是出于资产阶级的仁慈，而是由于竞争的需要。资产阶级认识到经济的竞争是科学技术的竞争，是智力的竞争，归根结底是教育的竞争。日本前首相福田把教育的投资看作一本万利的事，道出了问题的实质。这对我们来说是可以借鉴的，但决不能由此把教育归结为生产力的主要因素。资产阶级在经济竞争中需要科学技术，需要提高劳动力的质量，需要教育，这并不是说他们的教育直接由生产力或科学技术发展所决定。资产阶级办教育培养人总是离不开他们的教育方针、政策与制度，离不开资产阶级为了最大利润这一规律的制约。

科学技术是生产力，教育内容中的自然科学知识与技术也是生产力，所以教育就是直接与生产力相联系，是生产力的主要因素。这一论断也是值得商榷的。我并不否认科学技术是生产力，也不否认它在生产发展中的巨大作用，在生产力突飞猛进的现代，它将发挥更大的作用。教育内容中的大部分社会科学和德育、美育是属于社会上层建筑范畴的，这是无异议的。自然科学知识进入教育内容是要通过生产关系的。科学技术发展了，并不能直接作为教育内容，有人说古代没有把自然科学与技术作为教育的主要内容，是因为从前自然科学不发达。这种说法是不符合历史事实的。尽管古代科学水平和科学发展的速度与现代是没法比较的，但古代科学技术也是不断发展的，有时发展还是比较快的，否则就没有现代科学了。中国唐代就曾把算学、医学（包括医科、针科、按摩等）、天文、历数等作为教育内容，而且有相应的学校。唐朝以后，自然科学也是不断发展的，但教育内容中增加的主要是封建的伦理道德。欧洲中世纪的宗教教育，自然科学内容就很少，有一点也神秘化了，把科学作为宗教的奴仆。自然科学被视为异端邪说，教会成为扼杀科学发明的刽子手。这不从生产关系上找原因是得不到解释的。在资本主义社会里，科学技术的发明、创造有专利权，是互相保密的。资本主义社会的教育内容也是通过生产关系，通过政权直接或间接干预来决定的。资本主义社会劳动力的质量要求是由劳动力市场调节的。劳动力作为商品有属谁所有和进行交换的问题，这就要受资本主义生产关系的制约。市场需要什么质量的劳动力，需要掌握什么样科学技术知识的劳动力，那教育就要教这方面的内容。以上的事实证明，教育的内容不是直接由生产力决定，教育不是生产力的主要因素，而是通过生产关系为发展生产力服务。这就进一步证明了教育通过传授知识培养人为经济基础服务这个区别于其他社会现象和上层建筑的本质特点。

教育通过传授知识培养人为社会服务、为经济基础服务，是任何其他上层建筑不能代替的。我们把握教育的这一本质特点来为社会主义服务，为人民服务，为无产阶级政治服务，为四个现代化服务，这就是我们的教育区别于资产阶级教育的根本所在。我们不能认为资产阶级重视教育，而且从教育方面得到好处，似乎教育就直接决定于生产力，我们的教育与资产阶级的教育没有质的区别，对资本主义的一些教育经验就可以不加分析地运用了。资产阶级认识到教育在经济竞争中的作用，我们可以从这里得到启发。我们应从最大限度满足人民不断增长的物质、文化的需要出发，自觉地运用教育为政治经济服务这一客观规律，抓住教育的本质特点，充分发挥教育在社会主义现代化中的积极作用。

［原载《山东师院学报》（哲学社会科学版）1980 年第 4 期］

心理学的回顾与前瞻

——读西方心理学史随感

章　益

20世纪30年代编写心理学史的作者们当中至少有两人曾把新兴的心理学比作一个茁壮的婴儿，意思是说，心理学作为一门科学和其他姊妹科学相比起来，还处于幼稚阶段，不过这个婴儿很活泼、富有生命力，很有发展前途。过了短短的几十年，到了60年代，又有人说，心理学的分支研究，无论是在分支的细密程度上，还是在研究专题的专门性方面，已经繁复到如此地步，以致一门分支的专家对于另一分支可能十分隔阂，甚至有些文献都看不懂了。前后两相对比，似乎在较近的30年中心理学已有了飞跃的发展，那么它是否已经越过了幼稚时期，进入成熟阶段了呢？

如今又过了一二十年，据国外1972年的一次统计，自然科学的研究新题已不下256万个，与此相应，世界各国心理学的专门刊物以及与之密切相关的其他专门刊物也数以千计，心理学每年的研究专题则数以万计，1975年出版的舒尔茨编《现代心理学史》(第二版)中提及《心理学文摘》1961年刊登了7000篇论文摘要，1967年增至17000篇，1972年增至24000篇。人们如果想要跟得上心理学的发展，在一年中就得每天阅读66本图书、杂志和论文。看上去研究题目的数量和专门化的程度还在累进地加速增大，这是不是足以表明心理学已经成熟了呢？

然而心理学流派的继续存在，尚未能达成一个统一的、无所不包的、公认的理论体系,并且有些基本性的问题还存在着彼此对立的观点,这就很难使人认为它已经成熟。当然,见解分歧体现着百家争鸣,并非不好,可以说这正表现出这门科学充沛的生命力;不过客观真理只能是一条,众说纷纭就莫衷一是。固然在其他自然科学中,从牛顿到爱因斯坦,基础理论也曾有过巨大的变革,各门科学也还各自存在着一些未能完全解决的问题(例如,基本粒子还继续有新的发现,光的实质究竟是波还是粒子,细胞核和细胞质各在遗传工程中所起的作用等问题),但像心理学中这么多的五花八门的流派,在其他科学部门中却是少见的。除理论问题以外,在实际效用方面,心理学和其他科学比较起来,也有逊色。掌握了力学规律,可以建成摩天大楼和横跨大江的桥梁,掌握了原子裂变的规律可以制造原子弹,但心理学规律的应用,效果还不能如此突出,这也可以说是不成熟的表现。

如此看来,一方面是研究专题日益深入,日益繁多,另一方面是基本理论仍有待于解决。这个似乎矛盾的局面如何理解呢?我不揣简陋,窃以为这是科学工作中两翼活动不协调之故。科学工作一方面是积累资料,另一方面是在可靠资料的基础上作出恰当的概括,这两方面的工作是互相依存、互相制约的。只有在可靠资料的基础上所作的概括才能是踏实的概括而不是玄想,反过来也需要正确的概括作为指导,才能有明确的方向,进一步深入地挖掘科学的事实。但这两方面的工作有时是互相适应,有时又是不相适应的。如果允许作一个不太恰当的比喻,这种局面犹如生产力和生产关系之间既有适应、也有不适应的情况一样。就心理学的现状来说,积累资料的工作开展得比较快,而概括的工作则是阻滞较多。

巴甫洛夫曾说过,事实(即可靠的资料)对于科学研究的重要性如同空气对于飞鸟一样,鸟有翅膀可以飞,但若没有空气,就飞不起来。同样,科学没有可靠的事实资料作为依据,就无法取得进展。不过光有资料,如若作不出正确的概括,科学也是不能前进的。然而搜集资料的工作能得到大量开展毕竟是件好事。单就搜集资料这项工作来说也不简单。要搜集可靠的资料,就需要正确的方法。在心理学的发展史上,从不正确、不客观、不精密的方法转变到正确、客观、精密的方法,也是经过多年奋斗,才开辟出现在的道路的。

由于心理学的对象既是切近于每个人的生活的,又是极其渺茫的,所以对它进行观察,既容易又困难。说容易,是因为人人对自己的内心活动都能有所体验;说难,是因为要观察得仔细精确却难于入手。早期对心理现象的观察差不多全靠直观体验或者冥思玄想。中国、外国的哲学家们对人性的观察莫不如此。号称“西方心理学先驱者”的笛卡儿就曾明确宣称他是以逻辑推理作为他的研究方法的,虽然他也曾利用当时有关生理学的知识。从以先验的玄想为主的研究方法转变到以对经验的观察为主的研究方法,再从经验主义进到实验方法,整整经历了两个世纪。采用实验方法以后也还走过一些弯路。从韦伯开始的心理物理法到冯特建立的心理实验室,似乎日见其精密了,其实是钻进了内省的牛角尖。从以内省为主的实验转变到客观的观察和实验,又经历了许多曲折。只有在客观的实验法和其他脚踏实地的观察法(包括发生发展法、测验测量法、统计法等)占领了心理学的阵地以后,关于心理事实的资料才能积累,才真实可靠。这是说,心理学在积累资料方面取得的成就也是来之不易的。至于理论概括的工作所遇到的波折就更多。

一个最根本的问题是身心关系问题,也就是心理活动和躯体活动有没有联系和怎样联系的问题。人们最初认为灵魂或心灵是独立存在的实体,它不过是寄居在躯体之中,随时可以离开躯体,到17世纪笛卡儿(法国人,1596～1650)和霍布士(英国人,1588～1679)才将心理和躯体联系到一起。笛卡儿将动物看作是机器,把动物的行为看作是反射;霍布士认为人的感觉是作用于感官的外部运动,通过神经而引起人脑的继续运动,人的思想、感情和目的都是人脑内部的运动。尽管他们对于身心关系的见解还很粗糙,还有缺点,但他们能为心理活动找到物质基础,倡导了心理研究的唯物主义方向,可以说是树立了莫大的功绩。

然而笛卡儿是个二元论者,是身心交感论者。他认为身和心可以互相影响,就是含有心可以独立存在的意思,这仍然是唯心主义的见解。于是有斯宾诺莎(荷兰人,1632～1677)的一元论来把心和身捏合到一起。他说广延和思维都是某种实体的属性,所谓广延就是物质性,思维就是意识。他不把身和心当作各自独立的实体,只说是两种平行存在的属性,是为了避开二元论的困难。但他所说的某种实体是什么？并且照他说的，似乎一切物质都有意识，又陷入“物活论”的错误了。此外还有莱布尼兹（德国人，1646～1716）的身心平行论。他认为，身和心各有本身活动的规律，两者平行，互不影响，但两者之间存在着预定的和谐，所以凡是心理的活动都有身体的活动与之伴随，反之亦然。他这种说法也是企图避开身心交感的难题，但他所谓“预定的和谐”从何而来，那只能归之于上帝的安排了。

这个身心关系问题直到马列的辩证唯物主义产生才得到正确的解答，过去的两三百年都是糊涂过去的。现代的西方心理学家们大多数采取实证主义或实用主义的观点，避开身心关系的根本问题不谈，推说那是哲学的任务，科学的任务只是就事论事，有什么现象就研究什么现象，不必追究其实质是什么的问题。持这种态度，遇到某些关键问题，就不免出现思想混乱。

除开这个根本性问题之外，心理学中还有不少的理论问题长期聚讼纷纭，各说各的道理。例如，心理学应以意识现象作为研究对象，还是以外显的行为为研究对象的问题，对于心理活动是尽量采取机械主义的说明还是强调心的能动作用问题，对于心理活动是采取整体观点，即把它当作整片的活动来对待，还是采取分子观点把它当作个别分子的镶嵌体来对待的问题，刺激与反应公式能否应用于一切行为，如果普遍应用的话，在刺激与反应之间，应否承认有中介因素的问题，如何对待行为的目的性，是肯定还是否定的问题，人的行为的动力来源问题，如何将偏重理知的研究转变为兼顾意动方面的问题，人的心理是决定于遗传还是决定于后天习得性的问题，心理事实能否作数量化研究的问题，正常人的心理规律与变态心理规律能否沟通的问题，心理的一般规律和个别差异的关系问题，人格结构与类型问题等。

对于有些问题，心理学家们已渐趋一致。例如，心理学偏重理知研究的趋势早已扭转，对于意动方面的研究逐渐增多。大家都承认意动现象不易放到实验之下，但不应因为难度较大而回避它。关于遗传与习得的关系问题，一般都认为两者不是彼此相加而是互相融合，个体的心理特征都是在遗传的基础上通过后天的生活活动而形成和发展起来的。关于正常人的心理和变态心理的关系问题，一般都认为常态和变态不能截然分开，两者是一个连续序列的不同段落，其基本原理是一致的，变态只是某些方面失去平衡的突出表现,反过来更能说明一般原理。关于一般原理同个别差异的关系,大多数心理学家都同意把二者列为心理学的内容。以上是就能够取得比较一致的方面来说的。但另一些问题却还存在着巨大分歧,像心理学的对象问题、整体观与分子观问题、人的行为的目的性问题等,仍然是众说不一。其中,特别是关于人的心理的能动性问题,应该说是一个十分重要的问题,但始终未能得出让人满意的说明。

应不应该把人的心理看作一个能动的体系,这个问题是19世纪前半叶由贝内克针对以米勒为代表的联想主义提出来的。这个问题对于唯心主义的先验论者来说是不成问题的,因为他们把天赋能力视为当然,没有追究心的能动性来源的必要。抛开先验论的观点不谈,即便在主张经验论的心理学家们中间,见解也不一致。有的人认为心理内容都是来自感觉经验,人的"心"不过是种种感性印象集合荟萃的场所,这些感性印象按照一定的规律互相联合或者互相融合,不须另外假设一个能动的主体,英国的联想主义者就是抱有这样的主张。另一些人则认为心理主要是活动,不是感性经验的内容,内容只是活动的结果,以布连搭诺为首的行动心理学就持有这种主张。布连搭诺说,"红色"不是心理,"看见红色"才是心理;"声音"不是心理,"听到声音"才是心理。他所说的"行动",译成现代语言,近乎心理过程。说心理不是静止的内容而是活动的过程,这当然是有道理的。行动心理学最初的对手是冯特的心理元素说。冯特虽也说心理元素是心理过程,但经他一番分析,心理元素已成为静止的东西了。因此他的心理元素论在强调"心理是活动"的行动心理学面前是不堪一击的。然而行动心理学既说心理是活动,那么活动就需有一个主体,这主体是什么,他们却没有明白地交代。

联想主义认识到心理的感性来源,是接近于唯物主义思想的,但失于过分机械。行动心理学虽然企图补救这一缺失,但不能说明心理的主体是什么,这个主体又是怎样才具有能动作用的。从行动心理学的创始人布连搭诺以来,对这个问题都是含糊其辞,仿佛个体的行动就是从他本身内部发出的(吴伟士语),这个本身是什么,内部又是什么,内部怎样发出行动,都没有解释。后来也有人用"自我""主观意识""心"这类模糊概念代表主体,其实质是同"灵魂"的概念同样空洞。

能动性的集中表现在于意志行为，可是什么是意志也从未得到充分的解释。最使人混乱的要算冯特关于意志的理论。冯特的心理学是以意志为中心的，可以称作意志主义的心理学。他认为机体在低级发展阶段的行为已经由意志所支配。他把高级的心理活动——意志行为，看作比低级活动——反射，更为原始。他反对意志动作是由反射动作发展出来的观点，而主张意志活动经过自动化才变为反射活动。这样，他是把简单的行为方式——反射和最复杂的意志行为的关系颠倒过来，使人摸不着头脑。因此，列宁称冯特为“信仰主义者”，真是恰当的评价。

继冯特之后的符兹堡学派也重视意志问题，并将意志放到实验之下，但他们又是怎样说明意志的呢？符兹堡学派的一位中坚人物阿赫说，意志行为的特征是“我就是要这么办”。再往后一位英国人艾夫林虽不是符兹堡学派的成员，但对该学派十分心折。他对“意志”的解释是，意志表现于从几个动机中选定一个，其所以如此选择是因为将此一动机和自我认同了。这些话能算作科学的解释？恐怕只有他们自己才会这样认为。

在西方心理学史中，詹姆士被奉为最高的权威之一，他论意志的一章历来被当作经典著作，然而他对意志作了怎样的解释呢？这里不妨把他的理论介绍一下。

詹姆士将意志的决断分为五个类型。“第一类可称为合理的类型。在这一类事例中，对于应否采取某一行动的正面和反面的理由似乎渐渐地、不知不觉地在人的心中落实下来，其结果是一方的理由明显地占了优势，我们于是就毫不费力、毫不勉强地采取这一方的决断。……在这种从犹豫到胸有成竹的顺利过渡中，我们似乎处于被动状态；使我们下决断的那些‘理由’似乎从事物的本质中流露出来，完全无需于我们意志的参加。……在第二类型的事例中我们的感受是……我们听任自己摇摆不定，偶然有外来的原因使我们倾向于某一方，我们就无所谓地接受这一倾向。在第三类型中……常有这种情况发生：由于缺乏指导性的原则，我们正在彷徨无主、悬而未决的状态中，我们会发现自己似乎突然自动地从进退两难的困境中解脱出来采取一定的行动……我们在内心里叫道,‘干吧! 天塌下来也不在乎!’”[①]第四类的决断是这样得出的:“由于某一外部经验或某一无法解释的内心冲击,我们突然从马马虎虎、随随便便的心态变得清醒奋发起来……我们全部动机和冲动的价值衡量标准发生了改变。……一切‘轻浮的、怪诞的’观念都失去动力,而严肃观念的比重则增加数倍。”[②]在第五类型中,“我们觉得在作出决断时,似乎是凭着我们自己的意志行动使天平的横杆倾向一端。……在这类事例中所感到的意志的沉重力量使这类事例在主观上和前三类迥然不同。……无论是为了担负起严峻的、不容推诿的责任而放弃世俗的享乐,或是在两条互不相容的、但都温馨甜蜜的道路中间选定一条……总是使一方成为现实,而对另一方则成为永诀,这是一种凄凉而酸辛的行动,是向寂寞的道德原野里漫游”[③]。

詹姆士在这篇文章里玩弄大量的词藻,其实什么问题也没有说明,最多不过是一番生动的描绘罢了。字里行间他还隐隐约约地承认有一种类乎灵魂的力量在起作用,他晚年醉心于心灵学,这里已有先兆了。

西方心理学另一位名家麦独孤也曾费了不少心思说明意志的原理。在他看来,一个核心的问题是在意志行动中种种不同动机之间的竞争,最终一个动机是怎样占到优势并克服其他动机的问题。以道德行为为例,道德理念作为一个动机,其力量原是薄弱的,它是怎样克服那些冲动性很强的、同人的强烈欲望相联系的动机的呢? 他找到的答案是:当一种道德理念和自尊情操相结合时,整个自我的力量都投到它的一方,结果就使这一道德理念占了优势,道德行为得以实现。[④] 他的这一学说比詹姆士明确得多,并且试图寻求意志力量的源泉。他自己标明这一学说的特点在于“表明最高类型的人的意志和品格是从人和动物所共有的基本本能倾向发展出来的,这种发展过程是连续不断的。‘这一学说’特别重视突出自我的冲动或自炫的冲

---

① [美]W. 詹姆士:《心理学原理》第二卷,纽约亨利·霍尔特出版公司1918年版,第531~533页。

② [美]W. 詹姆士:《心理学原理》第二卷,纽约亨利·霍尔特出版公司1918年版,第533页。

③ [美]W. 詹姆士:《心理学原理》第二卷,纽约亨利·霍尔特出版公司1918年版,第534页。

④ 参见[英]W. 麦独孤:《社会心理学绪论》,Batoche Books出版社2001年版,第240页。(注:此为编者添加,下同)

动以及与之相伴随的积极自我感的情绪，把它看作是意志中的主要因素”[①]。

他批评詹姆士和冯特两人关于意志的说法。此两人都提到在作出意志决断或选择时，除意识中心的一个意念以外，其他意念都被抑制了。麦独孤指摘道：“两人都未说明抑制是如何发生，抑制的力量从何而来，抑制起作用的条件是什么。”[②]詹姆士认为这个抑制从何而来的问题是无法解决的。麦独孤则认为与其追问抑制的来源，不如寻求中心意念如何得到加强的方法。

麦独孤认为在道德努力中，一个理念作为动机，其力量原是过弱的，但加上自尊情操中所含有的欲望等动力，就能形成强大的推动力量，足以胜过一些更强更粗的、属于人的原始生物性的欲望，并把追求后面这种欲望的意念赶出意识之外。[③]

他的说明力求落实，这是好的。但他所谓将全部自我投入理念的一方，他所说的“自我”就是他一贯鼓吹的本能的力量，在本能的力量中他又特别着重自尊情操，也就是博得社会赞许或博得理想人物的赞许这种为个人争面子的自然倾向。他所看到的道德力量的源泉，归根结底，就是为个人争光荣，如是而已。我们姑且不问自尊情操是不是基于一种本能，他这种以自我为中心的道德观，散发出浓厚的资产阶级利己主义的气味。他在振振有词地鼓吹这种学说时，似乎绝未梦想到世界上还有忘我精神的英雄人物的存在。

这里可以清楚地看到一个科学家的世界观对于科学研究工作所起的局限作用。具有资产阶级世界观的人所能体会到的人的最高品质，只是博取人们的赞赏，或者更提高一步，就是不计较一般人的赞赏与否，而争取理想人物的赞赏，能做到这一点就算是了不起的了。但希望得到赞赏就是为自己争荣誉，其实质是以自我为中心，他绝未想到世界上还有不顾个人利害，甚至不求他人赞赏的，完全忘我精神的存在。他只以他所能想象到的“最高理想境界”作为意志行为产生的根源，这不仅是以偏概全，也把人的品质压低到为个人打算的水平。如果用这样的理论作为人生的规范，无疑是和无产阶级的道德观背道而驰的。

---

① [英]W. 麦独孤：《社会心理学绪论》，Batoche Books 出版社 2001 年版，第 264 页。

② [英]W. 麦独孤：《社会心理学绪论》，Batoche Books 出版社 2001 年版，第 244 页。

③ 参见[英]W. 麦独孤：《社会心理学绪论》，Batoche Books 出版社 2001 年版，第 248 页。

下面我们再请出一位名家吴伟士,看他对意志作何解释。我们知道麦独孤是策动心理学派的首领,吴伟士则是动力心理学的倡导者,两人都着重行为的动力,对于意志问题他们应该具有独到之见的。吴伟士和麦独孤的不同之处在于吴伟士不认为本能是行为动力的唯一源泉,他认为任何行为的机制一旦形成并巩固以后,本身也能转化为推动行为的力量。现在让我们看看吴伟士是怎样说明意志的。

首先,他指出一切有目的的行为中都有一种指向某一目标的倾向性。所谓"倾向性",就是一个神经中心兴奋起来时,由于当时的条件不容许这个兴奋中心向外发放,以致这个中心处于紧张状态,力量就积聚起来,暂时得不到出路,所以是一种跃跃欲试的动力。动机就是驱使个体向某一方向行动的内部状态或力量。意志的表现在于当两种以上的矛盾倾向同时发生时必须作出选择,当遭遇外界阻碍时必须引起奋力。

关于矛盾倾向的解决,从犹豫到决断的过渡,吴伟士作了如下的分析:

1. 一种情况是通过审慎考虑,在想象中将每一可供选择的道路加以衡量,然后选定最有利的一条道路。"这个办法当然很理想,但常是办不到的,因为缺乏充分考虑的时间……即便能办得到,但深思熟虑以后才作决断往往使人厌烦,因为这样会拖拖拉拉,而人的自然倾向是喜欢说做就做的。因此通常实行的是部分的考虑,两条出路轮流吸引着我们,直到某一时刻,其中一条的吸引力强大到足以促使我们行动起来。"①

2.第二种情况是"有时形成一种僵局,我们就暂时不作决定,把问题放下让它冷一冷,等到下次再考虑时,其中的一方已失去了吸引力,于是另一方就得逞了"②。

3. 在遇到僵局时,我们也许"感到厌烦,觉得自己老是拿不定主意而感到羞愧,于是我们说任何决定也比不决定好;好吧,就这么办;这就是我要做

---

① [美]吴伟士:《心理学:心理生活的研究》,纽约亨利·霍尔特出版公司1921年版,第531~533页。

② [美]吴伟士:《心理学:心理生活的研究》,纽约亨利·霍尔特出版公司1921年版,第531~533页。

的事，这样仿佛是像掷骰子一样武断地打破僵局”[①]。

4. 还有，“另一些时候，既没有明确的‘意志行动’，两条道路的吸引力也没有明显的改变，只不过是，过了一会儿，我们发现一个决断冒出来了，于是我们知道我们要做的是什么。我们看不出我们内部发生过什么事情才得此决断，可是此刻一个决断确已作出，甚至已经见诸行动了。在理论上，两条道路的吸引力仍然是相等的，可是不知怎么的一方抓住了我，另一方却松手了。”[②]

5. 最后，“还有一种情形：‘我们看到该做的好事，却做了坏事’，或者有这样做的危险。那‘坏事’常是对人的‘本性’，有吸引力的事，是强烈地激发某一原始本能反应的事；那‘好事’则是一种高尚的、尽责的或谨慎的行为。既然那低级的动机是较强的动机，那么那高级的动机怎么能够被决定执行的呢？这是因为所发生的争斗不仅是这两件事之间的比竞，别的一些动机也介入这场争斗，整个的人都介入了，所以问题在于哪一方占有更强的力量。诸如害怕被人讥笑或被人批评，责任感，自尊心，雄心壮志，个人的理想，对别一个人的福利的关怀，对某一社团的忠诚，这些都可能投在‘较弱的’动机的一方使它战胜那较强的动机。”[③]

吴伟士试图说明行为倾向的机制，并把对别人福利的关怀和对集团的忠诚也算在动机之列，这是他同詹姆士和麦独孤相比较为细致的地方，但他对于从犹豫到决断过渡的分析仍是詹姆士的那一套，并且含有同样模糊不清的说法，例如，说一个决断会自己冒出来，说某一条道路的吸引力会自然强大起来，等等。他又说，在较弱的动机和较强的冲动比竞时，整个人都投入较弱的动机一方，这显然是承袭了艾夫林所谓将某一动机与自我认同相联系的说法，也和麦独孤唱同一个调子。他又说，人遇到外界阻碍时就会更加奋力，是出于“突出自我的本能”的推动，也是麦独孤本能说的翻版。

---

① [美]吴伟士：《心理学：心理生活的研究》，纽约亨利·霍尔特出版公司1921年版，第531～533页。

② [美]吴伟士：《心理学：心理生活的研究》，纽约亨利·霍尔特出版公司1921年版，第531～533页。

③ [美]吴伟士：《心理学：心理生活的研究》，纽约亨利·霍尔特出版公司1921年版，第531～533页。

总之,在人的能动性和动力来源的重大问题上,西方心理学家们由于回避身心关系的根本性问题,由于不理解辩证唯物主义、历史唯物主义的反映论,他们是作不出明确答案的。

上面谈到的人的能动性问题是一个概括性很广的问题,对于缺乏正确世界观的科学家来说,是难于掌握的。大凡概括性越高,就越容易触及世界观而受其制约。但另有一些比较具体的问题,概括面较窄,所受到科学家的世界观的影响也较少。尽管一个科学家的世界观是错误的,但在这一类具体问题上却能作出有价值的贡献。举例来说,贝克莱是个主观唯心论者,但他对于空间视知觉的见解却不无可取之处。马赫荒谬地把客观世界等同于感觉要素,但他曾发现内耳迷路不是听觉器官而是平衡觉器官,这一发现已被证实。至于对实验心理学贡献更大的费希纳和赫尔姆荷茨两人的世界观都有错误,费希纳醉心于泛生论,赫尔姆荷茨提出符号说,但两人以实验方法发现的心理事实与规律,特别是有关感觉的资料却为现代心理学提供了坚实的研究基础。因此,我们学习西方心理学史,对一位心理学家的世界观和他的具体贡献予以分别对待,应该是合乎情理的。

在心理学史上,甚至有些错误的尝试也曾激起别人深入的探讨,终于纠正错误,导致有益的发现。骨相学就是一例。骨相学者曾因夸大其词,引起一时的轰动,但也引起一些科学家们的怀疑。他们以更精密的方法探究同一个问题,并且一个接一个地进行探究,结果对于大脑机能定位有了比先前更多的了解。只要发现一个问题就抓住不放,定要弄到水落石出,有这种精神就不怕发生错误,有错误也一定能够改正。西方心理学家们常在前人做过的实验之后,反复对同一问题进行复核,有时证实前人的结果,有时则将前人的结论推翻,将问题引向深入,这样的做法可以说是一个值得我们学习的优良传统。

谈到大脑机能定位问题,这项研究是经过不少曲折反复的。骨相学包含两大谬误:一点是把颅骨的形状和大脑的形状等同起来;另一点是假设了许多各自独立的官能,并假定每一官能在大脑中有其固定的基地。经过别人的检验,这些谬说都被驳斥了。后来的实验中,以弗鲁伦割除鸽子大脑的实验(1824～1825)具有最广泛的影响,心理学界一般倾向于认为大脑的各个部分虽有分工，但大脑主要是作为一个整体器官而起作用的。稍后一点，研究大脑机能定位的工作更加展开了。奚浅格和弗利茨(1870)用电流直接刺激狗、兔大脑中央沟前回可以引起身体各部分的运动，从而发现大脑各个区域确有分工。在此之前布洛卡(1861)对一个失语症患者进行死后解剖，发现大脑中的言语运动中心；稍后魏尼克(1874)又发现大脑中的言语听觉中心。这些发现都有力地支持了大脑机能定位的学说。到了1876年，弗里埃在他的著作《脑的机能》中将大脑机能定位肯定下来。这时的趋向，是分工定位说占了上风。但再往后又有弗朗茨(从1902年开始)和腊希里(1917)破坏白鼠大脑的实验，证明动物的脑破坏区域的大小同动物行为灵活性的丧失程度成正比，并且证明某一区域的损坏，其功能可由另一区域来代替，于是整体论又恢复优势。在将近百年之中，根据科学家们的辛勤劳动，从大脑功能的整体说转到机能分工定位说，再从机能定位说又回到整体观，兜了一个大圈。由此可见，即便像大脑机能定位这样一个有物质依据可以检查的问题要求得定论，也还有一定的困难。上文说积累事实资料比理论总结进行得顺利一些，那只是相对而言，科学上积累事实资料也并非是轻而易举的。

科学上积累切实可靠的事实资料，既要方向正确，也需有精密的研究方法。骨相学之所以失败正是因为它方向既不正确，方法也不精密。近来有些通俗刊物上说大脑分成感受区、储藏区、判断区、想象区等，我不知他们有什么根据，只怕是把电子计算机的结构同人脑混为一谈了。电子计算机本是模拟人脑制成的，它作为一部机器不得不把输入、输出装置和储藏器、控制器等硬性分开。至于人脑则是一个有机的活体，内部结构更复杂得多，机能也灵活得多，怎能把储藏、想象和判断截然分开呢？恐怕事实并不是如此。

西方心理学中也曾出现过一个专题研究，企图证明人的体型和性格的联系。克瑞茨梅于1921年在自己的著作《体型与性格》中，将人的身躯分为四个类型——强健型、虚弱型、矮胖型、中间型，并企图证明每一体型同某类精神病有关联。他更把体型和性格的关系推广到常人身上，说一切人可分为两个类型：一类叫躁郁循环型，这类人善于交际，性情温和，但心境易于变化;另一类叫内向性格型,这类人不爱交际、沉默寡言、怯懦、敏感或脾气怪癖。他认为性格类型同体型彼此相关。他这种分类界限不够明确,一个人的肥瘦也不是固定不变的,纵或体型与性格有偶合之处,但若要确定两者之间的细密相关,只怕是同骨相学一样的渺茫吧。

统观两三百年来西方心理学发展的历程,可以得出以下几点体会:

(一)心理学的兴起及其发展和其他科学一样,反映出时代背景和文化传统的影响

心理学成为一门独立的科学正发生于西方资产阶级由孳生、壮大而转入反动的时期。这一时期由于发展生产的要求,各门自然科学应运而生,并一步步发展昌盛。心理学从自然科学方面获得营养资料,初步产生了唯物主义思想的萌芽。另一方面资产阶级反动的唯心主义世界观攻入思想上的薄弱环节——哲学部门,取得统治地位。心理学虽然逐渐脱离哲学的怀抱,但它从母胎里带来的血液里的唯心主义毒素却并未消除,而且在当时的历史条件下也不可能消除。因此出现了这样一个矛盾现象:一方面研究心理学的方法逐步趋向于客观化、精密化,另一方面在涉及心物关系的根本问题时依然混淆不清。

再则是各个国家的资本主义发展历程有先后快慢之分,中世纪经院哲学所遗留下来的残余影响扫除得彻底不彻底也各不相同,因此各国存在着不同的文化气氛和文化土壤,孳生于其中的心理学对此也有所反映。欧洲大陆上唯理主义思想延续较久,法国笛卡儿的哲学、德国古典哲学长期占有统治地位。在心理学上,无论是冯特的理论体系也好,或是与之对立的布连搭诺的行动心理学也好,都可看出传统文化的痕迹。英国则因产业革命发生较早,有利于经验主义的产生。虽然经验主义分成唯心倾向和唯物倾向两个支流,但在英国心理学流派里不大看得出烦琐哲学的干扰。至于美国,它是资本主义国家中的后起之秀,更少受欧洲传统文化的束缚,在心理学上的表现是更接近于现实生活,对于学究式的研究表示厌烦。当年卡台尔在莱比锡从冯特学习,要求自选研究专题,开始个性差异的研究,冯特说他是"十足的美国味",他这句话是说出了一国的文化传统对于科学研究的制约性。

此外，在西方国家，反动的宗教势力一向是进步思想的死对头，著名的科学家受迫害的事件屡有发生，教会的魔影仿佛是“达摩克利斯之剑”一直威胁着科学家们的自由思想，有些心理学家的思想不能解放与这种威胁不无关系。

(二)心理学作为一门新兴的科学，既有赖于其他姊妹科学的扶持，也常对姊妹科学有所效法

从早期说起，霍布士关于心理起源于物质运动的思想，笛卡儿关于动物行为是反射的思想，都直接反映当时的力学原理。稍后，约翰·米勒的“心理化学”和冯特的心理元素说显然都是对化学的模仿。至于达尔文进化论对心理学的影响更是广泛深入，几乎无处不表现出来。再说生理学同心理学结成不解之缘以后，心理学所得到的支持更是人所尽知，无需多言了。

(三)在本学科范围以内各家学说的相互影响所起的推动作用也是不容忽视的

各家之间的相互影响有三种形式：一是直接师承；二是同源而异流；三是各立壁垒，彼此交锋。其中任何一种形式都有利于将心理学的研究推向细致深入。

1. 直接师承。过去许多名家都在自己周围吸引了一批优秀的继承人，在同一的指导原则下进行研究工作，许多科学资料就是这样积累起来的。像冯特在莱比锡，缪勒在苟廷根，继承布连搭诺的奥地利学派，以屈尔佩为首的符兹堡学派，以及英国的联想主义传统，都是这类的例子，师生嬗递，衣钵相传，往往绵延一段很长的时期。从20世纪开始的行为主义学派、格式塔学派、精神分析派、斯皮尔曼的因素论等，其中坚人物虽没有明确的师生关系，但都各在本学派的鲜明旗帜下，发挥各人之所长，蔚成风气。

2. 同源异流的事实可举符兹堡学派和莱比锡的关系为例。屈尔佩原是冯特的学生，后来对莱比锡的实验方法有所改动，形成一个新的学派。但新出的符兹堡派基本上仍然承袭莱比锡的内省传统。另一种情况是新派从其所师承的旧派脱离以后，变动较大。例如，精神分析派中的阿德勒和荣格二人原都是弗洛伊德的助手，后来则将弗洛伊德的理论大肆修改，以致面目全非，并且他们两人的见解也互不相同，终于分道扬镳，各建新派。稍后又出

现新精神分析派如霍妮、弗洛姆等人扬弃了弗洛伊德的偏激之处,使其理论较能切合于人的实际生活。又如华生首创行为主义之后,继起者有魏斯、亨特尔、腊希里诸人各有其特色,到了后期,更有赫尔、葛潄里、托尔曼、斯金纳等人的新行为主义。其中特别是托尔曼承认行为的目的性,并着重于认知过程,可以说是弥补了正宗的行为主义的一些缺陷,吸取了众家的合理部分,虽然还不能给以最后的评价,但其在继承前人的途径的同时,并不受其局限,而是根据探究所得,另辟蹊径,这确是促进科学进步的一种方式。

3. 心理学中最精彩的几幕还是由对垒交锋的阵营所扮演,其中突出的如机能派心理学和较后的格式塔派心理学都是针对当时占统治地位的构造派揭竿而起的。行为主义则是对一切以意识为对象、以内省为手段的心理学的反抗。各派之间的论战构成心理学文献中最生动的篇章。心理学作为一门富于活力的科学,其表现正在于此。尤其值得注意的是,在这些论战中各人都拿出实验的证据作武器,就不仅言之成理,并且是言之有物,这对于心理学的向前发展当然是有利的。至于各派的主张有时不免偏激过火,但正因为各走极端,才使问题更加突出,也使谁是谁非的问题比较容易辨别清楚。

除以上三种形式的交互影响之外,还有人善于兼收并蓄,博采各家之长,作出折中的论断,像上面提到的托尔曼就有此风格,在这方面吴伟士更是做得出色。还有一个有趣的例子值得一提。精神分析派和行为主义本是水火不相容的,然而孟内·寇勒在他的著作《两性冲动的发展》(1932)里却能用行为主义的术语对精神分析的概念加以说明,并使它同行为主义的观点也不矛盾。这种荟萃协调、融合沟通的工作代表着心理学近期发展的一个方向,许多心理学家们都盼望有这么一天能将分歧的观点融合到一个统一的纲领中来,非但有些个别的心理学工作者向这方面努力,而且各国的心理学学会的组织,以及国际间的心理学学术交流会议也起着沟通融合的作用。

(四)回顾心理学的发展史,不能不被一些心理学家的刻苦精神所感动

这些人埋头工作,不顾别人的嘲讽,甚至牺牲个人的健康也在所不惜。

突出的例子如，韦伯为了查明液体能不能引起嗅觉，自己仰着脖子，让别人将香水灌入他的鼻孔。费希纳为了观察视觉后像，长时间注视强烈的阳光以致眼球受损，不得不长期住到阴暗的屋子里。艾宾浩斯做记忆的实验，用自己作为受试者，长期背诵无意义字音，并为使实验不受外在条件的干扰，不惜严格管理自己的日常生活，数年如一日。黑德为了确认肤觉有两个不同的系统——粗的肤觉和细致的肤觉——竟将自己臂部的神经割开。他的一篇题为《一次以人作受试的分隔神经实验》的论文中提到的这次受试的人就是他自己。通常关于神经的手术实验都用动物作为试验品，但黑德的实验须由受试者报告自己的感觉，不得不用人作受试。他又不能叫别人受此手术，所以宁愿在自己身上作。这些事例实令人敬佩。

结合西方心理学发展的经历，回过来考虑一下我们自己的情况如何。首先可以看一看我们的文化传统。中国古代当然没有像现代心理学这样的科学，但我们的文化传统比西方却有一些优越之处。西方文明有两大基础：一是古希腊文化，二是基督教传统。古希腊哲学很早就假设了灵魂的概念，在心与物的关系问题上一直很混乱。统治人的精神生活的基督教更是武断地宣扬世界是神的创造，不准怀疑。驳斥灵魂不灭的宗教教条的彭波那齐（意大利人，1462～1524）受到残酷迫害。接受哥白尼关于天体学说的布鲁诺（意大利人，1548～1600）竟被教会活活烧死。写过《作为自然科学的心理学教本》（1832 年出版）的贝内克，因为他写的另一本书《道德的物理学基础》，被普鲁士教育部长指为离经叛道，开除他在柏林大学的教职。我国的情形却不同。我们中华民族素来是一个实事求是的民族，在伦理问题上虽然抓得很紧，人民中间虽曾有过一些迷信，但学术思想却未受到宗教的约束。中国古代哲学不论孔、孟或老、庄，从不侈谈灵魂。孔子虽常讲天命，但只是一个抽象概念，不是有形体的神。“子不语，怪力乱神”，这是他的一个特点。他虽说过“祭如在，祭神如神在”，他所要求的只是恭敬之心，他用一个“如”字，正足以表明他未必真把神或祖先的灵魂看作实际的存在。汉代唯物主义思想家王充直率地驳斥有鬼论，他说：“人之所以生者，精气也，死而精气灭，能为精气者，血脉也，人死血脉竭，竭而精气灭，灭而形体朽，朽而成灰土,何用为鬼?"[①]又说:"人之死,犹火之灭也。……火灭光消而烛在,人死精亡而形存,谓人死有知,是谓火灭复有光也。"[②]南北朝时梁代的范缜著《神灭论》说:"神之于质,犹利之于刃;……舍利无刃,舍刃无利。未闻刃没而利存,岂容形亡而神在?"[③]梁时佛教盛行,且梁主笃信佛教,但范缜畅所欲言,并无窒碍。这是我们自古以来的文化传统优于西方之处。

关于人的心理的理论,中国古代哲学家也曾有过独到之见。例如,北宋学者张载(1020～1077)在所著书中说:"人本无心,因物为心。"[④]又说:"感亦须待有物,有物则有感,无物则何所感!"[⑤]他已指出认识的客观来源。他又说:"勿谓小儿无记性,隔日事皆能不忘。故善养子者,必自婴孩……便示以好恶有常。至如不欲犬之上堂,则时其上堂而扑之;若或不常,既挞其上堂,又食之于堂,则使孰适从?虽曰挞而求不升堂,不可得也。"[⑥]这里几乎触及条件反射的规律了。

张载关于人的心理起于感性经验的思想比洛克(1632～1704)早600年,为什么后继无人,不能发展成为更客观的心理学体系呢?我们仍然可以从中国的文化传统中寻求解答。

在中国,儒家思想长期居于统治地位。从好的方面看,儒家是提倡格物致知的。儒家以治国、平天下为最终目的,其起点则是格物、致知(格物、致知、正心、诚意、修身、齐家、治国、平天下,成为完整的一套)。并且儒家提出口号说:"一事不知,儒者之耻。"[⑦]这种精神对于促进科学发展不是很有利吗?然而具体应用起来,儒家所谓"格物",并不是揭示客观事物的规律,而是从客观事物中体会修身之道。下面是一个典型例子。《大戴礼记》一书中记有孔子与子贡的一段对话:"子贡曰,'君子见大川必观何也?'孔子曰,'夫水者,君子比德焉:遍与之而无私,似德;所及者生,所不及者死,似仁;其流

① (汉)王充:《论衡》卷二十《论死篇》,上海人民出版社1974年版,第315页。

② (汉)王充:《论衡》卷二十《论死篇》,第318页。

③ 《天论》《神灭论》注释组注释:《〈天论〉〈神灭论〉注释》,甘肃人民出版社1976年版,第54页。

④ (宋)张载:《张载集》,章锡琛点校,中华书局1978年版,第333页。

⑤ (宋)张载:《张载集》,章锡琛点校,中华书局1978年版,第313页。

⑥ (宋)张载:《四部丛刊续编·子部·张子语录》,上海书店出版社1934年版,第24～25页。

⑦ 郑紫苑、龚文瑞:《书香赣南 赣南书院文辑》,广东旅游出版社2018年版,第191页。

行卑下倨句皆循其理，似义；其赴百仞之谿不疑，似勇；浅者流行深渊不测，似智’。”[①]儒家对人事太关心，甚至把自然现象也硬扯到道德问题上来。儒家的格物就是“比德”，拿自然现象比喻道德，哪里是研究自然规律呢？

荀况（前298～前238）是儒家中最有进步思想的一位，他的言论有许多地方表现出唯物的倾向。他在《天论》中写道：“大天而思之，孰与物畜而制之？从天而颂之，孰与制天命而用之？”[②]（把天看得非常伟大而思慕它，哪比得上把天当作可蓄养的东西而加以控制呢？顺从天而歌颂它，哪比得上掌握天的变化规律从而利用它呢？）这几句话恰好是针对孔子“顺从天命”的说法而给以批判的。这应该是树立起一面研究自然的旗帜了，可是他同时又说：“不见其事而见其功，夫是之谓神。皆知其所以成，莫知其无形，夫是之谓天。唯圣人为不求知天。”[③]（看不见它怎样去做，却看到了它做出的成果：这就叫作“神”。人们都知道生成万物的原因，却不知道它不露形迹的工作进程：这就叫作“天功”。只有圣人才不要求懂得天）把前后两段话结合起来看，他是要求了解自然运动的表面现象，而不要求了解产生自然现象的原因，只要知其然就够了，不必追究其所以然。换句话说，他的唯物思想只到经验主义为止，是不想采取客观精密的方法进行分析研究的。他这种思想恰好表达了中国历代关心自然现象的人们的实践。中国先进的知识分子和具有实践经验的劳动人民对于历法、气象、农业、建筑工程、陶瓷、丝织、冶炼以及医药等方面都作过细致的观察，积累了大量的宝贵知识，远比西方国家超前，但许多知识都只知其然而不知其所以然，只达到一定的水平就停滞下来不再深入了。举一个眼前的例子，针灸代替麻醉是我国医学上一件卓越成就，在任何其他国家都未曾发现过，可是所谓经络究竟是怎么一回事，它同神经系统的关系如何，还有待于应用现代的科学技术来加以分析研究才能弄清其原理。总说一句，我国人们尊重经验，着重实践与观察，实事求是，这是极可贵的优良传统，可惜不曾应用更客观精密的方法深入地发现事物

---

① 戴德辑：《大戴礼记》，山东友谊出版社1991年版，第150页。

② 《天论》《神灭论》注释组注释：《〈天论〉〈神灭论〉注释》，甘肃人民出版社1976年版，第19页。

③ 上海市总工会主编：《历代法家著作选注》第1册，上海人民出版社1975年版，第75页。

的内在规律。[①]

无论如何,实事求是总是好的风气。我们正好发扬这一优良传统,以此为起点,再认真学习马列主义,把它学深学透,作为指导方向的指南针,在探讨人的心理的奥秘时就可少走弯路。同时以西方心理学的成果作为借鉴,明了其得失所在,也是必要的。只要善于去其糟粕,取其精华,也足以加快我们前进的步伐。此外,时至今日,心理学向其他自然科学寻求支援的门路更宽了,诸如分子生物学、量子生物学、生物化学、遗传工程、电生理学、心理药物学、电子学、信息论、控制论等方面的进展都能对心理学有所启发,可以帮助我们进入以前尚未开发过的领域,或者对旧有的课题作进一步的深入探讨。所以心理学的前途是大有可为的。

最近钱学森同志关于人体特异功能问题发表谈话说,生命科学是当前世界上普遍受到重视的一门学科。他主张利用现代科学技术进行多学科的综合性研究,他还号召心理学家也参加。这是一个极好的倡议。因此想到,对心理学来说,跨学科的研究实有必要。我十分希望心理学界中具有条件的同志们把研究的范围扩大,以便充分利用其他学科的成就来为心理学服务。不过这个设想不一定适用于全部的心理学工作者。心理学的问题是可以在不同的水平上进行研究的。既可以结合某些物质科学来深挖心理现象的实质,也可以就心理活动的本身发现其运动规律而不须涉及其生理机制问题。如果分头进行也未尝不可。

美国心理学界关于应否"降级以求"的问题曾展开热烈的讨论。所谓"降级以求",就是将各门科学排成一个不同水平的等级体系。例如,以物理学为最基层,上面一级一级地排上化学、生物学、生理学,通过这些学科逐步上升到心理学,然后在心理学之上还可排上社会科学,历史科学作为更上层的水平。为了对某一水平的现象作出更深入、更基本、更能表明因果关系的解释,就用低一级水平的概念和原理来加以说明。例如,心理现象可用生理学的概念和原理来说明,生理现象又可用物理、化学的概念和原理来作说

① 阻碍中国科学发展的原因当然不仅是上述的情况,儒家鄙视物质的创造发明,斥之为"奇技淫巧""玩物丧志",这种教条也有恶劣的影响。此外,一个最大的阻碍是实行了几百年的科举制度将人的聪明才智耗费于空洞无物的八股文上,使科学得不到应有的注意。

明,等等。

对于这种办法,美国心理学家们曾采取两种相反的态度:一种态度是要维持心理学的独立自主性。持这一态度的心理学家们认为心理学所研究的对象是行为,而行为则是机体与环境之间的机能上的相互作用。至于生理学,它所谈的生理机制乃是皮肤以内的事情,不能表达机体同环境的关系。生理概念与心理概念应用的范围既不等同,就不能用一类的概念解释另一类的现象,也就是说,不能用低一级水平的生理概念来解释高一级水平的心理现象。

反对以上主张的心理学家们称上述这一派人为"纯心理学的心理学家"。他们自己则认为只有把心理现象归结为神经生理过程才能作为科学的探讨:如果我们接受纯心理学的心理学的主张,我们将不得不把一切假定的设想放到"乌有之乡"——那是科学探讨永远无法达到的领域。

这番争论其实是不必要的。我们认为需要不需要用低一级水平的概念解释高一级水平的现象应该随着具体问题的性质来作决定。有些心理现象本身可以表现出规律性,这种规律性用心理学自己的术语也能说得明白,在这种场合,深一步挖掘其生理机制固然是好,不谈它的生理机制也无妨碍。例如关于记忆问题,分散复习和集中复习的比较,可以在心理学的水平上进行实验并求得解决。又如关于学习迁移问题,哪类学习有迁移,哪类没有迁移,如有迁移,是在什么情况下发生迁移,这些问题也可以在心理学水平上实验和解决。但另一些问题——例如,记忆的基础是什么,所谓印迹是怎么一回事;人的意识是纯精神现象,还是有其物质基础,它是如何发生的;注意为什么有广度的限制;注意中心为什么清晰,边缘为什么模糊;睡眠与做梦是怎么一回事,以及上文提到的人体的特异功能等问题——若不"降级以求",是决不能得到满意的解释的。要解答这类问题,非但需要求助于生理学,有时还得求助于生物化学、神经电学,等等。因此可以认为心理学的问题,除开分支研究以外,还可以在不同的水平上进行研究。只要因事制宜,不妨齐头并进。分工协作是能够加速心理学进展的。

[原载《山东师院学报》(哲学社会科学版)1980年第6期]

孔子的学养和教育经验

鲍兆宁

孔子是我国历史上伟大的思想家和教育家，他对我国两千多年来历史文化所产生的影响是无与伦比的。孔子的一生，做官的时间很短，而从事教育工作却长达50年左右。他好学深思，在教育实践中积累了丰富的经验，在我国教育史上起着极其深刻而巨大的作用。我国教育史上的一些大教育家，如孟轲、荀况、韩愈、朱熹、王守仁等，在从事教育工作中莫不奉孔子为圭臬，对他的教育思想加以祖述和发挥。现将他的学养和教育经验从以下三个方面加以分析，以供我们借鉴和参考。

一、学而不厌进于大成

孔子作为一位伟大的教育家，他的知识极其渊博，所谓博学多能，博古通今，能认识当时别人所不识的东西。关于这一点大家是没有异议的。由于他的学而不厌的精神，才使他获得伟大的成就。孔子70岁以后总结他自幼学习心得说："吾，十有五，而志于学；三十而立；四十而不惑；五十而知天命；六十而耳顺；七十而从心所欲，不逾矩。"(《论语·为政》，以下引用本书只注篇名)——15岁立志发愤学习；30岁开始立业；40岁对所传之道有了信心，不再疑惑；50岁懂得了各种规律性的东西；60岁能听取各种不同的意见，融会贯通；70岁心里所想都很正确而不违背规矩。从这一段话中充分看到孔子是毕生不停歇地学习，而且年年都在进步。孔子学而不厌的精神为后世称颂，特别值得我们学习的有以下几点：

1. 勤奋力学

孔子曾说过："我非生而知之者，好古敏以求之者也。"(《述而》)他说自己之所以被人称为博学多能，并不是天生的，而是因为勤勉好古学习。怎样勤勉学习呢？他说过几段话很能发人深省。他说："君子食无求饱，居无求安，敏于事而慎于言，就有道而正焉。可谓好学也矣。"在孔子看来，好学的人就是要饮食不求饱足，居住不求安逸，动作敏捷而少说废话，不懂的地方去向懂的人请教。他提到勤学问题，一再提到不注意饮食好坏的事，如说"发愤忘食"，又说"士志于道，而耻恶衣恶食者，未足与议也"(《里仁》)。他亲身体会到，专心致志地钻到学习的境域里去，吃饭都会忘记了，其他的事更是不会考虑到的。事实上，古往今来，凡是在学问上有成就的人，谁不像孔子这样勤奋力学而能侥幸得之？那些不求精进，分心小事，以恶衣恶食为耻的人可以知所勉矣！

2. 虚心好问

孔子在学习上总是不断取得进益，终至抵于大成，这与他的虚心好问是分不开的。孔子曾说："吾有知乎哉？无知也。"(《子罕》)又说："君子道者三，我无能焉。仁者不忧，知者不惑，勇者不惧。"(《宪问》)孔子在当时虽已被誉为圣人，但他自己还是这样感觉不足，遇事多问，对质疑问难有正确的看法。他说："(孔文子)敏而好学，不耻下问，是以谓之文也。"(《公冶长》)认为孔文子之所以被谥为文，就是因为他勤敏好学，不以向(地位)低于他的人问难为耻。曾子也曾赞扬孔子所最器重的学生颜渊："以能问于不能，以多问寡。"(《泰伯》)——颜渊智能很高，但常问于智能差的人；他的知识渊博，但常向知识谫陋的人问难。而孔子本人确是谦虚好问的典型。"子入太庙，每事问。"(《八佾》)——孔子入太庙襄助人君举行祭祀，于自己所不知道的事物，都要一一向人问询。孔子谦虚好问，不仅自己广增见闻，充实学问，而且也在孔门中形成一种好问的好学风，乃至衍及后世，蔚为风尚。宋代著名的文学家、史学家欧阳修对《五代史·伶官传》的总结"满招损，谦受益，忧劳可以兴国，逸豫足以亡身"传为千古名言，未尝不是得之于孔子伟大的谦虚精神的启发。

3. 学无常师

孔子的勤奋好学,也表现在学无常师上。正如他的学生子贡所说的:“夫子焉不学,而亦何常师之有?”(《子张》)——孔夫子什么不学习呀,大的,小的,凡是有道理的东西没有不学的。而且没有经常的教师。孔子自己也说:“三人行必有我师焉,择其善者而从之,其不善者而改之。”(《述而》)又说:“见贤思齐焉,见不贤而内自省也。”这两段话说得很清楚,三个人在一起行走,也有我师事的人物,他们好的方面,我可以学习;他们有不好的地方则当思忖着引以为戒。见到好人则向他看齐;见到不好的人要在内心里省察,不要蹈他的覆辙。从可以征验的文献看来,孔子曾学礼于老聃,访乐于苌弘,向郯子问官,向师襄学琴,只要人有一点善言善行,皆为我师,真是所谓江河不择细流,所以才能成其浩瀚的局面。这一点难道不值得我们向他学习吗?

4. 教学相长

“教学相长”是《学记》上的教学原则之一。孔子早在教学实践中已经做到这一点,他在与学生讨论问题时常受他们的启发,在认识上有所提高。例如,有一次,子夏问孔子《诗经》上这几句:“美丽的眼睛流盼着,笑得多么美呀,洁白的底子上画着花呀是什么意思。”孔子回答说:“先有白色的底子,然后绘画。”子夏说:“那么,是不是礼乐产生在(仁义)之后呢?”孔子说:“卜商(子夏名)呀!你真是能启发我的人,现在可以和你谈论《诗经》了。”(《八佾》)又有一次,仲弓向孔子问桑伯子的为人,孔子说:“他性情宽大,很好。”仲弓说:“从敬谨出发,对老百姓宽大,不是很好吗?若从宽大出发而行宽大,岂不是太宽大,以至于无度了吗?”孔子说:“雍(仲弓名)的话说得对。”(《雍也》)孔子在教学中遇到不能解决的问题,而学生发挥思考,有所创见,他总是热情地予以肯定。这与那些故步自封,对新鲜事物毫无感觉,不肯在教育和教学中继续学习前进的教师,真是不可同日而语!

5. 好学深思

孔子曾说过:“知之者不如好之者,好之者不如乐之者。”(《雍也》)这是说一般的学习,不如对学习有喜好,而喜好之深,就会以学习为乐。以学习为乐就是养成了学习的兴趣。有了学习兴趣就可以全神贯注专心致志，勇往直前地学，就可克服一切困难，使学习抵于成功。孔子自称“发愤忘食”就是处在这种乐学的境界。他曾实事求是地总结自己成功的经验说：“十室之邑必有忠信如丘者焉，不如丘之好学也。”（《公冶长》）——十家聚居的小村子，也必有资质很好像我孔丘一样的人，但不如我一样好学，所以没有能达到我的成就。

孔子好学还有一个特点，就是能深思。孔子有一句名言，为古今学者所称道，就是“学而不思则罔，思而不学则殆”（《为政》）。这句话说明了学与思的辩证关系，学习必须思考，思考离不开学习。学习如不经思考，则不能辨别是非，同时也不能将所学的东西变为自己可资运用的财富，光思考而不学习，没有丰富的材料，当然也就无所用其思考。好学必须与深思结合起来，才能学有所成而使思维能力得到应有的发展。

6. 反对主观

孔子说过一句很有意思的话：“知之为知之，不知为不知，是知也。”（《为政》）——知道的事物说知道，不知道的说不知道，是智慧的表现。可见孔子学习很重视实事求是的精神。《论语》中一个小故事说明孔子不主观。有一次，陈司败问孔子，鲁昭公知礼吗？孔子答说知礼。孔子退去，陈司败对孔子的学生巫马期发了一通牢骚，并且指出：“君（昭公）娶于吴为同姓，谓之吴孟子，君而知礼，孰不知礼？！”巫马期将这话告知孔子，孔子说：“丘也幸，苟有过，人必知之。”（《述而》）可见孔子在事实面前是勇于承认过错的。“子绝四：毋意，毋必，毋固，毋我。”（《子罕》）于此孔子更明确地提出反对四种主观主义的学习态度，就是不主观臆测、不随心武断、不固执己见、不自以为是。他的这些正确的观点，今天看来也还是值得提倡的。

7. 锲而不舍

孔子能在学问上获得伟大的成就，也不是一口吃成个胖子，而是日积月累得来的。他说：“譬如为山，未成一篑，止，吾止也；譬如平地，虽覆一篑，进，吾往也。”（《子罕》）——譬如用土堆山，尚缺一筐土，停止不进，这只能是半途而废；譬如填平洼地，虽然只倒了一筐土，如果继续，但我也在前进。学者自强不息，则积少成多；中道而止，则前功尽弃。《荀子·劝学》上提出：

"不积跬步,无以至千里;不积小流,无以成江海。""锲而舍之,朽木不折;锲而不舍,金石可镂。"都是说的这个道理。伟大的学者所以成其伟大,莫不是从点滴做起,而持之以恒,孔子也不例外。孔子说:"人而无恒,不可以作巫医。"(《子路》)巫医在古代为降神治病的职业,如无恒心,不能精其术,也是干不好的。

8. 惜时恶惰

孔子平居很爱惜时间。他有一次在河上看水,不禁感叹地说:"逝者如斯夫! 不舍昼夜。"(《子罕》)——时光和水流一样,日夜不停地逝去,再也不回来了,多么可惜啊! 他曾两次严肃地责备人随意浪费宝贵的时光。有一次他说:"群居终日,言不及义,好行小慧,难矣哉!"(《卫灵公》)指责那些人成天聚集在一起闲拉呱,耍小聪明,结果一事无成。又一次说:"饱食终日,无所用心,难矣哉!"(《阳货》)斥责那些只注重自己吃饱喝足,糊里糊涂,一点不开动脑筋,也是一事无成的人。可见孔子对那些让宝贵的时间从身边白白溜走,不用心干活的人,是深恶痛绝的。

9. 会友共举

《论语》开头第二句就提出"有朋自远方来,不亦乐乎!"表示与四方朋友共学,互相砥砺,是一乐事。清代初年的大学者顾炎武曾说:"独学无友,则孤陋而难成。"一个人学习,要免除处于孤陋寡闻的境地,就必须与四方友人共聚一堂,互相切磋,交换意见。曾子说:"以文会友,以友辅仁。"(《颜渊》)也是说的这个道理。

10. 学无止境

孔子毕生从事教育工作,参加学习活动。他曾以"学之不讲"(《述而》)为四件可忧虑的事情之一。人们常常谈论孔子主张"学而优则仕",但却很少提到他也重视"仕而优则学"的思想。子夏说:"仕而优则学,学而优则仕。"(《子张》)仕而优则学要求做官的人还要不断学习,提高自己的知识和能力,以便把工作做得更好。这种思想也是值得我们今天参考和借鉴的。

二、诲人不倦教育功深

孔子是我国历史上第一个正式开创私学的教育家。他唯其毕生诲人不倦，而且学而不厌，在教育实践和理论上的贡献是伟大的。

1. 有教无类

孔子自己说："有教无类。"(《卫灵公》)就是说在他的私学内不分贫富贵贱，都给以教育。这在当时奴隶制社会是有很大进步意义的。他到卫国去，冉有替他赶车，他在车上看见卫国的老百姓很多，便赞叹了一声："庶矣哉！"——人真多呀！冉有就问："人多了怎么办?"他答道："富之！"——要使他们富足起来。冉有又问："已经富足了，又该怎么办?"他又回答道："教之！"(《子路》)——对他们进行教育。从这一段对话虽看不出孔子要对卫国的老百姓教些什么，但是要给老百姓以普遍的教育则是肯定的。孔子提出："自行束脩以上，吾未尝无诲焉。"(《述而》)——只要送十条干肉作为学费，我没有不加以教育的。据《史记》及其他历史书籍所载，他的学生众多，有三千人，而且成分也是很复杂的。三千学生中通六艺(礼、乐、射、御、书、数)的七十二人。就这七十二人来分析，既有乘肥马衣轻裘的公西华，又有一箪食一瓢饮、家室屡空的颜渊，"贱人"之子仲弓，还有子张是"鲁子鄙家"，子路是"汴子鄙人"。从这些人的出身和生活条件来看，多数是属于平民的。所以说，孔子在教育上提出"有教无类"的主张是进步的，它打破了当时受教育完全是贵族特权的界限，因此，为当时社会培养了不少人才，推动了当时文化知识的传播，对我国古代文化发展作出了一定的贡献。

2. 言行一致

孔子教育学生，十分重视言语和行动一致。他非常厌恶夸夸其谈、说了不做的人。他说："敏于事而慎于言。"(《学而》)——做事要快，说话要谨慎。又说："君子欲讷于言，而敏于行。"(《里仁》)——君子人要说得慢一点，做得快一点。他批评那些言过其行的人说："君子耻其言而过其行。"(《宪问》)——君子应以所说的超过了所做的为羞耻。他为什么这样注重说了一定要做呢？也是从现实生活中得到的教训。他的学生宰我擅于言辞，但往往说了不做。有一回他犯了错误,孔子骂了他一通之后说:“始吾于人也,听其言而信其行;今吾于人也,听其言而观其行。”(《公冶长》)——始初我对于人,听了他所说的就相信了,现在呢,听了人的话,还要看看他的行动怎样。孔子有个学生叫子路,有点鲁莽,但很直爽,他平日看了孔子的行为有不入眼的地方就表示不满,听了孔子的言语不以为然就顶撞。但孔子还是非常看重他,主要原因之一就是他能言行一致,认识了的事理一定马上按照去做。“子路有闻,未之能行,唯恐有闻。”(《公冶长》)——子路听了正确的话,尚未来得及实行,因而恐怕又有新闻。可见他行事之认真不苟。

3. 启发诱导

孔子善于对学生启发诱导,在当时以及后世产生了极其重大的影响,为人称道。孔子说过:“不愤不启,不悱不发。”(《述而》)朱熹注解说:“愤者,心求通而未得之意;悱者,口欲言而未能之貌。启,谓开其意,发,谓达其辞。”[①]可见孔子的所谓启发,就是引导学生思维,使处于心求通而未得,口欲言而未能的状态,然后开通他,指点他,使他豁然贯通,自己掌握学习的内容。孔子启发式教学的精义就在于正确地把学生看成是有思维能力的实体,而不是倾注知识的容器,教师的主要职责在于诱导学生独立思考,主动地获取知识。学生在独立思考主动获取知识的同时,智力也就得到发展。我们现在学校教学反对注入式,提倡启发式,要向孔子学习。

4. 贵求诸己

孔子一生学而不厌,诲人不倦,严格要求自己,所以提出求诸己的要求。他说:“君子求诸己。”(《卫灵公》)又说:“不患人之不己知,患其不能也。”(《宪问》)——不忧虑人家不知道你,应该忧虑自己的能力不够。他在严格要求自己的同时,还主张不要过分责备别人,他说:“躬自厚而薄责于人。则远怨矣。”(《卫灵公》)——对自己要求要高,责人要薄一些,这样就可不至惹起别人的反感。唐代文豪韩愈将这一思想加以发挥,他在《原毁》中写道:“古之君子,其责己也重以周,其待人也轻以约。”[②]责己重而周到,就不至于

① (宋)朱熹:《四书章句集注》,上海书店出版社1987年版,第46页。

② (唐)韩愈:《韩昌黎文集校注》第8卷,马通伯校注,古典文学出版社1957年版,第13页。

懈怠，待人宽大一些，不要处处以完人要求别人，这样，就可使人乐于为善。教师对学生提出要求，一开始也不能太严，而是由易到难，逐渐严格下去。

5. 重视身教

与求诸己的要求密切联系着，孔子非常重视以身作则的教育。他有关这一方面教育的言论很多，如："不能正其身，如正人何？"(《子路》)——自己做不到的事，怎么能以之要求别人呢？"其身正，不令而行，其身不正，虽令不从。"(《子路》)——自己做好事，虽不说，也能使别人跟着去做；自己不做好事而叫别人去做，虽说了也是白搭。光用言语教育学生的效果是有限的，用自身行为向学生示范，就能使他们心悦诚服地去实行。重视身教，确是我国教育工作的优良传统。

6. 因材施教

孔子善于因材施教，在我国教育史上创造了光辉的范例。孔子对于每个学生的性格、志趣和特长等都了解得一清二楚，对不同的学生提出不同的要求，进行不同的教育，对学生发问，能针对他们的特点给予回答，以满足他们各自的真正要求。

孔子经常谈到学生的不同个性，例如：柴也愚，参也鲁(迟钝)，师也辟(少诚实)，由也喭(粗鲁)，求也退，由也兼人(胜过人)，师也过，商也不及，等等。孔子对学生的要求不是一刀切，而是根据各人不同的个性给予不同的教育，使各成才。"闵子侍侧，訚訚如也；子路，行行如也，冉有、子贡，侃侃如也。子乐。"(《先进》)——闵子骞等一帮学生在孔子前侍立，闵子骞态度温和恭敬，子路刚强勇武，冉有和子贡雍容和乐。孔子看了他们各有特色，打心眼里感到高兴。孔门四科的专门人才都是发挥了各人的特长而得以深造的。

孔子因材施教，还表现在对不同的人提出的问题给予不同的回答。一部《论语》大部分都是学生们向他问这问那的传习录。他对学生问的问题，都是根据他们不同的资质和情况给予针对性的解答。人们常常传诵着《论语》中这样一个有趣的小故事：孔子的弟子子路和冉有向他问了一个同样的问题：听到好的意见是不是马上去实行？孔子对子路的答复是：有亲长在，应与他们商酌商酌，哪能听到风就是雨呢？对冉有的答复却是：听到好的意见应当马上去做嘛！学生公西华在旁看了不解，就问是什么道理，孔子说：冉有遇事退缩不前，所以鼓励他前进；子路好胜，有冒进的趋向，所以让他退一步想想再干。

7. 循序渐进

孔子教育学生的方法是循序渐进。孔子的特优学生颜渊就曾赞颂孔子："夫子循循然善诱人。"(《子罕》)——老师善于按照一定次序诱导学生。就如《学记》上所说的"学不躐等""不陵节而施"，也就是由简到繁、由浅入深、由易到难等。孔子弟子三千，他对初入学的只是要求他们学习洒扫、应对、进退一些简单的项目，进一步就要学习一般的"四教"(文、行、忠、信)的内容；七十二子高级班才要求精通礼、乐、射、御、书、数的知识和技能；而对一些拔尖的学生则要求他们在德行、政事、言语或文学方面有专精的造诣。

8. 温故知新

《论语》开宗明义，第一句就说："学而时习之，不亦说乎！"(《学而》)——学习而时时加以温习，获得巩固的知识，不是很快乐的吗！又说："温故而知新，可以为师矣。"(《为政》)——温习旧时所学的知识，使勿忘记，又学习新的知识，把新旧知识结合起来，学识不断丰富，就可以胜任教师的工作了。孔子的拔尖弟子子夏阐述了孔子温故知新的思想说："日知其所亡，月无忘其所能。"(《子张》)——每天知道一些新知识，到月终忘不了一个月所学的东西，这样日积月累，自然就能不断进步。孔子温故知新的教学思想，一方面注意新旧知识联系，形成知识整体，一方面注意不断温习，使所学的知识得到巩固，很符合学习心理学的原理。

9. 学以致用

后世儒家学习孔子，往往多是死记教条，但孔子本人却很重视学以致用。他曾批评过学习很多知识而不能用的弊病，他说："诵诗三百，授之以政，不达；使于四方，不能专对。虽多，亦奚以为！"(《子路》)——诵读《诗经》三百篇，使他执掌政事，不通达人情，搞不好工作，让他出使外国，不能恰当地对答如仪。虽学得多，有什么用呢！孔子的这种学以致用的精神是非常宝贵的。对初入学的儿童，就叫他们做一些洒扫、应对、进退的事，就是叫他们打扫卫生，学习一些问答、行为礼节和习惯。这与后世教学，一开始就叫儿童念一些他们一点也不懂的文字，真是有根本的区别。

10. 与人更始

孔子教育学生，总是不惮烦地反复开导，即使对有过错，甚至犯有严重过错的学生，也是向前看，注意他的改过自新，而不是彻底予以否定。他曾说过："过则勿惮改。"(《学而》)——有过失不要怕改，改了就好。鲁哀公有一次问宰我一个问题，宰我不了解情况，胡说一通，孔子听了当然很生气，但是却说："既往不咎。"(《八佾》)——事已过去，不必再追究，希望他以后说话要慎重考虑。互乡人好说歪理，很难缠。其乡有一名少年来看孔子，孔子见了他，门人惶惑不解。孔子说："与其进也，不与其退也。唯何甚？人洁己以进，与其洁也，不保其往也。"(《述而》)——与他谈进步的事，而不是谈落后的事，你们怪我见他，亦何拒绝人太甚？一个人洗心革面来见你，应重视他自新的一面，而不要纠缠在他过去的言行上。孔子这种与人为善、鼓励人自新向上的思想是何等的恢宏！我们对于差生的教育难道不能从中吸取一些有益的东西吗？

孔子博学多闻，好学深思，善于总结经验，正如他自己所说："多闻，择其善者而从之，多见而识之。"(《述而》)——多听，但要有分析，选择其中正确的加以肯定；多观察而加以识别。所以他的教育和教学经验是非常丰富的，值得我们发掘和借鉴。

三、严格要求师生友爱

孔子这位伟大的教育家，对学生的要求是非常严格的，因而在他的门下出了众多的贤人。同时，他与学生之间的关系向以友爱见称，这在当时和后世都给人留下深刻的印象。

1. 爱之劳之，忠焉诲之

孔子对学生严格要求，出于对他们的热爱，正如他自己所说的"爱之能勿劳乎？忠焉能勿诲乎？"(《宪问》)——爱他能不使他劳动吗？对他尽责能不教育他吗？孔子以"文、行、忠、信"教育学生，要求他们掌握"礼、乐、射、御、书、数"的知识技能，一毫也不放松。当发现学生有过失，总是以多种方式批评教育。他常用的有三种方式:一种是直接训责。当学生犯了明显的重大的过错时,当面给予严正的训责,促其改悔。例如,宰予白天睡懒觉,孔子就骂他:“朽木不可雕也,粪土之墙不可圬也。”(《公冶长》)——腐朽的木头不能雕琢使成器物,粪土做成的墙壁不值得去粉刷。第二种是间接讽喻。例如子贡喜欢议论人的短长,孔子就对他说:“赐也贤乎哉!夫我则不暇。”(《宪问》)——赐(子贡名)呀,真是了不得啊!若就我来说,自顾不暇,哪里还有时间议论别人呢?对子贡来说,这样的批评比之正面的训诫还会有效得多。第三种是定向谈话,就是在谈话中有针对性地揭露学生的缺点,使能改正。《论语》中这种例子很多,这里就不列举了。

2. 开诚布公,思想见面

孔子对待学生能够开诚布公,思想见面,因而感人至深,师生关系非常好。他曾对学生说:“二三子以我为隐乎?吾无隐乎尔,吾无行而不与二三子者,是丘也!”(《述而》)——你们以为我留一手吗?我对你们毫无保留,我所作所为没有不与你们公开的,孔丘之所以为孔丘就是这样。他又鼓励学生说:“当仁不让于师。”(《卫灵公》)——当行仁道,争真理之际,应不对老师谦让。就是真理面前人人平等,要让学生有发言权。孔子与学生关系自然,这里特别提出他与子路的一些交流以见其一斑。“子见南子,子路不说,夫子矢之曰:‘予所否者,天厌之!天厌之!’”(《雍也》)——南子是卫灵公的夫人,其人颇有姿色,并喜卖弄风骚。孔子见了她,动机不明,子路表示不高兴。孔子急得向他发誓说:“我如有不对的地方,天将厌弃我,天将厌弃我!”可见孔子对学生是平等相待,遇到学生反对,总是采取说服的方法,而不是用高压手段。孔子在陈国绝粮断炊,子路气冲冲地跑去对他说:“君子亦有穷乎?”(《卫灵公》)——君子也有穷困的时候吗?孔子又心平气和地给他解说一番。子羔学习尚未成熟,子路就派他去做费城的县官。孔子知道后骂他说:“害了人家的儿子!”子路反驳说:“有老百姓,有供祭祀的地方,不正好边做边学吗?何必一定要读书才算学习呢?”孔子没有话驳他,只好嘟囔了一句:“我向来讨厌说漂亮话的人!”从以上引述,可见孔夫子对他的学生是如何假以辞色,使学生在他面前畅所欲言。孔子对子路这样好顶撞他的学生,非但不记恨,而且特别喜爱。据《公羊传》记载,子路做了卫国大夫孔悝的家臣，因卫国发生变乱，被政敌砍死。消息传来，孔子连呼："天祝（断）予！天祝予！"叫人把炖的肉都倒了。由于年老悲伤过度，孔子不到一年也就去世了。

3. 子弟情深，休戚与共

孔子对学生的感情非常深厚，除了上面所谈他对子路横死的悲痛之外，《论语》上还记载："颜渊死，子哭之恸。从者曰：子恸矣。曰：有恸乎？非大人之为恸，而谁为？！"（《先进》）——颜渊死了，孔子哭得非常哀恸，跟随的人说："夫子过于哀恸了。"孔子答说："是吗？不为这个人的死哀恸还为谁哀恸呢？"冉伯牛患了恶疾，不能见人，孔子去看他，从窗户执着他的手，慰问他。回来后一再感叹地说："斯人也而有斯疾也！斯人也而有斯疾也！"（《雍也》）——这样的好人竟患了这样的恶疾！这样的好人竟患了这样的恶疾！

孔子与学生关系友好，还可由以下几件小事看出：一回，子路、曾皙、冉有、公西华几个学生侍坐，孔子开口说："我不过比你们大几岁，你们用不着拘束。你们常说社会上不知道你们，不能见用，如果有人知道你们，你们可以做些什么呢？"于是子路抢先发言，接着冉有、公西华两人又都谦逊地说了自己的抱负，这时曾皙显得悲观，说与三人所说的积极志愿不一样。孔子安慰他说："何必悲伤呢？只是大家谈谈志愿罢了。"当曾皙谈了自己逍遥遁世的想法以后，孔子慨叹地说："我同意点（曾皙名）的设想。"（《先进》）从这件事中既看到孔子恬淡开阔的襟怀，又看到他对学生的不畅快的心情是如何无微不至地体谅和关怀。一次，孔子到城武县，学生子游在那里当县官。孔子听到弹琴唱歌的声音，心里十分高兴，嘴里却故意说："割鸡焉用牛刀。"——杀鸡何必用宰牛的刀。就是说治小县何必用礼乐的大道。子游听了不满，争辩说："往日我听老师说，君子学习仁道就能爱人，小人学习礼乐则容易使唤。"孔子说："偃之言是也。前言戏之耳！"（《阳货》）——偃（子游名）的话是对的。我说杀鸡焉用牛刀的话是和你开玩笑啊！孔子在十分高兴的时候常和学生开个小玩笑，从不板着面孔。孔子到郑国去，与学生走散了，独立在城东门。子贡去寻找，一个郑国人对他说：东门有个人，他的颈项像皋陶，肩膀像子产，自腰以下比夏禹短三寸，愁眉苦脸简直像死了主人的狗一样。子贡以郑人所说的话告诉孔子，孔子欣然笑着说："形状，末也。而谓似丧家之狗，然哉！然哉！”（《史记·孔子世家》）——形状，不去管它，而形容我当时的心情，说我像死了主人的狗，是啊！是啊！可见孔子的学生热爱老师，乐于和老师开个谑而不虐的玩笑，而老师又具有充分的幽默感。这种幽默感难道不是师生间乃至人与人之间发展关系所应当具备的吗？

由于孔子对学生要求严格，而又非常亲爱，所以学生对他是无限敬爱。当叔孙武叔毁谤仲尼时，子贡就站出来说：“无以为也，仲尼不可毁也。他人之贤者，丘陵也，犹可逾也。仲尼，日月也，无得而逾焉。人虽欲自绝，其何伤于日月乎？多见其不知量也！”（《尧曰》）——仲尼是没有办法加以毁谤的！别人的贤明好比小土丘，还可以逾越，仲尼好比日月，是无法超过的。人虽然想弃绝于日月，对于日月有什么损伤呢？徒徒表现他不自量就是了！孔子死，他的学生都为他服丧三年，三年后大家又在一起哀痛地哭了一场，然后才相别而去，子贡还在他的墓上住了六年。由此可见，孔子爱人之切，感人之深。

综上所述，可见孔子之所以成为我国历史上伟大的教育家，为千古学者所崇仰，是因为他一生从事教育事业，学而不厌，诲人不倦，积累了大量宝贵的教育和教学经验，可供借鉴。人们常说，孔子成为“万世师表”是由汉武帝“罢黜百家，独尊儒术”以后，历代统治阶级吹捧、利用而形成的。这种意见当然也有一定的道理，但也不能概括全部历史真实。司马迁在《史记·孔子世家》述赞中就曾说过：“天下君王至于贤人众矣，当时则荣，没则已焉。孔子布衣，传十余世，学者宗之。”可见学者宗之，由来已久，也不完全是由于汉武帝以后历代统治阶级吹捧的结果。本文所谈的三个方面，就是力求以可信的事实为依据，从本质上考虑问题，得出一些正确的结论，意在发现孔子思想真正吸引人以及他的教育实践和理论有值得我们今天借鉴的地方。这一意图能否实现很成问题，希望能引起大家批评指正、相互探讨。

［原载《山东师院学报》（哲学社会科学版）1981年第3期］

试谈教学中的情感问题

刘继武

情感作为人对于客观事物的一种内心体验，反映了主体的内部心理状态，也反映了主体对客观事物的态度。在人的认识活动中是不可能没有情感相伴而生的。任何一个科学规律的发现无不起始于人的惊异、疑惑。而一旦揭晓了这个奥秘，又往往是欣喜若狂，情不能已。至于在整个探讨、思索过程中所经受的种种复杂体验，更是难以名状的。这些只要读一读科学史和一些科学伟人传记就会一清二楚。列宁曾说："没有'人的感情'，就从来没有也不可能有人对真理的追求。"[①]高尔基的看法，惊奇是认识的开端和引向认识的途径。法国生理学家贝尔纳也深有体会，认为作出新发现时感到的快乐，肯定是人类心灵所能感受到的最鲜明而真实的感情。各个领域里科学认识的先行者们如是，一般人在认识过程中也必然会产生各种体验。

教学对学生来说，主要是一个认识过程。在教学过程中，学生对教材、教师及其所采用的教学方式方法、教学环境等必然会有各种认识，采取一定的态度，产生一定的体验。同时，学生的态度、体验又会反作用于以上诸因素，从而形成了复杂的相互关系。教学是一种交织着形形色色情感的认识活动。

情感与认识的密切关系，表现在情感的产生要以一定的认识为基础、前

① 《列宁全集》第25卷，人民出版社2017年版，第117页。

提,也就是“知之深,爱之切”。认识不同,即使对同一个事物也会产生不同的情感;同时情感对认识也具有一定的影响、制约作用。情感具有两极性的特点。不同的情感对认识活动的倾向性、强度、效果等方面的影响是不一样的。实验表明,有过强烈情绪体验的东西,往往首先被感知。把若干儿童分为甲乙两组,对两组儿童分别速示(1/3 秒)A、B 两张配对侧面相,随机地呈现 10 次。如果对甲组儿童呈现 A 相时给予奖励,对乙组儿童呈现 B 相时给予奖励,然后再同时向甲、乙两组儿童速示合起来的侧面相,结果每一组儿童都倾向于偏好对先前受到奖励的知觉。在这里,先前受到奖励所得到的体验起了促进作用。在教学实践中,也经常看到学生对某些直观教具感知的选择性、倾向性也往往与个体原有的情绪体验有一定的关系。情绪对记忆的影响更是大家所熟知的,在识记时曾产生过强烈情绪体验的,则记忆更深刻、更牢固。对于回忆,情绪同样有援助作用。据《美国科学新闻》最近的报道:从记忆深处回忆某事,有时取决于人的心情是否与回忆中的事物发生时的心情相一致。“各种经历可以封存在记忆的仓库里,只有当合宜的情感状态与有关的生理变化联翩而至的时候,才能回想起来。”有的外国心理学家称情感是思维的能源,说“一旦没有了感情,思维、理解、记忆等等,一切认知机能全会抑阻殆尽。哪怕何等抽象的思维,没有感情就不能进行”。国外心理学界在关于情绪与学习、解决问题的关系方面进行了一些实验,得出了一些值得参考的意见。例如,负有不同心理压力的学生考虑解决一个新问题的灵活性是不同的,心理压力大的,解决问题的刻板性也大。再如,忧虑与学习成绩密切相关,让学生通过 45 次尝试学会预期的 12 个难以学会的无意义音节,31 名忧虑生与 32 名无忧虑生相比学的速度既慢,水平又低。

当然,在教学中,不只是学生的理智感参与其中,还有他们的道德感和美感也起着重要的影响作用。

在教学中,情感不仅影响着学生掌握知识、技能的速度和质量,而且关系着学生智力的发展。愉悦的心情容易形成优势兴奋中心;而烦恼、抑郁、恐惧等则会麻痹人的正常心理活动,阻抑暂时神经联系的形成。所以两种情绪状态的学生表现显著不同:前者观察敏锐,思维敏捷灵活,记忆准确牢固,后者则呆滞、迟钝。美国的布鲁纳是发现法的倡导者。他倡导发现法旨在使学生掌握发现的方法，养成创造的态度，发展探究性思维。这是一个十分重要而又艰巨的教学目标。在布鲁纳看来，发现法所具有的优越性能够达到这一目标，其中重要的一点就是发现学习可以使学生产生发现的兴奋感，学生由于有所发现而产生的愉快心情可以成为一个强有力的激励学生继续进行发现学习的力量，同时，学生还可由此获得发现的自信感。布鲁纳认为，学生对于学习材料本身内在的兴趣和新发现的自信感是最好的学习动机。苏联的赞可夫在其著述中曾多次专门谈及教学中的情感问题，他批评传统教学对学生情感的忽略。他分析了情感的两极性，指出了学生的情绪体验在学习中的作用，强调教学不仅可以依靠和利用学生的情绪，而且可以培养和发展儿童的情绪生活，扎实地掌握知识，与其说是靠多次的重复，不如说是靠理解，靠内部的诱因，靠学生的情绪状态而达到的。他的实验教学新体系是既注意到学生的思维，又注意到学生的情绪体验的教学方式。赞可夫曾多次列举过教学中怎样利用、激发和培养学生情绪的一些具体做法。这些对我们是有一定启发的。

总而言之，在教学中，情感不论对调动学生学习的积极性，还是对于高质量地掌握知识、技能，发展智力，都具有不可轻视的作用。因此，教学中要充分利用、激发和培养学生的情感。

在教学中如何利用、激发和培养学生的情感，不是一件简单的事情。因为情感的产生、表现形式、种类以及发生作用的情况等都是多种多样的、很复杂的。例如，情感与需要紧密联系着：如果需要得到满足就产生积极的情感，需要不能得到满足则会有消极情感的体验。而人的需要是一个非常复杂的问题，人不仅有生理方面的需要，更重要的还有社会性的需要，它既因时代和社会的不同而不同，又有个人的差异，随着年龄的增长也会有所变化。对教学来说，要激发学生积极的情感就要培养学生具有正确的、合理的需要，使他们具有符合教育要求的动机和良好的、浓厚的智力兴趣。情感发生作用的情况也不是简单对应的，积极的情感并非必然产生积极的作用，消极的情感也不是绝对不可能有积极的效果，这中间，个体的认识、思想状况起着重要作用。另外，情感作用的效果还与意志有关系。对于诸如此类的一些问题，本文不及一一阐述，下面仅就几个方面谈点粗浅的认识。

责任感可以促使人自觉地坚持不懈地去从事某项工作。一个具有高度责任感的学生会因为自己没有圆满完成学习任务而内疚、不安、自责,会时刻督促自己勤奋、刻苦、认真地学习。这种责任感的形成和发展需要进行一定的教育。不同学龄阶段学生的学习责任感在深度上、稳定性上以及发挥作用的效能上是不同的。在任何一个学龄阶段,教师都应坚持向学生进行这样的教育:把当前的学习与祖国的四化建设,与国家的前途、命运联系起来;好好学习是一个学生的职责,为国家、为人民贡献自己的才智和力量是应尽的义务。不仅要灌输这样的思想认识,而且要重视激发他们相应的情感,注意使他们产生一定的体验。现实情况说明,一些学生学习劲头不大,与缺乏这样的认识和情感是有关系的。这些学生多是只从狭隘的个人利益来对待学习,什么国家的前途、四个现代化建设、共产主义远大理想,似乎是与己无关的事情。在"理想理想,有'利'就想;前途前途,有'钱'就'图'"的错误思想指导下,他们并不以自己学习的落后而羞愧、不安,反以一些消极的个人主义小打算而自慰。这种状况的形成,除了众所周知的一些原因之外,也与一些不适当的教育有关系。这是应引起重视的。因此,学生学习责任感的培养固然是思想政治教育的重要任务,在教学中也应注意有机地结合进行,而且在教学中进行这种教育更容易使学生获得相应的情感体验。

好奇心人皆有之。只是各人之间、儿童与成人之间、科学家与一般人之间有差别罢了。好奇心是可贵的。它促使人去追求认识、理解、探索和发现,消除无知,发展才智。它是认识的最强有力的内驱力之一。有人认为:认识的兴趣源于简单的好奇心。科学史又说明,没有好奇就不可能有科学发现。因此,它被誉为"学者的第一美德"。青少年的好奇心是强烈的,又是稚嫩的,如果不能得到适当的保护、引导和培养,则会逐渐衰落下去。有鉴于此,教师对学生的好奇心需要注意两个问题:第一,要善于利用学生的好奇心,作为调动学生学习积极性、创造性的一个有利因素;第二,对学生原始的、简单的好奇心要善于引导、转移、发展和升华,成为科学家型的好奇心。可是,在实际的教学中,还不能说在这些方面普遍地做得很好。正如联合国教科文组织国际教育发展委员会在进行了广泛调查了解后,于 1972 年完成的报告书中所指出的那样,以常理而论,这种好奇心能够得到鼓励的话,它肯定是最强烈的一种动机，但事实上它并没有得到这种鼓励。更有甚者，压抑、扼杀学生好奇心的现象也屡见不鲜。这样，不仅白白丧失了足以启发学生努力学习、刻苦钻研的有利条件，而且因此扼杀了一些人才。

教学中，教师要有意识地利用学生的好奇心，就必须进行一定的组织和设计，而不能完全听其自然。好奇心的产生既与客体的物理特性有关，也与主体已有的知识经验有关。根据一些成功的经验，如果让学生感知的事物或现象，乍一看是在人意料之外的，超出人的习惯认识的；可是，细分析，又是合乎情理的。这样，就能够既激起学生的惊奇之感，又合乎教学的目的要求。因为，不同寻常的、与习惯看法不一致的新异东西容易引起人的注意、探究。而通过引导学生对其加以分析研究，又能够揭示一定的规律。这正是教学的任务所在。皮亚杰在《智力的起源》中曾指出，可以看到，一个人既不注意太熟悉的东西，因为已司空见惯了，也不注意太不熟悉的东西，因为和他的"图式"中的任何东西都没有联系。根据这种理论，教学中要激发学生的惊异感就要注意弄清楚哪些是学生太熟悉的东西，哪些是学生又太不熟悉的东西，以便恰当地选择、确定向学生传授的东西，这样才能保证成功。好奇与多问、多思往往是相联系的。保护学生的好奇心就要正确对待学生无穷无尽的、千奇百怪的提问。教师漫不经心、不谨慎地对待，往往会挫伤学生的好奇心。还应注意的是，人从童年时代就有的好奇心，随着年龄的增长，知识经验的丰富以及其他一些原因，会逐渐减退或转移。教学对于解决好这个问题负有重要责任。教师应以自己良好的教学水平把学生的好奇心及时地、适当地引导到智力兴趣上来，并培养成为成熟的好奇心——善于在众人习以为常的现象中发现非同寻常的问题，并追根究底，以顽强的毅力不断揭示事物的规律性。

自尊心、自豪感在教学中同样具有重要意义。应该说，每一个人都有受到别人尊重和自我尊重的需要。即使年幼的学生也不例外。一个有正常自尊心的学生对于学习是勤奋努力的，而自卑、忧虑的学生则学习成绩低劣。当一个学生的自尊心受到损害的时候，他便试图采取种种办法进行抵御、挽回。他内心经常进行着激烈的矛盾斗争，在外部行动上表现出各种对付的举动。教师应当掌握这种学生此时的心理状态，使自己的言行不要再去刺伤他的自尊心，迫使他在歧路上滑下去。学生为自己落后辩护提出的原因有时也许并非完全不实，教师应冷静考虑，首先从改进自身的工作开始，主动做好转化工作，不应动辄揭其“短”。学生不愿在大庭广众面前表现自己不行，教师也不应大肆讥讽挖苦。因为讥讽挖苦只会加重学生的自卑心情，有的则会采取公开的对抗性的乃至破坏性的行动，对学习的严重影响不言而喻。反之，如果在这种时候教师采取积极的言行，比如，给某些学生“竖梯子”，使他“顺梯下台”，并继而做些辅导帮助，也许这会成为差生转变的契机。

苏联教育家苏霍姆林斯基非常重视在教学中培养学生的自尊心、自豪感。他把这种情感视为激发学生求知兴趣和促进智力发展的最强有力的一种刺激。他认为，人心灵深处都有一种希望自己是个发现者、研究者、探索者的根深蒂固的需要。在儿童，更渴望运用知识使知识变成力量，从而体验到自己是知识的驾驭者，是事实和现象的驾驭者，体验到一种无可比拟的人类自豪感。学生具有这种强烈的情感就会热爱知识，去探索知识。苏霍姆林斯基基于这种认识，在自己的教育实践中采取了各种相应的措施，使每个学生都能昂着头走路，具有充分的自尊心和自豪感。

成功感在教学中的作用历来为人们所公认。一位心理学家所说的兴趣和注意来自成功不无道理。成功感可以产生强大的鼓舞力量，而失败感则容易使人沮丧，失去信心，丧失兴趣。教学实践中，我们很难找到这样的事例：一个学生学习总是取得最坏的成绩，并因此屡受老师的批评，遭到同学的鄙视，他却反而对学习兴趣盎然。另外一种情况倒是有的：一个学习上的差生由于某种原因，一次测验（或提问，或作业）获得了较好的成绩，受到老师的表扬鼓励，他从此对这门课发生了兴趣，学习成绩逐渐有了提高，并且由这一门扩展到其他学科，也有了进步。在这种转变中，成功感的作用显而易见。

人从事某项工作的成功感是与个人愿望的程度相关联的，即同自己所提出的希望达到的目标水平有关。当实际取得的成绩达到或高于所想望的水平时，则有成功之感。反之，则有失败之感。教师应当帮助学生制定水平适当的目标。一般说，常胜者往往给自己定的目标过高，而屡遭失败者为自己定的目标偏低。同时，教师向学生提出的目标也要注意适度，如果学生觉得太高或太低，脱离了他们的实际，也不容易产生成功感或失败感。教师在教学的各项活动（如提问、作业、实验、考试等）中，向学生提出的要求应努力控制在这样一个水平上：学生必须付出一定的努力才能达到，只要学生真正付出一定的努力也一定能够达到。这样水平的要求会使学生在实现要求后产生因完成了要求的成功感和由于感到尚有一定困难还需努力的不满足感。总之，会使学生获得继续前进的推动力量。当然，要使每个学生都有体验到成功感的可能，所提要求应注意因人而异，简单化的“一刀切”是不适宜的。

有些学生虽然成功完成了学习任务，却没有相应的成功感的体验。苏霍姆林斯基说过，从来不知道什么是学习的欢乐的人，从来不觉得克服了困难是很值得骄傲的人，这是不幸的人。不幸的人是我们社会的灾祸，而不幸的儿童则是大一百倍的大灾祸。要加强学生对学习成功感的体验，就要使学生在完成要求的过程中有一定的困难需要克服。不曾品尝过未知物折磨之苦的人，不可能体会到顿悟后的兴奋、喜悦。在一定限度内来说，胜利后的欢欣与完成过程中的困苦是成正比例的。同时，还要求教师对于达到了要求的学生，特别是对那些付出了艰辛努力和原来学习比较差的学生，尤应注意及时地、充分地予以赞扬鼓励，绝不可冷漠处之。这里特别提出学习上后进生的成功感的体验问题。这些学生在学习上是很少有甚至没有可能体验成功感的。但这并不意味着成功感与他们是无缘的。学习差的学生并不一定一切方面皆差，相反，他们往往在某一方面有特长，为某些学习好的学生所不及；也就是说，他们在这些方面是有可能体验到成功感的，他们自己也常常陶醉于这些成功之中。有经验的教师总是珍视这些即使与学习相距甚远的成功，利用这些成功感，并巧妙地引渡到学习上来，改变他们的学习后进状况。关于这方面的成功事例，无论国外还是国内都不乏见。学生的失败感有时也可以产生积极的效果。因此，在实际教学中不应排斥这一情感的运用。不过，运用不宜过多，而且失败感能否发挥应有的作用，一则与学生原有的思想认识基础有关，要使学生正确认识和对待失败，真正把失败变为成功之母，由失败而能奋发图强；二则教师要适时地给予正确的引导，不使他感到老师、同学因此而鄙视他,使他看到转败为胜的有利条件,增强他的信心,坚定他的决心。“常胜将军”体验失败感,有时倒可以使他们头脑更清醒一些,也会起到增力的作用。不论是哪种情况,教师对待学生的失败感需要慎重,需要发挥更高的教育艺术。

情感具有感染性。在教学中,教师与学生在情感上也是互相交流、互相影响的。这就要求教师注意自己的情感,要善于控制与表达,以自己的情感激发学生相应的必要情感。比如,教师一进教室,如果学生看到教师是愉快的、自信的、和蔼的,这就会使学生很快安定下来,并以愉悦的心情等待开始讲课。在讲课过程中,教师对学生和所教学科热爱的情感,以及随教学进程而出现的愤怒、悲哀、赞赏、仇恨、欢喜等不同的情感也会引起学生的共鸣,从而提高教学质量。教学中要使学生能够产生积极的情感,很重要的一条就是要形成融洽的、民主的、和谐的课堂气氛。压抑的、对立的课堂气氛会使学生产生消极的情感,影响教学效果。而这种不正常的课堂气氛又往往是教师本人造成的,例如声色俱厉地训斥,不应当地大发雷霆等。《学记》提及,道而弗牵则和,强而弗抑则易,开而弗达则思。和、易、以思,可谓善喻矣。这就是说,教师对学生不是强迫、强制,师生间形成和悦融洽的良好关系,这是使学生积极思考的先决条件。只有这样才称得上是善于实行启发式教学。教师对于后进生尤其要注意自觉不自觉流露出来的不适当的情感。例如,要转变他们的后进状况,教师就要以自己对学生真挚热爱的感情、坚定的信心去唤起学生的自尊心、自信心,这是前进的起步,是“成功的第一秘诀”。而不应以厌恶、悲观的情感对待他们,老是一味地批评、埋怨,这样会使他们愈加落后。国外有人研究表明,爱可以提高智商,教师期待的情感会影响学生的学习成绩。我国先进的教学经验说明,教学中,教师热爱教育事业、热爱学生的炽烈的情感,心灵深处对学生美好的期待及其溢于言表的影响,终将会收到令人喜悦的结果。这里应当强调指出的是,在师生情感相互作用、相互影响的过程中,教师同样应注意发挥其主导作用。

[原载《山东师大学报》(哲学社会科学版)1982年第2期]

对我省城乡 4653 名小学低年级学生不良行为的观察研究报告

赵承福　邵小武

一、研究目的和方法

本研究是通过观察小学一、二、三年级学生的不良行为，了解低年级学生不良行为的一般情况，并探讨低年级学生发生不良行为的原因。

参加此项观察研究的有山东省 13 个地、市 128 位教师，他们大都是多年从事低年级教学的特级教师、模范班主任、优秀辅导员。观察方法是由这些教师按事先拟定的观察指导语，各自独立观察一个班级全体学生(被观察学生处于完全自然的状态)，一天内(1981 年 3 月下旬任何一天)所发生的全部不良行为，并作详细观察记录，填写观察记录表格一份。除 22 份观察记录不符合要求(其中 16 份观察了高年级学生的不良行为，6 份不是学生一天内发生的不良行为)外，共有 106 份观察记录表及原始记录材料合计 30 余万字。本观察报告就是综合这些材料进行统计处理的结果。

表 1　　106 份观察记录表格分类统计

	班级数				人数			各类学校人数占总人数比例(%)
	一年级	二年级	三年级	小计	男	女	小计	
城市学校	6	4	9	19	496	470	966	20.8
县城学校	9	12	12	33	897	779	1676	36
农村学校①	11	21	22	54	1081	930	2011	43.2
总计	26	37	43	106	2474	2179	4653	100

二、研究结果与分析

(一)小学低年级儿童不良行为的一般情况

1. 不同类型学校学生发生不良行为的情况

表 2　　不同类型学校发生不良行为人数统计

	城市学校	县城学校	农村学校	合计
总人数	966	1676	2011	4653
发生不良行为人数	189	331	393	913
不良行为人数占总人数比例(%)	19.6	19.7	19.5	19.6

2. 不同性别、不同年级学生发生不良行为的情况

表 3　　不同性别、不同年级学生发生不良行为人数统计

	年级			性别		合计
	一	二	三	男	女	
总人数	1069	1576	2008	2474	2179	4653
发生不良行为人数	142	315	456	725	188	913
不良行为人数占总人数比例(%)	13.3	19.9	22.7	29.3	8.6	19.6

① 农村学校指公社、大队所办学校。

分析表2、表3可以发现，在不同类型的学校里发生不良行为的人数有着大致相同的比例（19.6%，19.7%，19.5%），相互间的差异最多不超过0.2%。可见，环境因素的变异对小学低年级儿童发生不良行为的数量影响甚微。而年龄、性别两因素对发生不良行为的数量的影响却是极其显著的。不良行为的人数随学生年龄的增长而递增，三年级达到高峰，比一年级占比多9.4%，比二年级占比多2.8%，达到全部被观察三年级学生的22.7%。性别的差异对发生不良行为的人数的影响则更为显著。其中男生占29.3%，比女生占比多20.7%，在913名发生不良行为的低年级学生中，男生的人数为女生的3.4倍。

（二）913名发生不良行为学生的一般情况

1. 发生不良行为学生的家长职业情况

表4　　913名发生不良行为学生的家长职业统计

	工人	农民	知识分子	干部	合计
发生不良行为人数	252	415	95	151	913
占不良行为总人数比例（%）	27.6	45.4	10.4	16.5	100

2. 发生不良行为学生学习成绩、操行等级情况

表5　　913名发生不良行为学生学习成绩、操行等级统计

	学习成绩			操行等级			合计
	优	中	差	甲	乙	丙	
发生不良行为人数	153	412	348	95	549	269	913
占不良行为总人数比例（%）	16.8	45.1	38.1	10.4	60.1	29.5	100

3. 不同家庭教育类型学生发生不良行为的情况

表6　　不同家庭教育类型学生发生不良行为人数统计[①]

	溺爱型	虐待型	无力管教型	恶劣影响型	合计
发生不良行为人数	165	47	78	49	339

① 溺爱型：指独生子女、末生子及在家庭中受过度娇惯、宠爱的儿童。虐待型：指因丧失父母、父母离婚而寄养他家或被父母厌弃的儿童。无力管教型：指因子女过多或因父母双职工又无老人管教的儿童。恶劣影响型：指父母或兄弟姐妹中有劣迹行为或被判刑管制的儿童。

续表

	溺爱型	虐待型	无力管教型	恶劣影响型	合计
占不良行为总人数比例(%)	18.1	5.1	8.5	5.4	37.1

从表5可以发现一个与传统观念不符的现象,即发生不良行为的人数以学习成绩中等、操行等级乙等的数量最多,分别占913个发生不良行为学生的45.1%与60.1%。表6则显示出不良的家庭教育对低年级学生的行为表现有着巨大的影响,因家庭教育不得法致使学生发生不良行为的人数达339,占不良行为总人数的37.1%。若以百分比计算,四种类型家庭的儿童所占比例分别为:溺爱型占48.7%,虐待型占13.9%,无力管教型占23%,恶劣影响型占14.4%。

(三)学生发生不良行为分类情况

1. 不同类型学校学生发生不良行为分类情况

表7　　不同类型学校学生发生不良行为分类统计

不良行为	不同类型学校									合计		
	城市学校			县城学校			农村学校					
	人次	占城市学校总人次比例(%)	等级	人次	占县城学校总人次比例(%)	等级	人次	占农村学校总人次比例(%)	等级	人次	占总人次比例(%)	等级
殴打	27	11.9	4	52	12.8	3	47	10.7	5	126	11.8	3
争吵、骂人	15	6.6	6	21	5.2	7	51	11.	3	87	8.2	7
不尊重师长	17	7.6	5	4	0.9	15	2	0.5	16	23	2.1	12
不讲究公共、个人卫生	14	6.2	7.5	28	6.9	6	53	12	2	95	8.9	6

续表

不良行为	不同类型学校									合计		
	城市学校			县城学校			农村学校					
	人次	占城市学校总人次比例(%)	等级	人次	占县城学校总人次比例(%)	等级	人次	占农村学校总人次比例(%)	等级	人次	占总人次比例(%)	等级
不爱护公物	—	—	16.5	13	3.2	9.5	14	3.2	9	27	2.5	11
迟到	6	2.7	10	10	2.5	12	24	5.4	8	40	3.7	8
早退	—	—	16.5	1	0.3	17	1	0.2	17.5	2	0.2	17
旷课	—	—	16.5	6	1.5	13	7	1.6	12.5	13	1.2	15
上课交头接耳	37	16.4	2	63	15.6	2	70	16	1	170	15.8	1
上课做小动作	42	18.6	1	73	18	1	41	9.3	7	156	14.6	2
不完成作业	14	6.2	7.5	49	12.1	4	49	11	4	112	10.4	4
作业潦草	29	12.8	3	38	9.4	5	44	10	6	111	10.3	5
考试作弊	5	2.2	12.5	11	2.7	11	7	1.6	12.5	23	2.1	12
说谎、欺骗	5	2.2	12.5	15	3.7	8	11	2.4	10	31	2.8	10
孤僻、不合作	10	4.4	9	13	3.2	9.5	9	2	11	32	2.9	9
偷窃	2	0.9	14	3	0.8	16	4	0.9	15	9	0.8	16

续表

不良行为	不同类型学校									合计		
	城市学校			县城学校			农村学校					
	人次	比例(%)占城市学校总人次	等级	人次	比例(%)占县城学校总人次	等级	人次	比例(%)占农村学校总人次	等级	人次	占总人次比例(%)	等级
吃零食	3	1.3	11	5	1.2	14	6	1.4	14	14	1.3	14
吸烟	—	—	16.5	—	—	18	1	0.2	17.5	1	0.1	18
合计	226	100		405	100		441	100		1072	100	

2. 不同年级学生发生不良行为分类情况

表 8　　不同年级学生发生不良行为分类统计

不良行为	年级								
	一年级			二年级			三年级		
	人次	比例(%)占一年级不良行为总人次	等级	人次	比例(%)占二年级不良行为总人次	等级	人次	比例(%)占三年级不良行为总人次	等级
殴打	20	10.8	3	47	13.3	2	59	11.1	5
争吵、骂人	4	2.2	11.5	35	9.9	6	48	8.7	6
不尊重师长	5	2.7	10	8	2.3	11.5	10	1.9	12.5
不讲究公共、个人卫生	17	9.2	4	32	9	7	46	8.6	7
不爱护公物	2	1.1	14.5	15	4.2	8	10	1.9	12.5
迟到	8	4.3	8	11	3.1	9	21	3.9	8
早退	1	0.5	17	1	0.3	17	—	—	18

续表

不良行为	年级								
	一年级			二年级			三年级		
	人次	占一年级不良行为总人次比例(%)	等级	人次	占二年级不良行为总人次比例(%)	等级	人次	占三年级不良行为总人次比例(%)	等级
旷课	4	2.2	11.5	3	0.8	15.5	6	1.1	15
上课交头接耳	48	2.6	1	52	14.7	1	70	13.1	2
上课做小动作	28	15.1	2	46	13	3	82	15.4	1
不完成作业	16	8.6	5	36	10.2	5	60	11.3	4
作业潦草	10	5.4	6	38	10.7	4	63	11.8	3
考试作弊	2	1.1	14.5	6	1.7	13	14	2.7	9
说谎、欺骗	6	3.2	9	10	2.8	10	15	2.8	10
孤僻、不合作	9	4.9	7	8	2.3	11.5	16	2.9	11
偷窃	2	1.1	16	2	0.6	15.5	7	1.3	14
吃零食	3	1.6	13	4	1.1	14	5	0.9	16
吸烟	—	—	18	—	—	18	1	0.2	17
合计	185	100		354	100		533	100	

从表7各类学校学生发生的18项不良行为人数可列出每项人数所占的等级次序，按照表中已列出的等级可求出三类学校之间的等级相关系数($rs=1-\dfrac{6\sum D^2}{N(N^2-1)}$)：

城市学校与县城学校 $rs=0.768$

城市学校与农村学校 $rs=0.674$

县城学校与农村学校 $rs=0.90$

三种类别学校中县城与农村学校相关系数达0.90，为极高的相关；城市与县城学校与农村学校亦属显著的相关。为什么学校环境差别这样悬殊，而处在不同环境的学生不仅在发生不良行为的人数上几无差别(如表 2 所示),甚至在不良行为的分类上也表现出这种高度的相关呢?这里唯一可能的解释就是年龄因素的一致性。分析表内所列 18 项不良行为中上课交头接耳、做小动作两项不良行为不论在哪种类型的学校均占极高的比例(城市占 35%,县城占 23.6%;农村占 25.3%),这无疑与低年级儿童注意不稳定,情绪易波动等年龄特点有关。虽然三类学校学生发生的不良行为均有显著相关,然而彼此间相关的程度仍有着明显的差异,而且这种差异显示出一定的规律来,即环境差异愈小,相关系数愈高(县城与农村相关系数为 0.90);环境差异愈大,相关系数愈小(城市与县城为 0.768,城市与农村为 0.674)。可见,环境因素亦对学生的不良行为有着巨大的影响。再从各项不良行为的人数看,环境因素的影响就愈表现得明显了。城市学生不完成作业的只占 6.2%,县城与农村学校则分别达到 12.1%和 11%。在对待教师的态度上,不同类型学校的差异更为显著。城市学生不尊重师长的占 7.6%,县城学生只有 0.9%,农村学生仅有 0.5%。城市学生的这项不良行为人数是县城人数的 8.4 倍,是农村学生的 15.2 倍。而不讲究卫生一项不良行为的情形则恰恰相反,农村学生占 12%,城市学生只占 6.2%。从以上分析,可清楚地看出年龄因素、学龄初期儿童所固有的心理特点乃是导致他们发生不良行为的最主要的原因,它使不同类型学校的学生所发生的不良行为不仅在数量上,同时也在性质、类型上显示出某些共同的特点,因而表现出高度的相关。而不同的社会环境又确实给儿童的不良行为以深刻的影响,使不同类型学校的学生的不良行为表现出某种差异来,社会环境的差别愈大,他们之间的差异也就越大,相关程度就越低,等级相关系数就越小。

从表 8 三个年级学生发生的 18 项不良行为人数所占等级,亦可求出它们之间的相关系数:

一年级与三年级 $rs=0.85$

一年级与二年级 $rs=0.87$

二年级与三年级 $rs=0.94$

三个年级不良行为人数的等级相关系数有递减趋势(年龄越接近相关系数越高,年龄差别越大,相关系数越低),又都属高度相关。可见,小学一、

二、三这三个年级确有许多共同之处，把这三个年级作为一个教学阶段是符合学生的实际情况的。但它们之间也存在差异，突出地表现在对学习的态度上。不完成作业与作业潦草两项不良行为一年级占全部不良行为总人次的 14%，三年级则高达 23.1%，增加近 10%。不遵守纪律的现象也有显著增长，一年级占 13%，二年级占 22.2%，三年级占 19.8%。这些无疑与儿童年龄增长、学习条件变化等因素有关。

(四)与学生发生不良行为有关的其他情况

从观察记录中还可发现与低年级学生发生不良行为有关的其他因素。

1. 智力因素：在犯有不良行为的学生中有人是留级生，其中 8 人连续留级两年以上，确属智力低常者。

2. 电影、电视的影响：在 913 名发生不良行为的学生中，有 34 人是因看电视(或电影)耽误时间不能完成作业或睡觉太迟造成迟到、上课精力不集中，有 29 人是受电影、电视内容影响造成斗殴、伤人事故。两项共有 63 人，占不良行为总人数 7%。

三、讨　论

此项观察研究是在我省中、小学广泛开展“学雷锋、树新风”“五讲四美”活动中进行的。观察的对象，又多是长年担任小学低年级教学的优秀教师所在的班级的学生。被观察的 4653 名小学低年级学生，仅一天内就有913 人发生不良行为达 1072 人次，占被观察学生总数的 19.6%。可见矫正不良行为在小学低年级教育中是一项多么重要的工作。我们之所以提出对小学低年级要高度重视学生不良行为的矫正，而不用加强“道德品质教育”这个流行的概念，是因为从学生发生的 18 项不良行为的情节、性质看，其中确属道德品质不良的为数极少。说谎、偷窃、欺骗三项合计只有 41 例，占被观察总人数的 8.8‰。而且观察记录表明发生以上三项行为的全属偶发现象。观察表明：低年级儿童大量的不良行为并不是品德问题，而是缺乏良好的行为习惯，造成低年级学生发生行为过失的主要原因是儿童的年龄特点。所以，我们建议低年级教育工作者应该深入了解、研究儿童的心理特点，掌握对儿童进行行为训练以及矫正不良行为的技巧、方法(这种技巧、方法的有关知识在心理学著作尤其是行为主义心理学派的有关文章中是非常丰富,可供借鉴的),以训练学生良好的文明行为习惯为教育的重点。轻率地把低年级儿童的问题断定为道德品质问题,既不符合低年级学生的实际情况,也极易伤害孩子们的心灵。

"抓两头、带中间"曾被认为是学生教育的成功经验。但本观察研究的结果表明:低年级学生所发生的不良行为绝大多数为初犯,属于屡犯者为数极少,年级越低数量越少。而且在发生不良行为的对象中,学习成绩中等、操行乙等的学生所占比例极高。什么原因造成了这种奇特现象呢?我们认为"抓两头"常会导致教育工作者忽视在班级里占大多数的中间状态的学生,造成教师与中等生感情上的淡漠、疏远,使得不少中等生有一种被轻视、被遗弃的感觉。他们中的不少人常会有意地违犯纪律以吸引教师的注意。另外,所谓"抓两头",尤其是"抓差生",实际是把刚刚入学的孩子由于环境的变化而引起的暂时的不适应固定化,这对被当成"坏典型"抓住的孩子的心理会造成多么严重的创伤!孩子的心理具有极大的可塑性,而儿童的心理又总是朝着别人所"期望"的方向发展,以适应周围的环境的。不少学生之所以难于教育是和教师早就把他们当成坏典型的观念相联系的。教师对学生先入为主、抱有成见,乃是不可宽容的过失。所以,在低年级学生的行为训练中,应抛弃"抓两头、带中间"的传统做法,正确的原则应当是:面向全体,规则一致,因人施教。

社会因素,尤其是家庭环境对低年级儿童不良行为有着巨大的影响。这是因为低年级学生活动的主要场所是家庭,接触的主要成员是父母及家庭的其他成员。由于他们仍以具体思维为其主要思维形式,因而对父母、师长表现出明显的依赖性、模仿性。所以,低年级儿童的行为训练若不与良好的家庭教育相配合,往往难以取得成效。受电影、电视影响发生不良行为的人数已占不良行为总人数的7%,颇应引起人们的警惕与重视。我们认为提供给儿童的节目在数量和质量上都应有一定的限制。否则,随着电影、电视的普及,这些节目必将会对儿童的行为产生更大的影响。

[原载《山东师大学报》(哲学社会科学版)1982年第2期]

道德教育中的自我评价问题

李铭亭　陆有铨

一

社会主义社会学校道德教育的实践表明，道德认识的提高是道德发展的一个必要条件。所谓提高道德认识，就是在道德教育过程中使受教育者理解和接受共产主义道德原则和行为规范，并根据这些原则来评价、鉴别他人和自己的道德品质。这里既包括对作为客体的道德原则、行为规范和别人言行的认识，又包括对主体自身的认识，这两个方面虽然有着内在的联系，但它们之间还存在着重要的差别。因此，不断提高受教育者认识自己、准确进行自我评价的能力，是道德教育的一个重要任务。

自我评价对于道德发展的意义表现在以下几个方面：

首先，准确的自我评价是调节道德行为的内在的、稳定的动力。道德不同于法律，它的最重要的社会作用是协调一定社会中个人与个人、个人与社会的关系，以保证社会的和谐发展。道德的这种社会作用主要是通过行为主体的道德信念对自己言行的自觉调节和控制来实现的。因此，道德发展过程中关键的问题是，行为主体能否按照共产主义道德原则和规范自觉地调节和控制自己的行为。当然，影响行为自我调节、自我控制的因素是多方面的，但我们认为，提高受教育者自我评价的能力则是其中一个极为重要的因素。在中国伦理思想史中，许多伦理学家都非常重视道德发展中的自我修养、自我评价。孔丘及其弟子曾参所提倡的所谓“内省”“自讼”“吾日三省吾身”的方法,就是要求人们按照一定的道德标准,对自己的行为以及行为后果作出准确的自我评价,以便不断地调节自己的行为。在他们看来,自我评价是通向道德“自律”的途径,并且认为只有这样才能达到道德修养的极高境界——“慎独”。儒系伦理思想中的“内省”所包含的剥削阶级的偏见和唯心主义的色彩是显而易见的,但其中也体现了道德修养的某些规律性。无产阶级的道德修养也要讲“慎独”。然而,要真正达到“慎独”这种高度的道德境界,离开了对自己的言行及其后果的认识和评价,那只能是一句空话。因此,在道德教育过程中,除了要看到道德理论的灌输和环境的影响等外在因素之外,还要重视发挥行为主体自身的能动性,经常的自我评价、自我协调、自我控制,正是主体能动性之所在。

其次,在自我评价的过程中,行为主体可以不断地加深对共产主义道德原则的理解。主体对客体的认识,是通过主客体的相互作用实现的,而实践活动则是联系主体和客体的桥梁。这就是说,受教育者要想真正理解共产主义道德原则和规范,必须经过自己在道德原则指导下的做和行,而自我评价则是行为主体在理论和实践相结合的意义上对主客体相互关系的积极思考。正是在这个积极思考的过程中,行为主体才不断地加深了对共产主义道德原则的精神实质、社会作用和价值的理解,而这是任何道德说教所无法代替的。

最后,自我评价是行为主体通过对道德原则和规范的自我体验而使之内化为道德信念的过程。共产主义道德是人类道德史上的一个崭新阶段,从根本上说来,它同历史上曾经存在过的任何道德体系相比,有着本质的区别,具有无可辩驳的先进性和强大的生命力,这是不言而喻的事实。但这是否等于说,人们接受共产主义道德原则和规范是自然而然的呢?回答是否定的。无论是从我国目前生产力的发展水平和人们的道德水平,还是从旧的道德传统对我们的影响来看,人们接受共产主义道德并按照它的原则和规范调节自己的言行,都不是一个自然而然的过程。这里既需要新颖的教育内容和易于为受教育者接受的教育形式,又需要从多方面调动行为主体内在的积极性,以便使道德原则加速内化为道德信念的过程。而自我评价,可以说是这个过程中必不可少的中间环节。它在道德原则和道德信念之间的联结作用，是通过个体对共产主义道德原则和规范的自我认识、自我体验实现的。因为共产主义道德作为一种理论形态，人们在按照它去行动的时候，总是非常关心这样做的社会效果和价值，这是每个个体在接受共产主义道德原则和规范的过程中必然的心理活动。这就要有个体对共产主义道德原则和规范的自我体验和认识。没有这个过程，道德原则和规范就不能内化为个体的道德信念，更谈不到自觉地用这些原则和规范去指导自己的行动。

从以上的分析不难看出，提高受教育者自我评价能力是道德教育中的硬功夫，它比之一般的道德说教要细致、深刻、曲折得多，因而也困难得多。自我评价多半是行为主体的自我活动（内心体验、自我调整等），教育者如果不进行精心观察，并及时而又正确地指导，就不会收到应有的教育效果。

二

自我评价实际上是一种认识自我的活动，它也要服从一般的认识运动规律。整个人类的认识是一个基于实践的由浅入深、由低级到高级的运动发展过程，这个过程在人类的认识史上明显地表现出它的阶段性。恩格斯和列宁都曾正确地指出，任何一个个体从诞生到成熟期间，其认识方面由低级到高级的发展，在某种意义上重复了整个人类的认识发展史，也表现出明显的阶段性。在儿童自我评价能力发展的过程中，也表现出一些阶段性的特征。此外，既然自我评价是道德发展的一个方面，所以儿童在某一发展阶段的自我评价必然要受到该阶段儿童道德发展水平的制约。下面根据儿童道德发展的一些规律，笔者尝试分析一下自我评价发展过程中的一些阶段性特征。

心理学的研究表明，儿童的道德发展经历一个由他律到自律的转变过程。在他律阶段，儿童以服从成人为定向，表现出一种对成人单方面尊敬的情感；在道德判断方面，主要根据行为的物质后果，而很少考虑行为者的主观动机。在自律阶段则表现出与之相反的一些特征。自律阶段的儿童表现出一种要求平等和互相尊重的倾向，他们不再以成人之是非为是非，而且在道德判断方面着重考虑行为者的主观动机。关于由他律道德向自律道德转变的时间问题,“国内18个地区5～11岁儿童道德判断发展调查”的结果表明,我国儿童的这种转变年龄在6～7岁,而反映自律道德特征的主观性道德判断只是到了9岁时才居于支配地位。[①]

根据上述调查的结果,我们认为,我国学前儿童处于道德他律的阶段,而小学低年级儿童处于他律向自律转变时期。从他律道德的特征来看,这个阶段的儿童认为,服从成人或服从成人规定的行为规则就是道德的,“服从”乃是最高的价值。所以,他们自我评价的准绳不是自己构造的价值等级,而是外来的标准。这样,他们对自己行为的好坏的判断和评价的依据,是通过成人的反应所体现出来的行为的结果。引起成人否定反应的或受到成人惩罚的行为就是“坏”的,反之就是好的。他们对自己评价的推理过程是:如果我受到惩罚,那么就是我做错了事;如果我未受惩罚,那么我的行为就没有错。受到成人奖励或惩罚的程度也就是自己行为好或坏的程度。显然,这是一种低级形式的自我评价。究其实质,它是成人评价的内化。我们认为,尽管这是一种低级形式的自我评价,但它对儿童的道德发展有很重要的意义。通过成人的评价,儿童便逐步认识到自我的形象,不断发展其协调和控制自己行为的能力。而且在学习成人评价的过程中,他们的自我评价和评价别人的能力也在逐渐提高。

到了自律的阶段,儿童不再以服从成人为定向,也就是说,成人的反应不再是他们进行自我评价的唯一标准。这标志着他们对自己行为所作出的判断也就不再是成人评价的简单的内化,而是真正的自我评价了。与这种真正的自我评价相伴而来的是内疚情感的产生。当自己的实际行为违反了自己所掌握的道德标准时,不管他的行为后果有没有受到别人的惩罚,他都会产生一种自责的内疚情感。这种内疚的情感是前一阶段的儿童所没有的。诚然,那个阶段的儿童当他们做出了导致不良后果的行为时,他也会认为自己不好,但既然已经受到惩罚,那么他就认为自己的错误已经被惩罚抵

---

① 参见儿童道德发展研究协作组:《国内18个地区5～11岁儿童道德判断发展调查》,《心理科学通讯》1982年第1期。

消了，因而也就不会有内疚情感产生。我们认为，只有当一个人根据自己的标准来作出自我评价时，才可能产生内疚的情感。这种自责的内疚情感也是调节和控制自己行为的一种内部力量。

青春期儿童抽象思维的能力有了很大的发展，这种新的思维能力使他们能对思想、观念进行反省思考，从而形成自己的理论。同时，他们能超越眼前具体事实的限制而把握事物的未来发展趋势。因此，青春期儿童的自我评价的能力也随之有了很大的发展。例如，他们能够预测别人对自己所作所为的反应；他们也能以分析的方式来评价自己的思想和行为；他们开始考虑自己的未来，并将理想中的自我和现实的自我加以比较，作出评价，等等。

青春期儿童所获得的这种新的思维能力，也给他们带来了一些困难。他们的思维脱离现实，相信观念和逻辑思维的力量。对于一些社会问题和道德问题，往往在概念的水平上进行假言演绎，从而得出"可能怎么样"和"应该怎么样"的结论。因此，"使他感兴趣的社会就是他想要改革的社会；他对他所谴责的真正的社会是蔑视的，乃至是不感兴趣的"①。由于他们生活在远离现实的理想之中，所以，对于现实中的自我的评价往往很不准确。一方面，他们有一种蔑视现实、轻视父母和老师的妄自尊大；另一方面，在现实生活中遇到的挫折和失败又会使他们悲观失望。当然，青春期儿童自我评价中的这些问题是在他们发展的过程中出现的。如果教育者能正确认识他们的这些特征，并采取有效的教育措施，这些问题不至于成为他们前进中的负担。

从上面的叙述中我们可以看到，自我评价是一个发展的过程，而适当的自我评价对于个体行为的自我调节和控制又有着非常重要的作用。因此，道德教育的一个重要任务，就是帮助儿童不断纠正不适当的自我评价，并逐步发展他们客观地评价自己的能力。

三

目前我国教育理论界和学校教育实践，对自我评价问题的重视和研究

① ［瑞士］皮亚杰：《儿童的心理发展》，傅统先译，山东教育出版社1982年版，第94页。

都还不够。这一方面是因为对它在儿童道德发展中的作用认识不足,另一方面是因为许多同志把它看得太简单、太容易,以为自我评价既然是自我认识,那么,自己最了解自己,只要态度端正、虚心诚实,就能实现适当的自我评价。这样一来,自我评价的是否得当似乎和受教育者的认识水平没有关系。我们认为这是一种误解。实际上,正因为熟知自己,所以真正认识它就更不容易。黑格尔曾经指出:“熟知的东西……并不因此就是真知”[①],甚至“熟知反而加重了逻辑研究的困难”[②]。“熟知的东西所以不是真正知道了的东西,正因为它是熟知的。”[③]黑格尔的上述论断虽然是就逻辑形式说的,但它具有普遍的意义。为了更好地促进儿童的道德发展,教育者应该高度重视自我评价的问题。在这方面我们认为应该注意以下几点:

第一,虽然我国儿童在7岁时主观责任的判断已经有了明显的发展,但主观责任判断居于支配地位的年龄是9岁左右。所以,学前儿童和小学低年级学生还没有掌握自我评价的内部标准,他们对于自己的形象是通过成人或教师的评价这面镜子反射出来的。这就要求成人或教师对他们的评价要力求准确、适当和相对稳定,过分的褒贬不利于他们对自我形象的认识。这一时期他们除了从成人那里获得对自我形象的认识外,也在自觉或不自觉地学习如何进行自我评价。因此,教师对学生进行评价时,不仅要提出评价的结论,还要使他们认识得出这个结论的分析过程,让他们既知其然,又知其所以然。

9岁以后的儿童,其主观责任判断和自律的道德有了显著的发展,但这决不是说,他们在进行自我评价时可以完全排斥外部的因素。因此,正常、健康的舆论环境也是他们正确认识自己的一个重要的条件。因为行为主体对自己行为的评价往往是通过别人的评价,即周围舆论来确证其正确与否的,特别是对尚未树立坚定的共产主义道德信念的青少年来说更是如此。只有坚定地树立了无产阶级世界观的人,才能像马克思所说的那样,在舆论

---

① [德]黑格尔:《逻辑学》,杨一之译,商务印书馆1966年版,第9页。

② [德]黑格尔:《小逻辑》,贺麟译,商务印书馆2017年版,第64页。

③ [德]黑格尔:《精神现象学》,贺麟、王玖兴译,商务印书馆1979年版,第20页。

偏见面前“仍然遵守伟大的佛罗伦萨诗人的格言：走你的路，让人们去说罢！”[1]许多人往往在错误舆论的压力下不敢坚持自己的正确做法，甚至划不清正确与错误、道德与不道德的界限。这种情况下，正确的自我评价就难以实现。所以，一个学校，一个班级，形成和维护健康的舆论环境，是对学生进行有效的共产主义道德教育的重要条件。

第二，认识自我的客观形象、对自我作出适当的评价，在任何发展阶段都不纯粹是反省内求的结果，也就是说，人们对于自我的适当评价离不开别人的帮助，它是在人与人之间交往的过程中借鉴别人的评价而逐渐形成的。因此，相互评价在儿童的道德发展中有着非常重要的意义。我们知道，小学低年级的儿童，已经能够区分别人的观点和自己的观点，从而能够进行有意义的讨论。但是，由于思维能力的限制，他们只能对一些具体的事实作出评价，而且这种评价是不稳定的。青春期儿童一方面表现出自己的独立性，另一方面，他们又很关心自己在别人心目中的形象，对别人的反应和评价表现得很敏感。虽然他们不轻易被外界的意见所左右，但别人公正、善意的评价，对他们客观地认识自我形象有很大的作用。因此，为了使学生形成正确的自我评价，应该不断地发展儿童相互评价的能力。开始时，这种评价可围绕某一个活动或某一个事实进行，然后逐步发展到对别人或自己作出全面的评价。相互评价的一个重要形式是批评和自我批评，应该使学生感到，批评和自我批评是我们正常生活的一个组成部分，而不是一种惩罚的措施。

第三，在儿童道德发展的过程中，自我评价过低或过高的现象是经常出现的。因此，通过纠正不适当的自我评价而实现适当的自我评价，是提高道德认识的一项经常性的工作，是教育者的一个重要任务。过高的自我评价对于儿童道德发展的危害是显而易见的，我们在此要特别提一下自我评价过低的消极影响。有些同志往往把评价过低和谦虚的美德等同起来，或者至少也认为这和评价过高相比总是要好一些，似乎成了一个可爱的缺点。我们认为，自我评价过低是缺乏自信心的一种表现，它往往成为人们继续前进的沉重包袱。因此，在道德教育过程中，教育者决不可忽视自我评价过低

---

① 《马克思恩格斯选集》第2卷，人民出版社1972年版，第209页。

这一儿童道德发展中的暗礁。

关于如何纠正不适当的自我评价问题,我们认为,只有立足于提高主体认识自我的水平,才能找到较可靠的有效办法。有人说,通过别人把正确的评价告诉他本人,就可以纠正不适当的自我评价,这种意见值得商榷。听取别人的意见固然是一种认识活动,但是,仅仅靠"听"是难以达到对自我的正确认识的。7 岁前的儿童几乎天天看到水平面,但他们不能正确画出幕布后面倾斜瓶子里的水平面。这个事实表明,光靠"看"是不能解决的。同样不正确的自我评价也不会经别人一"说",受教育者就能心领神会、铭志不忘。这里重要的是主体自身的积极实践活动。

我们再三提到自我评价是主体的自我认识,它比之对作为客体的道德原则和行为规范的认识要困难得多。原因是主体总是要在客体中才能得到显现和说明,这就需要有一个主体在实践中不断把自身对象化的过程,而这个过程是充满着矛盾和曲折的。

关于主体和客体的关系问题在认识论中的意义,黑格尔在《精神现象学》一书中,曾令人信服地表述了如下的一个思想:只是由于劳动,人才第一次像有了一面镜子一样能够看到自己本身,并能够有意识地同其他人,从而也同他自己发生相互关系。尽管黑格尔所说的劳动仅限于抽象的精神劳动,但他对于劳动在人的形成和发展中的意义所作的评价是十分中肯的。

人的自由创造能力不能通过自身表现自身,而必须通过人的对象,即劳动所创造的产品表现出来。木工的技艺要在他所制作的各种样式的木器中得到体现,教师的教学水平须在学生的健康成长中得到确定性的回答,艺术家的匠心和功力要在他的艺术品所产生的社会效果中得到验证,对一个历史时代的人们的整个面貌的了解,要通过对他们所创造的全部文明的研究才能找到答案。总之,劳动的产品总是要打上人的意志的印记,它不但体现了人的思想、愿望、感情,而且体现出人的意志(坚毅、勇敢、顽强)和智慧(聪明、才干、灵巧),它是人的本质力量客观化、对象化的产物。显然,这种凝结着人的意志和智慧的产品,就可以成为人的本质力量的一种确证,即"人的本质力量的对象化"。马克思指出:"对象性的现实在社会中对人说来到处成为人的本质力量的现实,成为人的现实,因而成为人自己的本质力量的现实，一切对象对他说来也就成为他自身的对象化，成为确证和实现他的个性的对象，成为他的对象，而这就是说，对象成了他自身。”[1]这样一来，劳动的产品就具有了双重意义：它既能满足人类生活的需要，又能成为人的作品和人的自我肯定，它像一面镜子放射出人们的本质。当人们静观这些作品时，就可以从中“直观到自身”。我们认为，广义的劳动是应该包括道德实践在内的，因为人们在劳动中既能体现出自己的智慧和才能，又能显现出他的意志品质、友爱精神、自我牺牲等道德修养方面的内容。所以，劳动的过程同时也就是道德实践的过程，恩格斯在《反杜林论》中所说的整个人类道德方面的进步，也是在劳动的基础上实现的。既然如此，那么在个体道德发展中，人们对自己行为和言论的自我评价，就必须通过道德实践这个中介使其言行对象化才能实现。人们道德行为的对象化，就是这种行为和言论所产生的社会效果，自我评价也即行为主体在这种社会效果中鉴别自我行为的正确或错误，以及由此而产生的精神上的满足或内疚。

显然，为了纠正不正确的自我评价，一方面需要教育者指出学生自我评价的不当之处，另一方面，要通过主体的实践活动来获得对自我形象的准确认识。对于自我评价过低的学生来说，教师应该善于发现他们的长处，并使他们的长处在实践活动中得到表现和发挥，以此来增强他们的自信心。对于自我评价过高的学生来说，应该使他在实践活动中认识个人的作用，离开了集体成员的共同合作和努力，是很难有所作为的。

总之，自我评价是儿童道德发展中的一个重要问题。在教育过程中，教育者应该注意根据儿童认识发展的规律，采取有效的措施来发展学生的自我评价能力，并纠正他们不适当的自我评价，以便增强他们调节自己行为的内部动力。

［原载《山东师大学报》(哲学社会科学版)1983年第6期］

---

① 《马克思恩格斯全集》第42卷，人民出版社1979年版，第125页。

谈创造想象在创造活动中的作用

张全信

创造活动是提供新颖的、首创的、具有社会意义的产物的活动。科学中新规律的发现，技术中新机器的发明，文艺中新作品的创作，都是人类独具的创造性活动。在创造性活动中，创造想象是必不可少的条件。所谓创造想象，就是根据一定的目的任务在头脑中对已有的表象进行选择加工改组、独立地创造出新形象的过程。人类劳动的根本特点就在于能借助于想象形成劳动的最终产物和劳动程序的表象，就是说人们在劳动之前已经在头脑中借助于想象力构成了“做什么”和“怎样做”的形象。一切科学技术、文学艺术等创造性活动都要借助想象力设计新图样、构思新情节、设想新情境，然后凭借想象的形象指导活动，使想象的形象以物质化的形式体现出来，把心理模式变为现实。所以想象力是人类创造能力的基本成分，一切创造活动都离不开创造想象。

同时，创造想象也是激励人们从事发明创造的强大动力。列宁在《怎么办》一书中以赞赏的态度引用皮萨列夫的言论说：“……如果一个人完全没有这样来幻想的能力，如果他不能间或跑到前面去，用自己的想象力来给刚刚开始在他手里形成的作品勾画出完美的图景——那我就真是不能设想，有什么刺激力量会驱使人们在艺术、科学和实际生活方面从事广泛而艰苦的工作，并把它坚持到底……”①

① 《列宁选集》第1卷，人民出版社1972年版，第379页。

一、文艺创作中的创造想象

文学艺术是以鲜明的形象、具体的表象反映现实的。我国的古典文学名著《红楼梦》是中国封建社会的缩影，鲁迅笔下的阿Q、祥林嫂是旧中国被压迫劳动人民的写照。这些典型形象的产生依赖于创造想象。伟大的文学家高尔基曾说："文学创作的艺术，创造人物与'典型'的艺术，需要想象、探测和'虚构'。"①其方式有以下几种：

第一，黏合。黏合是创造想象的最简单的形式，它是把日常生活中所观察到的从未结合过的事物的个别部分、属性黏合在一起，构成新形象。例如，古希腊的艺术珍品斯芬克斯，就是狮身女面鸟翼的黏合。我国神话小说《封神榜》中描述的三头六臂的哪吒的形象，也只是通过想象使他多长了几个头和几只手。黏合是童话、神话故事创作中最常用的想象形式。

第二，夸张。夸张是在想象中夸大、强调客观事物的某些特点，增强感染力，更好地揭示现实。例如，毛主席在《中国社会各阶级的分析》一文中描写小资产阶级的心理特点时写道："他们看见那些受人尊敬的小财东，往往垂着一尺长的涎水。"②形象地刻画了小资产阶级想发财向上爬的心理状态。周立波在《暴风骤雨》中写道："穷人要是遇到不痛快的事就哭鼻子，那真要淹死在泪水里了。"③深刻地反映了旧社会劳动人民重重灾难和倔强性格。在绘画雕刻艺术中，在一些讽刺幽默画、漫画及装饰图案画中也是常采用夸张的方法突出客体的某些特点形成鲜明的形象。

第三，比喻。比喻是在想象中借助类比联想以鲜明的形象揭示事物的特点和本质。利用不同类别的事物的相似性在想象中进行类比，是文学作品创作中常用的手法。我国最早的文学名著《诗经》中就很多，如《硕鼠》篇，把剥削阶级比作贪婪的老鼠，生动形象，寓意深刻。唐代大诗人李白在《望

---

① [苏联]高尔基：《论文学》，孟昌、曹葆华、戈宝权译，人民文学出版社1978年版，第159～160页。

② 中共中央文献研究室编：《毛泽东著作专题摘编》(上)，中央文献出版社2003年版，第391页。

③ 周立波：《暴风骤雨》，吉林美术出版社2018年版，第20页。

庐山瀑布》中的“飞流直下三千尺，疑是银河落九天”的佳句，以银河落地比喻瀑布，突出了瀑布雄伟壮观的气势。

第四，典型化。典型化是文艺创作中应用最广泛的想象形式。它是作者对现实生活中观察得到的感性材料进行分析综合、选择概括同类事物的特点而创造出新形象的过程。典型人物就是融合许多同类人物身上有代表性的性格特点而创造出来的艺术形象。高尔基在描述他创作过程中的想象活动时说：“假如一个作家能从二十个到五十个，以至从几百个小店铺老板、官吏、工人中每个人的身上，把他们最有代表性的阶级特点、习惯、嗜好、姿势、信仰和谈吐等抽取出来，再把它们综合在一个小店铺老板、官吏、工人身上，那么这个作家就能用这种手法创造出‘典型’来，而这才是艺术。”[①]鲁迅在《我怎么做起小说来》一文中谈到他的创作过程时指出，人物的模特儿也一样，没有专用过一个人，往往嘴在浙江，脸在北京，衣服在山西，是一个拼凑起来的角色。典型化有两个主要特点：第一，典型化是形象概括过程。形象概括不同于概念概括，概念概括的产物是概念，它借助于语言直接把事物的本质标志出来，而形象概括的结果仍是感性形象，它借助于典型形象间接地反映事物的本质，是异常生动丰富的，具有较大的感染力。第二，典型化的形象是共性和个性的统一。它是从同类人物中抽出共同的典型的特征，并把它集中于一个人身上，从而可以通过这个个别的、个性化的艺术形象反映生活的普遍规律。有些作品是以现实生活中的真人真事为原型进行创作的，即使这样也需要创造想象，因为文艺反映现实不是照相式地把原型原封不动地搬到艺术作品中去，而是需要借助想象对感性材料进行选择、综合，甚至可以通过虚构补充现实创造出更完整的艺术形象。

文艺创作中想象的特点主要表现在下列两个方面：

第一，想象形象的鲜明逼真性。文艺创作是作者把自己对世界的看法态度表现在艺术形象之中，在构思典型形象时，设身处地地想象人物事件，往往情不自禁地进入角色，仿佛看见主人公的外貌、动作、姿势，听见主人公的言谈笑语。我国国歌的作曲者聂耳在谈到他谱写这首曲子的时候说：“在

---

① [苏联]高尔基：《论文学》，孟昌、曹葆华、戈宝权译，人民文学出版社 1978 年版，第 160 页。

谱写这首曲子的时候，——冒着敌人的炮火前进——眼前仿佛展现出东北义勇军为中华民族的生存而浴血奋战的画面，创作的冲动像泉水一般喷涌而出，简直连写都来不及。”有些文学家想象的逼真性竟达到把想象的形象与现实生活混淆在一起的程度，分不清某个人物的形象是想象的形象还是对现实的真实感受，如痴如迷，沉湎于想象形象之中而不能自拔。据说有一次法国大作家巴尔扎克创作时，一位朋友到他家，巴尔扎克突然走到他面前，大声叫道：“你！你！使这不幸的少女自杀了！”那位朋友莫名其妙，吓得倒退几步。后来他才知道巴尔扎克在构思名著《欧也妮·葛朗台》。创作中想象的人物情节愈鲜明逼真，写得愈生动具体，其作品愈具有艺术魅力。文学中常把这种创造鲜明生动形象的能力称之为内心视觉能力。

第二，想象的情绪性。文学作品的主要特点是以情感人，它是作者把自己体验到的各种情感体现在鲜明的艺术形象之中，从而使读者和观众产生情感上的共鸣，借以影响人的心灵，使之模仿先进，摈弃邪恶。托尔斯泰写道：“艺术活动就在于在自身引起曾经体验过的情感，在自身引起这种情感以后，利用活动、线条、色彩、言语描绘的形象，把这种情感表达出来，使别人也体验到这种情感。”①情感离不开形象，总是伴随着对形象的感知而产生。在文艺创作中，作者借助创造想象构思人物情节时，情感体验特别鲜明强烈。杨沫在谈到她的《青春之歌》的创作过程时说：“着意刻画了……这些共产党员的高贵品质和英雄形象，我爱他们尤其是卢嘉川。当写到他在牺牲前给林道静的那封最后的信时，我泪水滚落在稿纸上，一滴一滴地把纸都湿了。”②文艺创作中想象的情绪性表现在想象中体验所塑造的人物的情感的能力上，能够与自己所塑造的人物同呼吸共命运，为他们的痛苦而流泪，为他们的喜悦而欢笑。想象中的情绪体验愈强烈，其作品愈能引起读者情感上的共鸣，具有引人入胜的感染力。

---

① ［苏联］阿·阿·斯米尔诺夫：《心理学》，朱智贤等译，人民教育出版社1960年版，第370页。

② 华东师范大学心理系公共必修心理学教研室编：《心理学》，华东师范大学出版社1982年版，第132页。

二、科学发明中的创造想象

科学研究不同于文艺创作，文艺是以形象反映现实，主要运用形象思维，而科学是用概念反映现实，主要靠逻辑思维。那么在科学研究中是否需要创造想象呢？答案是肯定的。科学研究的对象是有声有色的物质世界，科学研究的使命是揭示物质世界背后隐藏的规律，透过物质现象探索其中的奥秘。既要运用组织起来的概念系统，也要运用具体的表象系统，而且二者往往是彼此联系交织在一起的，可以说创造想象对科学家来说同对文学家一样重要。列宁指出："有人认为只有诗人才需要幻想，这是没有理由的，这是愚蠢的偏见！甚至在数学上也是需要幻想的，甚至没有它就不可能发明微积分。"①我国魏晋时代的刘徽就借助创造想象形象地描绘了微积分的概念。想象力是创造活动中最活跃的因素，凭借想象可以"观古今于须臾，抚四海于一瞬"，不受时间、空间的限制。古人类学家凭借想象，根据出土的古人类的一片颅骨或几枚牙齿，就能逼真地复制出几十万年前人类祖先的外貌形象。在科学研究中把问题具体化，在头脑中形成显明的图像有助于问题的解决。想象力也是科学家所必须具备的基本能力，许多杰出的科学家都具有高度发达的想象力。其表现形式主要有以下几种：

第一，科学幻想。科学幻想是科学的先导，是创造发明的准备阶段。它不仅能激发人们探索科学技术的兴趣，而且能启迪人们的智慧，去发现自然界的奥秘。科学发明创造离不开幻想。郭沫若在《科学的春天》一文中指出："科学也需要创造，需要幻想，有幻想才能打破传统的束缚，才能发展科学。科学工作者同志们，请你们不要把幻想让诗人独占了，嫦娥奔月，龙宫探宝，《封神演义》上的许多幻想，通过科学，今天大都变成了现实。……既异想天开，又实事求是，这是科学工作者特有的风格，让我们在无穷的宇宙长河中去探索无穷的真理吧！"②没有幻想，就没有发明创造，可以说，我们生

---

① 《列宁全集》第33卷，人民出版社1957年版，第282页。

② 郭沫若：《科学的春天——在全国科学大会闭幕式上的讲话(一九七八年三月三十一日)》，《人民日报》1978年4月1日。

活中的一切物品哪怕是最简单的一个电灯、一个热水瓶也都是已经实现了的人们世世代代的幻想。幻想是由人们的需要产生的，已经实现的幻想又会引起新的需要，而新的需要又产生新的幻想，从而不断促进人类科学的进步。据《列子·汤问》记载：相传周穆王西游时，遇到一位能工巧匠叫偃师，偃师做了一个能歌善舞的机器人献给周穆王，机器人当场表演，像真人一样。周穆王感叹道："人之巧乃可与造化者同功乎？"诚然，制造机器人在当时只不过是幻想，然而随着科学的进步，特别是计算机技术的发展，现在已成为现实。

第二，科学假说。科学发明或发现的一般过程是：发现问题、提出假设、检验假设、得出规律。其中提出假设是重要的一环。翻开科学发展史，每门科学在其发展的早期阶段都贯穿着各种各样的假设。一种假说，可以用概念系统提出，也可以用具体形象表达，但多半是二者结合，在观察资料不足、研究尚不充分的情况下多半要借助于创造想象来猜想补充。一种思想如果能借助想象把它化为具体形象则有助于问题的解决。德国化学家凯库勒构思苯环的假设就是极好的例证。他在研究这个问题中发挥了想象的作用。他说："……原子在我眼前飞动：长长的队伍，变化多姿，靠近了，联结起来了，一个个扭动着，回转着，像蛇一样。看，那是什么？一条蛇咬住了自己的尾巴，在我眼前轻蔑地旋转。我如从电掣中惊醒。那晚我为这个假说的结果工作了一夜。"①他借助想象提出了苯分子中的碳原子形成一个闭合的环，发现了苯环结构。在科学研究中凭借想象猜测事物的发展，设想可能产生的结果，使问题得到解决。当然，借助想象提出的假说只是一种猜想，是否正确还要靠实践和理论验证。一旦发现与事实不符就应加以修正和放弃。

第三，类比联想。类比联想是通过想象把所研究的对象与相类似的熟悉的事物相对比，从而受到启发，找到解决问题的途径和方法。据说医学上听诊器的发明者奥勃拉格少年时在酒店管过大酒桶，他经常用瓢子敲击酒桶，根据回声判断桶内酒的多少。后来他当了医生，有一个病人死了，解剖后发现其胸中有许多疮脓，怎样能诊断这种病人呢？他联想到击酒桶的事，

---

① ［澳］W. I. B. 贝弗里奇：《科学研究的艺术》，陈捷译，科学出版社 1979 年版，第 60 页。

如果病人活着,扣他的胸部,像听击酒桶的回声一样听胸部的回声,岂不能检验出胸中流质的多少吗?他据此发明了听诊器。听诊器的广泛应用应归于借助想象进行的类比联想。现代"仿生学"的研究就是利用类比联想解决技术发明中的问题。例如,模仿鲸类体形制造潜水艇,模仿人体特别是人的神经系统制造"电脑"、机器人等。在创造发明中类比联想的产生,一方面取决于事物本身的特点,即所研究的问题与所观察熟悉的某些事物有类似性或共同点;另一方面取决于创造者的思维状态,如果对某个问题耿耿于怀,大脑中常常回旋着这个问题,有一个优势兴奋中心存在,就容易产生类比联想。

第四,想象实验。在科学研究中,对某种假设可以通过科学实验和社会实践来验证,也可以在头脑中借助思维和想象来检查。想象实验就是借助于想象对问题进行实验检查作出判断。这是解决问题常用的方法,一个军事指挥员对拟定的作战方案要在头脑中进行检验,想象可能发生的情况与结果。一位医生对病人拟订的手术方案也要在头脑中进行想象实验,看看是否可行。科学发明亦是如此。理论物理学家爱因斯坦是一位想象力十分丰富的人,他做了许多卓有成效的想象实验。他 16 岁时就提出"如果一个人以光速跟着光线一道运动,他会看到什么现象"的设想,经过十年,想象之花结出了科学之果,他创立了狭义相对论。后来爱因斯坦研究引力时又设想:"一个人凑巧在一个自由下落的升降机中会看到什么现象",促进了广义相对论的创立。他深有感触地说:"想象力比知识更重要,因为知识是有限的,而想象力概括着世界上的一切,推动着进步,并且是知识进化的源泉。严格地说,想象力是科学研究中的实在因素。"[①]可见想象实验是科学研究的手段之一。当然想象的结果还必须由理论和实践验证。

想象的骏马驰骋于广阔的表象原野,思想的火花迸发于丰富的知识矿藏。表象和知识是创造想象的基础,没有丰富的表象储备和知识,就不能创造出新颖的形象。所以,许多著名的文学家、科学家都非常重视积累表象和

① [德]爱因斯坦:《爱因斯坦文集》第 1 卷,许良英、范岱年编译,商务印书馆 1976 年版,第 284 页。

扩大知识面，经常深入生活，留心观察各种自然现象和社会现象，以此作为创作的源泉。涉猎多方面的学问可以开阔思想，提高想象力，许多发明往往是在表面上看来截然不同的两类事物中找到相似点受到启发从而使问题得到解决的。创造想象是进行创造活动的基本心理成分之一，它与创造者的创造动机、目的以及思维活动等心理成分紧密联系而不可分割，创造动机和目的规定了创造想象的方向并激励推动着创造想象的进行。创造想象是在思维调节下进行的，在文艺创作中，要依靠思维考虑作品的主题，安排所写的人物事件，在此前提下才能发挥想象的作用，塑造鲜明的人物形象和情景。在科学发明中，利用形象进行设计构思的想象活动与利用概念进行判断推理的思维活动更是相辅相成紧密配合的。可见，创造想象不是孤立进行的，它只是复杂的创造能力结构的一个因素，而且只有融合在主体的统一的创造活动中才能发挥作用。

[原载《山东师大学报》(哲学社会科学版)1984 年第 3 期]

济南市7～13岁儿童惩罚观发展调查

程学超　张承芬

一、引　言

儿童心目中的惩罚问题，是著名瑞士心理学家皮亚杰在关于儿童道德判断的性质的研究中，着力探索的一个重要课题。皮亚杰在研究这个课题时，是围绕着两个问题进行的：(1)在儿童心目中什么样的惩罚最公正？(2)在儿童看来什么样的惩罚最有效？为了查明这两个问题，皮亚杰设计了一些关于惩罚的故事，内容都是叙述儿童常犯的一些过错行为，要求被试对故事中提出的惩罚办法作出判断，或让他们自己作出最有效惩罚办法的建议。皮亚杰根据他的研究发现，年幼儿童几乎全部选择抵罪性惩罚办法，半数以上的年长儿童选择回敬性惩罚办法。

本研究是上海师范专科学校(现上海师范大学)李伯黍教授组织领导的儿童心目中的惩罚协作研究工作的一部分。我们在实施实验的过程中，根据实际情况，对原设计方案作了某些调整或补充，试图查明我省儿童惩罚观发展的年龄特点和规律，揭示我省儿童对批评性惩罚(皮亚杰设计的有关惩罚的故事中未采用批评性惩罚办法)的选择判断的特点以及它在其他各种惩罚中的地位，为我省儿童教育工作的理论和实践提供心理依据。

二、方　法

（一）被试

采用分层随机取样的方法，分别从济南地区好、中、差三类不同的小学和中学里，选取7岁组（相当于小学一年级学生）、9岁组（相当于小学三年级学生）、11岁组（相当于小学五年级学生）、13岁组（相当于初中一年级学生）各30名（男女各半），共120名儿童作为被试。

（二）材料

采用协作组编制的两个关于惩罚的故事（内容附后），每个故事后面提出三种惩罚办法：抵罪性惩罚、回敬性惩罚、批评性惩罚，供儿童作选择判断。

（三）步骤

采用个别交谈法进行实验。主试依次分别向被试出示故事卡。要求被试仔细阅读，对年幼儿童则结合图片进行口头讲述，在确认被试已经领会故事内容后，要求被试对故事中的三种惩罚办法按最好、较次、最次的顺序排列，并分别说明理由。主试将被试的选择判断及理由陈述逐句记入实验记录表内。

（四）资料分析

用 χ^2 检验各年龄组被试对故事中惩罚办法的选择判断，比较各组的判断结果。同时，对被试陈述的判断理由作质的分析。

三、结　果

（一）三种惩罚办法的选择次序判断结果

现将各年龄组被试对故事一、二中的三种惩罚办法按最好、较次、最次（即表1中的一、二、三）所作的选择次序判断结果，列表如下：

表 1　对两个故事中三种惩罚办法选择次序判断结果的 χ^2 检验

惩罚办法	年龄与选择次序											
	7 岁			9 岁			11 岁			13 岁		
	一	二	三	一	二	三	一	二	三	一	二	三
抵罪性惩罚	6	31	23	2	19	39	0	16	44	0	18	42
回敬性惩罚	13	10	37	7	32	21	2	42	16	5	37	18
批评性惩罚	41	19	0	51	9	0	58	2	0	55	5	0
χ^2	268.72*			281.34**			306.36**			294.24**		

(注:***、**、* 分别表示在 1%、5%、10%显著水平上显著)

表 1 说明,各年龄组被试对两个故事中的三种惩罚办法的选择次序判断存在着显著差异:(1)各年龄组绝大多数被试认为批评性惩罚办法最好,将它作为第一选择(即排在第一位),少数被试认为回敬性惩罚办法最好,除 7、9 岁组极少数被试认为抵罪性惩罚办法最好外,11 岁、13 岁组没有一个被试将抵罪性惩罚作为第一选择的;(2)除 7 岁组外,各年龄组大多数被试认为回敬性惩罚是次好的惩罚办法,将它作为第二选择,而认为抵罪性惩罚办法最差,将它作为第三选择。

为便于进一步比较研究,下面分别将“三种惩罚办法择一”和“两种惩罚办法(抵罪性惩罚和回敬性惩罚)择一”判断结果列表如下。

(二)三种惩罚办法择一判断结果

各年龄组被试对故事一和故事二中三种惩罚办法作第一选择判断结果,见表 2 和图 1。

表 2　对两个故事中三种惩罚办法择一判断结果的 χ^2 检验

惩罚办法	年龄			
	7 岁	9 岁	11 岁	13 岁
抵罪性惩罚	6	2	0	0
回敬性惩罚	13	7	2	5
批评性惩罚	41	51	58	55
总数	60	60	60	60
χ^2	34.3**	72.7**	108.4**	92.5**

(注:***、**、* 分别表示在 1%、5%、10%显著水平上显著)

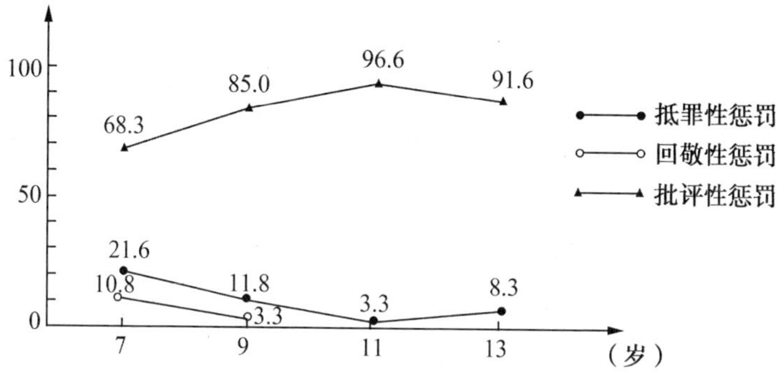

图1　对两个故事中三个惩罚办法择一判断反应比例的分析

表2和图1,显示了各年龄组被试以批评性惩罚办法作第一选择的明显优势和以抵罪性惩罚作第一选择的明显劣势。表2和图1还表明,抵罪性惩罚和回敬性惩罚作第一选择的判断随年龄的增加而递减,抵罪性惩罚在11岁组的选择判断反应已为0。对各年龄组被试的选择判断反应作统计分析,χ^2值表明三种选择判断反应间有明显差异。

(三)二种惩罚办法择一判断结果

舍去批评性惩罚,各年龄组被试对抵罪性和回敬性两种惩罚办法作第一选择的判断结果,见表3和图2:

表3　对两个故事中二种惩罚办法择一判断结果的χ^2检验

惩罚办法	年龄			
	7岁	9岁	11岁	13岁
抵罪性惩罚	37	21	16	18
回敬性惩罚	23	39	44	42
总数	60	60	60	60
χ^2	3.26*	5.40*	13.06**	9.60**

(注:***、**、*分别表示在1%、5%、10%显著水平上显著)

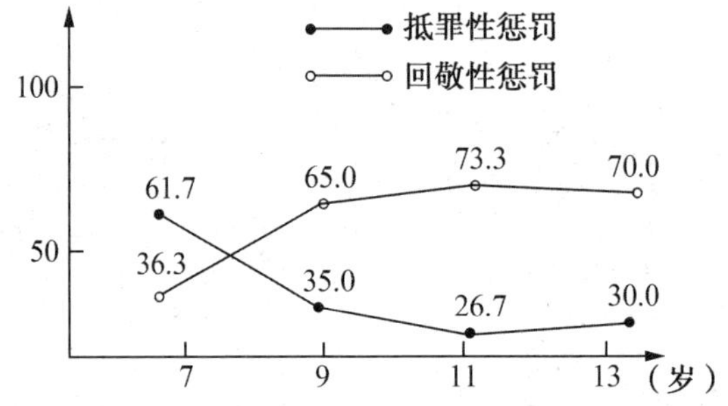

图 2　对两个故事中二种惩罚办法一判断反应比例的分布

表 3 和图 2 说明,在对抵罪性惩罚和回敬性惩罚办法作第一选择的判断反应中,7 岁组被试以抵罪性惩罚办法的选择反应占优势,而到 9 岁组代之以回敬性惩罚办法作第一选择判断占优势,而且这种优势基本随年龄的增加而递增;反之,以抵罪性惩罚办法作第一选择的判断反应基本随年龄的增加而递减。χ^2 检验表明,此两种选择判断反应差异显著,11 岁组和13 岁组达到非常显著水平($p<0.01$)。

图 2 还显示出,由以抵罪性惩罚作第一选择占优势向以回敬性惩罚作第一选择占优势的发展过程中,其转折年龄在 8 岁左右。

为了查明儿童惩罚观的发展有无特定性,即是否受故事具体情境的影响,下面将各年龄组被试对两个故事的选择判断结果分别列表比较。

表 4　对故事一、二中两种惩罚办法的选择判断结果的 χ^2 检验

		7 岁	9 岁	11 岁	13 岁
故事一	抵罪性惩罚	23	18	16	15
	回敬性惩罚	7	12	14	15
	总数	30	30	30	30
	χ^2	8.53**	1.20	0.12	0
故事二	抵罪性惩罚	14	3	0	3
	回敬性惩罚	16	27	30	27
	总数	30	30	30	30
	χ^2	0.12	19.20**	30.00**	19.20**

(注:***、**、* 分别表示在 1%、5%、10%显著水平上显著)

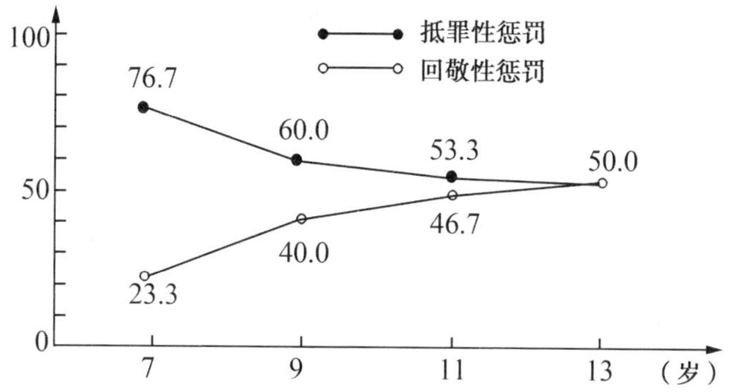

图 3　对故事一中两种惩罚办法的选择判断反应比例的分布

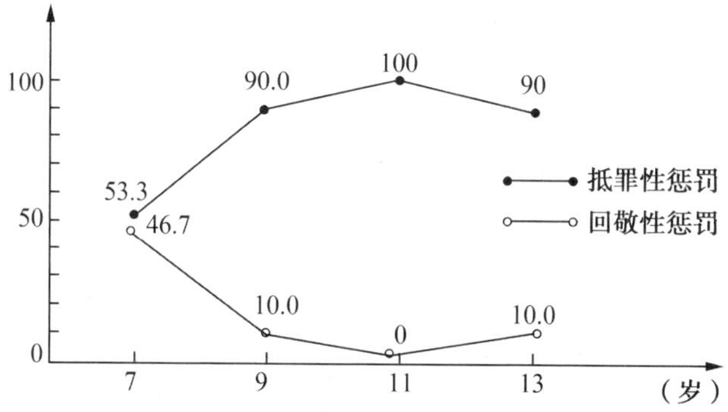

图 4　对故事二中两种惩罚办法的选择判断反应比例的分布

表 4 和图 3、图 4 除了显示出，在两个故事中抵罪性惩罚的选择反应随年龄增加而递减，回敬性惩罚的选择反应随年龄增加而递增这一总的趋势外，在故事一中，以抵罪性惩罚办法作第一选择的被试在 7 岁、9 岁、11 岁组均占优势，但除 7 岁组 χ^2 值表明两种选择判断反应有显著差别，其余各年龄组均无显著差别；而在故事二中，各年龄组被试则以回敬性惩罚做第一选择判断的占优势。χ^2 检验表明，除 7 岁组外，两种选择判断间差别显著。

（四）不同学校被试对三种惩罚办法选择判断的结果比较

现列表好、中、差三类学校被试对三种惩罚办法的选择判断结果，以资比较。

表 5　　不同学校被试对惩罚办法的选择判断结果的比较

惩罚办法	学校类型				
	好	中	差	总数	χ^2
抵罪性惩罚	1	2	5	8	3.24
回敬性惩罚	6	13	8	27	2.88
批评性惩罚	73	65	67	205	0.51

χ^2 值表明,好、中、差三类学校被试在对惩罚办法的选择判断上并没有显著意义的差异。

(五)不同性别被试对三种惩罚办法选择判断结果比较

不同性别被试的选择判断结果,见表 6。

表 6　　不同性别被试对惩罚办法的选择判断结果的比较

惩罚办法	性别			
	男	女	总数	χ^2
抵罪性惩罚	6	2	8	2.00
回敬性惩罚	14	13	27	0.04
批评性惩罚	100	105	205	012

χ^2 值表明,男女被试在选择判断上没有显著差异。

四、讨　论

1.关于儿童惩罚观的发展同年龄之间的关系,本调查研究揭示的结果与皮亚杰的发现基本一致:7 岁组儿童以抵罪惩罚办法的选择判断占优势,而到 9 岁组则代之以回敬性惩罚办法的选择判断占优势,而且这种优势随年龄增加而递增,反之,对抵罪性惩罚的选择判断随年龄增加而递减。

我们的调查同时还发现,我国儿童对惩罚办法的选择判断较皮亚杰发现的儿童判断水平为高:(1)皮亚杰发现,在 6～7 岁儿童的回答总数中,赞成使用抵罪性惩罚的占 72%,而本调查指出,我国 7 岁组儿童对抵罪性惩罚的选择判断仅占61%，比例明显低于前者；(2)皮亚杰的研究指出，8～10岁儿童处于由赞成使用抵罪性惩罚占优势向赞成使用回敬性惩罚占优势的过渡状态，而我们的调查则发现，我国儿童的此种转折年龄在8岁左右，说明我国儿童惩罚观的成熟年龄比皮亚杰发现的要早。

2.我国儿童对批评性惩罚的选择判断，在各年龄组均占明显优势。这一事实与我们国家经常强调思想教育有关。长期以来，党和政府在学校、家庭以至整个社会上经常宣传、强调："凡属于思想性质的问题，凡属于人民内部的争论问题，只能用民主的方法去解决，只能用讨论的方法、批评的方法、说服教育的方法去解决，而不能用强制的、压服的方法去解决。"①因而我国大多数儿童从小就知道孩子有了过错，大人会用说理的方法、批评的方法教育孩子学好。这反映了教育对儿童道德判断发展的影响，也在一定程度上展现了我国少年儿童惩罚观发展的进程。

虽然各年龄组儿童的大多数都赞成采用批评性惩罚，但7岁组、9岁组多数儿童在说明理由时，却表现得比较笼统、肤浅，常常重复地说："教育好，惩罚不对。"至于好在哪里，不对在什么地方，则讲不出。但到了高年级，他们对自己所作的选择判断的理由就理解得比较深刻，说得比较明白。比如，他们在陈述理由时常说："说理能使人知道错在哪里，这样才能更好地改正错误；粗暴的惩罚不但使孩子不知道错在什么地方，没法改，而且让人不服气……"这说明儿童道德判断的发展也受年龄发展的制约。

3.对两个故事两种惩罚办法选择判断结果的比较，我们发现，在抵罪性惩罚的选择反应随年龄的增长而减少、回敬性惩罚随年龄增长而递增这一总趋势一致的情况下，故事一中，11岁组以前的各年龄组被试的多数选择抵罪性惩罚办法，而故事二中，各年龄组被试大多数赞成使用回敬性惩罚。这种现象可否说明，儿童惩罚观的发展既有它的内在规律又有某种特定性呢？这值得进一步深入探讨。就本调查而言，这种特定性可能与故事一中的具体情境有关。尽管罚抄课文这种强制性办法不好，可是由于在日常教育生活中，有不少教师和家长却惯用这种办法来惩罚孩子，以致到11岁组的多数

① 《毛泽东著作专题摘录》，人民出版社1964年版，第623页。

儿童还认为罚抄课文这种抵罪性惩罚办法"对改正错误虽帮助不大,但对学习有好处"。故事中的"吃药"虽然是作为回敬性惩罚手段的,可是多数被试想到"没有病吃药会真的弄出病来的",故事一中的这种具体情境,就使得多数被试宁肯赞成使用罚抄课文的抵罪性惩罚,也不愿意选择"无病吃药"的回敬性惩罚办法。

4.我们的调查资料还表明,好、中、差三类学校被试在对惩罚办法的选择反应上,未显出统计上的显著差异。但在判断理由的陈述上,好学校被试陈述的理由深刻、内容具体,差学校被试陈述的理由则空洞、含糊。

五、结　论

1.关于儿童惩罚观的发展同年龄的关系,本调查的结果与皮亚杰的发现基本一致,但我国儿童惩罚观的成熟年龄比皮亚杰发现的要早。转折年龄在 8 岁左右。

2.我国儿童绝大多数认为批评性惩罚办法最好,除 7 岁组外,大多数被试认为回敬性惩罚次好,抵罪性惩罚最差。

3.在本研究条件下,儿童对刑罚的选择受故事的具体情境的影响,这是否表明儿童惩罚观的发展既有其内在的规律性又具有某种特定性,需进一步探讨。

4.在本研究条件下,好、中、差三类学校被试对惩罚的选择判断未显出统计上显著差异。男女被试在选择判断上也无显著差异。

附　录

故事一:一天下午放学后,小萍忘了做值日,第二天她对老师撒谎说,她病了,没有做值日。老师看见小萍脸红了,心想她一定在撒谎,于是就把这件事告诉了小萍的妈妈。妈妈听了很生气,决定要处罚小萍。她想了三种办法:(1)罚抄十遍课文。(2)要她躺在床上给她吃药。(3)对小萍说:"假装说有病,这很不好,以后要说实话。”

故事二：一天下午，小明在家里玩，爸爸在看书。一会儿爸爸走开了，小明就从床底下取出小皮球，在房间里开始踢起来。“砰”的一声，球掉在桌子上，把妹妹的洋娃娃砸坏了。爸爸回家知道了这件事，生气了，决定要处罚小明。他想了三种办法：(1)星期天不带小明去看电影。(2)要小明把自己的玩具送给妹妹。(3)对小明说：“你闯了祸，以后要吸取教训，不要再在房间里踢皮球了。”

［原载《山东师范大学报》(哲学社会科学版)1984年第3期］

苏霍姆林斯基的道德教育思想片断

邓才彪

苏霍姆林斯基(1918～1970)是苏联当代杰出的教育家。他一生从事教育工作,共写了41本书和600多篇论文,他的教育著作被人誉为“活的教育学”“学校生活的百科全书”。

苏霍姆林斯基对道德教育的论述是他教育理论的重要组成部分。在他长期的教育实践与科学实验研究中,他认为,“学校教育的理想是培养全面和谐发展的人,社会进步的积极参与者”①。全面发展包括德育、智育、体育、美育和劳动教育。他指出,德育在全面发展教育中占主导地位。“在这个和谐里起决定作用的、主导的成分就是道德。”②。“和谐全面发展的核心是高尚的道德。”③学校培养出来的人,无论是专家、干部还是普通劳动者,首先应该是有共产主义道德的人。学校要实现全面和谐发展的教育目的,就应该在道德方面对学生进行多方面的教育。

① [苏]B. A. 苏霍姆林斯基:《帕夫雷什中学》,赵玮等译,教育科学出版社1983年版,“前言”第9页。

② [苏]B. A. 苏霍姆林斯基:《给教师的建议》,杜殿坤编译,教育科学出版社1984年版,第369～370页。

③ [苏]B. A. 苏霍姆林斯基:《帕夫雷什中学》,赵玮等译,教育科学出版社1983年版,“前言”第9页。

一、集体主义教育

苏霍姆林斯基认为，集体是一个强有力的教育工具，学生是在集体中接受教育而成长起来的。“集体的力量强大；只有在集体中，才能真正认识到人的美。”[①]什么样的集体才具有教育力量呢？他谈道，只有在精神上不断成长的集体，才是真正的集体，并且才能产生巨大的教育力量。

集体和个人必须和谐一致，这是苏霍姆林斯基的一个突出的观点。他一方面指出，“集体是在共同的思想、共同的智力、共同的情感、共同的组织这几个基石之上建立起来的”[②]，集体表现为“共性”；另一方面又指出，“如果学生没有个性，那就不会有集体”[③]。个性表现为集体成员的积极性，要让集体的每一个成员都能充分发挥自己的天资、才能和爱好，集体才会生气勃勃地发展。为此，他主张，“要有各种各样的集体。……要使学生能够发现自己的本领，并自觉地发展自己的天资、能力和才干”，只有在这种情况下，“才会有集体精神和个性的和谐一致”[④]。在他领导帕夫雷什中学时，组织了一百多个课外活动小组，让全校600多名学生根据自己的兴趣与爱好参加各种小集体活动，使每个人都能发挥自己的才干。

苏霍姆林斯基强调，在集体中不要划分积极分子与消极分子，如果把一部分学生划分为消极分子，他们就觉得自己注定是消极和无所作为，只好命定地服从他人，由别人摆布，长期处于被压抑状态，抬不起头来，就无法发挥其积极性与主动性。关于处理集体中的各种冲突，他认为，学生能够自己处理的就不必安排集体来处理。而且“对于冲突，要善于防微杜渐，息事宁人，

① [苏]B. A. 苏霍姆林斯基：《给教师的一百条建议》，周蕖等译，天津人民出版社1981年版，第165页。

② [苏]B. A. 苏霍姆林斯基：《给教师的一百条建议》，周蕖等译，天津人民出版社1981年版，第163页。

③ [苏]B. A. 苏霍姆林斯基：《给教师的一百条建议》，周蕖等译，天津人民出版社1981年版，第231页。

④ [苏]B. A. 苏霍姆林斯基：《给教师的一百条建议》，周蕖等译，天津人民出版社1981年版，第232页。

不要煽风点火，不要使星火燃成熊熊大火，而要在它刚刚露出苗头时就把它扑灭”①。这是共产主义教育一条极为重要的规则。

苏霍姆林斯基充分肯定教师对集体的作用。他说：“毫无疑问，集体是教师创造的，它不可能凭空产生，也不可能自发地存在。没有聪明能干的教师，就没有集体。”②“在集体中，如在水滴中一样，反映出的是教师的教育理想和他的世界观。”③为此，教师应该明确自己责任的重大，在集体中树立榜样，以身作则，以自己的积极言行来影响集体，发挥自己的聪明才智来创造集体。

二、理想教育

苏霍姆林斯基认为，青年学生是富于理想的，他们喜欢探索“人生的意义”和“生活的目的”等问题。但是他们的探索过程中存在着各种矛盾：有些青年在大的方面追求理想的原则性，却在小的事情上缺乏原则性；有的青年受到崇高思想的鼓舞而满怀激情和幻想，但却在日常生活的小事上钻牛角尖；有的青年下决心将来从事一种职业，但又在等待着什么新的、猜测不出的出路……青年存在这些矛盾是很自然的，并不奇怪。教师的责任在于帮助他们分析和解决这些矛盾。关于对学生如何进行理想教育，苏霍姆林斯基主张，必须在童年期和少年期抓好基本道德品质的教育，因为“理想”是建筑在基本道德品质的基地上。此外，理想教育应通过学习、劳动、日常生活和各种积极活动来进行，他坚决反对用空话和教条式的说教来教育学生。

---

① [苏]B. A. 苏霍姆林斯基：《给教师的一百条建议》，周蕖等译，天津人民出版社 1981 年版，第 236 页。

② [苏]B. A. 苏霍姆林斯基：《给教师的一百条建议》，周蕖等译，天津人民出版社 1981 年版，第 232 页。

③ [苏]B. A. 苏霍姆林斯基：《给教师的一百条建议》，周蕖等译，天津人民出版社 1981 年版，第 163 页。

三、自我教育

苏霍姆林斯基说:“教育这个概念在广义上就是对集体的教育和对个人的教育的统一,而在对个人的教育中,自我教育则是起主导作用的方法之一。”“对个人的教育离开自我教育是不可思议的。”①他甚至强调,真正的教育是自我教育。教育人不能总是牵着他的手走路,要让他独立行走,使他对自己负责,形成自己的生活态度。要让学生陶冶自己的情感,训练自己的思想和意志,形成和稳定自己的性格。

学生的自我教育,教师必须加强指导。那么,应该怎样指导?

(一)教师要爱护和培养学生的自尊心,而不是依靠惩罚

“自我教育需要有非常重要而强有力的促进因素——自尊心、自我尊重感、上进心。”②学生对自己越是尊重,有上进心,他对教师在道德上的教诲以及如何进行自我教育的指导,就越听得进,接受得快。如果学生缺乏自我尊重,他对教师的教导和规劝就会充耳不闻。因此,教师要培养学生的自尊心,要珍惜学生的自尊心,一旦损害了他们的自尊心,就谈不上自我教育。而自尊心,“这是一种非常脆弱的东西。对待它要极为小心,要小心得象对待一朵玫瑰花上颤动欲坠的露珠。要培养自尊心,只能用温柔细致的教育手段”③。不容许采用粗鲁的、惩罚的手段。“我坚信,绝对正常的教育是与惩罚无缘的。这一信念不是书面推理的结果,而是多年实践的总结。……凡是一切依靠惩罚的地方,就不会有自我教育。”④正常的教育应该是这样:当学生犯了轻微的、无关要紧的过错时,他会感到内疚,受到良心的责备。而教师的责任是防止他发生严重的过失。

---

① [苏]B. A. 苏霍姆林斯基:《给教师的一百条建议》,周蕖等译,天津人民出版社 1981 年版,第 207 页。

② [苏]B. A. 苏霍姆林斯基:《给教师的一百条建议》,周蕖等译,天津人民出版社 1981 年版,第 207 页。

③ [苏]B. A. 苏霍姆林斯基:《给教师的一百条建议》,周蕖等译,天津人民出版社 1981 年版,第 213 页。

④ [苏]B. A. 苏霍姆林斯基:《给教师的一百条建议》,周蕖等译,天津人民出版社 1981 年版,第 208 页。

(二)教师应教导学生自我约束和自我克制

一般青少年学生自我约束和自我克制的能力比较弱,在公开的场合因为有教师和同学的监督,不敢干坏事,唯有个人独处时往往会干出一些愚蠢的事情。因此,培养学生的自我约束和自我克制能力是指导学生自我教育的重要方面。苏霍姆林斯基在这方面有丰富的经验。他指出,当着众人,冠冕堂皇,独自一人,龌龊肮脏,这种人在道德上是卑鄙的。"独自一人时不做坏事、丑事,没有庸俗表现的人,才是真正的人。"[①]教师应教导学生在道德问题上严格要求自己,做到一丝不苟、严于律己,才能培养高尚的道德品质。

(三)通过劳动、学习和体育等多方面的活动进行自我教育

苏霍姆林斯基特别强调通过劳动自我教育的效果。"要把劳动变成自我教育的一个领域(没有劳动中的自我教育,就根本不可能有自我教育)。"[②]劳动中的自我教育,并不单纯去收获土豆,去拣废钢铁,而是深入地认识自己,使智力和双手的技巧结合,自觉地提出目标和克服困难。所以,劳动的过程就是自我教育的过程。

四、道德信念的培养

苏霍姆林斯基在《帕夫雷什中学》一书中用了较多的篇幅来阐述培养学生的道德信念的问题。"道德信念,是道德发展的最高目标,是顶峰,要做到道德习惯和道德意识的一致,才能达到它。"[③]一个人形成了道德信念,就意味着他对某种道德规范和道德理想产生了真诚的信仰,在执行道德规范和实现道德理想中有高度的自觉性,有强烈的责任感。他的行为是自觉的、始终如一的,按照自己的信念来行动。所以,苏霍姆林斯基认为,对学生进行共产主义道德教育的最终目标是使学生形成共产主义道德信念。

---

① [苏]B. A. 苏霍姆林斯基:《给教师的一百条建议》,周蕖等译,天津人民出版社 1981 年版,第 215 页。

② [苏]B. A. 苏霍姆林斯基:《给教师的一百条建议》,周蕖等译,天津人民出版社 1981 年版,第 221～222 页。

③ [苏]B. A. 苏霍姆林斯基:《帕夫雷什中学》,赵玮等译,教育科学出版社 1983 年版,第 194 页。

道德信念的形成是一个复杂的过程，从道德认识到行为习惯的培养，经历了掌握一定的道德知识和概念，形成一定的道德观点，借助于道德情感的激发，道德意志的融合，并在行为习惯中表现出来，才谈得上道德信念。总之，信念是知、情、意、行的合金。苏霍姆林斯基深入地分析了道德信念的形成。“要进一步形成个人的道德信念还要有一个长期的复杂的过程。个人道德信念——是道德教育的最终结果……只有当对真理的认识和概念的认识能深深地反映在一个人的精神世界里，成为他个人的观点，能激发出深沉的情感，同他的意志融合起来，并能在他的活动行为方式、行动举止以及待人、对己的态度中表现出来时，才能谈得上道德信念。”①苏霍姆林斯基特别强调“道德情感”和“社会定向”两个因素。“情感，是道德信念、原则性和精神力量的核心和血肉。没有情感，道德就会变成枯燥无味的空话，只能培养伪君子。”②情感渗透在行为习惯中，学生对人对事的态度以及对某种行为的评价都表现出情感的色彩。社会定向，是指一个人坚定的思想和鲜明的政治方向。“道德信念是否深刻与巩固，在很大程度上取决于学生在道德教育过程中如何形成个人的思想的社会定向。这种定向的形成，就是知识向信念变化，过渡的转化过程。”③如果不重视培养学生的社会定向，道德信念是难以形成和巩固的。

五、敏感性和同情心的培养

苏霍姆林斯基认为，在道德教育中起巨大作用的是培养学生的敏感性和同情心，这是一种高尚的道德情操。应该教育学生会感受别人的痛苦、忧伤和不幸，并给予帮助。帕夫雷什中学的教师们就是经常讲那些需要同情、关注和帮助的人们的遭遇，激发学生们的敏感性和同情心。苏霍姆林斯基

---

① [苏]B. A. 苏霍姆林斯基:《帕夫雷什中学》，赵玮等译，教育科学出版社 1983 年版，第 193 页。

② [苏]B. A. 苏霍姆林斯基:《帕夫雷什中学》，赵玮等译，教育科学出版社 1983 年版，第 194 页。

③ [苏]B. A. 苏霍姆林斯基:《帕夫雷什中学》，赵玮等译，教育科学出版社 1983 年版，第 217 页。

在帕夫雷什中学长期工作中总结了这样的经验:二十年来,我们都在观察学生对构成我们社会道德价值的道德观念、原则、准则是怎样感知、认识和再认识的,这些观察表明,孩子们对教师在开展道德价值的实质所发表的言论的敏感程度、思想反应和个人态度,取决于他们的善良情感的发展程度。凡是善良情感没有得到发展的学生,对老师的言语就会无动于衷。而如果一个学生能把别人的痛苦、不幸和忧伤放在心上,如果他多次体验帮助人的热情,而且把这种热情付诸了行动的话,那么他就会把教师的话当作直接对他发出的号召来接受,乃至在教师只字未提他个人的情况下也是这样。他指出,情感的敏锐性和情操的素养是一种动力,能够推动学生去思考道德教导和规劝的实质所在。

苏霍姆林斯基的道德教育思想十分丰富,以上所述,仅是片段。

[原载《山东师大学报》(哲学社会科学版)1985 年第 1 期]

"仁"是孔子教育事业的核心

刘祚昌

一、"仁"是孔子讲学的主要内容

孔子从事教育事业的主要目的，是造就统治人才，希望弟子们在学成之后，能够把他的学说应用到实际施政中去。同时，他也希望把弟子培养成德才兼备的"君子"。这个目的决定了他的讲学内容便是用"仁""礼"和"乐"去教育弟子。

"仁"字在孔子以前皆作"亲"字解，为百善之一。只有孔子才赋予"仁"以新的含义，并且把它扩大为一个统摄诸德的、内容广泛的道德规范。他认为"仁"就是"爱人"，其中包括恭、宽、信、敏、惠、智、勇等美德。

那么，孔子是不是希望一切人都达到"仁"的道德水平呢？我认为，"仁"是孔子专门向统治阶级提出来的道德规范，期待统治者在道德修养上达到"仁"的境界，他并没有向广大人民群众提出这样的要求。根据是：(一)在孔子看来，"仁"是一种很高的道德境界，他从来不肯轻易以"仁"许人。他本人就谦虚地否认自己达到了"仁"的境界。在他心目中，即使"好学"的弟子颜回，也不过"其心三月不违仁"。(二)孔子认为，能行"恭、宽、信、敏、惠"五者于天下，就够得上"仁"了。而这五种美德实际上只能要求于统治阶级人物。(三)孔子说："君子而不仁者有矣夫，未有小人而仁者也。"(《论语·宪问》，以下引用本书只注篇名)

孔子提倡“仁”，其目的就是希望统治者能“爱人”，爱百姓，希望他们减轻对人民的压榨。他反复向弟子讲述“仁”的道理，就是希望这些未来的统治者能按照他这个愿望去爱百姓。

在《论语》一书中，孔子谈“仁”不下一百多次，可以想象，孔子在讲学中是如何重视“仁”的了。

在孔子说教中仅次于“仁”的便是“礼”。“礼”的含义有广、狭之分。在广义上，它包括一切典章制度；在狭义上，它意味着冠、婚、丧、祭、燕、射、朝、聘等场合的仪式礼节以及日常生活中一举一动的行为规范，其中包括礼貌、举止，等等。自殷周以来“礼”是“不下庶人”的，狭义的“礼”只行于贵族中间，这个“礼”是没有老百姓的份儿的。孔子所着重讲的，就是狭义的“礼”。他对于“礼”提出了新的主张、新的解释，并赋予其新的意义和新的功能。

孔子说：“道之以政，齐之以刑，民免而无耻，道之以德，齐之以礼，有耻且格。”(《为政》)可见，他是主张“礼”下庶人的，他要求打破“礼”的阶级限制，把“礼”的大门开放给所有社会阶层的人。

在孔子看来，“礼”应该是人们自觉地遵守的行为规范，也应该是人类内心道德感情的外部表现，如果缺乏内心道德感情，“礼”就会流于形式，也就无任何价值可言。“礼”，只有当它表达了内心的真实的道德感情或精神美德时，才有意义。他对于“礼”蜕化为徒具形式的繁文缛节感到痛心。他反对贵族一套一套的劳民伤财的虚礼，认为“礼”只要足以表达内心道德感情就可以了，不应过分奢靡。他认为一个无德的人是不配行“礼”的，他也不愿意看到一个内心没有敬意的人行“礼”。

但是，他也反对走向另一极端，反对只满足于内在的道德感情而缺乏恰如其分的外在表现——“礼”。对他说来，“礼”是人类社会所不可缺少的，它是表达内在道德感情的重要手段，缺乏“礼”，就流于粗鄙野蛮。他认为，就是恭、慎、勇、宜等美德，如果不用“礼”来约束，也会发生流弊。

孔子对于“礼”的这种认识，是颇有道理的。用今天的眼光来看，“礼”实际上正是区别文明人与野蛮人的重要标志。因为野蛮人虽有内在的道德感情(这种感情可能比文明人更真挚、更丰富)，但是由于缺乏与这种内在感情相适应的外部的优美的表达形式(“礼”)，就不免流于举动粗野、鲁莽，甚至残忍。比如,在亲人死了的时候,野蛮人把死尸抛到山野里,供野兽飞禽饱腹,而他们认为这样做,亲人的亡灵就可以升天。但是从文明人的角度看,这分明是残忍、野蛮的做法。而“礼”,则弥补了这个缺陷,它为人们提供了处理尸体的人道的、文明的手段。它规定了哀悼的程式,既足以表达悲痛的心情,又可以减轻这种悲痛,使之达到适当的程度。“礼”在事实上就是一种行为的平衡器,既防不及,又防过度,保证人的行为达到恰到好处的中和状态。

孔子强调,“孝”也要用“礼”表达出来,不然就不能成为“孝”。他认为子女即使能赡养父母,天天供以良肴美馔,但是如果缺乏“礼”,没有礼貌,态度很坏,那就与饲养犬马无任何区别。

孔子认为,对于为一个社会的存在所不可缺少的社交说来,“礼”也是极其重要的手段。他说:“晏平仲善与人交,久而敬之。”(《公冶长》)晏婴之所以能做到这一点,就是因为他对待朋友能以“礼”相处。

孔子也力图证明:真正的“礼”,与徒具形式的虚礼不同,能表现出一个人的优美人格。他说:“君子义以为质,礼以行之……”(《卫灵公》)“质胜文则野,文胜质则史。文质彬彬,然后君子。”(《雍也》)这就是说,一个人光有内在的朴素美好的品德,是很不够的,还应该配合以表现在外面的文雅的态度、优美的礼貌,这样才成为既不粗野、也不柔弱的君子。

在孔子看来,“礼”还可以约束人们的思想感情和行为,使之不致误入歧途。孔子和颜渊都谈到“礼”的这种作用。孔子说:“君子博学于文,约之以礼,亦可以弗畔矣夫!”(《雍也》)颜渊说:“夫子循循然善诱人,博我以文,约我以礼,欲罢不能。”(《子罕》)可见,孔子要求学生多多学习文化知识,以增广见识,扩大眼界,开阔胸襟,但是他又担心这样做也许要产生副作用:思想混乱、杂念丛生,很容易走上邪路。因之他又主张用“礼”去约束人们的感情和行为,使他们沿着正当的道路走下去。

从孔子与颜渊的一段问答中还可以看出:对孔子说来,“礼”也应该发挥培养人们的道德情操的重要作用。“颜渊问仁。子曰:克己复礼为仁。一日克己复礼,天下归仁焉。为仁由己,而由人乎哉?颜渊曰:请问其目。子曰:非礼勿视,非礼勿听,非礼勿言,非礼勿动。”(《颜渊》)这就是说,孔子认为一个人如果一举一动,一言一行,都按照“礼”的要求去做的话,就可以一方面克服和消除一切不正当的思想感情,另一方面培养道德情操,最后可以达到“仁”的道德境界。

为什么“礼”能发挥这样的作用?美国汉学家科利尔认为这是因为“礼”可以给生活带来和谐和端庄的气氛,使人产生一种安详沉着之感。

在讲学中,孔子也时常讲“乐”的作用,并且把“礼”和“乐”相提并论。他说:“兴于诗,立于礼,成于乐。”(《泰伯》)他又说,“成人”必须“文之以礼乐”(《宪问》)。这样,孔子强调音乐对于品德培养及人格完成的重要作用。古希腊大哲学家亚里士多德说过,音乐具有塑造人格的力量,因此应该把它引进对于青年的教育中。古希腊另一位大哲学家柏拉图也指出,音乐训练是比任何其他手段更有力的手段,因为节奏及和谐可以渗入灵魂深处。孔子虽然没有对音乐的功能加以说明,但是他是认识到音乐在品德教育中的重要作用的。因此,孔子在讲学中利用音乐,是毋庸置疑的。同时,显然他也是希望他的学生在出仕后的从政中借助音乐去教化人民。

此外,为了把弟子们培养成“君子”,孔子也向他们讲说了许多做人的道理。

孔子不但要求学生达到“仁”的境界,而且希望他们在任何时候都不要背离“仁”。他甚至教导他们:“志士仁人,无求生以害仁,有杀身以成仁。”(《卫灵公》)

他也向学生阐明“义”“利”之辨,要求他们在一切行动中都要以“义”为准绳,在做一件事情之前,一定要先想一想应该不应该做,而不要考虑这样做是否对自己有利。在看到有利可图的事时,必须想一想它是否违反正义,千万不要见利忘义。

孔子教导弟子们要正确对待贫富问题。他反对不择手段地发财致富,认为与其这样,不如过清贫的生活。他特别强调一个人要经得住贫困的考验,不要因贫困而丧失节操。他认为一个君子是能够做到贫困而不丧失节操的,因为“君子谋道不谋食……忧道不忧贫”(《卫灵公》),在君子胸中有“行道”的远大抱负。

按照孔子的想法,君子只是能经得住贫困的考验,是不够的,还应该进一步从贫困生活中体验到乐趣,做到安贫乐道,而毫不勉强。

孔子反复教导学生的，还有一个“诚”字。他最反对不诚实的种种表现包括“巧言令色”“色厉而内荏”“匿怨而友其人”等等。他之鄙视“乡愿”，也是因为“乡愿”这种八面玲珑的“老好人”很不诚实，是“德之贼”。

孔子还向学生传授一些修养方法：第一，要经常反省。他说：“见贤思齐焉，见不贤而内自省也。”（《里仁》）学生曾参把老师的这个教导付诸实践：“吾日三省吾身，为人谋而不忠乎？与朋友交而不信乎？传不习乎？”（《学而》）第二，严于责己，而薄于责人。第三，勤于改过，不要护短。

孔子的讲学内容是丰富多彩的。还有许多内容值得介绍，因篇幅所限，这里从略。

综括说来，孔子的讲学内容，全是“修己治人”之道，但是他讲的千言万语，归结起来不外是教导弟子们去“爱人”，期待他们学成出仕时，能以“仁爱”为怀去治理百姓，减轻人民的苦难。因此可以说，孔子讲学的主要内容便是“仁”学。

二、孔子的教育工作是“仁”的实践

《论语》中有一段感人至深的文字：

“子路，曾皙、冉有、公西华侍坐。子曰：‘以吾一日长乎尔，毋吾以也。居则曰，不吾知也！如或知尔，则何以哉！’子路率尔而对曰：‘千乘之国，摄乎大国之间，加之以师旅，因之以饥馑；由也为之，比及三年，可使有勇，且知方也。’夫子哂之。‘求，尔何如？’对曰：‘方六、七十，如五六十，求也为之，比及三年，可使足民。如其礼乐，以俟君子。’‘赤！尔何如？’对曰：‘非曰能之，愿学焉。宗庙之事，如会同，端章甫，愿为小相焉。点，尔何如？’鼓瑟希，铿尔，舍瑟而作，对曰：‘异乎三子者之撰。’子曰：‘何伤乎？亦各言其志也。’曰：‘莫春者，春服既成，冠者五六人，童子六七人，浴乎沂，风乎舞雩，咏而归。’夫子喟然叹曰：‘吾与点也！三子者出，曾皙后。曾皙曰：夫三子者之言何如？’子曰：‘亦各言其志也已矣。’曰：‘夫子何哂由也？’曰：‘为国以礼，其言不让，是故哂之。唯求则非邦也与？安见方六七十如五六十而非邦也者？唯赤则非邦也与？宗庙会同，非诸侯而何？赤也为之小，孰能为之大？’”（《先进》）

这短短的三百多字,把孔子循循善诱、诲人不倦的情景,生动地呈现在读者面前,使读者对于这位两千多年前的中国伟大教育家,油然而生一种景仰敬慕之情。

孔子之所以被景仰为“万世师表”,我认为至少是因为他在教育工作中有以下几种突出的表现:

(一)像父兄爱护自己的子弟那样爱护学生

孟子说过,“得天下英才而教育之”,是人生三大乐事之一(《孟子·尽心上》)。其实,比孟子早一百余年的孔子已经通过辛勤的教育实践体会到这个乐趣。但是这个乐趣并非人人可以体会到的,只有把学生看作自己的子弟来爱护,才能有这样的体会。孔子就是这样爱护学生的,所以他才有这样的体会。

孔子强调“有教无类”,并且表示“自行束脩以上吾未尝无悔焉”。他这样“廓然而大公”,对学生“一视同仁”的态度,表明他之爱护学生是无条件的,是出于一片真诚。

不但在讲学活动中,而且在日常生活中,孔子总是和学生们朝夕与共。他在周游列国时也与学生同行,生病时也有学生在身旁,甚至在想“乘桴浮于海”时,也希望有学生跟他去。“畏于匡”“在陈绝粮”,也都是师生共患难、共命运的。师生之间形成这种密切的关系,并非偶然,而是孔子以父兄的态度对待学生的结果。这种密切的师生关系,与资产阶级制度下面的商品交易式的师生关系,大异其趣。他是以向学生“传道”为己任的。孔子和颜回的关系,是这种师生关系的一个生动的例证。孔子说:“回也视予犹父也。”颜回不幸早死,孔子“哭之恸”,并且发出“天丧予”的悲叹。

(二)既教书,又教人

孔子虽然向学生传授“诗”“书”“礼”“乐”等文化知识,但是他更重视陶冶学生的人品德行——教人。

为了教人,他采取了两种教育方法:第一,因材施教。针对学生每人的具体的特点加以教诲。第二,表扬与批评。孔子对学生的一言一行,一举一动,都密切注意,看到优点就加以表扬或鼓励,看到缺点、错误,就随时随地进行纠正、批评,甚至严厉谴责,从而表现出对学生品德的高度负责精神。

在弟子中间，颜回最为好学，品学兼优，孔子不止一次地表扬了他。对于“贱人”之子冉雍的德行，孔子也时常加以赞赏。另一方面，孔子批评了宰予昼寝，谴责请学稼的樊迟为“小人”。他也指责子路不好学，“暴虎冯河，死而无悔”的粗暴莽撞的性格。对于走上工作岗位的学生，孔子也没有放弃批评教育。他严厉批评冉有、季路协助季氏攻伐颛臾。孔子更不能容忍弟子冉求帮助统治者对人民横征暴敛的行为，号召弟子们“鸣鼓而攻之”(《先进》)。

(三)教学民主

与后代人所理解的相反，孔子在教学上表现出很大的民主精神。他这种民主精神是有其思想方法上的根源的：“子绝四：毋意、毋必、毋固、毋我。”(《子罕》)这种客观的、科学的、实事求是的态度决定了他在教学上的民主。他鼓励学生在学到手的知识的基础上进行大胆的思考(“学而不思则罔”)，要求他们提出独立的见解，不要盲目地跟在老师的见解后面跑(“回也非助我者也，于吾言无所不悦”)。孔子反对把知识生硬地灌输到学生头脑中去，而采用了启发、诱导、示范及说理的春风化雨式的方法。如果与墨翟的做法相比，孔子的民主作风更为显著。墨翟的弟子有一次抱怨老师强迫他穿短褐，强制他吃青菜汤充饥。而且墨翟还武断地要求学生把他的话奉为金科玉律，不许他们反驳。孔子则不同，他并不要求学生盲从自己，反对他们把他的话句句当作真理，即使弟子不同意他的言行，他也毫不生气。就是他发现弟子们错了，他也不想以老师的身份去压倒他们，而是靠讲道理去说服他们。

更可贵的是，孔子在行动上还能接受学生的反对意见。公山弗扰以费畔，孔子想应召前往，但是由于子路反对而未果行。

孔子很虚心，会因为学生提出的独到见解给自己以启发而感到高兴。弟子子夏问孔子道：“诗经上‘巧笑倩兮，美目盼兮，素以为绚兮’这几句诗是什么意思?”孔子回答说：“绘事后素。”子夏又问道：“那么是不是礼产生在‘仁’的思想感情之后呢?”孔子高兴地说：“卜商啊！能够启发我的是你，你是有资格谈《诗经》的。”(《八佾》)孔子承认学生启发了他，体会到教学相长的兴趣，这也是他的民主精神的表现。

那么，为什么孔子能够像父兄爱护自己的子弟那样爱护学生？为什么他重视教人？又为什么他肯发扬教学民主？这是因为有动力在推动他这样做。这个动力就是“仁”。在他心中，教育下一代并不是一件私人的事，而是关系到人类命运的大事，因为学生担负着实现他的政治理想的重任。他爱护学生，重视教书又教人，关心未来，关心人民，展现“仁者”之用心。而孔子之所以能够发扬教学民主，是因为他看到：只有这样做，方有利于培养学生的品德及才能，归根结底有利于实现他的政治理想，从而有利于人民。同时，他的教学民主，也表现出一位“仁者”的气量和风度。

可见，孔子是用自己的教育工作实践了他所提倡的“仁”。

三、孔子的人格是“仁”的体现

作为一位伟大的教育家，孔子不但以言教，而且也力行身教。他的为人、他的人格情操为学生们树立了良好的榜样。

为了了解孔子的为人，必须从孔子头上摘掉历代统治阶级及其御用学者们强给孔子戴上的神圣的光环，并且驱散对他加以神化的种种谬说和附会的迷雾，而把孔子当作一位现实生活中有血有肉的常人来看待。

孔子并非人们所想象中的凛然不可犯的“超人”形象。他和常人一样有丰富的感情，有喜怒哀乐。他富于幽默感，也偶尔开个玩笑，并且在个别场合还骂过人。他并不是文绉绉的书呆子，他既会奏乐（瑟），也会唱歌。他酷嗜音乐，他在齐国听过“韶乐”，听得是那样津津有味，以至一连三个月吃肉都感觉不到香味，并且叹息道：“想不到我竟快乐到这个程度！”（《述而》）

但是，对我们说来更重要的是：孔子同时也是一位异乎常人的、品德高尚的、有理想有追求的人物。

他“温而厉，威而不猛，恭而安”（《述而》）。他在待人接物方面表现出“温、良、恭、俭、让”的美德（子贡语）。可以说，他是一位教师的典范。

他虽然出身于没落的贵族，但是却能突破贵族的阶级局限性。他重视人的价值和人的尊严，有一种强烈的人道主义精神。孔子家里的马棚失火，他一回到家，就先问：“伤了人没有？”而没有问马是否烧死或烧伤。（《乡党》）他不但反对用活人充当死人的殉葬品，而且也反对用俑殉葬，因为在他

看来，俑是仿照人的模样和体形制成的。(《孟子·梁惠王上》)

孔子非常同情有残疾的人，每逢遇见这样的人时，总是特别加以照料和帮助。当看见身穿丧服的人(即死者的亲人)或失去双目的人走过来时，即使对方比自己年少，孔子也一定要站起身来。孔子经过这些人身旁时，他也一定要快走几步，以示同情和礼敬。而且，孔子在死了亲属的人旁边吃饭，也从未吃饱过。孔子在哀悼悲哭某人之死之后，在同一天内决不再歌唱。一个朋友死了，无人为他安葬，于是孔子便亲自料理这个朋友的丧事。孔子就是这样一位富有人情味和见义勇为的人道主义者。

孔子也把对人的爱扩大到禽兽身上。他宁愿用鱼钩去钓鱼，也不肯用大网去把鱼一网打尽。他虽然也射过鸟，但是从来也不去射归巢准备休息的鸟。

孔子对于穷人或有急难的人，都愿意帮助，同时他反对在经济上接济富人。然而他并不满足于"周穷济乏"，他还有一个济世安民的宏伟抱负。与此相联系的是他有一种极其强烈的使命感，他意识到自己的双肩上担负着"上苍"所赋予的重大使命：

"子畏于匡，曰：文王既没，文不在兹乎？天将丧斯文也，后死者，不得与于斯文也，天之未丧斯文也，匡人其如予何？"(《子罕》)

宋司马桓魋欲杀孔子，孔子说："天生德于予，桓魋其如予何？"(《述而》)

上面两段话表明，孔子是以继承和发扬中国的传统文化和缔造天下太平为己任的。他的努力方向是使普天之下的每一个人都各得其所。因此，当子路问他的志向时，他说："老者安之，朋友信之，少者怀之。"(《公冶长》)这寥寥数语实在蕴藏着孔子胸中的全部经纶。使老年人安享晚年并且使青少年得到关怀和养育，并不是一件轻而易举的事情，它要求建立一个良好的政治、社会和伦理秩序。对于这一点孔子是胸有成竹的，因为他有一套政治纲领：实行"德礼之治"并辅之以富民政策及一系列治国之道。

孔子的这个伟大抱负和信念，始终没有动摇过，不管别人如何讥笑他。当隐者长沮、桀溺嘲笑他时，他坚定地表示："鸟兽不可与同群，吾非斯人之徒而谁与？"(《微子》)难道孔子不羡慕无忧无虑的隐者生活吗？可是政治责任感使他放弃做"自了汉"的想法。他是那样执着于自己的理想，以至当他在现实世界中到处碰壁时,他甚至想到海外、九夷或"蛮貊"之邦去实现自己的政治抱负。

这个政治抱负及信念,是他一生活动的巨大动力,是他自强不息的力量源泉。颠沛、蹶踬都没有压倒、消灭他的信念。他说"三军可夺帅也,匹夫不可夺志也"(《子罕》),表明了他为实现自己的政治理想而奋斗的坚忍不拔的意志。几经挫折,他从来也不"怨天尤人"。有时明明知道自己的学说不会为时君所采纳,但他仍以"知其不可而为之"(《宪问》)的精神奋斗下去。他"发愤忘食,乐以忘忧,不知老之将至"(《述而》),从而表现出一种忘我的、乐观的精神。

但是,在另一方面孔子却有谦逊的美德。他从来不以圣人、贤人、仁人自居或"足己自圣"。甚至当有人称他为君子时,他也表示愧不敢当,而只承认自己是"为之不厌,诲人不倦"(《述而》)的人。有时,他承认自己只有书本上的学问,而还没有做到在生活实践中一个君子所应该做的事。(《述而》)

实际上,孔子的谦逊,正是他要求不断上进的表现。他在学习上孜孜不倦,终他之一生如饥似渴地学习。他"十有五而志于学",从那时起,在学业上不断进展,到七十岁时,达到"从心所欲,不逾矩"(《为政》)的炉火纯青的修养境界。他以学习为最大的乐趣,因此他说:"学而时习之,不亦说乎?""学如不及,犹恐失之。"这几个字是他这种积极的学习态度的写照。他又说:"十室之单,必有忠信如丘者焉,不如丘之好学也。"(《公冶长》)可知他的好学在侪辈中间是无与伦比的。"子入太庙,每事问"(《八佾》),说明他的求知欲如何强烈!

同样,在个人品德修养上,孔子也力求上进,从来也不放松自己。他不断向别人学习,不断地克服自己的缺点。因此,他说,"见贤思齐焉,见不贤而内自省"(《里仁》),"三人行,必有我师焉:择其善者而从之,其不善者而改之"(《述而》)。他要求一个人多多省察自己的过错,而少责备别人。因此他说:"躬自厚而薄责于人。"(《卫灵公》)他自己就富于自我批评的精神,下面的例子最能说明这一点:"陈司败问昭公知礼乎?孔子曰:"知礼。"孔子退,陈司败揖巫马期,而进之曰:吾闻君子不党,君子亦党乎?君取于吴,谓之吴孟子。君而知礼,孰不知礼?巫马期以告。子曰:"丘也幸,苟有过,人必知之。”(《述而》)孔子就是这样律己甚严的人。

孔子在对待贫贱富贵问题上,也严以律己。用不正当手段猎取的富贵,是他所最瞧不起的,他宁愿过“饭蔬食,饮水”的清苦生活,并且能从中体验到无穷的乐趣。(《述而》)

然而,孔子并不是禁欲主义者,他并不反对适度的、精神上肉体上的享乐,除非这种享乐有损于道德及人格的完整。如前所述,他本人就尝到欣赏音乐的乐趣。他承认人们享乐的正当性,而且认为让人民享乐是政府的责任。《论语》里有两条材料可资证明:

“叶公问政。子曰:‘近者悦,远者来。’”(《子路》)也就是说,孔子认为统治者在施政时必须使境内百姓感到高兴满意,这样就吸引境外的百姓前来投奔。让百姓高兴满意,就包含着让他们得到精神上、肉体上的享受的意思。

“子适卫,冉有仆。子曰:‘庶矣哉!’冉有曰:‘既庶矣,又何加焉?’曰:‘富之!’……”(《子路》)富是百姓享乐的必要条件,孔子主张富民,就是主张百姓有享乐的权利。

可见,孔子是支持人民的享乐权利的。这里必须看到:孔子只要求士君子(即统治阶级及其知识分子)“安贫乐道”,他并没有向一般庶民提出这样的要求。

既反对禁欲,又反对纵欲[孔子曰:“……损者三乐。……乐骄乐,乐佚游,乐晏乐,损矣。”(《季氏》)]——这便是孔子的态度,也是他的中庸主义[①]在生活态度上的体现。孔子之同情人民这种感情上的要求,是他的思想受人欢迎的原因之一。

孔子之认可适度的享乐,在中国春秋战国时代的“显学”中,是独一无二的。其他主要学派几乎一致反对享乐,至少反对百姓享乐。墨翟及其学派就以“节用”“节葬”为理由,反对人民享乐,他们甚至赞成消灭感情。道家强调无欲,更是反对享乐。法家相信人民不外是国家的工具、不许有个人的思

---

① 孔子所讲求的“中庸”之道,前几年被人误解了。其实“中庸”就是恰到好处之意,与“过”及“不及”对立,与“折衷主义”毫无共同之处。

想及感情。有的法家甚至主张把人民的生活恶化到难以忍受的程度,以便使得他们把当兵打仗看作是一种解放。

这样,孔子不仅尊重人的价值和人的尊严,同情贫苦群众,而且有济世安民的宏伟理想,有为理雄而奋斗到底的决心和毅力,并且本着“修己以安百姓”的精神不断充实、培养和砥砺自己的品德,做到了“克己复礼”——这一切都表明孔子在道德境界上达到了他为“仁”所规定的标准,他的思想和行动真正体现了“仁”所包含的种种美德。

小　结

我们首先必须承认:孔子的“仁”,是以封建等级制度为前提的,这是时代局限了他。但是同时更应当看到:孔子是一位“悲天悯人”的人道主义者,他在提倡“仁”的时候,是真心诚意地希望统治者能够“爱人”,能够减轻对人民的压迫。然而,孔子的这番苦心和努力落空了。在阶级社会,统治阶级一般是不可能“爱人”的,要他们“爱人”,减轻对人民的压榨,实无异于“与虎谋皮”。他们所关心的是如何巩固自己的统治。春秋末年的各国统治者也不例外,他们毫不犹豫地拒绝了“仁”。但是孔子并没有灰心丧气,他设帐授徒,不仅以“仁”教育学生,而且在教育事业上表现出“仁者”的胸怀,更重要的,他本人还身体力行了“仁”,这种“身教”对学生发生了潜移默化的作用。一言以蔽之,“仁”是孔子教育事业的核心。

[原载《山东师大学报》(哲学社会科学版)1985 年第 6 期]

布鲁纳《教育过程》

王立功

杰罗姆·S. 布鲁纳的《教育过程》一书,是他在1959年美国"全国科学院"召开的一次中小学教育改革讨论会上所作的总结报告。他主张大力开展中小学教学改革,以适应科技发展的迫切需要,提出了"知识结构"和"发现法"学习,对教学改革工作作了理论概括。该书被西方资产阶级评论家誉为"最重要的最有影响的著作之一"。作者在"引论"中把自己的论述归结为四个题目和一个设想。其中的四个题目是:结构、准备、直觉和兴趣。一个设想是:在教学工作中怎样更好地帮助教师。

首章是"结构的重要性"。所谓结构是指科学的基本结构,即基本原理或基本概念。我们之所以强调要掌握学科的基本结构,是因为只要掌握了某一学科的基本结构,学生就可以运用"基本的和普遍的观念来不断扩大和加深知识"[①]。心理学家把这种现象称为"迁移"。所谓"迁移"是指各种知识或技能学习之间的积极影响,凡是两者之间有相同或相似的因素,就能产生迁移。他举例说:"已经学会怎样敲钉子,往后我们就更能学习怎样敲平头钉或削木片。"[②]也即举一反三,触类旁通,他把这种技能方面的迁移,称之为

---

① [美]杰罗姆·S. 布鲁纳:《教育过程》,上海师范大学外国教育研究室译,上海人民出版社1973年版,第12页。

② [美]杰罗姆·S. 布鲁纳:《教育过程》,上海师范大学外国教育研究室译,上海人民出版社1973年版,第12页。

“特殊适用性”。另外,他还认为每学习一种基本原理,都可以把它作为学习后继知识或问题的基础,例如,理解了生物学上的平衡概念,就有助于掌握经济学上和政治学上的平衡概念。他把这种原理方面的“迁移”,称之为“普遍的适用性”。

布鲁纳认为,学生所学到的概念,越是基本、普遍,对新知识或新问题的适应性就越广。因此,他提倡学习和教授学科的基本结构,强调学校课程改革要忠于学科的基本结构。关于这个问题他提出四点理由:(1)懂得基本原理后能对学科更容易理解。(2)可以更好地记忆科学知识。(3)能促进知识、技能、态度的“迁移”。(4)能够缩小“高级”知识和“初级”知识之间的间隙。他还指出,如果不去注意学科的基本结构,则有三点弊病:(1)要学生从已学得知识推广到解决后来将碰到的问题,就非常困难。(2)从激发智慧来说,收获不大。(3)获得的知识,如果没有完满的结构把它联在一起,多半会被遗忘。所以,必须教授和学习学科的基本结构。

第二章“学习的准备”。在这一章中,布鲁纳提出了一个“大胆的假设”:“任何学科都能够用在智育上是诚实的方式,有效地教给任何发展阶段的任何儿童。”[①]为了论证这个大胆的假设,他从儿童智慧的发展来考察。他把儿童智慧的发展分为三个阶段:(1)学前期阶段——从5岁到6岁。这个阶段又称“前运算阶段”(只对数学学习而言)。(2)学龄初期阶段——从6岁到9岁。这阶段又称“具体运算阶段”。(3)发展阶段——从10到14岁。这阶段又称“形式运算阶段”。他认为每个阶段都有各自的特点,即都具有观察世界和解释世界的独特方式。因此,教授某学科就要“按照这个儿童观察事物的方式去表现那门学科的结构”。如果能做到这点,那么任何高深的知识就都能为儿童所接受。他认为像微积分的基本观念和概念,以实物为教具,完全可以为小学生所理解。他说道:“教授科学概念,即使是小学水平,也不必奴性地跟随儿童认知发展的自然过程。向儿童提供挑战性但是合适的机会

① [美]杰罗姆·S. 布鲁纳:《教育过程》,上海师范大学外国教育研究室译,上海人民出版社1973年版,第23页。

使发展步步向前，也可以引导智慧发展。”①

布鲁纳还认为学习任何一门学科，常常有一连串的“学习节目”，每一个“学习节目”都涉及知识的获得、转换、评价这样三个“学习行为”的过程。如果学习节目安排得包含三个差不多同时发生的行为过程，就可以反映从前学过的东西，搞清新旧知识之间的脉络，举一反三，从而超过以前的学习。为此，布鲁纳主张，在学科内容的安排上，应该呈现为“螺旋式课程”。

第三章是“直觉思维和分析思维”。布鲁纳提出教学必须重视直觉思维能力的培养，认为在发现、发明解决问题的过程中常是直觉思维“猜测”出正确答案，然后再由分析思维去检验它、证明它。他的“直觉思维”概念是与“分析思维”概念相对而言的。直觉思维的活动是依赖对问题的内隐的感知进行的。它不是以仔细的、规定好的步骤来进行演绎、归纳、类比等抽象思维的。它几乎是靠一种“预感”去作判断的。布鲁纳认为直觉思维有待于分析思维来进行检验、证明。它们之间是互相补充、相辅相成的关系。具有较强直觉思维能力的学生可以称之为“人才”。

布鲁纳强调直觉在学习中的重要性，这无疑是正确的，因为许多发明、发现和创造，开始常常是在解决问题过程中直觉思维猜出正确答案，然后再用实验和抽象思维去证明。所以，布鲁纳主张在教学中要采取有效的方法帮助儿童形成直觉思维能力，要鼓励学生去猜想，促使直觉思维向合理程度发展，要创造必需的学习条件，使儿童产生某种直接感受，作为学习某门学科的基础。

“学习动机”是该书的第四章。布鲁纳认为，“学习的最好刺激，乃是对所学材料的兴趣，而不是诸如等级或往后的竞争便利等外来目标”②。他主张不宜过分强调外来动机，而应努力使外来动机转化为内在动机。在这里，布鲁纳就提出了特别需要联系课程的设计，“增加教材本身的趣味性”。他认为“教学应该以中等学生为目标”的想法是个“不适当”的公式。教育的目

① [美]杰罗姆·S. 布鲁纳：《教育过程》，上海师范大学外国教育研究室译，上海人民出版社1973年版，第27页。

② [美]杰罗姆·S. 布鲁纳：《教育过程》，上海师范大学外国教育研究室译，上海人民出版社1973年版，第10页。

标要追求优异的成绩,同时也承认我们必须要培养参差不齐的才能。他说:“为了要给每个人提供一些东西”,就“要探求的是计划一套向优秀学生挑战的材料而不破坏那些不很幸运的学生的信心和学习意志”[①]。这无疑是一个面向全体学生的教材,因而也就最能使各类学生的学习积极行为持久。同时,布鲁纳要求把“必须要说的东西转化成为适应儿童的思维形式”。其中主要增加使学生有“新发现”的感觉。他强调“发现学习”,要求学生利用教材与教师提供的某些材料,亲自发现应得的结论或规律,在学习中成为“发现者”,并且,使学生具有“自我奖励”这种独立自主的学习。他认为不宜过分强调“奖优制度”,奖优虽然是事先计划控制,仍可能发生一些不良影响。

总之,布鲁纳认为,学习动机必须防止被动状态,尽可能建立在唤起对所学习东西的兴趣的基础之上。

最后一章是“教学辅助工具”。布鲁纳指出,即使广泛使用教学辅助工具,“教师在教学过程中仍然成为重要的辅助者”。他认为,近年来随着科技发展,教学手段逐渐现代化。但是“很清楚,机器不是将要代替教师——实在,如果教学中比较麻烦的部分能够委之于自动装置,可能会引起更多和更好的教师的需要”[②]。这就是说,利用各种形式多样装置的辅助工具来教什么,怎么教,如果没有优秀的、经验丰富的教师参加是无法完成的。同时,他还指出,教师不仅是传播者,而且还是模范。他认为教师是教学过程中的“直接个人象征”。是学生可以视为同自己一样,并拿来同自己作比较的人物。这都说明了教师直接影响着学生思想品德的形成和精神面貌的好坏。布鲁纳的这些见解在教学手段日益现代化的教学中,对培养新的一代的教师,是很有现实意义的。

综上所述,布鲁纳的《教育过程》一书,就教(或学)什么、什么时候教(或学)、怎样教(或学)的教育思想对我们今天的教育改革是有现实意义的。比如,学科的结构性与连续性,儿童学习的主动性,早期教育,快出人才的可能

---

① [美]杰罗姆·S. 布鲁纳:《教育过程》,上海师范大学外国教育研究室译,上海人民出版社1973年版,第49页。

② [美]杰罗姆·S. 布鲁纳:《教育过程》,上海师范大学外国教育研究室译,上海人民出版社1973年版,第59页。

性等论述，都是可以借鉴的。但是，布鲁纳断言任何学科的知识，都可以运用某种形式，有效地教给任何年龄的任何儿童，则是过分强调增加知识的难度、抽象化、理论化，忽视师生的实际水平、知识的实际应用；他强调学生的发现行动和科学家的发现行动基本相同等观点，是值得商榷的。

［原载《山东师大学报》（哲学社会科学版）1985 年第 6 期］

从“仁、知、勇”谈孔子的人格心理学思想

林瑞山

孔子的心理学思想非常丰富，本文只是通过对“仁、知、勇”的分析，探索孔子的人格心理学思想。

在奴隶社会，“仁、知、勇”就已成为奴隶主贵族上层人物的一种完善品格。当时，人格的核心是“忠君”，是臣对君的政治态度体系。到孔子时，其内容更充实，并被推广到更为广泛的阶级、阶层中去，作为这些阶级、阶层的人格模式。这就使得后人得以通过剖析“仁、知、勇”的含义，探索孔子的人格心理学思想。

孔子的人格结构——“仁”“知”“勇”

孔子“仁”的含义既广泛又深奥，所以儒家学者称之为“众德之总”（《六经正讹》）。有的则把它说成是“为人之道”（《孟子·离娄上》）。这些都是对“仁”含义的概括。从人格结构看，孔子的“仁”则是一定态度体系的总体。它包括着对社会现实生活的各个方面的定义。

一是作为对人的态度的“仁”。《论语·颜渊》上记载樊迟问仁，孔子回答说：“爱人。”儒家普遍认为这是“仁”的最基本含义。所以《说文》在解释“仁”义时写着：“仁，亲也，从人，二。”（《人部》）这就是说，人爱人为仁，所以“仁”字从二人。孟子也说，“仁也者，人也”，“仁，人心也”（《孟子》）。可见，

孔子把“仁”看作是人对人的根本态度——“爱人”。这种“爱人”是爱一切的人，即“泛爱众”。正因为“仁”是“泛爱众”，所以它是一种协调人与人之间关系和调和阶级矛盾的人格品质。

二是作为对国家、政权的化身——天子、诸侯、大夫的态度的“仁”。孔子曾对其高徒曾参说：“吾道一以贯之。”事后别人问曾参孔子这句话的意思，曾参说：“夫子之道，忠恕而已矣。”（《论语·里仁》，以下引用此书只注篇名）这就是说贯穿孔子“仁”的红线是“忠恕”。孔子“忠”的本义是竭诚、尽己之心。不过，孔子在具体论述“忠”时，强调的是臣对君、下对上的态度。如“臣事君以忠”（《八佾》），“事君，能致其身”（《学而》）以及“为人谋而不忠乎？”（《学而》）等等。这就是说，“忠”是对待统治者的一种极其重要的人格品质。“恕”，就是孔子在回答仲弓问“仁”时所说的“己所不欲，勿施于人”（《颜渊》），就是“推己及人”，就是“严以责己，宽以待人”（《卫灵公》），就是“犯而不校”（《泰伯》），“不念旧恶”（《公冶长》）。用“恕”来处理人与人之间的关系，就可问心无愧，就不易得罪于人，少结怨恨，就可以做到“不忧”。所以在孔子的心目中，恕是“可以终身行之者”（《卫灵公》）的人格品质。

从上面的分析可以看出“忠”“恕”二者：一个是从横的方面（“恕”）来协调人与人之间和统治阶级内部关系的人格品质，另一个则是从纵的方面（“忠”）来协调被统治者与统治者之间和统治阶级内部（君臣、上下）关系的人格品质。民、臣如具有这样的人格品质，就可妥善地处理统治阶级与被统治阶级之间和统治阶级内部的矛盾。显然，这二者既是对待政权的一种积极态度，也是维护政权的重要人格品质。所以孔子才把“忠恕”说成是实现“仁”的具体品质。（《雍也》）

三是作为对父兄、族亲、长辈的态度的“仁”。“孝弟”的原义是指善事父母兄长。但实际上“孝弟”并不局限于直属，而是推广到族亲。这种对直属、族亲中长辈的态度表现在行为上，则是协调家庭（即社会结构的基本单位）、家族关系，消弭家庭、家族中的纷争，调和骨肉血缘间矛盾。所以，儒家把“孝弟”看成是“齐家”之本。家“齐”了，社会、国家也就安宁。这就是孔子所说的“其为人也孝弟，而好犯上者，鲜矣；不好犯上，而好作乱者，未之有也”（《学而》）。正是在这个意义上，孔子把“孝弟”说成是“仁”的根本（《学而》），并把“出则事公卿,入则事父兄”(《子罕》)作为统一的品德来教育学生。

四是作为对社会的典章制度等上层建筑的态度的“仁”。这就是“礼”。孔子认为“克己复礼为仁”,他认为符合礼的言行叫仁,礼是仁的鉴别标准。因此孔子把“礼”看成作人的根本与人格形成的基石。他认为,一个人如果“不学礼”就“无以立”(《季氏》),如果能够克制自己的欲念,约束自己的行为,使之符合于“礼”,就会具备完好的人格品质(《颜渊》)。孔子不仅强调“礼”在人格形成中的作用,而且十分重视“礼”在行为上的调节作用。他认为一个人的道德行为如果缺乏“礼”的调节,就会产生相反的社会后果,甚而触犯社会的典章制度。这就是所谓:“恭而无礼则劳,慎而无礼则葸,勇而无礼则乱,直而无礼则绞。”(《泰伯》)所以,人必须用“礼”来约束自己的视、听、言、动,做到“非礼勿视,非礼勿听,非礼勿言,非礼勿动”(《颜渊》)。基于这种观点,孔子在他的生活和社会活动中,总是力求使自己的举止言谈合乎周礼(《乡党》),对于破坏周礼规定的行为(如季氏的八佾舞于庭)则严加指责。在政治上,他主张“复礼”,“为国以礼”(《先进》),宣传“道之以德,齐之以礼,有耻且格”(《为政》)的为政措施,这一切都是由于“礼”使人的言行符合于社会的典章制度的要求,在社会生活中“循规蹈矩”,从而起着协调个人和社会的关系、维护社会上层建筑的积极作用。

五是作为立身、待人、理事、处世的一般态度的“仁”。《论语·阳货》记子张问孔子怎样做才是“仁”。孔子回答说“恭、宽、信、敏、惠”,并进一步解释说:“恭则不侮,宽则得众,信则人任焉,敏则有功,惠足以使人。”《论语·子路》记孔子说仁时说:“刚、毅、木、讷、近仁。”此外,子贡在谈论孔子的为人时说:“夫子温、良、恭、俭、让。”(《学而》)从孔子对学生为人处世的教导和学生对孔子人品的称颂中可以看出,孔子是把庄重、宽厚、守信、勤快、恩惠、刚直、坚毅、朴实、言语谨慎、温顺、善良、恭敬、俭朴、谦让等作为一个人立身、待人、理事、处世的基本态度,也是一个人对己、对人、对事、对物的重要人格品质。在孔子看来,一个人如果具有这些人格品质,就会受到别人的尊重和爱戴,人们也愿意亲近他、信任他、听从他,他的社会活动就会富有成效。所以,这些品质起着协调人与人之间的关系、增强人们之间的信赖和感情、促进社会成员之间的精诚团结和巩固现行社会制度等作用。

从上述可看出，孔子的“仁”在人格中的地位最为重要。所以，孔子强调“君子无终食之间违仁。造次必于是，颠沛必于是”（《里仁》），而且提出“志士仁人，无求生以害仁，有杀身以成仁”（《卫灵公》）的号召。

“知”（亦作“智”）作为人格要素，孔子主要指的是理智特征中的核心——智慧的品质。

在智慧品质中，孔子首先强调的是“不惑”（《子罕》）。“不惑”是指人不被事物的表面现象所迷乱，不为“巧言令色”所迷惑等。人之所以能在事物之前“不惑”，总是由于他善于区分事物中的现象和本质、主流和支流的东西，善于揭示事物内在的联系。这种人既不盲从附会，也不主观自以为是，具有智慧的深刻性、批判性和独立性。孔子还认为智者“知人”（《颜渊》），“不失人”，“不失言”（《卫灵公》）。所谓“知人”，指的是善于识别人才。人之能否识别人才，又是否对“人才”的品性和才能有着全面的洞悉，既识其所长，也见其所短，并能在全面认识的基础上，做到“因才任用”“因任授官”，这是智慧的广度、深度和批判性的综合反映。关于“失人”“失言”，孔子自己作了这样的说明：可以同他谈的话，却不同他谈，这就是“失人”；不可以同他谈的话，却同他谈，这就是“失言”。可见，“智者”是善于针对不同的对象来确定自己的言谈，使谈话“有的放矢”，产生实际效能。这种言谈的机智，表明了一个人智慧的敏锐和灵活。孔子还认为“智者乐水”“智者动”（《雍也》）。“乐水”是一种形象化的比拟，它表明一个人在待人处世方面善于灵活应对，好像水一样地能顺应任何复杂多变的环境。这当然是具有智慧灵活性和敏捷性一类的人。“动”指的是思维的活跃和主动性，不囿于条条框框，不死钻一窍。这也是智慧的良好品质。孔子还认为智者能够“闻一以知十”（《公冶长》），“举一反三”（《述而》），“告诸往而知来者”（《学而》），“触类旁通”等，即具有高度发展的思维的逻辑性、流畅性和变通性。最后，孔子还以自己的“每事问”（《八佾》）和“叩其两端而竭”（《子罕》）来教育学生。这种对新事物的兴趣，以及穷究自己所不知的事物的因由，以便获得对该事物的认识，是表现为求知欲与钻研性的智慧品质。这样全面地论述“智”，并把它作为人格要素，是孔子在人格理论上的一大创举。

孔子人格结构理论中的“勇”，实质上是意志品质的同义语。“勇”所包含的意志诸品质中,最明显的要算是大胆、勇敢和无畏。在许多场合下,孔子常说"勇者不惧"(《子罕》《宪问》)甚而向学生灌输"杀身以成仁"的思想。孔子"勇"的又一含义是指坚定的目的性和行动不可动摇性的意志品质。这就是"三军可夺帅也,匹夫不可夺志也"(《子罕》)一语中的"志"。孔子还把果断作为"勇"的具体内容。他夸奖子路的"勇",认为子路不仅对自己所面临的任何艰难危险无所畏惧,不顾及个人的安危,敢于挺身而出,而且在处事或行动中非常果断(《公冶长》《雍也》)。不过,孔子认为人不应由于果敢而变得专横武断或顽固不化(《阳货》)。孔子还说"见义不为,无勇也"(《为政》)。这句话,实际上是说"见义而为"才配得上称为"勇"。可见孔子认为,一个人当他遇见应该做的事情(合乎"义"),便果断、勇敢而又坚定地做下去,才具备有"勇"这一品质。

通过上面的分析,我们可以把"仁、知、勇"兼备的人概括为:具有一定政治信念和道德观点的,既有治理国家、教化人民的才智,又有协调各阶级、阶层内部和彼此间矛盾的品德,还有挺身维护社会制度的决心和勇气的人。它是一个社会实体,反映着一定阶级的意志,代表了一定阶级的利益,是一定社会关系总和的体现者,也是孔子的政治信念和道德观点的人格化。

孔子的人格形成观点和培养途径

孔子人格形成的观点,集中反映在"性相近,习相远也"(《阳货》)一语中。孔子所说的"性",指的是"生之质",就是"禀性",就是先天的东西。"习"则是指后天的习得。从这一句话可以看出,孔子认为作为人格形成的先天基础的"性",人与人之间的差异并不大;而人们在人格上所以会有千差万别则是后天习得的,即实践的结果。这就是说,孔子认识到人格的形成:一方面与生物的、遗传的因素有关,另一方面与社会、环境的因素有关,而社会、环境的因素(主要是人的生活实践)在人格形成中则起着决定性的作用。孔子的这一人格形成观点,无疑是正确的。孔子不仅肯定生活实践在人格形成中的作用,而且还强调人的主观状态在人格形成中的重要性。他认为人格的发展主要是取决于个人主观上的努力程度,努力了,良好的人格品质就可以形成。他说：“为仁由己，而由人乎哉？”（《颜渊》）“仁远乎哉？我欲仁，斯仁至矣。”（《述而》）正因为孔子重视主观努力在人格形成中的作用，所以，他责难冉求的划线为界，自动停止前进的思想。孔子主张通过实践（躬行）和修养这两条途径来培养人格。实践和修养之间的联系非常密切，难以截然分开，把它作为两条途径，只是相对而言。

孔子关于人格培养途径的主张同他的人格形成观点是相一致的。孔子认为人与人之间在人格上的差异是由于“习”而相远的。所谓“习”，指的是反复地学、重复地做、经常地练习、长期地锻炼，等等。正因为“习”的含义是比较广泛的，所以他十分重视“习”的作用，谆谆教导他的学生要“学而时习之”（《学而》），要求他们不仅在学习知识、掌握技能上要“时习之”，而且在培养品质、发展人格方面也要“时习之”。孔子在培养人格上的这一实践观点，明显地体现在他的言传身教中。

在言传方面，《论语》中记载得不少。例如，《学而》记孔子说：“弟子入则孝，出则弟，谨而信，泛爱众，而亲仁。行有余力，则以学文。”从这一句话可以看出，孔子是把“行”作为人格结构中各种品质形成的基础。他在回答樊迟问怎样才能提高品德时，也反映这种观点，他说“先事后得”，即先努力去做，就可以收到提高品德的效果。在《颜渊》篇中，孔子回答子路怎样才能成为一个完美的人的问题时，也是强调行为的具体表现，认为一个人如果能“见利思义，见危授命，久要不忘平生之言，亦可以为成人矣”（《宪问》）。孔子甚至认为品格的学习是寓于身体力行之中的。所以他说：“贤贤易色；事父母，能竭其力；事君，能致其身；与朋友交，言而有信。虽曰未学，吾必谓之学矣。”（《学而》）对于那种不能身体力行的人，诸如“德之不修，学之不讲，闻义不能徙，不善不能改”（《述而》）的人，是最值得担忧的。

基于上述观点，孔子十分强调学以致用，极其重视品格的实效性。他指出：“诵《诗》三百，授之以政，不达；使之四方，不能专对；虽多，亦奚以为？”（《子路》）他甚至认为，对古人的训言也应先通过实践来检验，然后再加以论说，即“先行其言而后从之”《为政》。他主张考察一个人也要“听其言而观其行”（《公冶长》）。孔子认为在品格形成中“力行”的坚持性是十分重要的。所谓“君子无终食之间违仁，造次必于是，颠沛必于是”（《里仁》），说的是一个人要想使自己的人格完善化,在任何情况下,也都必须坚持按照“仁人”的行为准则行事,不能有所违背。由于孔子非常重视“行”,对“行”的要求也很严格,因而在学生的面前他还是自谦地说:“躬行君子,则吾未之有得。”(《述而》)

在身教方面,《论语》各篇都有所记述,其中尤以《乡党》最为详尽。这一篇集中记载了孔子的举止言谈和衣食住行。孔子也正是以自己的行动影响他的学生,成为他们效仿的表率。所以当孔子在谈论“君子道者三”时,子贡认为这是“夫子自道也”。这句话充分反映了在弟子的心目中,孔子就是完善人格的化身。此外,孔子在周游列国从事政治和教育活动时,身边总是带着一些弟子,引导他们在现实生活中锻炼和发展人格品质,甚而要求他们不惜“杀身以成仁”。这一切都从不同的方面反映了孔子在人格培养上的实践观点。

孔子还极其重视通过修身养性来达到人格的完善化。在这方面,他主张:一是陶冶,二是内省。

在陶冶方面,《论语·述而》有这样的一句话:“志于道,据于德,依于仁,游于艺。”这是孔子有关陶冶心性,修养品德的精辟论述。这里所说的“道”是指做人的道理,即道德认识方面;“德”是指“行道”过程中的感受、心得,即道德行为方面;“仁”是指“爱人”,即道德情感方面。这就是说,孔子已经把道德认识、道德情感、道德行为看成是人格中三个相互联系的因素提出来,并且指出:要以提高道德认识为志向,以道德行为的练习为依据,以培养道德情感为凭借,通过反复地、经常地学习“礼、乐、射、御、书、数”等来陶冶心性,修养品德。这就是孔子为其学生指出的人格修养的基本途径。

在陶冶心性,修养品德上,孔子十分重视《诗》和《乐》的作用。他认为《诗》可以使人的行为有所遵循,不学《诗》就会像面对墙壁站着那样无法行走。(《阳货》)《诗》可以使人性情端正,即“思无邪”。《诗》可以激发人的志气,即“兴于《诗》”(《泰伯》)。《诗》可以培养人的合群精神,即“可以群”。《诗》可以抒发人的情感,即“可以怨”(《阳货》)。关于《乐》,孔子认为《乐》可以使人完成修养,即“成于乐”(《泰伯》)。由于《乐》在陶冶心性上有巨大的作用,以至于孔子在齐国听了《韶》乐,很长时间吃肉也不知道肉的滋味。(《述而》)所以,当孔子结束十四年的周游列国生活,自卫返鲁后,就着手对乐曲进行审定和整理,使之发挥应有的作用。

修养的另一做法是内省或“自讼”。孔子非常重视内省,他认为“君子之过也,如日月之食”(《子张》)。人们看得一清二楚。因而需要借助于内省来检点自己的言行,以少犯错误。更为重要的是,孔子认为内省是修身养性、达到人格完善的重要方法。

首先,孔子认为内省应该包括正、反两个方面。比如:看到贤德的人,就应该思考一下,看看他有什么好的品行值得自己学习的;看到不贤德的人,也应该反省一下,看看自己有没有和他相同的不良品行。这就是“见贤思齐焉,见不贤而内自省也”(《里仁》)。但是,孔子并不认为内省到此就结束,而是强调通过它“择其善者而从之,其不善者而改之”(《述而》),并且应力求做到“见善如不及,见不善如探汤”(《季氏》)。对于正、反两方面教材,孔子认为更重要的是向好人、好事、好榜样学习,提出向“有道者”学习,即“就有道而正焉”(《学而》),“事其大夫之贤者,友其士之仁者”(《卫灵公》)。

其次,孔子认为反省应该是贯穿在人的举止言谈、待人、处事各个方面。他提出“九思”:“视思明,听思聪,色思温,貌思恭,言思忠,事思敏,疑思问,忿思难,见得思义。”(《季氏》)这种反省和上面所提到的反省一样,都是发自主体跟外界打交道的过程中的。那种认为孔子的内省只不过是主观唯心的“闭门思过”而已的责难,是不符合实际情况的。

再次,孔子强调反省应该是随时随地进行的。如曾子的“吾日三省吾身”(《学而》),就是一种经常性的反省。孔子的“三人行,必有吾师焉”(《述而》)的教导,也是一种借助于随时留心向周围人学习来提高修养自觉性的方法。

最后,孔子的反省不是从抽象概念出发,而是联系自己的有关问题进行的,即“切问而近思”(《子张》)。反省还要根据实际情况做到“能近取譬”(《雍也》),即设身处地,推己及人。只有这样,才能收到修养人格的良好效果。

从上面的分析可以看出,孔子有着比较完整的人格心理学思想,它有待人们去挖掘和整理之,本文仅是一种尝试。

[原载《山东师大学报》(社会科学版)1986年第2期]

分析教育哲学述评

陆有铨

一

分析教育哲学乃是一种“元教育哲学”，它运用分析哲学的方法对教育的概念、命题以及问题加以澄清，以便使我们的教育活动更有意义、更富成效。因此，与永恒主义、要素主义等表述教育思想体系的“主义”不同，它本身并不是某种“主义”，而是一种研究教育的方法。

分析教育哲学与分析哲学有“血缘”的关系。分析哲学以“清思”为宗旨，“在反对形而上学的口号下，否定研究思维和存在关系等问题的传统哲学，认为哲学的唯一任务就是对科学的语言进行逻辑分析，阐明它们的意义”[①]。分析哲学的源流可追溯到苏格拉底，苏格拉底的“谈话法”就体现了哲学活动的“清思”特征。他注意对概念进行检查和澄清，从而获得适当的定义。然而，西方哲学在此后的一段很长的时期内却抛弃了分析的方法而专注于哲学的内容。直到 20 世纪初期，分析哲学才作为一种“哲学的革命”来力图扭转这种趋势。

20 世纪初，自然科学运用经验的方法所取得的成功，启发人们对哲学问题进行思考。首先，许多西方哲学家开始感到，哲学主要通过纯粹的思辨、推理所获得的那些结论，同自然科学通过经验的方法所得到的结论相比，显

① 刘放桐等编著:《现代西方哲学》(修订本)，人民出版社 1981 年版，第 422 页。

得没有根据。因此，哲学过去研究的那些内容应该由自然科学来研究，也就是说，哲学失去了其本身研究的内容。其次，许多哲学家认为，只有科学才是真正的学问，只有科学的方法才是真正的哲学方法。一个陈述，除非能够根据数学或逻辑的原则加以证实，或得到经验的材料证实，否则就毫无意义。因此，传统哲学关于本体论、价值论、道德论的那些陈述都没有客观的意义，仅仅表达了人们的感情，人们把这些观点称为逻辑实证主义。到了20世纪中期，西方又出现一种反对逻辑实证主义的倾向。这种倾向认为，逻辑实证主义排除哲学对于道德、宗教等问题的考虑是错误的，但它又反对回到传统的思辨方法去。它主张哲学的重点应该转移到人们所使用的语言和概念的分析上去。它认为，哲学长期以来想要解决的许多问题是由于人们混淆了一些重要的概念并作了错误的解释所造成的。如果人们能够澄清这些概念并确定其一般意义，那么我们至少就能够知道这些问题究竟是什么，以及如何来解决它们。任何概念的意义都是同人们所使用的日常语言有关的，虽然哲学不能创造出它自己的特殊的语言，但它却能够根据使用各种词汇的背景来澄清它的意义，以便使人们达到一致的理解。这就是语言分析哲学。

从20世纪50年代起，哲学的分析方法开始运用于教育问题。分析教育哲学主要关心下列两个问题：

第一，讨论教育领域内普遍使用的一些概念，如“教育”“教”“学”等，其目的在于使所有的人都能够知道这些概念的充分的意义。分析概念的方法主要是列举人们通常使用一个概念的典型的例证，并发现该概念在每一种用法中的独特的意义，以及该概念的各种用法可能的和一般的标准。通过这种方法，人们就有希望找出该概念可能具有的各种意义、这些意义之间的互相联系、该概念与其他概念的关系，以及在我们使用时该概念的最恰当的意义。分析教育哲学家认为，直接举例乃是最好的方法，因为这种方法所需要的高度的想象力和推理能力，是大多数其他学科所无法比拟的。

第二，讨论教育过程中出现的一些问题，通过对这些问题的分析，达到区分真、假问题的目的，以便使人们对那些真问题有一个清晰的认识。分析问题的方法同分析概念的方法没有多大的差别。由于问题的陈述必须使用一些概念,而且,人们对一个问题的分歧意见往往同人们陈述问题时所使用的那些概念有关,因此,概念的分析是极其重要的。此外,对于问题的分析还要求人们仔细地分析可能有的内在的矛盾以及该问题可能具有的不完全的含义。

分析教育哲学家认为,分析是一种活动,虽然丰富的哲学史知识有助于这种分析活动,但它并不是必须的。从事哲学分析活动的人只需要有清晰的头脑和敏锐的目光。任何教师,只要他掌握了基本的正确推理的标准,并善于利用事实和证据,都可以进行这种活动。

二

分析的目的不在于建立一个新的教育哲学体系或某种新的教育哲学的"主义",它旨在帮助人们更好地理解各种思想的意义。尽管教育领域的一些概念和问题都是哲学分析的对象,但对于概念的分析却更为重要些。下面列举的是一些分析教育哲学家对几个重要的教育概念的分析。在此需要特别指出,这种分析可以持续不断地进行下去,它几乎是没有终结的,因此,这里所列举的对这些概念的分析,不同于我们通常理解的"结论"。

1."教育"

这个概念使用的范围极广,除了正规教育之外,还有非正规教育。为了不使"教育"这个词的各种用法互相混淆和矛盾,人们便需要确定这个词标准的或规范的用法。

包括彼得斯和谢佛勒在内的当代许多分析教育哲学家都对这个概念作过专门的分析。他们的分析是通过两种密切相关的办法来进行的:一种方法是,分析什么样的人才称得上是"受过教育的人",即通过分析受教育者的技能、态度、性向来确定教育的标准;另一种方法是分析教育过程本身,即通过检查真正的教育活动的特征来分析"教育"这一概念。

彼得斯认为,"受过教育的人"应具有下列特征:他不仅仅只具有一些专门的知识技能,还具有推理和证明他的信念、行为正确的能力;他的理解不仅是广泛的,而且能够将解释他的经验的许多不同的方法联系起来;他不把专业知识和他的工作看作是谋生的手段，从一定的意义上讲，他是为了工作而工作，为了求知而求知的。彼得斯的分析所强调的是个人、知识以及求知的内在价值。当然，不同的人对于这个概念分析的结果也不同，但分析教育哲学家认为，不管作出怎样的分析，通过对于作为教育活动之结果的“受过教育的人”这一概念的理解，人们就能部分地知道教育究竟是什么。为了达到对于教育的完全的理解，人们还有必要分析教育的过程。

许多分析教育哲学家认为，堪称教育的那些活动应该符合下列标准：有意识地使受教者的思想状况向着他所希望的方向发生变化；受教者的变化不仅是有意识地造成的，而且要朝向一定的目标，教育是有目的的活动，它有别于成熟或自发生长的过程；受教者必须要获得某种知识并能理解它们，传授知识或技能的方式必须合乎道德，也就是说，受教者参与教育活动必须是自觉自愿的，而不是被迫的。弗兰克纳曾将上述标准概括为这么一句话：教育就是 X 通过 M 方法力图或努力培养 Y 某种素质 D。其中 X 表示社会、教师或包括受教者在内的任何教育者，Y 表示学习者（儿童、青年、成人）或教育者自己，D 表示学习者和社会所需要的性情、信仰、行为、知识、技能和态度等。

分析教育哲学家认为，只有通过这些分析，人们才能对教育的标准以及那些称得上是教育的活动产生越来越清楚的认识，从而明白应该在教育活动中做些什么。

2.“教育目的”

彼得斯认为，教育具有手段和目的两个特征，要明智地、合理地确定教育目的，首先就要明确教育的意义。由于不同历史时期教育的意义也不同，所以，没有普遍一致同意的教育目的。

既然没有普遍的目的，所以在人们谈到教育目的时，实际上是在澄清并说明当前的具体目的，这同回答“什么是教育目的”这一问题是不同的。“什么是教育目的”是一个不适当的问题，因为对这个问题的回答要么没有意义，要么具有劝诱性。谢佛勒指出，我们不必探求什么是教育目的，而是要明白究竟有哪些值得达到的目的、实现这些目的的可能性以及追求这些目的的结果。然而，这些考虑与其说是教育哲学的范围，还不如说是属于社会学家、心理学家、科学家、政治家和普通公民考虑的事。分析教育哲学家的任务仅在于澄清并鉴别有关的意义。

3."教"

"教"是一个非常复杂的概念,它有多种用法,分析教育哲学家主要是分析"教"的举动。教的举动很难下一个完整的定义,一般认为它应该符合下列五个标准:

(1)必须有一个在有意识地进行教的人。教的活动涉及两个人之间的关系,其作用是造成这两个人的行为或观点的变化。

对于这个标准,人们可能会举出两个反例。一个反例是自学,即施教者和受教者是同一个人。事实上绝对的自学是不可能有的,它总是要涉及一些外来的因素,如阅读别人写的书,或利用得之于其他人的经验、知识等,所以自学还是要涉及两个人的关系。另一个反例是,如果一个年幼儿童的手被火烫伤,人们便说该儿童从这件事中学到了些什么。这种说法并不错,但学习之发生未必完全是教的结果,所以这个例子也不能否定这一项"教"的标准。

(2)必须要有一个接受教的人。至于受教者是否从教中学到了些什么,则是另一回事。

(3)必须要有某种教的内容。教的内容可以是知识、技能,也可以是某种信息等。但教的内容必须是有价值的,教别人偷盗或抢劫等不能包含在其中。

(4)施教者必须至少想要造成受教者的学。学是受教者的活动,从根本上讲,这种活动是任何人不能代替的。施教者所能做的只是激发或促进受教者的学。他必须想要造成受教者的学。

(5)教的方法必须是从道德和教育学的角度来讲可以接受的。首先,施教者要认识到,学是受教者自愿的活动,施教者不能强迫受教者学,也不能利用欺骗的手段引诱他学。教的内容不能超出学习者能够掌握的水平。其次,教应该是在施教者和受教者之间发生相互作用、相互交流的活动。施教者必须要合理地解释他的举动,谢佛勒称之为"提供证据"。他必须要承认受教者有提问的权利和要求施教者对问题作出判断并说明理由的权利。教包括有合理的解释和批判性的对话。第三，施教者不仅要熟悉他教的内容，而且要了解学生的智力、才能、局限性以及学生理解知识的水平和技能，只有这样，施教者才谈得上是在“教”，而不是在“讲”或“告诉”。

三

以“清思”为宗旨的分析哲学和分析教育哲学之所以在20世纪逐渐成为西方的一种颇有影响的思潮，是有一定的原因的。

分析的方法本身就是哲学研究的一个重要方面。在哲学史上，由于没有正确地使用语言和概念而混淆了问题之实质的现象，时有发生。分析哲学看到了语言、概念对于思维以及人们日常生活、政治生活的重要性，并且正确地指出，在思维的过程中，如果不澄清自己使用的概念，滥用语言，就要造成思维的混乱。此外，分析哲学家认为，要确定语言的意义，首先要研究语言的形式，然后才涉及语言的内容。而内容之真伪，除了要看是否符合经验之外，还要看是否符合逻辑的思维形式。分析哲学家对于文法、逻辑作了深入的研究，这不能不说是对哲学的贡献。

分析教育哲学对教育理论的发展也有一定的促进作用。自柏拉图开始，西方的教育理论往往以一些不加分析的假设作为先决条件，如人性是善的或恶的、教育将帮助人们达到美好的境界等。分析教育哲学提出要对这些人为的规定加以怀疑，它“着重于逻辑的或语言的分析工作，特别集中分析那些模糊不清的教育概念，明确各种所谓定义、口号、比喻以及一些形式的或非形式的推理谬误，等等”[①]。语言分析旨在清思，而最终是为了使教育实际工作者的实践活动有所遵循，它便于教育理论和实践的结合。此外，在语言分析的形式下，实际上也包含有对于语言、思维、行动诸关系的思考，在分析的过程中，他们实际上也在形成自己的教育理论。

但是，分析哲学没有正视“思维与存在之关系”这一哲学的根本问题，它将知识的真假对错简单地归结为知识的对象现实与否，表现了实证主义的

① 傅统先、张文郁：《教育哲学》，山东教育出版社1986年版，第353页。

立场;分析哲学认为真正的哲学只能是分析的,哲学的任务只在于分析概念、文法,其内容不能超出经验的范围等,都是错误的。除此之外,就教育的领域来讲,分析教育哲学也有下列几点错误之处:

1. 分析教育哲学没有考虑价值和道德的问题。它的理想是要建立一种独特的"哲学的哲学",不仅不从事建立一个本体论、认识论的体系,而且也不回答人生观、伦理规范的问题。它的唯一任务就是分析作为意义之体现者的语言,揭露"假问题",然而,判断问题之真假的原则属于实验科学,只有能够验证的语句、命题才具有意义。这样,感官经验之外的伦理道德问题、价值问题等就都被排斥了。卡尔纳普曾经说过,"由于形而上学、价值哲学、伦理学迄今为止都被看作是规范性的学科,而不被看作是对事实的社会心理的研究,因此有关这三方面的一些假想的命题都是虚假的命题"[①]。虽然后来对此有所改变,但分析教育哲学对伦理道德规范的研究仅限于道德的行为,而不涉及伦理道德本身。其原因在于,它认为伦理、道德规范的原则太形式、太先验,无法在日常生活中加以验证,因而也不感兴趣。

事实上,不管哪种教育哲学,只要它想发挥对于教育实践的指导作用,都不能回避这些问题。教育是培养人的事业,应该将受教育者塑造成什么样的人,受教育者应该具有哪些道德规范、情操等问题,离开了对于价值、道德本身的研究,都是无法回答的。甚至美国的分析教育哲学家索尔梯斯也提出,分析的方法还不足以形成一个完整的教育哲学,因为分析法排除了价值论和社会哲学中所讨论的一些哲学问题。[②]

2. 分析教育哲学夸大了语言分析对于教育的作用。诚然,语言和教育的关系是密切的。没有语言这个物质的外壳,思维就难以进行;教师的实践,主要是通过语言这个工具来表达他的思想,传递信息;而且,教师可以通过自己运用语言的技巧来影响学生。通过分析语言以澄清教育的概念和语言中的模糊之处,无论对教育哲学的理论研究或对教育的实践,肯定都具有积极的意义。但是,分析教育哲学以分析语言为己任,反对规范性的论述,

① 陈友松编:《当代西方教育哲学》,教育科学出版社1982年版,第126页。

② 参见傅统先、张文郁:《教育哲学》,山东教育出版社1986年版,第355页。

把自己局限于语言的澄清、语言的结构，这就使它忘记了自己的根本任务。

西方许多批评家指出，尽管分析教育哲学家宣布他们唯一的愿望在于分析并澄清语言，但人们很难看到他们的工作在实际分析中已经达到了这个目的。即使退一步说，假定分析达到了清思的目的，那么澄清了概念、语言之后又将何为？教育哲学本来应该系统地提出自己的理论，解决教育实践中提出的一些根本的问题，但由于分析哲学家极力排斥规范性的教育哲学，并攻击其他教育哲学流派的规范性的陈述，就不能为解决教育问题指出方向。维特根斯坦曾经说过，他想让苍蝇从瓶子里飞出来。然而，如果苍蝇从瓶子里飞出来之后不知去处，这又有什么意义？

分析教育哲学家还认为，澄清语言本身将揭示教育实践中“不人道”的和错误的做法。事实上，判断教育实践正确与否的一个重要方面，就是它的后果，仅仅语言分析是不能担此重任的。

3. 语言的分析是烦琐哲学的一种新的形式。分析教育哲学家满足于对一些概念、短语陈述以及怎样用词等作不厌其烦地辨析、争论。例如，对于“教”这个概念的分析，有些人提出，在教师的课堂活动中，哪些可以称之为“教”。人们发现，教师在上课期间，他要花费一定的时间用于点名，打开窗户通风，维持课堂秩序、记分等，这些活动是否称得上是“教”；如果说是“教”的活动，那么它们对于促进学生的发展有什么作用……这种可以持续进行下去的辨析，往往使人想起中世纪的经院哲学。尽管分析教育哲学辨析的问题不至于像经院哲学那么荒谬，但两者都有一个共同点，即对周围世界给予很少的关心，而往往陷入无谓的咬文嚼字、钻牛角尖中去，事实上这是有违他们的初衷的。语言的问题固然是哲学的一个方面，但它不是哲学的全部问题。语言的分析只有在一定的限度内才是合理的。如果将概念、语言作为哲学研究的对象，把分析作为哲学研究的目的，就会舍本求末。正像有人形象地指出的那样，如果某人用他的手指指向一个有待解决的问题，分析哲学家着重研究的不是这个问题本身，而是手指。

4. 分析教育哲学本身存在着难以克服的矛盾。分析教育哲学反对规定性的和“先验”的假设，但是它本身却又以一些未经验证的假设作为基础。英国著名的分析教育哲学家赫斯特曾经指出，我们需要知道不同的教法的效果,但是,如果我们不能极其清晰地了解什么是教,那就不能发现借以评估教师在课堂中行为的适当的标准。姑且不论赫斯特的话正确与否,单就他的这个观点来讲,他至少肯定了两点:一是人们可以发现一个"教"的概念;二是"教"是可以根据一些"适当的"行为标准来加以评估的。这两点乃是要求"清晰地了解什么是教"的基础。然而,这两点本身却是未经证实的"先验"的假设。

这种内在的矛盾性几乎是不能克服的,它类似于逻辑实证主义的"证实的原则"。我们知道"证实的原则"是逻辑实证主义的一个显著特征,那么"证实的原则"本身是否需要加以证实?怎样加以验证?事实上,证实的原则乃是一个思想的法则,而不是存在的法则,而这个法则之形成,是独立于感官经验的。如果证实的法则本身不能验证,那就可以说,这个法则本身是一个类似于形而上学的命题。换言之,排斥形而上学的"假问题"的基础却是形而上学的命题。

[原载《山东师大学报》(社会科学版)1987 年第 5 期]

未来主义教育哲学

陆有铨　赵洪海

“未来主义”是20世纪60年代在西方出现的以“未来”为研究定向的一门学问，主旨在于劝诫人们为更好地适应未来的冲击而提早作好生理或心理方面的准备，因而，“未来主义”不仅涉及政治、经济、文化等方面，而且在很大程度上与教育问题密切关联。这就导致了人们就目前教育如何适应未来作出某种哲学的思考，从而发展成为未来主义教育哲学。

在对许多问题的认识上，未来主义教育家们尚未取得一致意见，甚至对于“未来”的表述，也是众说纷纭。归纳起来，大致有下列几种，即“未来主义”“未来研究”“预言”“预测”或“设计”等。尽管如此，未来主义在确定预期的具体目标，以及如何为这一目标作相应准备方面却是共同的。一般说来，未来主义者要求人们去凭借既有的经验与知识，结合新的科学来想象、预测未来的社会远景，并据此来控制和规划目前活动的变迁，从而达到更有效地配合现在，适应未来的目的。

在教育方面，“未来主义”研究的问题广泛而具体，主要有：预测未来的教育、教育家未来可能承当的角色以及教育手段的改变，等等。对于一些具体问题，如教育目标、以“未来”为定向的课程及教学、价值教育等，未来主义教育家们也作了较为详细、深刻的阐发。未来主义的主要代表人物有托夫勒、H. 凯恩（Herman Kahn）、A. 魏纳（Anthony Wiener）、H. W. 埃德吉（H. Wentworth Eldredge）、H. 斯特勒（Herold Strudler）等。

一、未来主义教育的起源

现代科学技术的飞速发展，引起了政治、经济等领域的急剧变化，加速了社会的变迁以及人们若干不适应现象的产生。未来主义教育家对此产生了顾虑与思考，并提出人们如何去适应变迁、主宰未来的看法。他们认为，要使人们在社会生活的各个方面快速变迁的洪流中不随波逐流、迷失方向，就必须运用人类特有的智慧来想象、推测和规划这种变迁，使之向着人类所憧憬的目标运行。他们认为，只有对传统及目前教育加以批判与改造，才能够富有成效地克服人们的不适应现象；为了使人们能够适应未来，我们必须在目前的教育中渗透一些未来的思想，增加有关未来的课程，以全面而深刻地介绍未来。

托夫勒曾对未来主义教育思想兴起的原因作过如下归纳：

1. 目前的大、中、小学所讲授的内容过于着重过去和现在，而“未来”的思想在教育中没有得到体现，这样便无法适应急剧的社会变化的需要。

2. 科技和社会的急剧变化对于教育制度的影响，而且社会变化的速度又远远超过了教育变化的速度。这种情况就需要我们预定出一种策略来弥补“现在”和“未来”两者之间的间隙，这种策略的基础就是对未来的认识，而且它要能够成为引起教育变化的核心。这里所说的变化不仅表现在课程方面，而且还涉及教育机构的结构以及教育与社区的内在联系。造成这种变化较好的方法便是介绍未来。

3. 未来的概念与学习者的动机有着密切的联系。青少年如何看待未来，不仅与他们的学业成绩有联系，更重要的是与他们的“经验表现”，即在急剧变化社会中的生活能力以及适应和成长的能力有着密切的联系。因此，“未来意识的教育”乃是适应性的指南。

4.“未来”不仅仅是一门“学科”，而且也是一种前瞻。要在学习中引进未来的概念，就必须对现有的知识重新加以组织。

5. 对“未来”的注重与所有学生的学习都是密切相关的，不应考虑学生的年龄状况。事实上，“未来”为不同层次的学生提供了一个在所有水平上均能发生变化的起点。

二、未来主义的教育目标

托夫勒曾经说过："就像所有的教育都来源于某种未来的形象一样，所有的教育也都要产生某种未来的形象。"[①]这种"未来的形象"其实就是教育目标的代名词。因为教育所要产生的某种未来的形象必然是教育在一定范围内所致力于追求的某一具体实在，所以，教育的最终目的就是这种预定目标的现实化。因此，教育目标，即业已确定的某种未来的形象，必须明确。未来主义者指出："如果某个社会所提出的未来形象不甚明确，那么，教育就会无所适从。"[②]在他们看来，教育的某种未来形象还必须具有最大的实现可能性，唯有这样，它对教育的推动力才是持久的、有效的，尽管它不一定是"正确的"或是"终极的"。

所谓"未来的形象"可能"不是单一的，而是多重的，它取决于我们在无数既定的选择机会中所作出的某种选择"[③]。实际上，就是要各级教育以未来为定向并为"探索未来"而作准备。然而，目前的学校却没有自觉地承担起这一职责，它们所教的范围仅仅局限于由过去至现在的透视。而目前正发生着的种种变化却要求学生对未来世界各种形态的生活方式、价值和社会制度作好准备，为此，教育就必须扩大其范围，训练学生接受即将来临的变化，适应这种变化，以及发展他们应付这些变化的办法。

未来主义教育的终极目标不在于创造未来的形象，而是帮助学习者处理实际的生活危机。因此，未来主义者强调，学习者必须有充分的机会去做些什么（如游戏、模仿、设计等），而不只是一味地接受或贮存有关的资料。如果学习者缺乏较多的自行作出选择的机会，那么他可能就无法适应未来的变化并导致在未来的新情势面前无所适从。

---

① ［美］阿尔温·托夫勒主编，卜国钧等选译：《为明天而学习》，上海市未来研究会预印本。
② ［美］阿尔温·托夫勒主编，卜国钧等选译：《为明天而学习》，上海市未来研究会预印本。
③ ［美］阿尔温·托夫勒主编，卜国钧等选译：《为明天而学习》，上海市未来研究会预印本。

三、未来主义的课程与教学

通达未来并很好地适应未来的途径到底在哪里?这是未来主义教育家们首先关心的问题。在综合考察了教育的诸多规律,以及过去与目前教育不景气的状况及其原因之后,未来主义者一致认为,目前最重要的是尽快地进行课程与教学的改革。未来主义者一方面激烈抨击传统的以及目前的课程与教学的呆板、乏味与静态性,一方面阐述自己关于未来课程的见解,《二十世纪的意义》《二〇〇〇年》《未来的冲击》等书均对未来的课程问题作了比较详细地探讨。1971年5月,美国的"适应学习中心"曾邀集一批教育专家和研究人员,共同研究未来课程的理论结构并编写了教材。问题在于,编写教材的基准或组织课程的依据是什么。尽管未来主义者对于设置课程的种类有着不尽一致的意见,但对所有课程的设计必须达到下列目标方面却是共同的:(1)帮助学生预测变化,即作出较好的职业选择、发展以未来为定向的态度,这样有助于个人的成长。(2)全面预测的方法。(3)发展将学科之间的观念和信息联系起来的能力。(4)促进学生与学生、学生与教师之间的相互作用。(5)认识工业技术(工艺)对社会的持续的冲击。(6)发展对评价、预测和在此过程中利用反馈的能力。(7)研究那些规范未来的主要趋势。(8)探索"未来"的观念、形象以及模型。(9)检查特殊问题领域中案例研究的预测。(10)提出其他的未来的方案。[①]

此外,未来主义者还认为,课程设计必须突出对与课程密切相关的教师和学生的关心。因为只有他们才是课程的具体实施者,所以在课程设计的过程中必须尊重他们的意见。当在向他们提出"你认为使学生最能适应2001年的生活的学习材料该是什么样的"问题时,未来主义者发现,他们所作出的反应与自己对于课程的总体考虑及安排是一致的。这样,关于教材的特征,他们所得出的共同的、一致的意见是帮助正在成长中的人,以便使他们能够:(1)应付他们的社会;(2)了解他们自己;(3)了解他们对未来的投

---

① 参见[美]阿尔温·托夫勒主编,卜国钧等选译:《为明天而学习》,上海市未来研究会预印本。

资;(4)认识到自己的能力或重要性;(5)认同他们将要继承的社会;(6)理解变化的性质;(7)认清影响变化方向的手段;(8)了解重要的社会科学概念以及它们与变化的关系;(9)认同他们在变化的过程中能够承当的作用;(10)避免种族中心主义;(11)将在课堂上所学到的东西同他们的直接的环境结合起来;(12)将在课堂上所学到的东西转化为未来的责任。

除了帮助正在成长中的人以外,还要帮助已成熟的人,使他们能够:(1)协助成长中的人创造适当的学习情景;(2)理解成长中的人在变化中的作用;(3)接触成长中的人,并同他们打成一片;(4)和成长中的人一起改变不成熟的制度。[①]

显然,未来主义者的教材认识到了过去在创造未来中的作用,因而强调已成熟的人与正在成熟中的人的合作努力。

未来主义教育的教材结构可以适合多种需要和目的。归结起来,其课程可以分为两组:一组是背景主题,另一组是供选择的未来。最普通的背景主题包括:"人口、生态和环境、教育、国际关系、历史上关于未来的概念、城市化、隐居、自动化、计算机和控制论、系统思维、科学幻想和乌托邦、创造力、时间概念。"[②]

上述所有原则最终将具体化为课程单元。一个单元的教学时间往往为一至两周,它们通常包括下列一些学科:"预测的方法、生物学和医学的发展、全球的变化、新的价值、工业技术对社会的影响、变化的速率、经济的变化、未来的性和婚姻、工业技术的变化,计划,社会控制、后工业社会、未来的交通和通讯,未来学的理论、个别的未来主义者的生活和影响、对于战争与和平的展望。"此外,还有少数课程要讨论"妇女在社会中的作用、种族和民族团体、宗教、艺术、太空旅行等发展趋势,以及气候的控制、对公共政策的影响、未来的犯罪、自然资源消耗的速率",等等。[③]

托夫勒提出的课程共包括15个单元:"(1)'未来'的导论;(2)对未来的预见;(3)战争和暴乱;(4)种族关系;(5)工作和休闲;(6)人和机器;(7)智

---

① 参见[美]阿尔温·托夫勒主编,卜国钧等选译:《为明天而学习》,上海市未来研究会预印本。
② [美]阿尔温·托夫勒主编,卜国钧等选译:《为明天而学习》,上海市未来研究会预印本。
③ 参见[美]阿尔温·托夫勒主编,卜国钧等选译:《为明天而学习》,上海市未来研究会预印本。

慧；(8)交流；(9)心灵(mind)的控制；(10)明天的政治；(11)人口；(12)城市化；(13)遗传学；(14)寿命；(15)什么是人。”[①]在每一个单元后面，还推荐了一些阅读材料。他认为，这是使学生达到高于一般水平的能力及兴趣的依托。

由于未来主义教育家们所提出的课程范围相当广泛，人们难以确定什么东西可教，什么东西不可教，什么东西可教可不教，从而导致只顾教授不问其结果的现象。因此，有必要对这一宽泛的课程作某种缩减，其依据便是以适合青少年未来的生活为定向。这自然要引出另一个相关的问题，即什么样的概念、价值、观念能有助于我们适应未来？要回答这个问题，就需要对历史事实作一简要回顾，以便发现到底哪些概念、价值、观念曾帮助过去的人们适应了他们的未来。这样，未来主义者就必须注意选择那些高度概括了的以及具有广泛适应性的概念。要做到这一点，就要处理好下述问题：什么是“变化”？在适应变化的过程中，什么样的观念对学生最有用？什么在变化？如何变化？等等。

在教学方面，未来主义者认为，传统的教学把教材看作是一种固定的知识体，需要人人皆知的东西，而且，全部教育过程的终端就是对这些知识的消化。学生本来应该是教育的主体，然而在这种教学情境下，却变成了知识的受纳器。与之相应的学习方法也就是死记硬背。以未来为定向的教育与前者则有着本质上的不同。未来主义者强调，掌握既有的知识是必要的，但决不是最终的。根本的问题是如何在已有知识的基础上发展学生的能力、技能和态度，等等。因为在知识量以几何级数增长的时代，没有一个人能与知识的增长保持同步，这就需要转移我们学习的重点，即从学什么转到如何学，从学习内容转到学习过程上去。因为只有解决了学习的方法、技能与态度等方面的问题，才能更有效地应付未来形势变化对知识更新的需求。所以，新型的教学应该强调训练过程。事实上，学会如何学习总比仅仅学会一些事实及概念更为重要。

为了使目前的教育发生真正的变化，未来主义者认为教与学应作如下

---

① [美]阿尔温·托夫勒主编，卜国钧等选译：《为明天而学习》，上海市未来研究会预印本。

的改变：(1)从集体教学到个别化教学。(2)从单一的学习到多重学习。(3)从被动的吸收答案到积极地寻求答案。(4)从每日刻板的课程到具有灵活性的课程安排。(5)从形式的技能和知识训练到树立积极的探求知识的态度和能力。(6)从教师的启发和指导到儿童的自发和集体设计。(7)从孤立的内容到相互联系的内容。(8)从背诵答案到了解问题。(9)从强调教科书到使用教科书以外的多种媒介。(10)从被动地掌握知识到主动地激发智力，等等。①

可见，为使目前的教育更好地适应未来社会的需要，未来主义教育家们就教学的诸多问题作了全新的表述，它更加突出了学生的主动精神以及使这一精神发生效用的种种外部条件，这与传统的教学形成了鲜明的对照。

四、未来主义的价值教育

未来主义者认为，学校应该处于社会改革的前列，养成学生良好的道德品质及社会责任感是非常必要的。所以，他们非常重视价值教育的问题。

未来主义者指出，虽然过去的教育也教授价值，但是还不够。因为当今的青年在政治、宗教、爱情、性、家庭、朋友、毒品、种族、寿命和死亡、工作与休闲、学校和健康等众多的领域中与过去的青年相比需要作出更多的决定。尽管现代社会使得青年很少褊狭，比较世故，但是，时代的复杂还是使他们难以作出更多的准确选择。因此，有些未来主义者，曾就说教、放任、榜样、评价等价值教育的方法作过分析，并提出各自的见解。

1. 说教

说教是将一系列价值从一个人或一个团体向另一个人或另一个团体的直接或间接的转移。任何一种具体的说教(循循善诱、灌输、强迫执行)可能是有益的，也可能是有害的，可能是道德的，也可能是不道德的。对于这一点，人们很难作出最终的鉴别。

未来主义者并不一般地反对学校教授价值，但问题在于，在充满混沌与

---

① 参见[美]阿尔温·托夫勒主编，卜国钧等选译：《为明天而学习》，上海市未来研究会预印本。

冲突的价值世界里,仅仅教授价值是不够的。因为在这种情况下,不管你去帮助青年人的愿望如何真诚,你所给予青年人的只可能是灌输,充其量能使青年人知道一些他们自己都难以辨清的名词和教条。在生活各领域变化如此迅速的时代里,任何一套价值体系都不能回答将来所要面临的所有问题和价值选择。没有一个明确的信念或行动能够有助于我们解决未来的所有选择情景。因此,既然说教不能帮助青年人去澄清目前的价值混乱,那么它肯定不能帮助青年人去学会正确地处理未来。①

2. 放任

说教的缺点是明显的,所以许多教育者采取了放任的方法。他们认为,既然我们所教授的任何价值体系都无法解决未来的问题,而且人的价值观念又是由他自己发展起来的,那么,不如让年轻人完全自由地去探索,去发展自己的价值。与其传授错误的价值,不如什么也不教。但未来主义认为这种方法也是无济于事的,因为在一个变化的社会中,年轻人始终要遇到各种刺激和问题,而这样一些刺激和问题又会迫使他们相信这个或那个,去这么做或那么做。因此,我们应该帮助青年人去分析、整理这些刺激和问题,如果完全忽视这些,让青年人自由放任,对他们是没有任何好处的。②

3. 榜样

未来主义者认为这种方法有其优点,即向青年人提供了一个认识自己的生活价值的机会,并为他们提供了多种具体的选择去思考。尽管如此,这一方法仍然有着与说教相似的许多缺点,那就是所树的榜样太多。如家长、教师、宗教领袖、伙伴、运动员、影视明星等皆可以以榜样的面目出现,为此,年轻人面对这样一种困难的选择情境,有时他们会表现得无所适从,以至于最终也难以确定到底何者为自己的效仿榜样。③

4. 评价

有些未来主义者认为,为了要使儿童作好未来的挑战准备,我们要有意

① 参见[美]阿尔温·托夫勒主编,卜国钧等选译:《为明天而学习》,上海市未来研究会预印本。
② 参见[美]阿尔温·托夫勒主编,卜国钧等选译:《为明天而学习》,上海市未来研究会预印本。
③ 参见[美]阿尔温·托夫勒主编,卜国钧等选译:《为明天而学习》,上海市未来研究会预印本。

识地向儿童教导七个评价过程[①]:(1)估价和珍惜:我们必须通过一些途径或方法来帮助年青一代发现那种对于他们来说是重要的东西,确定什么是重点,赞成什么,反对什么。未来主义者强调,这种评价不仅仅是一种认识的过程,同时它还要涉及情感的方面。(2)公开的肯定:表明我们价值观的一个办法是坚持我们的信仰,说出我们的见解,公开肯定我们的立场。对于这些,我们应该加以鼓励。如果儿童能够加强坚定的信念并增加自我表现的机会,那么,他们就会逐渐达到自我了解,发展他们的创造性和才能。对于民主来说,公开的肯定是至关重要的,因为集体成员公开地表明各自的见解会有助于该集体作出决定。所以,为了更好地处理未来的个人和社会决定,我们就要使儿童从现在起就学会公开地肯定他们的价值观念。(3)在各种可能性中加以选择:在实际生活中,我们始终在作着各种各样的选择,这些选择表现了我们的价值。无论对于个人或是对于社会来说,未来都将提供更多新的选择,而未来所要求的选择并不是随便的、怪诞的或一致的,它必须以可能性作为选择的前提条件。(4)在考虑了各种后果后的选择:强调教育青年人去检验他们所作考虑的各种可能的后果,从而明了他之所以作出某种选择的理由。因此对于选择必须持慎重的态度,从多维度去作权衡、比较,唯有这样才有可能有较好的结果。(5)自由选择:欲使儿童在未来过着一种成熟的、富于责任感的公民生活,就必须要创设一种环境,让他们在其中自由地选择他们的信仰、行为和学习的课程。只有这样,他们才能够有机会注意到不同的可能性,进而权衡结果,作出选择。如果儿童没有机会作出他自己的真正的选择,他们就无法为他们自己的选择负责。因此,成人决不能将他们的价值观强加给年青人,也不能代替他们来处理问题。(6)行动:行动也是一个价值的过程。通常,学生会持续地表述其目标、信仰与理想,他们理所当然地应该受到鼓励去按照其信仰、目标与理想行动。而唯有这样,才能有助于逐渐缩小“言”和“行”“欲望”和“成功”之间的差距。(7)有模式的、重复的和前后一致的行动:它是上一种评价过程的伸延。如果我们能清楚地明了我们的价值观,那么就能够形成和发展一种有模式的行动,并重

① 参见[美]阿尔温·托夫勒主编,卜国钧等选译:《为明天而学习》,上海市未来研究会预印本。

复最有价值的行动，消除那些与我们最珍惜的价值相矛盾的行为。

总之，历来传统教育都强调学习过去，这是自然的、可以理解的；在社会处于缓慢运动的历史阶段时，也是可行的。因为在这个时候，对于未来的适应，仅仅限于对过去知识的拥有与掌握也就足够了。但是，社会运行的步伐一旦加快，“未来的潜在的事物”也就会“更快地变为今天的现实”，在这种情况下，人们，特别是青少年学生，如果再无视社会情势的变化而一味地固守成法，无疑会对进入未来缺少足够的心理准备，以至于面对现实化了的“未来”的冲击而无所适从。所以，为了避免这一现象，未来主义教育家们业已提出的补救办法，即把学习、思考的重心转向未来也就显得尤为重要。特别在教育领域中注意渗透未来意识并见之于实施，必然会有积极的意义。

［原载《山东师大学报》（社会科学版）1988 年第 6 期］

塔巴的教学模式及其涵义初探

王　坦

引　言

H. 塔巴(Hilda Taba,1902～1967)是美国著名的课程论家。她出生于爱沙尼亚(苏联加盟共和国之一),大学毕业后移居美国,相继获文学硕士和哲学博士学位。塔巴精于课程加工,组间教育以及教育认知过程等领域的研究,并由此赢得了国际教育界的公认。她的课程理论在美、加、英、澳、苏等国及我国台湾地区影响较大。主要著作有《课程的开发:理论与实践》《小学社会科教师手册》等几十种。

H. 塔巴的课程论思想极为丰富,限于篇幅,本文仅就其教学模式及其含义作一粗浅的探讨。

一、塔巴教学模式的系统分析

(一)理论基础

H. 塔巴的教学模式是一种思维发展模式,其主要的理论基础是关于思维的研究。在塔巴生活的时代,虽有不少教育家主张发展儿童的思维。在1961年美国教育政策委员会宣布:美国教育的中心目的是教学生独立地思考。但人们对思维的过程缺乏充分的了解,因而发展思维只是一个我们佯作遵从的目标,而并非去实践它。基于这种状况,塔巴对思维问题进行了深入细致的研究。最后,塔巴确认了三种思维过程,也称“三种思维水平”,并对之进行了分析。

(二)概念的形成

概念是最简单的思维形式,是所有认知过程赖以存在的基础。塔巴认为,概念的形成包括三个过程或操作:(1)对事物或事项的具体特点的区分。(2)分组,即从许多事物或事项中将具有某些共同特点的归并在一起。(3)命名或分类,即要清晰地确认分组的标准,以及包含在某些命名或类别中的项目。

(三)资料的解释

资料的解释涉及四个基本操作:(1)汇集具体信息,或通过刺激引起个体的回忆过程和对既有信息的回收过程,或通过呈现新的信息,使个体识别具体的要点。(2)解释或给出某些事项的原因。如解释当商埠开放,自由贸易时,加利福尼亚州的生活方式为什么会发生改变。(3)将所加工信息的不同要点联系起来。如通过比较巴西和阿根廷白人人口的情况,将比较所得的信息与两国的生活水平进行可能的联系。(4)明确提出概括和结论。如概括:在拉美国家中,白人人口占优势的国家生活水平较高。

(四)原理的应用

原理的应用就是运用已有的知识——原理、概括、事实——去解释新现象,从已知条件去预见结果。

H. 塔巴对思维的分析,揭示了思维发展的顺序,阐明了每一种思维过程所包括的认知活动,使塔巴的思维理论较其他并存的思维理论更具有鲜明的具体性特征,易于理解和接受。塔巴坚信,思维技能是可以通过教学来教授的,但必须通过学生的主体活动,特定的有序的教学策略来实现。据此,塔巴创设了三个教学策略,分别与她确认的三种思维过程或水平相对应,以期通过教学来训练个体不同的思维过程。这三个教学策略的统一构成塔巴教学模式的整体。这三个教学策略是:概念的形成策略;资料的解释策略;原理的应用策略。

策略一:概念的形成

概念的形成策略包含三个活动阶段。

阶段一:列举

就是将与某个问题相关的信息枚举出来。在此阶段上,教师的作用就是无批评地接受所有学生对问题的回答,并将回答都写在板面上(或投影仪上)。列举出足够数量的有关某个问题的信息,为继起的各阶段的活动奠定基础。

阶段二:分组

就是把阶段一所列举的,具有某些共同特点的项目归并在一起。分组活动的目的主要是发展学生认识信息间关系的能力,学会确立组织信息的逻辑基础。鼓励学生以不同方式对所列举的项目进行分组。

阶段三:命名

就是给阶段二所分出的各组冠以名称,使分组的基础或标准明确化。

表 1　　概念的形成

外显活动	内隐心理操作	诱导性问题
列举	分化(识别单独的项目)	你看到(听到、记下)了什么?
分组	识别共同特点,抽象	哪些可以合在一起?依据什么标准?
命名分类	识别项目的层次等级——上位与下位	如何称呼这些组?哪些属于哪些?

策略二:资料的解释

资料的解释策略共包括三个活动阶段。

阶段一:识别要点

就是要求学生区分某一特定资料的特点。教师在此阶段上的任务就是运用诱导性问题(eliciting questions)启发学生确认或识别所研究资料的某些方面。例如,当学生阅读了关于赞比亚、英国以及德国经济体制的资料后,教师便可以问:"这三国经济体制中的重要方面是什么?"

阶段二:解释已确认信息的项目

本阶段要求学生解释或说明某些事项,并将所加工信息的不同要点彼此联系起来,确定其因果关系。教师在本阶段要提"为什么"型的问题。如可以(接上例):"你认为这三个国家的经济体制是相同呢,还是不同?为什么?”这类问题会诱使学生进行比较、对照、联系相关的信息,寻求对事项的解释和因果关系的确定。

阶段三:进行推论

本阶段活动旨在引导学生依据已有资料进行推论,扩充资料的意义。教师的诱导性问题以能引起学生对所研究问题进行广泛的解释为宜。如可以问(接上例):“经济体制对一个国家的相对地位具有什么样的影响?”此类问题,大概无人能肯定怎样的回答才是正确的,但它可以激发学生去大胆推测和假设。

表 2　　资料的解释

外显活动	内隐心理操作	诱导性问题
识别要点	分化	你看到(听到、记下)了什么?
解释已识别信息的项目	将要点彼此联系起来确定因果关系	为什么这会发生?
进行推论	超越所给资料,发现意义,外推	你心中的构思是怎样的?你将得出的结论是什么?

策略三:原理的应用

原理的应用策略也包括三个活动阶段。

阶段一:预见结果,解释新现象和提出假设

本阶段活动的主要目的是应用已有原理去预测某些事项的结果,去解释新现象并提出关于某个问题的假设。接上例,教师可以问:“如果流通价值以铁矿石为依据,那么将有什么情况发生?”

阶段二:解释或支持预测和假设

本阶段活动的主要任务在于使学生以既已掌握的资料对所作出的预测和假设进行解释和支持。如假若有人认为所有国家都应当建立一个固定的流通比率,那么他应当尝试解释这种制度行得通的道理,并自圆其说。

阶段三:验证预测

本阶段活动的主要任务是要求学生运用逻辑原理,实际知识来确定预测赖以成立的充要条件。教师可以提出诱导性问题,如:“要使这种事实真的发生,需要哪些条件?”

表 3　　原理的应用

外显活动	内隐心理操作	诱导性问题
预热结果,解释新现象,提出假设	分析问题或情境的性质,回收有关知识	如果……将会有什么发生?
解释或支持,预测和假设	确定导致预测或假设的因果关系	你为什么认为会有这种结果?
验证预测	运用逻辑原理或实际知识确定预测成立的充要条件	什么条件下它可能是真的(或成立)?

二、塔巴教学模式的涵义

(一)注重学生思维能力的培养和发展

H. 塔巴的教学模式是以思维理论为基础发展而成的,发展思维既是这一模式的出发点,又是它的归宿。综观模式本体,其三个教学策略、九个执行阶段,无处不渗透着发展思维能力的思想,包含着多种思维过程的训练。一般来讲,思维过程主要有分析与综合,抽象与概括、比较、分类、系统化与具体化。若以此与塔巴教学模式所涉及的思维过程相对照,不难发现上述思维过程在塔巴教学模式的不同阶段上几乎均有体现。具体讲来,策略一旨在使学生加工信息,对资料进行列举、分组和命名,从而形成与某个问题相关的概念。其间所涉及的思维过程就有分析与综合、比较、抽象等。策略二旨在使学生确认要点、解释要点,然后进行推论或概括,涉及分析与综合、比较、抽象与概括等思维过程。策略三旨在使学生运用已有原理去解释新现象或从已知条件去预见结果。这一策略主要涉及分析与综合、比较、抽象与概括、具体化等思维过程。塔巴注重个体思维的发展,寓思维过程的训练于教学模式各阶段的实践,是值得借鉴的。

(二)提倡教师的主导作用和学生的积极参与

H. 塔巴是探究学习和发现学习的倡导者之一。她一方面认为教学的"探究"作用较"给予"作用具有更重要的意义,再现知识的发现是获得文化遗产的先决条件,强调学生在教学活动中的积极参与。另一方面,相对于布鲁纳和萨其曼(T. R. Suchman,探究学习模式创设者)等人而言,塔巴更注重教师在教学中的主导作用。在她的教学模式中,教师是每一阶段活动的发起者和控制者,学生则是每一阶段活动的积极参与者。国内有的研究认为,若以教学中教师活动与学生活动所占比重为据,那么塔巴教学模式可归于下表中的综合型模式,也即体现"以教师为主导、学生为主体"这一现代教学思想的模式。

表 4　教学模式的分类及简评

类别	以教师活动为主的结构	以学生活动为主的结构	综合型结构
代表人物	赫尔巴特	杜威	布鲁纳
本类结构的主要优缺点	强调教师的主导作用;强调系统知识的传授;重视课堂教学的规范化、形式化。忽视学生的主动性,不注重发展智力,不重视理论与实践的结合	强调儿童的主动性;重视发展儿童的动机和智慧;强调学用结合。忽视教师的主导作用;片面强调直接经验;难以使儿童掌握系统的知识	兼顾教和学两个方面的作用,既重视书本知识传授,又提倡学生通过自己的活动来进行学习,提倡发展学生的能力。对教师的要求较高
可归于本类的结构模式举例	赫尔巴特、戚勒、莱因、凯洛夫等	杜威、克伯屈、凯兴斯泰纳、达尼洛夫、萨伦等	瓦·根舍因、罗扎洛夫、布鲁纳、塔巴、萨切曼、奥苏伯尔、加涅、黎世法、魏书生等
学生活动方式	接受	发现	接受与发现的结合

从表中可以看出，塔巴的教学模式兼有前两种模式的优点，既强调教师的主导作用，又重视学生的积极参与，是一种比较平衡的模式。塔巴教学模式所体现出来的这种思想，代表了当前世界教学改革的总的方向，对我们无疑具有启发意义。

（三）充分发挥提问（问题）的教学功能

在塔巴的教学模式中，教师的提问（问题）是一个非常重要的变量。模式中各个阶段的活动均是以教师的提问为开端，并以提问来控制课的进程的。塔巴称这些问题为诱导性问题。

塔巴认为，教师所提的不同类型的问题能够激起学生不同类型的思维。据此，她将提问作为一个重要的变量纳入了模式中，充分地发挥其教学功能。就塔巴教学模式的整体而言，教学提问具有以下特点：

1. 教师在提问中的主控地位

塔巴曾从教师控制教学进程的角度论及提问的功能，她认为主要有三种：一是集中（focusing）；二是拓展（extending）；三是擢升（lifting）。它们对学生的活动均有控制作用。如在策略一中，当教师问“你刚才看到了什么”时，这一问题便会将学生的活动集中在列举上。如果教师认为仅一个或几个学生的列举尚不充分的话，便可以提“谁还能说出别的项目”这样的问题来要求学生在同一水平上进行拓展，进行量的累积。当拓展活动（列举）进行到一定程度时，就面临着向另一个活动水平（分组）的过渡。此时教师可用诸如“哪些项目可以归并在一组”的问题进行擢升。由此可见，塔巴教学模式中教师对提问的主控性。

2. 开放式问题的广泛应用

开放式问题不同于封闭式问题，它具有较大的发散性，是塔巴教学模式中问题的主要类型，它对于发展学生的创造性思维具有重要意义。塔巴最著名的开放式问题是“假如我有一美元，我会干些什么？”不少书中引为典范。塔巴认为，现行的教学过多地关注得出正确的答案，问题的终端封闭，致使学生把主要的智力活动集中于猜测教师所期望的正确答案上，不利于学生思维能力的发展。因此，塔巴在其教学模式中十分注重此类问题的设置和运用。

3. 强调问题的顺序性

塔巴认为,思维过程是按一定的顺序向前演进的。要掌握某种技能,就得在此之前掌握别的必要的思维技能。因而,作为诱导思维活动的教学问题也必须体现出顺序性的特点,而且,这种顺序不可逆转。如在策略一中,若教师不先提问题要求学生进行列举,那么后继的分组、命名活动则无从谈起。

4. 融教学诊断于问题中

常规的教学诊断往往是以各种测验为手段的,而塔巴则是在教学过程中通过提问进行的。塔巴认为,通过分析学生对教学问题的回答,便可得知学生在某一阶段上的学习状况如何,由此反馈可断定,教学是继续前进,还是进行补救性教学。因此,通过反馈进行诊断是每一种教学活动的一个组成部分,是计划下一个学习经验的依据。正是由于教学诊断的存在,使得塔巴的教学模式具有灵活的结构。教师可依据教学诊断的结果来决定策略的采用、时间的分配、各阶段活动的详略等,使教学有的放矢。

三、讨　论

塔巴的教学模式是一种归纳思维发展模式。它具有许多优点,也有其不足。

(一)较耗时费力

尽管塔巴十分重视教师在教学中的控制、主导作用,可以相对地节省时间,减少不必要的努力,但由于塔巴教学模式是以过程(process)取向,兼顾内容(content)教学的,再加之教学对象主要是低年级儿童,因此,耗时费力在所难免。

(二)教学问题的单向性

教学问题的应用是塔巴教学模式的重要特色之一。但就整个教学模式而言,问题多是由教师向学生提出的,学生总是处于"待问"的状态中,发问机会不多。问题的单向性特征较为突出。现代教学倡导师生间的双向交流、复向交流,在此方面,塔巴的认识是不足的。

(三)对教师的要求较高

塔巴曾指出,如果教师要将他的研究应用于实践,教师必须具备三个前提条件:(1)通晓思维过程;(2)通晓所要教授的知识;(3)拥有对学生情况的良好了解。这仅是前提,在教学过程中,问题会更复杂,如教学诊断的实施,教师主导作用的发挥,思维水平的适时擢升等,都决定了对教师的较高要求。一有不慎,便会导致教学混乱。

最后需要指出的是,塔巴的教学模式在一些国家和地区的实验应用已取得了成功。这个模式着眼于思维的发展,而且有具体的操作过程,它既重视了教师的主导作用,又重视了学生的积极参与,比较符合我国教育工作者的工作方法,可以引进进行验证,成功后再进行推广。

[原载《山东师大学报》(社会科学版)1990 年第 2 期]

陶养性灵使之同进高尚

——中学语文审美教育探讨

曹明海

语文教学理应按照一定时代的审美意识,借助各种审美媒介向学生施加审美影响以"陶养性灵,使之同进高尚"(蔡元培语)为重任。然而长期以来,审美教育在中学语文教学中却没有得到应有的重视,人们对它还持有种种偏见,因而影响了审美教育的质量。为此,我们有必要廓清一些偏狭认识,以深入研究和切实抓好中学语文教学中的审美教育,使之适应时代的要求。

一、"悬着的明晰目标"

目前,对中学语文审美教育仍存有不同认识,有的甚至对现行大纲把审美教育作为语文教学的目标之一,表示怀疑,认为"一手难抓两条鱼",语文教学应着力于语文知识教育和语文能力的培养,如强调审美教育,会使语文教学顾此失彼,无助于语文教学质量和效率的提高。笔者认为,不应该把语文教育和审美教育分割开来,对立起来。语文教育和审美教育不是"两条鱼",而是一个整体的两个方面,是有机统一的。鱼有两鳍,去掉其一,不能游水。只有在抓语文教育的同时进行审美教育,把语文教育和审美教育有机地结合起来,才能有助于语文教育质量的提高。著名语文教育家叶圣陶先生早就指出，进行美感（即审美）教育，培植学生的审美能力，是“语文教学悬着明晰的目标”①。他还强调说明，美育对学生的重要作用，“岂但给你一点赏美的兴趣，并将扩大你的眼光，充实你的经验，使你的思想、情感、意志往更深更高的方面发展”②，达到“接受美感的经验，得到人生的受用”③的目的，使自己能够辨真伪、识善恶、分美丑，自觉地投身于按照美的规律去创造新生活的伟大事业。这就精辟地说明了语文教育与审美教育之间的关系，审美教育是语文教学不可轻视的目标之一。

从语文教材来看，入选的课文，大都是“依照美的法则创造出来的”文质兼美的典范佳作，是集中反映自然、社会、艺术、科学、语言等各种美的结晶。它们既是语文教学用以进行语文教育的丰富矿藏，也是语文教学进行审美教育的得天独厚的媒体。尤其是文学作品的教学，其审美教育和语文教育有着血脉相承的关系。作品精美的语言，展示出美的艺术境界，而美好的艺术境界又丰富并加强了语言的艺术表现力。在教学中教师一方面可抓住精彩的字、词、句、段，把学生引进它所展示的优美境界，使他们融情于景，神思联想，在美的艺术享受中得到陶冶，提高审美能力；另一方面，又可以抓住扣人心弦、令人迷醉的意象、情景和形象，引导学生深入体味、领悟文章中高超的语言艺术技巧，提高运用语言、表情达意的技能。这种“披文入情”的教学过程，也就是语文教育和审美教育密切结合的过程。语文教学的实践说明，审美教育是深化语文教育最有效的手段。如诗歌中的意境美、散文中的构思美、小说中的形象美、议论文中的说理美、说明文中的情趣美，等等。在教学中从这些不同的审美角度、不同的审美层面，引导学生深入地分析和理解，既可以使学生得到审美教育，又有助于学生对课文从表层性的体味感知达到深层性的领悟理解，即从艺术性审美这个更高的层次上把握课文，从而深化语文教育的效果，提高语文教学的质量。

如果说这个认识是通过语文教学现象的客观分析而得来的，那么，从语文教学情绪和语文学习心理的主体来作考察，我们会更深刻地认识到，语文

---

① 中央教育科学研究所编：《叶圣陶语文教育论集》，教育科学出版社1980年版，第64页。

② 中央教育科学研究所编：《叶圣陶语文教育论集》，教育科学出版社1980年版，第260页。

③ 中央教育科学研究所编：《叶圣陶语文教育论集》，教育科学出版社1980年版，第265页。

教育和审美教育相结合的重要意义。首先,在语文教学中进行审美教育,能够诱发学生学习语文的欲望和热情,调动他们学习语文的主动性和积极性。因为审美是一种自由的精神活动,它是在一种精神的自由的流动过程中,伴随着思维的无限制活动而活跃的,是主体的一种积极的思维的过程。作为审美主体的学生,在这样的审美过程中,由于美的发现,必然会激起学习的欲望和热情,从而使教学收到事半功倍的效果。其次,在语文教学中进行审美教育,还有助于沟通学生和老师的心理意向,使教师与学生之间产生相互理解、相互信任的情绪,从而形成活跃的教学氛围,在这种和谐的特定的审美氛围中,学生的精神活动能够得到最大限度的张扬,教师可依照着一定的审美理想、审美规范自觉地启发引导学生的审美活动,进而打开学生思维的大门,点燃学生心灵的火花,使教学在异常的活跃和愉悦中取得最佳效果。因此,在语文教学中加强审美教育,能够创造良好的教学环境,激发学生学习语文的情趣和积极性,从而进一步推进和深化语文教育,优化语文教学效果。

二、拨动美感的琴弦

近年来,随着精神文明建设的开展,审美教育问题引起社会各界人士的关注,要求语文教学加强审美教育的呼声越来越强烈。不少语文报刊也相继发表了一些关于中学语文审美教育的研讨文章,可说是吹起了语文教学加强审美教育的春风。然而在语文教学中如何进行审美教育?人们还有不同的看法。有的认为审美教育寓含在语文教育之中,语文教学只要讲清课文的字、词、句、篇,抓好语文教育,审美教育即“水到渠成”。有的在认识上承认语文教学应当重视审美教育,但在教学实践中却把审美教育看作“摆弄花架子”。还有的认为审美教育是一种精神活动,“主要是靠陶冶,不是靠说教,靠潜移默化,不是靠机械灌输,它只可意会不可言传”,主张在教学中“让学生自己去感知、体味、领悟、神会”,“教师没有必要去作干预”这些说法虽然不无道理,但并没有科学地揭示语文教学中进行审美教育的途径及其规律。

我们认为，在语文教学中进行审美教育的途径和方式应该是多种多样的，不同的审美对象，就有不同的审美途径和审美方式。但从审美教育的规律来看，最主要的是教师必须按照美的规律，从审美角度进行教学设计，处理教学内容，深入挖掘语文教材中的美的因素，创造审美的教学环境，唤起学生的美感情绪，使学生获得深切的美感体验。具体来说，应特别注意从以下几个方面来考虑：

第一，利用有关的审美媒介，精心创设审美情境。根据审美对象的特点，精心创设审美情境，对学生审美意识的培养、审美感情的熏陶起着重要的作用。因为审美情境不是强行给予学生的，而是从学生的审美心理自由出发而设定的，它较之单纯的说教更易于被学生理解并引起审美情感的共鸣，它所具有的各种审美因素，可以通过多种渠道，综合地对学生施加审美影响，有利于全面地塑造学生的审美心理结构。让学生在不知不觉的潜移默化中得到美感体验和审美陶冶，把学生从有我之境，带入到无我之境，变课文中的“彼情彼景”为“我情我景”。比如，有位老师讲《荷塘月色》，课始他给学生描绘了一幅“月夜图”，创设了一个“遍地月华清辉”的特定的审美情境，从而把学生导入一片融融的月色之中：在生活中，我们常常经历这样一种情景，即当夜色降临，黑暗就要吞噬大地万物的时候，一轮皓月跃出，使山山水水，一景一物，宛如镀上一层白银，笼上一层轻纱，显得那么恬静柔和、神秘而富有诗情画意。那如盘的明月，如水的月色，皎洁的清光，像甘露那样沁人心脾，像醇酒那样令人心醉。随即，他又用“接天莲叶无穷碧，映日荷花别样红”等三首古诗开启学生的审美心扉，引起情感的共鸣，使学生心驰神往，犹如进入了一个荷叶亭亭、荷花艳艳、荷香袅袅的优美境界。学生置身于这种特定的荷塘情境中，兴味盎然地带着一种对荷塘月色美景的憧憬和领略荷塘月夜风光的审美情感，进入文章的情感世界。这种情感的共鸣，可以转化为学生自觉审美的“催化剂”，使学生产生新的审美追求，从而深入文章构筑的内部世界，领悟文章构筑的艺术真谛。可见，创设审美情境，是语文教学中进行审美教育的有效途径。这种审美情境所产生的审美陶冶性，与所谓水到渠成的“自然教育论”有着本质区别。运用这种审美情境来陶冶学生，进行审美教育，需从纯自然的语文情境的描述中走出来，而致力于陶冶性审美情境的艺术设计。只有精心创设陶冶性审美情境，才能拨动学生“美感的琴弦”，保证中学语文审美教育的定向性和目的性。

第二，发掘教材的内在美点，揭示深层的审美情趣。在语文教学中进行审美教育，不能只是简单地让学生去欣赏一些美丽的词句，或仅仅停留在对作品中描写的景物美、形象美等客观美的表层品赏上，而应当结合作家的个性及写作时特定的心境，帮助学生深入发掘课文中的内在的美点，使学生不仅领略事物的客观美，而且深悟这种“美”所隐含的高尚情趣，从而和培养学生的审美情趣，净化学生的灵魂结合起来。如讲授朱自清的《绿》，教师如果仅仅说些“它是在歌颂祖国山川自然的美”之类的话，就会使学生觉得平浅，甚至可能产生这样的疑问：为什么描写绿色的美就是歌颂祖国的山川之美呢？把祖国山河描写得五彩缤纷不是更美吗？要解决这样的问题，就要从审美的角度揭示绿色之美所隐含的深层情趣：绿色在美学上是一种象征安定、平静的色彩。作者尽情地描写这片绿，正表示着他对安定、平静的生活的一种渴望和追求，是对当时兵荒马乱的社会现实的不满。朱自清是一个朴质正直、诚恳无伪的作家。他的散文也正是这种性情笃厚、品格高洁的情趣的表现。在这篇《绿》中，作者描写“绿”的形象的真切自然、细腻柔美，字里行间，无不蕴含着作者内心的高洁的情趣。他的精神世界也正像他描写的“宛然是一块温润的碧玉”那样的洁净而看不透，像那梅雨潭“仿佛能把蔚蓝的天融了一块在里面似的”深厚莫测。他将梅雨潭的这片绿命名为“女儿绿”，表明他是那样真挚地、纯洁地、执着地爱着这片“女儿绿”，所以随着时间的推移，对破坏“女儿绿”美的敌人，也自然会发出怨恨以致抗争。这不正是《绿》中描写的绿色之美所表现的深层情趣和值得我们所要认真体味、发掘的内在美点吗？在语文教学中进行审美教育，就是要让学生通过对美的形象的感受，对美的本质的认识，去领悟它所蕴含的人生意义，促使他们的情感和理智的融洽，培养他们高尚的审美情趣。这样的审美教育难道能说是“摆弄花架子”吗？

第三，开辟审美通道，启发学生的审美想象。审美想象的培养，对语文审美教育是至关重要的，因为它是语文审美创造的前提。康德就曾说过：“想象力是创造性的。”我们知道，教材中文学作品的艺术之美，不是露天的珍珠，伸手可以摸得着，也不是碧空的银星，抬头可以看得见。它往往隐蔽在艺术形象所给人留下的深广、多层的审美空间里，也常常蕴含在生动逼真的意境中。那么，怎样使学生深入作品营构的意境中，或它构筑的审美空间里，从而探索其蕴藏的艺术之美，获取其艺术的真谛呢？这要靠学生的审美想象。在教学中要让学生展开审美想象，教师应当在审美对象（课文）和审美主体（学生）之间，建立起一种能够触发的审美联系，给学生开辟审美想象的通道。这种审美想象的通道，就是作者所描写的形象。因为美总是蕴藏在一定的形象之中的，离开具体形象而超然于物外的美是不存在的。如果没有形象也就没有美可言。因此，只有以艺术形象为审美通道，才能启发学生的审美想象，进而揭示形象中包含的美。例如，有位老师讲《敕勒歌》就是这样启发学生的审美想象的：诗中描画的天、山、草原、牛羊都是什么颜色？哪些景物勾勒出了草原画面的背景？哪些景物是这幅草原画面的主体形象？它们各占多大比例？顿时，学生活跃起来，展开了兴味盎然地描述：无限的蓝天下有一片辽阔碧绿的草原，在和风吹拂下，丰茂的草木俯垂摇曳，绿波此起彼伏，正在吃草的白色羊群时隐时现。而那草原与蓝天之间镶着的紫色远山，又勾勒出了天高地广的恢宏气象。学生在想象中描绘出了一幅雄浑豪放的北国草原画卷，从而共同感受到了诗的美。接着，老师通过诗的结句所描画的风、草、牛羊三种景物，又启发学生：这幅草原图究竟美在哪里？使学生进一步展开审美想象：牛羊是这幅草原图画的主体形象，是绿色锦缎上托出的珍珠，是画中的诗。美妙的是作者不是把这个主体形象死板地画在那里，也不是一开始就让人看到，而是到了末了才时隐时现：风吹草低，现出了牛羊，言外之意，风吹草起，又隐没了牛羊。那么，草深处还有多少牛羊？那放牧的人，是白发苍苍的老汉，是天真活泼的姑娘，还是踏着牧歌归去的小伙子？……学生在老师的引导下，徜徉神游在这广阔的审美空间，尽情地领略了这首诗的神韵妙境。这个教学实例告诉我们：以艺术形象为审美通道，来启发学生的审美想象，是语文教学中进行审美教育的重要途径。它可以激发学生特定的审美情绪和审美愉悦，使学生对课文从表层的审美感知，进入到审美的全新天地，从而把握文章深层的艺术美。这种审美效果，是那种主张“只可意会”“教师没有必要去作干预”的做法所不可能获得的。

三、启迪创造美的智慧

在语文教学的考察中,我们发现:当前的语文审美教育普遍地存在着有待继续深入的问题,尤其是文学作品教学中的审美教育,可说大都是踏步于引导学生的赏美、寻美的感知领悟阶段,没有着力于学生创造美、表现美的深层性审美训练。其实,赏美、寻美仅为审美过程的起步,并非审美程途的终点。在语文教学中进行审美教育应当致力于启迪学生创造美的智慧,点燃学生审美智慧的火花,使学生在语文审美实践中能有美的创造、美的发现,即培养学生创造美的能力。

在语文教学中,作为审美主导者的教师,不仅应当具有审美创造观念,更重要的是把“启迪创造美的智慧”,培养学生创造美的能力,贯穿整个教学过程的始终。

首先,要培养学生的审美创造意识,使学生在具体的语文审美活动中,不仅要明白课文中的美是作者创造的,更要深入认识“美”是作者怎样创造的,进而学到创造美、表现美的艺术技法。如,孙荪在《云赋》这篇散文中,构想天姿天色,创造了一种恢宏壮丽而又和谐的意境美。那么,他是怎样创造这种意境美的呢?教学中就应当引导学生去认识作者创造美的技法。其一,是物境的三个结合。先是将云景和天景结合。云浮而有幻象,天借云而生姿,构成了一个浩渺阔大的独特景象,继之将动美和静美结合。乌云进攻,游云溃散,都是动,彩云幻象,玉月停飞,这是静。这样动静相生,使意境幽深,曲屈有致。再是将实境和仙境结合。写乌云,有神煞妖魔之形;写淡云,有仙画银羽之姿;写彩云,有天宫天物之状。由此在实境上笼罩上一层仙境的光辉,显示了意境恢宏的神韵。其二,是情境的三种状态。作者写乌云、游云,处处有“我”在,“我”时而焦急,时而慨叹,这是“以我观物”,是“有我之境”。写淡云、彩云,也写“我”像“驾着祥云遨游九天的神仙”,既有“我”在,又忘“我”形,是“忘我之境”。写云外青天,则意出尘表,既无云在,又无“我”在,只画出青天月牙图,超然旷观,此之谓“无我之境”。“有我”“忘我”“无我”这三种境界融合一体,显示了意境的丰富蕴涵和纵深发展的层次性。

在教学中这样引导学生深入认识作者是怎样创造美、表现美的，不仅能够启迪学生创造美的智慧，培养学生的审美创造意识，而且还能使学生深入到文章内部的审美世界，学到创造美、表现美的写作艺术技法。

其次，创造美是美学理论的实践化，在语文教学中培养学生创造美的能力，主要还是指导学生按照美的规律进行创造性的实践活动。尤其要重视通过作文教学来培养学生创造美的能力。作文是综合性很强的审美创造训练。它不仅讲究思想内容的美，而且讲究语言形式的美。学生要写出一篇“美文”，除了必须具有高尚的、美好的思想感情而外，还必须掌握语文表达方法，用美的语文形式反映美的思想内容。因此，在作文教学中，应着力于启迪学生创造美的智慧，给学生插上创造美的翅膀，让学生独辟蹊径，勇于创新，而不可老是“仿作”，人云亦云，亦步亦趋，跟在人家后面跑。如有位老师让学生以“雪”为题作文，绝大多数学生因循传统命题立意是“赞雪”：赞颂雪的洁白无瑕。但有个学生却立意“贬雪”：写雪的虚伪，即以其洁白的外衣掩盖世间的污秽；写雪的穷凶极恶，即依仗狂风，耀武扬威，不可一世；写雪的残忍无情，即雪压冰封，万木萧条。最后抒写自己“不怕风雪严寒”的意志和“迎接春天到来”的信心，揭示了与雪的洁白相对的另一种美。面对立意如此相背的作文，这位老师赞扬了这篇“贬雪”的作文：立意新颖，独辟蹊径，是审美创造智慧的闪光，具有创造美的能力。同时，把它作为“范文”在全班宣读，充分肯定了那个学生的创造精神，使全体学生受到了在作文中创造美、表现美的启发，培养了学生作文的审美创造意识。当然，在作文教学中要培养学生创造美的能力，更重要的是引导学生投入大自然和社会生活的怀抱，去探索美，发现美，他们在写作中才能表现美，才能不断提高创造美的能力。叶圣陶先生早就说过：作文原是生活的一部分。生活就如泉源，文章犹如溪水，泉源丰盈而不枯竭，溪水自然活泼地流个不歇。(《文章例话》)著名作家孙犁也曾指出：生活是美的基础，可以说没有生活就没有美。(《谈美》)只有充实生活，获取真切的经验，才能在作文中进行那种激动人心的美的创造，美的发现。

[原载《山东师大学报》(社会科学版)1990年第5期]

“沙袋育儿”对儿童智力发展影响的调查[①]

王祖兰　林泳海

“沙袋育儿”是山东省惠民地区一种传统养育婴儿的方式，即用当地特有的细沙，经过日晒、火烤、炒热等简易方式处理后装入布袋，将婴儿下身放入沙袋内，仰卧在沙袋中，沙袋起着尿布和冬季保暖的作用，当地群众称之为“穿沙袋”。他们认为这种养育方式既节约又省事。但是在具体使用过程中差别是很大的，卫生条件较好、有条件照顾婴儿的家庭，大人常在白天将穿沙袋的孩子抱出来玩耍或晒太阳，一般在半年或一年半左右，当婴儿会爬学走时，只在夜间睡觉时才穿沙袋，但有些家长却将婴儿整日放在沙袋内，每天穿沙袋为 16 小时以上，时间长达一年半至两年或更长。要想婴儿穿沙袋时间长，必须使婴儿基本上与环境刺激隔离，失去早期教育，即对婴儿进行早期环境剥夺，否则婴儿是穿不住沙袋的。1982 年该地区实行计划生育后，一胎儿童增多，家庭经济收入有所改善，家长对儿童照顾的时间相应增多，长时间穿沙袋的现象大为减少，目前 4～6 岁的儿童穿沙袋一年半以上的已经极少。为了进一步探讨早期环境剥夺对儿童智力发展的影响这一重要理论，我们于 1989 年在惠民县对 1982 年以前出生的儿童(现 7～14 岁)被早期环境剥夺的实际现象，进行了调查研究。

① 该项目经费由联合国儿童基金会提供，是中国儿童发展中心与山东、河北的合作项目。

一、调查的对象和方法

调查的对象为7～14岁的儿童,即1975～1982年出生的儿童。以他们婴儿时期穿沙袋时间长短分为三组:6～11个月为第一组,12～17个月为第二组,18～24个月为第三组。每天穿沙袋的时间均在16～20小时(也就是说,除了夜间睡觉时穿沙袋外,白天还连续穿沙袋5～6小时,如在6个月后只是在婴儿睡觉时才穿,或间断地穿均不在调查范围内)。每组都有婴儿时期不穿沙袋的儿童为相应的对照组。对照组的儿童(简称“非沙袋SN”)与穿沙袋的儿童(简称“沙袋SY”)各方面的条件基本相当。所有被调查的儿童都进行了体检,并逐一进行家访。通过体检和家访排除了遗传病和各种对神经系统影响较大的疾病患者和可疑者,确保被调查儿童不是先天性痴、呆、傻或弱智儿童。经过筛选,我们在惠民县三个乡8个自然村选取沙袋儿童135人,非沙袋儿童126人,共261人。

调查方法采用天津医院王栋主持修订的《中国比内测验》(农村版)进行施测。按农村版要求统计分数查出被试儿童的智商,并对135名沙袋儿童进行人文学的调查。

二、结果分析

(一)被调查的261名儿童的智商(平均值为76)属偏低水平

不穿沙袋儿童的智商(平均值为78)也属偏低水平。我们认为主要原因是在取样时是按照婴儿穿沙袋的时间长短为标准进行取样的。穿沙袋儿童的父母绝大多数是文盲半文盲的农民。这些儿童出生时家庭经济年收入多在100元左右。不穿沙袋的儿童作为对照组,其各方面的条件,如家庭经济收入(实际统计略高于穿沙袋儿童的家庭经济收入)父母的文化程度、职业等均依照穿沙袋儿童的基本情况选择的。由于取样的不同,所以他们的智商不能代表惠民县农村儿童的整体水平。

(二)沙袋儿童与非沙袋儿童智商比较(见表1)

表1　　沙袋儿童与非沙袋儿童智商平均值与标准差

	人数	智商平均值	标准差
沙袋	135	74	11.4
非沙袋	126	78	12.5

(注:进行 Z 检验,$p<0.01$,差异显著)

从表1中可以看出沙袋儿童的智商低于对照组非沙袋儿童的智商,二者之间有显著差异。从对沙袋儿童的家长进行的人文学调查的数字说明这种显著差异主要是因沙袋儿童早期环境被剥夺的结果。从统计的数字看是惊人的。(1)有72.5%的儿童在婴儿期每天穿沙袋时间大约20小时,约26%的儿童每天为16个小时以上。(2)有66.6%的儿童只是有时被家长抱出来玩玩、照照太阳,有24%的儿童在一岁半以前他们的家长从不抱出来玩也不照太阳。(3)有67.5%的儿童其父母只是有时逗他们玩但不抱出沙袋,有14.0%的儿童其父母从不把他们抱出沙袋,也不引逗他们。(4)有82.9%的父母认为老抱出来孩子就不听话了,也有14.1%的家长认为不抱出来是为了保暖。(5)有52%的父母根本不知道用沙袋育儿对孩子身心发育不利,有34%的父母虽知道一些,但不很清楚。(6)有32.5%的家长根本不想改变这种育儿方式,有41%的家长想改变这种育儿方式,但因无条件改变只好这样做。上述情况说明:这些儿童绝大多数在婴儿期生活在一种封闭的环境中,整日除仰卧在沙袋内、眼望黑屋子外,没有什么语言、情感刺激和人际交流的环境,致使他们的智力发育处于低水平。

(三)沙袋养育时间长短不同儿童的智商比较(见表2)

表2　　沙袋儿童智商平均值和标准差

	人数	智商平均值	标准差
第一组	48	76	9.5
第二组	49	75	12.2
第三组	38	72	12.1

(注:进行 F 检验,$p>0.05$,没有显著差异)

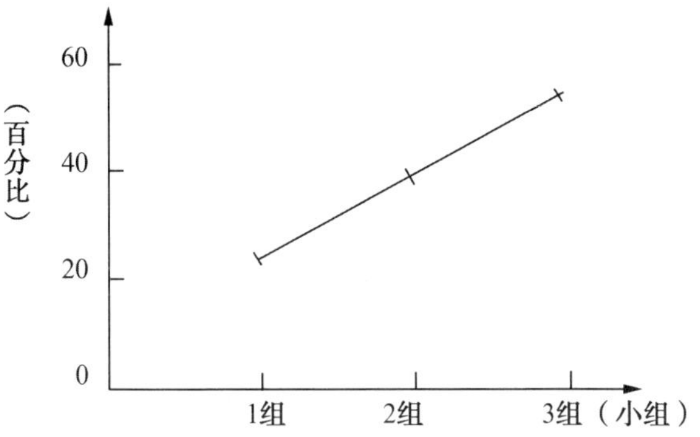

图 1　不同养育时间智商<70 沙袋儿童比例曲线图

表 3　　**沙袋女童各组智商比较**

	人数	智商平均值	标准差
第一组	26	77	8.4
第二组	17	76	8.7
第三组	15	68	10.5

表 4　　**第三组沙袋儿童男女比较**

	人数	智商标准值	标准差
男孩	23	74	13.3
女孩	15	68	10.5

（注：进行 t 检验，$p<0.05$，差异显著）

从上述图表中可以看出，沙袋儿童从总体上他们的智商并没有因为在沙袋养育时间不同而有显著差异，但是智商低于 70 的儿童占其各组的比例却因沙袋养育时间越长比例越大，如图 1 所显示的曲线图。这种差异在穿沙袋女童中表现较为突出；表 3 所显示的第三组女童的智商明显低于第一、二组女童的智商。从穿沙袋男、女儿童的智商比较看，只有第三组女童的智商明显低于男孩的智商，如表 4。

经考察分析，沙袋第三组女童的情况是：(1)她们多是在十几年前出生的婴儿(1975～1978 年)。沙袋养育时间都超过一年半以上。其家庭经济收入是低水平的,一般收入100元左右。(2)她们多是第2～3孩,又是女孩。家庭地位低下,其父母多是文盲半文盲,家庭教育水平低。(3)她们中多数只是初小文化水平,由于过早退学,不少人已快成文盲或半文盲,并较早地担负起家庭经济的重担从事简单劳动。从测试中发现她们对学习、读书要求不高,有不少人已基本上没有儿童特色。

由于上述原因,沙袋第三组女童在婴儿期缺少早期教育,学龄期又缺少应有的学校教育,近一两年来又在一种闭塞的条件下劳动、生活,没有什么再教育的机会,因此她们的平均智商是低水平的,明显低于其他各组。

沙袋第三组男童虽然也是穿沙袋时间在一年半以上,但许多情况与同组女童相比有很大不同:(1)他们的文化程度明显高于第三组女童的文化水平,目前多数仍在校学习;(2)他们虽不少人是第三胎,但因是男孩,在家庭地位明显提高,虽然家庭教育水平与女孩家庭教育水平差不多,但他们的活动范围较广;(3)他们的平均年龄低于第三组女童的年龄,但却高于沙袋第一、二组男童的平均年龄,也就是在他们婴儿期因当农村的经济、文化等条件比较差,使得他们的早期教育受到很大限制,所以他们的智商略低于其他两组,但没有显著差异。

三、初步的结论

1.沙袋儿童的智商普遍低于非沙袋儿童的智商,这种差异是明显的,说明早期环境剥夺对儿童智力发育影响很大。

2.沙袋养育时间越长,儿童智力水平越低。说明早期环境剥夺的程度越严重,对儿童智力发育影响越严重,这种影响有一定的相对稳定性,但不是终生不可改变的。由于儿童的可塑性较大,如以后的教育能够及时、有效,那么儿童的智力发育水平也可以在原有的基础上有较大提高,如不能及时教育,特别是学龄期的教育失效,那么儿童智力水平低下很可能终生难变。

3.环境、教育对儿童智力发展影响很大,而这种影响的程度又随着智力发展不同阶段而有差异。在婴幼儿时期被剥夺或忽视了智力刺激的儿童,他的智力水平在以后的教育中可以得到发展，但能补偿到何种程度与以后的实际教育水平有很大关系。因此，我们认为农村的早期教育应受到重视，学龄期教育水平亟待提高。这是儿童智力发展的极为重要的阶段。

[原载《山东师大学报》(社会科学版)1990 年第 6 期]

教育的本体价值与工具价值关系管窥

刘复兴

人、教育、社会的关系问题是当前教育理论讨论的热点。教育是联系人和社会的纽带，人的发展与社会发展的关系，由于客观教育实践的原因，社会历史的原因及人的主观原因，在教育的不同方面有不同的反映。反映在教育目的上，便有"个人本位"与"社会本位"之争；反映在教育价值观方面，便有"本体论"（或理想主义）教育价值观和"工具论"（或功利主义）教育价值观之争。这是教育史上关于教育价值的两个最基本的方面：即教育促进人发展的价值——本体价值（理想价值）和教育促进社会发展的价值——工具价值。而"本体论""工具论"教育价值观则都是人们对于不同教育价值的主观反映。

所谓"本体论"教育价值观，即强调教育促进人发展的价值，主张教育要从人的需要出发，开发人的潜能，发展人丰富的个性，为个人发展服务。欧洲文艺复兴时期的人文主义教育家，主张个性解放、强调人的尊严和价值，以反对宗教神权和封建主义，夸美纽斯即是杰出的代表。18世纪法国的教育家卢梭，提倡"人的自由教育"，强调发展人的本性。20世纪30年代美国兴起的进步主义教育理论，以及当代人本主义思潮等都重视人的需要、人的价值和潜能，强调人的自我实现。尽管这些理论中"人"的内涵有差异，但在教育价值观方面都是主张"本体论"的。所谓"工具论"，即重视教育促进国家、社会发展的价值，主张教育为社会、国家的政治、经济服务，其目的在于促进国家、社会的发展。代表人物是德国的凯兴斯坦纳和法国的涂尔干。

我们认为,教育的“本体论”“工具论”价值观都有正确的一面,但也有片面性,因而是不科学的。因为人的发展与社会发展是辩证统一的关系,不能非此即彼。因此,全面地认识人的发展与社会发展的关系,深入地探讨教育的“本体价值”与“工具价值”的关系,研究“如何将符合历史进步要求的社会价值内化为个体自身的价值,又把个体发展自身的要求外化为社会价值,使二者有机地结合起来”[①]是当前教育科学研究的重要课题。本文拟就教育本体价值、工具价值的内在联系,教育“本体论”“工具论”价值观对立的实质以及教育的本体价值、工具价值如何在教育实践中具体地、历史地统一,作一初步探讨。

一

人的发展和社会发展是人类的永恒主题,二者的关系是哲学和教育科学必须回答的一个重要问题。马克思主义认为人的发展与社会发展是一个对立统一的过程。一方面,人的发展决定于社会的发展,马克思说:“个人是社会存在物。”[②]“人的本质并不是单个人所固有的抽象物。在其现实性上,它是一切社会关系的总和。”[③]人是社会的人,脱离社会条件的抽象的人是不存在的;另一方面,人的发展能动地推动着社会的发展,人不是被动的社会产物,人是社会的主体,不仅受到社会的制约,更主要的是能改造社会。所以,从人类历史发展的总体过程看,人与社会是互为条件,相互决定的。

人类社会历史发展的总体过程,是由属于整个类的个体及他们所组成的集团的发展所构成的,其中个体人的发展是最为基本的单位。我们认为,考察人的发展与社会发展的关系,既要着眼于人类历史发展的总体过程,又要分析人类社会发展的某一横断面,具体的个体人的发展及特点。作为特定社会细胞的个体人,是社会的产物,从最初意义上讲,是社会的被动客体,

① 黄济:《教育价值与人的价值》,《教育研究与实验》1989年第3期。

② 《马克思恩格斯全集》第42卷,人民出版社1979年版,第122页。

③ 《马克思恩格斯全集》第1卷,人民出版社1979年版,第18页。

不能满足社会发展的需要,便产生了人与社会之间的矛盾,二者的矛盾表现为:一方面,人的发展不能满足社会发展的需要,另一方面,社会现有的条件又限制了人的主体实践向更高的水平发展。但从发展的意义上讲,人是社会的主体,社会的现代化首先应该是人的现代化。列宁说:"世界不会满足人,人决心以自己的行动来改变世界。"[①]这就是说,社会历史过程就是人的主体实践过程,而个体人的主体实践则是人类主体实践过程中最为基本的东西。皮亚杰关于儿童实践操作活动是人类智力、理性、思维的基础和来源的微观研究,在一定程度上说明了这一点。个体人从最初意义的社会的被动客体到能动的社会主体,从被动地适应社会到主动地改造社会的过程,便是解决个人发展与社会发展矛盾的过程,而这个过程是由教育来完成的。

教育是培养人的社会活动,教育正是通过培养人来解决人的发展与社会发展的矛盾的。教育实现其本体价值,解决人的发展与社会发展的矛盾有两个方面:其一,教育增强人的主体性,促进个体社会化,把人培养成为合格的社会成员,满足社会发展的需要;其二,教育增强人的主体实践能力,使人在一定程度上克服和超越现实社会条件的限制,以发展自身和促进新的更高水平的社会发展。

人是教育的对象,培养人是教育的本质特征。培养人,实现人的发展(教育的本体价值之所在),是教育促进社会发展(教育的工具价值之所在)的唯一途径。总的说来,教育对社会发展的作用不是直接的,而是通过培养人这个中介来促进社会发展。教育的内容必须以人为载体才能作用于社会,教育的显功能,如政治功能、经济功能、文化功能等,需要培养具有政治、经济、文化领域内专门知识和能力的管理人才、技术人才推动社会的政治、经济、文化的发展。教育的潜在社会功能,如控制人口的功能、法制的功能、调整协调社会职业体系与社会分层体系的功能等,亦都是通过教育对人的培养和影响来实现的。此外,人们一般认为教育,特别是高等教育,可以产生新的科学技术、进步的社会道德和伦理理论直接影响社会。但归根结底,科学知识和社会舆论的产生也是建立在人的发展与培养的基础上,即教育

① 《列宁全集》第55卷,人民出版社1990年版,第183页。

工具价值的实现必须以教育本体价值的实现为基础。离开教育的本体价值,教育的工具价值便成为无源之水、无本之木。

通过教育的本体价值实现教育工具价值的关键是个体价值社会化。所谓个体价值社会化即是个体的自我价值外化为个体的社会价值。人的价值有自我价值和社会价值,或称为内在价值和外部价值。自我价值集中体现为个体身上形成的改造自然和改造社会,以获取所需要的自我满足的能力;社会价值即指充分发挥个人价值,为社会创造物质财富和精神财富,促进社会发展。教育形成个体的自我价值,又通过提高个体的价值实现能力和个体创造价值的积极性、能动性、自主性,不断实现自我价值向社会价值的转化,实现个体价值社会化,个体价值社会化的过程将伴随着个体主体实践的始终。通过个体价值的社会化,由教育本体价值的实现(此过程"生产"出个体的价值)而实现教育的工具价值(此过程自我价值向社会价值转化,促进社会的发展)。

在人(个体人)受教育的过程中,教育促进人和社会的发展(即教育本体价值和工具价值的实现)是不同步的。[①] 即表现为教育社会功能的迟效性,或称为教育培养人,促进个体发展的超前性。因教育是未来的事业,它既要培养人适应和服务于现实社会,又要培养人有能力适应和服务于未来社会,促进未来社会的发展。从这个意义上说,今天教育本体价值的实现是明天教育工具价值实现的基础。"三个面向"中的"教育要面向未来"便是对这一点的最精湛的概括。所以,在教育过程中,教育培养人既要符合现实社会的要求,又要在一定程度上超越现实社会的条件,最大限度地寻求人的全面发展,而不是仅仅被动地适应社会,这是教育主体性的客观要求和具体体现。由于教育本体价值的实现与教育工具价值的实现相比,后者带有滞后性,所以,不存在教育过程中强调教育促进人的发展而成为教育工具价值实现的异己力量的问题。而恰恰相反,只有在教育过程中坚持把实现教育的本体价值放在第一位(当然这个本体价值绝不能以抽象的人性为基础),并坚持创造条件,促进个体价值的社会化,教育的工具价值才能得以顺利实现。如

① 参见扈中平:《人是教育的出发点》,《教育研究》1989年第8期。

果仅把人作为社会的被动客体,片面强调教育工具价值的实现,忽视人的发展,无疑是“杀鸡取卵”之举。

这里,我们强调教育本体价值实现的基础性,并不意味着忽视或否定“个人是社会的产物”这个命题。从历史发展的角度来看,建立在教育本体价值实现基础上的教育工具价值的实现,既为新的本体价值的实现提供了可能性,又成为教育促进人的发展的一种制约,而个体人和人类亦正是在不断克服和超越这些制约、限制的过程中发展自身和促进社会发展的。可见,在人的发展和社会发展的矛盾运动中,教育本体价值和工具价值在实现的过程中是统一的,不存在根本的对立。

二

教育“本体论”“工具论”价值观的对立,不是客观地反映教育价值及其实现的关系,而是人们对于人的发展与社会发展矛盾的主观反映,其对立的实质是人对于教育应该实现其何种价值(本体的或工具的)主观认识的对立,即人们教育价值取向的对立。价值取向是人对于某一事物的认识及对自己想从中获取什么需要的认识,对事物的认识和需求的不同,便决定人们对某一事物作出不同的价值选择。如有的学者或学派重视人的发展,便主张实现教育的本体价值,有的则强调社会发展,便主张实现教育的工具价值。在阶级社会中,统治阶级的需要(往往代表着社会)便成为社会范围内教育价值取向的决定力量。教育价值取向的不同,便导致教育价值实现的不同结果。如果片面强调抽象的人的发展价值,不注重个体价值的社会化,以及个体价值能否社会化,那么“通过人的发展促进社会发展”便是一句空话。但反对片面强调抽象人的发展价值,并不是否定强调现实人的发展价值,如果片面强调实现教育促进社会发展的价值,不注重实现教育的本体价值,仅仅把个体看作社会机器上被动的螺丝钉,个体得不到充分发展,社会发展最终也要落空。这样,教育不能解决人的发展与社会发展的矛盾,反而使人的发展与社会发展的矛盾尖锐化。我国 1949 年以后的教育价值取向“历来只强调教育的社会工具价值,忽视教育在培养个性、使个人的潜能尽可能发展方面的价值、总是要求教育出即时的、显性的功效，忽视或者轻视教育的长期效益”[①]，即表现为政治的、经济的功利主义。这种片面化的教育价值取向，给我国的教育发展和社会发展带来了严重影响。所以，只有始终坚持教育本体价值和工具价值的统一，并把本体价值的实现放在基础地位，才能真正解决人的发展与社会发展的矛盾。

在现实社会中，由于人们受阶级地位及社会生产力发展水平的限制，必然存在教育价值观的对立，人的发展与社会发展的真正统一是不可能的，只能说人类的每一个发展都是向着这个方向前进。马克思认为共产主义社会是“个人的独创的和自由的发展不再是一句空话的唯一的社会”[②]，是“一个以各个人自由发展为一切人自由发展的条件的联合体”[③]。所以，只有到共产主义社会，人(个体、类)的发展和社会发展才能达到真正的统一。

三

马克思主义认为实践是价值的客观基础。所以教育价值的客观基础是教育实践，不管是工具价值还是本体价值，都是在教育实践中实现的，离开了教育实践，任何教育的价值只能是空中楼阁。毛泽东同志认为“离开了实践的认识是不可能的”[④]，所以我们只有在现实的教育实践中，把教育价值的实现与具体教育实践相联系，才能使教育本体价值、工具价值及其实现走向真正具体的统一。

列宁认为，我们“要真正地认识事物，就必须把握过往、研究清楚它的一切方面、一切联系和‘中介’”[⑤]。教育实践不是一个“静态一维”的整体，而是一个多层次的动态系统。最基本的，我们可以把教育实践区分为微观和宏观两个方面，我们必须分析微观和宏观教育实践的本质特征及其关系，从中找到确立科学的教育价值取向的客观依据。

---

① 叶澜：《试论当代中国教育价值取向之偏差》，《教育研究》1989 年第 8 期。

② 《马克思恩格斯全集》第 3 卷，人民出版社 1960 年版，第 516 页。

③ 《马克思恩格斯全集》第 4 卷，人民出版社 1958 年版，第 491 页。

④ 《毛泽东选集》第 1 卷，人民出版社 1966 年版，第 256 页。

⑤ 《列宁选集》第 4 卷，人民出版社 2012 年版，第 419 页。

微观教育是指教育者(教师)、受教育者(学生)、教育管理者的具体教育活动及其关系,即主要指教育的个体实践。宏观教育是指国家和地区教育的总体活动,大群体的整体教育行为及其运动。如教育体制、教育结构、教育规划、教育发展战略等总体活动。微观教育实践与宏观教育实践具有不同的主体和运动规律。不同层次的教育实践是实现不同教育价值的客观基础。在不同层次的教育实践中便要确立不同的教育价值观,坚持不同的教育价值取向,并借助不同层次的教育实践的相互关系和中介,达到二者的统一和相互作用。

微观教育实践的主体是现实的个体——教育者、受教育者和教育管理者。教育实践活动的规律就是三者相作用的内在联系,见图1。

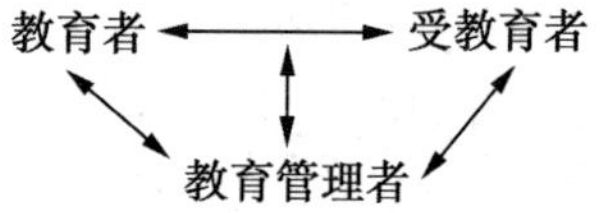

图1　教育实践活动中三者的内在联系

教育者、受教育者、教育管理者相互作用的机制主要是:(1)教育者、教育管理者通过自己的主体实践,运用自身的条件如能力、知识、情感、意志、道德等,使现实社会和未来社会发展的需要和要求作用于受教育者,内化为受教育者的自身发展。(2)受教育者反馈作用于教育者和教育管理者。(3)教育管理者与教育者相互作用。(4)教育管理者与教育者和受教育者相互作用过程的相互作用。微观教育实践主体间相互作用的直接结果是受教育者的发展——现实的、个体人的发展,这种发展应该是全面的、充分的、自由的、富有个性的。但是,这种发展不是以抽象的人性为基础,它有两个最基本的含义:一是培养个体成为现实的、合格的社会成员,促进个体社会化,满足现实社会发展的需要;二是培养个体改造现实社会与创造未来社会的能力,为未来的社会发展服务。这是微观教育实践直接的价值所在即教育的本体价值。微观教育实践的这种个体发展的价值,是微观教育实践中诸主体间相互作用发展的必然结果。教育本体价值的实现是由微观教育实践直接完成的,所以微观教育实践是教育本体价值的直接客观基础。微观教育实践不具备直接现实的教育工具价值，教育工具价值是在微观教育实践所创造的本体价值社会化的过程中逐步实现的。

教育规律是“教育现象中诸因子变化发展的必然逻辑轨道”①只有按照教育实践中诸因子变化发展的必然逻辑轨道去从事教育活动，确立教育价值取向，指导教育实践，才能真正实现教育的价值。所以，在微观教育实践中，必须坚持教育本体论价值观，坚持以个体的主体实践为出发点，把促进个体人(学生)的发展作为微观教育实践的直接目的。以培养全面、充分、自由发展的人作为微观教育实践活动的价值取向，注重学生的价值、需要，发挥他们的潜能，特别注意培养学生完善的个性。当然，在现实社会的条件下，个体的发展，必然要反映社会的要求。教育必然要促进个体的社会化，但个体的社会化仅是个体发展的必然内涵之一，而不是全部。

在微观教育实践中，如果不坚持教育本体论价值观，而片面追求教育的工具价值，如以追求某种经济效益，追求某种政治或社会的效果为直接目的，牺牲学生身心的健康、全面、生动活泼的发展，以社会整体实践的规律来代替个体实践的规律，那么教育的本体价值就无法实现，从人类历史发展的角度看，教育的工具价值便失去了基础和保证。

宏观教育实践的主体是以国家或地区为基础的人的群体，这种群体的实践活动是以整体或群体的实践为主要特征，教育的这种大群体实践活动本身即是社会实践的直接重要组成部分。教育正是通过一定的教育体制的选择，一定的教育结构的设置，教育规划和决策，以及发展战略等宏观活动，适应和影响社会的政治、经济、文化等的结构，从总体上直接影响、促进国家和社会的发展，从这个意义上说，教育宏观实践具有直接的工具价值，是教育工具价值的直接客观基础。尽管宏观教育实践对于国家和社会发展的这种影响和促进是通过培养人来实现的，但是，社会实践不是单个个体实践的简单结合，只有个体实践按照宏观教育实践运动的必然逻辑轨道，结合为大群体的整体实践，进而成为社会实践的有机部分，这种影响和促进才能真正实现。可见，宏观教育实践的作用是微观教育实践所不能代替的。

---

① 马兆掌:《教育规律的逻辑分类》,《教育研究》1990年第10期。

所以,我们认为总体教育实践是教育工具价值的客观基础,其中微观教育实践通过培养人最终促进社会发展,宏观教育实践则通过大群体的整体教育活动来直接促进社会发展。微观实践必须经过一个个体价值社会化的中介过程,才能实现教育的工具价值,而宏观教育实践则具有直接的工具价值。教育的诸主体按照宏观教育实践活动逻辑轨道运动的必然结果,即是实现教育促进社会发展的价值。所以,在宏观教育实践中我们必须立足于社会的发展和需要,坚持教育工具论价值观,在教育制度的确立、结构的设置、规划和决策的制定等方面都应依据国家社会发展的方向展开。

在现实条件下,教育不是抽象的,任何教育都是特定社会的、国家的或阶级的教育,没有也不可能有抽象的教育,同样也没有抽象的社会。教育总是与特定的国家、社会发展相联系。那么,如何将符合历史进步要求的社会价值内化为个体自身的价值,又把个体自身发展的价值外化为社会价值,使二者有机地结合起来,达到教育工具价值、本体价值的具体的统一呢?教育本体价值、工具价值是在微观教育实践和宏观教育实践的相互关系中达到具体统一的。因为微观教育实践是宏观教育实践的基础和保证,宏观教育实践对微观教育实践具有导向作用,二者构成相对统一的整体实践。而且教育微观实践和宏观实践之间不是截然分开的,而是互相联系:(1)教育管理体制,它包括中央、地方、学校等多层次的管理活动,逐次把以宏观教育实践为基础的,反映社会、国家发展的管理要求转化为对个体实践与发展的管理要求。(2)教育目的,它一方面集中地反映了一定社会对培养人的要求,又科学地反映出受教育者所可能和应当发生的变化。(3)教育内容,既反映了社会发展的需要和社会发展的水平,又反映出个体发展的规律和要求。这三个方面同时反映社会发展和人的发展两个方面的特点和要求。特别是通过多层次的教育计划管理,一方面保证微观教育实践中人的培养要适应社会的要求,使教育本体价值能够最有效地社会化,为现实社会发展服务;另一方面,对人的发展提出更高的要求,培养他们适应未来社会发展的能力和不断改造现实社会条件的能力,使人的发展达到现实社会条件下的最优化,真正做到教育先行。

在微观教育实践与宏观教育实践相互联系的过程中,伴随个体价值社会化，微观教育实践不断实现教育的本体价值，教育本体价值不断转化为教育工具价值；宏观教育实践直接对社会产生巨大的影响和促进。教育本体价值由此又获得进一步实现自身的新的可能性。在这种情况下，教育的工具价值、本体价值便统一起来，解决一定水平上的个人发展与社会发展的矛盾，并依此不断推动人的发展和社会发展。

所以，具体地看，教育本体价值、工具价值统一于个体实践实现个体发展，通过个体价值社会化，促进社会发展的过程。历史地看，教育本体价值、工具价值统一于人在能动地改造社会中发展自身、使人成为人的过程。两者以不同层次的教育实践为基础、共同实现、相互促进的运动，必然随着人类社会的历史进程达到人的发展与社会发展的最终统一，达到人的自由全面的发展。而人类亦将由此从必然王国走向自由王国。

[原载《山东师大学报》(社会科学版)1991年第6期]

问题青少年的家庭心理治疗

权朝鲁

从20世纪80年代初到1991年，笔者主要从事个体心理咨询；从1992年起至今，研究的重点是家庭心理咨询（治疗）。现把研究情况概述如下：

一、家庭心理治疗产生的历史背景

一般认为，心理咨询开始于20世纪初。具体说来，自从1909年Frank Parsons出版了他的著作*Choosing a Vocation*之后，心理咨询便诞生了。

家庭治疗开始于20世纪50年代初。在这之前，第二次世界大战爆发。第二次世界大战之后，重建家庭带来了诸如夫妻不和、离异、青少年犯罪和代际冲突等一系列家庭问题。在这种形势下，许多心理咨询工作者仍然实施个体咨询，而另外一些心理咨询人员开始考虑家庭关系。这后一部分专业人员在早期社会运动和其他学科的影响下，在处理上述问题时重点考虑了家庭关系。精神病学家如Ackerman，Jackson等在研究精神分裂症患者的家庭的基础上，决定对一切有心理障碍的人的家庭进行研究。

家庭治疗诞生后，许多专职的研究人员和医生参与了家庭治疗的研究工作，但最有影响的大概有五个人，为了好记，我们不妨称他们为“五家村”。这五个人是Bateson，Haley，Weakland，Jackson，and Satir。他们之中，有的原来是人类学专家，有的是通信专家，有的是精神病医生。他们的结合和分离，部分地反映了家庭治疗的发展变化，为了更清楚地了解家庭治疗诞生的历史背景，让我们看一下下面的演变图：

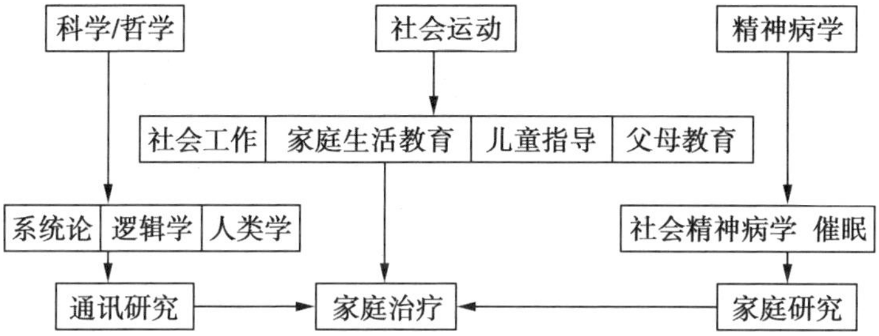

图 1　家庭治疗诞生历史背景演变图

从上图中也可以看出，家庭心理治疗有深厚的理论基础。先说一下系统论。家庭治疗的专家们认为，整个人类是一个系统，而这个系统又是一个更大系统的一个子系统。一个问题青少年是处在家庭这个比较大的系统中。在矫正青少年的不良行为时，孤立地抓这一个青少年的收效是不大的，因为没有考虑该青少年所处的系统。

通信理论是 1949 年 Shannon 和 Weaver 提出的。这种理论一出现，就引起了“五家村”特别是 Bateson 的极大的兴趣。“五家村”认为，人的一切行为都应被看作通信。一个青少年有问题行为是家庭成员之间不正常的交际的结果。

现在西方世界心理咨询的理论共有九种，而通信理论就是其中之一。尽管有人批评这种理论，说它缺乏广泛可接受的理论基础，缺乏为大众服务的实践的支持，但这种理论和方法在西方世界中的影响不能低估。正像精神分析治疗家 N. W. 阿克曼所指出的，真正需要得到治疗的是家庭，而不是病人，应在家庭集体的动力学中达成对病症的诊断和治疗。

从上述说明中可知，家庭治疗是社会发展的产物，是各种理论相互碰撞、交互作用的结果，也是治疗实践的结晶，尽管有人批评它缺乏广泛的实践。

二、家庭心理治疗的典型案例

家庭治疗的基本原则是强调“交往”的重要意义。“交往”,也是“通信”“沟通”“交际”的意思。家庭被看作一个系统,需要对此系统的某些重要方面进行改变,才能清除病理的根源。改变家庭成员交往的方式,能同时导致患者状态的改善。下面用美国的一个案例来说明家庭治疗的特色。

有一个叫John的孩子,在校学习成绩不好;父亲失业,正在找工作;母亲埋怨父亲不关心孩子,而父亲又埋怨母亲,关心孩子太过分。请看家庭治疗家是怎么样与他们一家三口谈话的。

母亲:我们的孩子John学习成绩不好,他失掉了生活的信心。

咨询员:孩子的爸爸,你谈谈你的看法,好吗?

父亲:我不同意他母亲的意见……她想得太多。John以后会好的。John需要的是让其自己安排学习和生活,而他母亲对孩子关心太多!

母亲:唉呀……你一点也不关心孩子。你从来也没有时间关心孩子……你现在没有工作……为什么什么事都得我干呢?

父亲:你讲的没有道理。我正在设法找工作。你整天为我没有找到工作而唠叨没完。

John:(插话并且明显地表现出不安)大夫,我说说我的看法好吗?

咨询员:你说吧。

John:唉……我只觉得我学习上有问题。我不能集中注意。数学对我来说真难。

母亲:我们试图做家庭教师。可是我不懂。我们做父母的都很关心他。大夫,您能帮助他吗?

咨询员:(在这次谈话之后的某一时间)我认为你们需要休息。为了使你们这个家庭完美,你们都作出了努力。作为母亲,为孩子一直操心。父亲一直在找工作。我觉得下周你们夫妇二人出去一晚上,彼此致谢。让孩子一个人在家看电视,这时没有任何争吵。我们试一试怎么样?

从引述的这个例子中，可以看到：孩子 John 确实学习成绩不良，心情不好，但是造成学习成绩不良的原因是家庭。父母之间争吵，母亲对孩子关心太多，太过分，不能让孩子独立地去支配自己。咨询专家通过谈话发现了该家庭成员之间不正常的交往方式，建议父母到外面过一夜，二人由争吵变为互相致谢，由孩子整天处在争吵中变成平静地休息。我们可以相信：这种家庭成员之间交往方式的改变是可以改善家庭气氛，给孩子提供良好的心理环境，从而利于孩子的学习成绩的提高的。

1964 年，“五家村”之一的 Haley 曾研究了 80 户家庭“家庭交互作用的类型”，提出了家庭交互作用的非推论性测量法。他用 F 代表爸爸，用 M 代表妈妈，如果该家庭有一个孩子，就用 C 代表。当爸爸与妈妈讲话，又是爸爸先开口，就用 FM 代表；母亲与孩子讲话，母亲先讲，就用 MC 表示。在家庭治疗前，先观察家庭的交往类型。如果治疗前，家庭交往类型仅仅是 FC 和 FM 两种类型，而治疗后交往类型发生了变化，变成了 FC、FM、MF、MC、CM、CF。这种类型的增多也是家庭治疗效果的重要标志。除了沟通顺序之外，有的家庭治疗家也记录沟通的方式，例如，是“判断性的”还是“疑问性的”，是“支持性的”还是“反对性的”。

由上述可知，通信理论指导下的家庭治疗实践着眼点在于明确家庭交往方式，找出不当的交往方式，劝说家庭改变以往不当的交往方式。

三、家庭治疗的“CAIS”程序

家庭治疗源于美国。家庭治疗专家在处理问题青少年时，往往采取“控制—诊断—解决问题”的程序。在吸取他们的经验的基础上，结合中国的实际，我在家庭治疗的过程中提出了一种新的程序，定名为“CAIS”程序。

1. C 程序是指控制的程序。美国家庭治疗专家例如“五家村”之一的 Haley，他也使用控制。他们讲的控制主要是指确定哪些人是家庭治疗的对象，爷爷、奶奶、姥姥、姥爷包括其内吗？学校的教师包括其内吗？我讲的“控制”是指尽量让问题青少年宣泄对父母、对兄弟姊妹、对有关教师的不满（而这一点正是西方家庭治疗家一般不采取的）。当我们耐心地倾听他们的宣泄时，他们便增加了对我们的信任，这就建立了良好的咨—访关系。这种良好的关系的建立为以后治疗打下了最重要的基础。

例如,某女,大学本科毕业,打骂父母,毁坏家庭的东西。当我到她家时,她正一边哭一边骂父母。我没有制止她的行为,而是仔细地听她讲了一个多小时。我听得认真,又表示理解,初步取得了她的信任。在临别时,我给她提出最起码的要求"不打人骂人""不毁东西",她答应了。以后我又找她谈了两个多小时,尽其充分宣泄。

2. A 程序是诊断。在与问题青少年谈话的基础上,逐一与家庭有关成员谈话,通过广泛谈话,了解问题症结所在。在这方面,西方家庭治疗家往往深入家庭"察言观色"。

例如,一中专男生,严重焦虑,通过与其谈话,知家中父母不和多年。后分别与其母、其父、其兄谈话。了解父母之间、父母与子之间均存在严重冲突。事实再一次证明,青少年之所以出问题,如逃学、偷窃、打架等,主要原因是家庭问题,问题青少年出在问题家庭。要改变青少年的问题行为,必须做出家庭到底有什么问题的明确诊断。

3. I 程序是治疗程序。在第二步诊断的基础上,实施干预。西方认为干预是指重点改变家庭结构和交互作用的模式而不是重点改变某个人的知觉、情感或行为。我本人使用的干预是指对不同的成员提出不同的要求。例如,某女,大专毕业,工程师,未婚。父母都是中学教师。该女有明显的精神分裂症状。通过前两步的工作,我发现母亲过分关心女儿,爱唠叨,曾经数次打骂过女儿;父亲脾气暴躁,经常向妻子发火。某女的哥哥也好发脾气。后来,分别对父、母、子提出要求,从而使家庭交往方式发生重大转折。过去母亲好唠叨,现在要求她不再唠叨;过去父亲好在吃饭时发脾气,要求他今后不要发脾气,特别是不要在吃饭时发脾气。对孩子也提出相应的要求。

4. S 是总结的程序。经过治疗一段后,全家一起进行总结。在总结时,每位家庭成员都实事求是地指出别人的进步。如一个家庭在总结时,儿子指出母亲的明显进步,母亲高兴得掉下了眼泪。在总结的基础上,提出新的家庭治疗方案。

[原载《山东师大学报》(社会科学版)1993 年第 4 期]

“生活教育”理论的再评价

于述胜

陶行知的“生活教育”理论，是五四运动、特别是1925年以后，在批评反省中国近代以来学习西方教育的过程中，产生的一个具有中国特色的教育思想流派。它在当时就引起过巨大的社会反响。

改革开放以来，陶行知的教育思想重新得到肯定的评价。与此同时，“陶行知研究会”也纷纷在各地成立起来。各种研究陶行知教育思想的论文和著作已多得不可胜数。如果说过去的批判把陶行知的思想说得一无是处的话，那么这一次则把它拔高到了无以复加的程度。有人甚至提出，要用陶行知的教育思想来指导现今中国的教育改革。依笔者之见，大多数有关的研究不同程度地存在着把陶行知的伟大人格与其思想相混同、将他的教育理论的历史作用与其理论的科学性等量齐观的问题。

本文想就自己在学习陶行知的“生活教育”理论中发现的问题谈一些想法，恳祈学界同仁教正。

一、关于“生活即教育”

这是“生活教育”理论的基本命题之一，它反映了陶行知对教育本质的认识。这个命题的含义究竟是什么？且看陶先生自己的有关说明。

(一)关于“生活”

陶行知曾给“生活”下过一个定义:“有生命的东西,在一个环境里生生不已的就是生活。”①这个表述并不十分清晰,因为它使用了在给概念下定义过程中所不应使用的模糊术语,如“生生不已”等。不过,从这一表述中,我们还是可以知道,其所谓“生活”,指“生命体的生存活动”。显然,这个“生活”的概念并不就是“生活教育”中的那个“生活”概念。因为后者是指人的生活。不过,陶行知先生并没有深究人的生活的本质,他只是一般地使用这样一个概念而已。

(二)关于“生活即教育”

陶先生说:“是生活就是教育,不是生活的就不是教育。”②请注意,“生活”与“生活的”,不是一回事。所以,这个表述在具体说明“生活即教育”这个命题时可以有两种理解:

其一,“是生活就是教育,不是生活就不是教育”。按照这种理解,“生活”和“教育”是一个东西。或者干脆说,按照这种逻辑,提“生活”就不必提“教育”,否则就是画蛇添足。看来陶先生是有这种思想的。例如,他有这样一些翻来覆去的说法:

(1)是好的生活,就是好的教育;是坏的生活,就是坏的教育。

(2)是认真的生活,就是认真的教育;不是认真的生活,就是不认真的教育。

(3)是合理的生活,就是合理的教育;是不合理的生活,就是不合理的教育。

(4)不是生活,就不是教育。

其二,“是生活的,就是教育;不是生活的,就不是教育”。虽只一字之差,意义迥然有别。“生活的”作为“教育”的限定词,可以有多重理解,“为了生活的”“以生活为中心的”“在生活中进行的”。按照这种理解,教育与生活便不是一个东西。“为了生活的”,是说生活是教育的目的,或者说教育是生

① 陶行知:《生活即教育》,《陶行知全集》(二),湖南教育出版社 1985 年版,第 180 页。

② 陶行知:《生活即教育》,《陶行知全集》(二),湖南教育出版社 1985 年版,第 180 页。

活所必须的;"以生活为中心的",是说教育应紧紧地围绕生活进行;"在生活中进行的",是说教育不能脱离生活而独立进行。

一言以蔽之,对这个命题的两种理解是不同的。前者把生活和教育看作是同质的东西;后者则把生活和教育看作是两个不同的东西,只不过强调了要加强教育与生活的联系而已。值得注意的是,这两种矛盾的表述,并非出自文字上的疏忽。事实上,每一种表述,都可在陶先生的著述中找到大量的例证。这说明,矛盾的命题是"生活教育"理论自身所存在的矛盾的表现。陶先生对教育与生活之间关系的看法本身就是模糊的。

二、关于"教学做合一"

(一)"做"

要理解"教学做合一",首先就要弄清陶先生所说的"做"是什么。同"生活即教育"的命题一样,陶行知对"做"的诠释和运用也是极其模糊的。例如,当他说"做是发明,是创造,是实验,是建设,是生产,是破坏,是奋斗,是探寻出路";"小孩子的做是小发明,小创造,小实验,小建设,小生产,小破坏,小奋斗,探寻小出路"①时,他是在罗列"做"这个概念下所包含的若干个别具体活动。这根本不是给"做"下定义、因为这种罗列可以无穷尽地进行下去。就如同说"人是你,人是我,人是他,是中国人、外国人,是好人、坏人,是黄种人、白种人、黑种人"等一样,尽可以无穷尽地罗列下去,但对"人是什么",我们仍然一无所知。

当然,陶行知并不总是如此罗列现象,他也试图给"做"下定义。其定义主要有两个,"在劳力上劳心"②和"手脑并用"。

"在劳力上劳心"这个命题,是他在批判劳力与劳心分离的基础上提出来的。他把世上的人分为五种:劳心者;劳力者;劳心兼劳力者;在劳心上劳力者;在劳力上劳心者。他认为,劳心者专门在心上做功夫,只管闭起眼睛

---

① 参见陶行知:《教学做合一下之教科书》,《陶行知全集》(二),湖南教育出版社 1985 年版,第 290 页。

② 陶行知:《教学做合一下之教科书》,《陶行知全集》(二),湖南教育出版社 1985 年版,第 289 页。

来想,劳心而不劳力,则一切思想难免玄之又玄,又不能验证于经验,这种“做”不是真做。劳力者专门在苦力上讨生活,只管闷起头来干,无所用心,受人制裁,一切动作都囿于故常,不能开创新的途径,这种“做”也不是真做。那么,劳心兼劳力者的情形如何呢?陶先生认为,它是把一人之身分为两段,一段是劳心生活,一段是劳力生活,这种人的心与力都是劳而没有意识的,其劳心劳力都不能算作是真做。[①] “在劳心上劳力”又是什么意思呢?对此,陶先生没有明白说出,但从他的论述来看,这种人的“做”是行动服务于思想的,即为了认识而有所行动和动作。在他看来,只有“在劳力上劳心”,才是真做,它是为了行动而思想,又用思想来指导行动,即“手脑并用”,既动手,又动脑。它有三个特性:行动、思想、新价值的创造。一句话,是运用心思来指挥人的躯体与外物相互作用,以使外物发生变化。[②]

在以上论述中,陶行知的思想再度出现了逻辑混乱。我们知道,“劳力”与“劳心”是一对表示人类总体社会分工的范畴,在中国思想史上,最初提出这对概念的是孟子,以后荀子用“精于物”和“精于道”来加以表述。“劳力”即体力劳动,“劳心”即脑力劳动。从事这两种劳动的人,则分别为体力劳动者和脑力劳动者。而“动手”和“动脑”则是一对表示人类个体两种活动的范畴。“动手”是指人用物质器官与外界事物打交道的物质活动;“动脑”是指人用精神来控制行为、与外物进行信息交流的精神活动。当陶行知将“劳力”与“劳心”和“动手”与“动脑”这两对不同的范畴硬套在一起,并用后者来说明、分析前者时,就犯了混淆不同的逻辑范畴的错误。例如,他用“只动脑不动手”来诠释“劳心者”,用“只动手不动脑”来定义“劳力者”,又用“手脑并用”来诠释“在劳力上劳心者”的体脑结合,就是相当明显的错误。

(二)“教学做合一”

陶行知的教育方法论经历了一个从“教学合一”到“教学做合一”的转变过程。从发展过程来看,这个命题的提出,更多的是来自灵感而不是严密的科学论证。“教学做合一”这个命题包含如下几重意思:

---

① 参见陶行知:《在劳力上劳心》,《陶行知全集》(二),湖南教育出版社1985年版,第44～45页。

② 参见陶行知:《在劳力上劳心》,《陶行知全集》(二),湖南教育出版社1985年版,第45页。

1."教学做是一件事,不是三件事"

陶行知认为,"教学做合一"是一种生活现象,也是一种教育现象。在生活里,就人们从事某种活动来说是做,就人通过活动使自己有所长进来说是学,就一个人的活动影响了别人来说,这是教。譬如游泳,一个人跳进水里游,这是做;他通过游泳的活动掌握了游泳的技能,这是学;他的游泳活动影响了别人,这是教。由此,他得出结论说:"教学做只是一种生活之三方面,而不是三个各不相谋的过程。"①换句话来说,教学做是一件事,不是三件事。教和学都是在做的活动过程中进行的。

2."教学做合一是生活的方法,也是教育的方法"

在陶行知看来,既然教和学都是在做的活动中进行的,那么,教学就应该以做为基础。他说:"事怎样做就怎样学,怎样学就怎样教;教的法子要依据学的法子,学的法子要根据做的法子。"②

3."先生的责任不在教,而在教学,而在教学生学"③

总而言之,所谓"教学做合一",是说教学过程是以做(实为直接经验)为基础的教、学、做三者相统一的过程。它有两个基本特点:第一,是强调直接经验的重要性。陶先生认为,真知必须以直接经验为基础。这与强调"学习是经验不断改组过程"的杜威教育思想不同。杜威认为,直接经验完全不能构成知识,虽然直接经验简直不可能发生错误,但以它们为基础的判断往往会发生错误,需要修正。第二,它集中研究的是实践技能的习得和培养问题。当陶行知把做定义为"手脑并用"的时候,他多半强调的是在物质活动中动脑,反对脱离行的知,这意味着他的教育方法论集中研究的是实践技能、能力培养,而人的理性思维能力的培养则在"教学做合一"理论的视野之外。

三、关于"教学做合一"的教科书

"生活教育"的课程论,是以对书本知识价值的认识为基础的。陶行知

---

① 陶行知:《教学做合一下之教科书》,《陶行知全集》(二),湖南教育出版社1985年版,第289页。

② 陶行知:《教学做合一》,《陶行知全集》(二),湖南教育出版社1985年版,第42页。

③ 陶行知:《教学合一》,《中国教育改造》,商务印书馆2017年版,第17页。

说："我们对于书的根本态度是：书是一种工具，一种生活的工具，一种'做'的工具。工具是给人用的；书也是给人用的。"[①]书本也是做事所用的工具，与锄头、斧头是一类的东西。按照这种观点，书本知识的价值仅仅在于它的实践效用，"遇到一本书，我们必须问：您能帮助我把这件事做得好些吗？您能帮助我过一过更丰富的生活吗？"我们用书，"有时要读，有时要讲，有时要听，有时要看；但是读、讲、听、看都有一贯的目的，这目的便是它们对于'用'的贡献。如果它有用，就应该读，而且还要多读、多看、多听；如果无用，也就不必读；如果读了使人有害的书，则更要反对读"。进而，他得出结论说："与其说'读书'，不如说'用书'。"[②]这是一种极端的工具主义的知识观，它比杜威的知识工具主义走得还要远。

从书本知识的实用价值出发，陶行知主张把传统的以文字为中心的教科书，改成"教学做指导书"或"生活用书"，并依此拟定了一个此类书的编写方案，即先将现代社会的生活一样一样的列举，归类组成一个完整的生活系统，即组成一个用书系统。于是，他列举出了现代生活的70个基本方面和与之对应的70种生活用书。他对此还不甚满意，认为以上所举不过是全部生活的少数，其中还应该细分，如养鱼、养鸡等，粗略算来，重要的生活用书总计在3000种以上。陶先生对此不无陶醉地说：教学做合一的理论不是不要书，它要的书比以往的更多得多。[③] 这样庞大的用书系统，当然不是传统的学校教育所能容纳的。于是，"学校即社会"也就成了生活教育理论的题中应有之义。

四、关于"学校即社会"

这是"生活教育"的场所论。这个命题是说，"整个的社会是生活的场所，亦即教育之场所"[④]。陶行知看到了伴随着文明社会而来的学校脱离社

① 陶行知：《读书与用书》，《陶行知教育名篇》，教育科学出版社2013年版，第157页。

② 参见陶行知：《读书与用书》，《陶行知教育名篇》，教育科学出版社2013年版，第157页。

③ 参见陶行知：《教学做合一下之教科书》，《中国教育改造》，商务印书馆2017年版，第181页。

④ 陶行知：《生活教育》，《陶行知全集》（二），湖南教育出版社1985年版，第633～634页。

会的问题,并且认识到,只要学校还是一个独立的社会组织,这一问题就无法克服。因此,他反对杜威的“学校即社会”的主张,认为它反传统还不够彻底。就如同给关在笼子里的鸟装饰上一些花草,鸟还是没有得到它应有的生活。他提出要彻底取消学校与社会的界限,以社会为学校。据说,这样一来,“教育的材料,教育的方法,教育的工具,教育的环境,都可以大大增加,学生、先生也可以更多起来”①。然而,如果真是这样的话,那“生活教育”所标榜的“新教育”,就要比它所批判的旧教育还要旧,还要原始。这与其说是一种进步,不如说是一种倒退,一种向自然形态教育的倒退。尽管在现代社会中,随着科学技术突飞猛进的发展,教育业已突破了狭隘的学校教育的樊篱,从而出现了“终身教育”“学习社会化”等新的发展需要。但是,一方面,这还只是现代教育的一种发展趋势;另一方面,在可以预见的将来,即使“学习社会化”完全变成了现实,它也不是对现有学校教育的否定,而是教育的功能从学校到整个社会的进一步扩展。到那时,学校教育,尤其是基础教育仍将以其短时、大量、优效的优势,为人们连续不断地接受新的教育,提供不可替代的奠基作用。

综上所述,我们认为,陶行知先生的“生活教育”理论并不是一种先进而科学的理论,更不能说是一种严密的科学理论。正如一位西方学者在《中国教育的美国进步主义——陶行知个案》中所指出的,陶的理论中那貌似现代化的、革新的方面,实际上是口号式地套用现代化的概念的结果。而我们现在的很多研究者之所以十分欣赏这样一些东西,正好表明,我们受中国传统的模糊性的思维方式的影响是多么得深。

[原载《山东师大学报》(社会科学版)1995 年第 5 期]

① 陶行知:《社会即学校——三答操震球之问》,《陶行知全集》(二),湖南教育出版社 1985 年版,第 201 页。

罗推尔社会行为学习理论述评

高峰强[①]

一、罗推尔的主要理论观点

我们择要从三个方面对罗推尔的理论加以介绍：

(一)关于人格结构的研究

罗推尔在其理论体系中将动机变量、行为变量、认知变量和情境变量融为一体，并以这四者的相互关系来分析人格结构和预测个体的行为。他从行为潜能、期待、强化值和心理情境4个方面说明人格结构，并提出预测个体行为的公式。

1. 行为潜能(Behavior Potential，简称BP)

罗推尔认为行为潜能指一种行为在某一特殊的、追求某种特定目标的情境中发生的可能性，即任何一种特定行为潜力。这种行为产生于追求某个具体的强化或与一组强化有关的具体情境中。罗推尔指出，人们在不同的情境中通常会有不同的行为反应，每种反应都有发生的或然性或潜能。很显然，潜能越强，个体行为产生的可能性越大。当然，某种行为潜能在此种情境中或许是强的，而在另一情境中则可能是弱的，比如开玩笑在联欢会上的潜能是强的，而在葬礼中就很弱。罗推尔认为一种特定的行为潜能

---

① 朱利安·罗推尔(1916—)是美国当代著名的心理治疗专家和人格理论家，也是新的新行为主义的主要代表人物。他的主要理论被称为社会行为学习理论，其中内容庞杂、缺乏严密的系统性。这里仅择其主要方面进行介绍，以求教于方家，起到抛砖引玉的作用。

通常与情境中潜在的替代反应相联系。

行为这一概念在罗推尔的理论中的含义比较宽泛，它不仅包括个体对某一刺激的反应，也包括情绪体验、认知活动和言语等，他指出，行为或许包括自动的行为动作，认知、言语行为、非言语表情动作、情绪反应等等。

2. 期待(Expectancy，简称 E)

期待是一种主观的心理状态，指的是个体由于在某一具体情境中做出了某种具体的行为，而希望得到某种特殊的强化。在罗推尔看来，期待与强化发生的可能性并不一定一致，它是一种相对独立的认知变量。他指出行为潜能并不仅仅取决于某种特定目标的价值高低，它还取决于人们对某一特殊行为能否获取成功的可能性大小的估计。罗推尔比较注重反馈的作用，认为在日常生活中，人们的行为会随着期望值的提高而得到加强，反馈能强化期待，使个体实现最终的目标。他认为行为的动力取决于要实现的预期目标，所有由目标所决定的行为可认定会带来心理上的平衡、心理满足和安全感。

在罗推尔的理论中，期待这一认知变量处于很重要的位置。他在 1982 年将期待分为两种：一种为具体的期待(Specific Expectancies，简称 E')，意即由某个具体的情境所产生的期待；一种为类化性期待(Generalized Expectancies，简称 GE)，指的是由一种情境产生的期待可类推至另外的情境。例如，某学生由于对数学感兴趣，可能对在数学考试中取得高分产生期待，这是具体的期待，由此期待而产生的对所有课程的考试都获高分的期待就成了类化性期待。罗推尔认为当我们对诸多情境中的某种重要的心理相似性进行分析时，类化性期待也就启用了，这样我们便可以用一种相似的方法对多种情境进行反应。他还指出如果一个人形成了一种关于成功的类化性期待，自我评价会随之提高。

3. 强化值(Reinforcement Value，简称 RV)

罗推尔与赫尔、斯金纳一样，认为强化在行为中具有实质性意义和重要作用，在他看来，强化值是在每一种强化都有可能发生的条件下，个体对任一强化产生的主观上的偏爱程度。一般而言，人们总是优先选择那些能带来较好后果的行动。尽管在文化影响下，人们对强化的估价有一定的共同之处,然而各人对不同的强化也会有不同的估价,因此对某种强化喜爱的程度会因人而异。强化值在很大程度上倚重于个体是否能分辨出何种行为以何种方式能获得奖酬。

这样一来,在罗推尔的理论体系中,强化值便成了一种动机性变量,如同人们的期待大相径庭一样,各人对各种各样的强化的估价也大异其趣:有人喜欢物质享受,有人热衷精神褒奖等。当然,强化值是相对的,某一特定的强化并不具有绝对值,它是在与许多强化相互比较的过程中得以估价的。某一强化的价值是由什么决定的呢?在罗推尔看来,价值决定于期待,强化本身并不具有什么价值,只有通过个体以期待的形式赋予它一定的意义时,它的价值才会体现出来。如果期待着一种强化能带来更多的强化,那么这种强化的价值就高,否则就低。

4. 心理情境(the Psychological Situation,简称 PS)

心理情境即反应着的个体所体验到的环境,类似于考夫卡的行为环境、勒温的生活空间和罗杰斯的现象场。罗推尔认为心理情境在预测行为方面起着重要的作用,他主张不能从抽象的意义上去探讨行为,而应该注意前后关系及行为所发生的环境,一个人对各种结果的强化值归因和他对强化的期待大都取决于心理情境。

5. 行为预测公式

罗推尔认为行为潜能、期待、强化值与心理情境这四种人格变量是相对独立的。他以下面的公式来预测目的指向行为:$BPx, a_1, Ra = f(Ex, Ra, a_1 \& RVa, a_1)$。这一公式可读作"发生在情境 1 中与强化 a 有关的行为 x 的潜能是由对情境 1 中行为 x 带来的强化 a 产生的期待和情境 1 中强化 a 的价值的函数。举例来说,如果你是一位芭蕾舞演员,并希望演技精湛,那么按罗推尔的表述就是:在芭蕾舞厅里发生的(心理情境)受到你的芭蕾舞老师赞扬的(强化值)芭蕾潜能(行为潜能)乃是你在厅里舞蹈时(心理情境),你是否希望(期待)你的老师表扬(强化值)的估价的函数。罗推尔无疑是想"用实验的词语来表述人的行为,使之成为可被实验所验证的客观性描述"①。

① 高觉敷主编:《西方心理学的新发展》,人民教育出版社 1987 年版,第 43 页。

(二)关于控制点的理论

罗推尔发现人们对成功或失败的归因是大不相同的。有的人将之归于自身的努力、能力、特质或者技能,即成功与否完全取决于自身,而不能归于身心以外的原因;有的人则归于运气、机遇、命运或者其他不可抗拒的外部力量。罗推尔称这种取舍机制为控制点(Locus of Control),它反映了一个人对行为结果的领悟方式是积极主动的还是消极被动的。

1. 两种控制点

罗推尔将控制点分成两类:一类是内在控制点,另一类是外在控制点。内在控制点意指一个人所得到的强化或惩罚是其自身所用手段、智谋或努力的结果;外在控制点则指一个人所受的强化或惩罚与自身无关,非自己所能左右和控制的。罗推尔指出,当一种强化在某一个体看来是由他自己的部分行为而非全部行为决定的,那么在我们的文化中,这将被典型地视为是造化、机遇、命运、权威人士的控制等的结果或者是不可预言的,因为在其周围的各种外部力量具有极大的复杂性。如果某人用这样的眼光去看待事情或结局,我们称之为外在控制(External Control);如果一个人视结局依自己的行为或者他自己相对稳定的特质所定,我们将谓之为内在控制(Internal Control)。

罗推尔认为,人们对结果的归因"内外"有别。在多数情况下,人们把结果归于内在因素还是外在因素主要取决于其观点和态度。尽管从客观上讲,结果产生的原因易于区分为内部的还是外在的,但是决定控制点的是如何去理解和觉察这些原因,也就是说,正是我们主观上的控制点影响我们如何去评价和行动。当两种人面对同一问题或境况时,由于控制点不同,将决定他们必然采取不同的方法去行动和作出不同的归因。

2. 对控制点的测定

罗推尔与他的同事在1966年设计了一个简单的自陈量表用以评定控制点,此表含有29个题目,答题者可以从每题两个备选答案中(a,b)选出适于自己的那一个。例如,如果你第一小题选择a,第二小题选择b,就表明你具有内在控制点,反之,则为外在控制点。这一量表的信度和效度都是比较高的,它与社会客观需要、智力及性别差异相关甚小,已被广泛地用来测定成年人的控制点。

3. 两种控制点的差异

罗推尔及其后来者的大量研究发现具有不同控制点的个体因对导致强化和惩罚的内在、外在因素的归因不同,行为上会表现出很多差异。研究表明,具有内在控制点的个体比具有外在控制点的个体更潜心追求知识、学习文化。因为他们认为应对自身的结果负责,知识的多少、文化素质的高低、成功机率的大小完全取决于自身努力的程度;他们还热衷于搜集资料和信息,以利于提高获得成功的可能性;具有内在控制点的个体的成就动机水平和所获成绩往往高于具有外在控制点的个体;具有内在控制点的个体更倾向于反抗外部压力,更不易于为别人所说服。他们对自己的能力充满自信,更具有自主性;具有内在控制点的个体较少焦虑不安、患精神病变的比率也较小。

值得一提的是控制点并非完全一成不变,罗推尔曾指出如同人的生活环境会发生变化一样,像控制点这样的类化性期待是有可能变化的。后来的事实证明了这一观点的正确性。

(三)关于人际信任的研究

在研究中,罗推尔注意到除了控制点这一特殊的类化性期待之外,认为人际信任也是很重要的。

1. 人际信任

罗推尔认为人们对别人的言行是否可以信赖的类化性期待是因人而异的。某些人期待着他人是可以依赖的、是可靠的,而另外一些人则认定他人是不能相信,无法依靠的。这种类化性期待的形成取决于父母、教师、同伴或媒体对诺言是该信守还是违背的看法和做法。罗推尔称这种类化性期待为人际信任(interpersonal trust),意即:某一个体或团体对另一个体或团体的言辞、诺言、口头或书面的陈述可以信任的认同。

2. 人际信任的测量

为了测定人际信任的程度,罗推尔在1967年设计了一个包括40个题目的自陈量表。每个题目都代表一种信任的或不信任的倾向,被试者选择这些题目的频数即反映了他人际信任程度的高低。

3. 人际信任的作用

罗推尔认为两种人际信任程度不同的人，在面对同一问题或情境时，由于期待的不同，将决定他们必然采用不同的方法。他研究发现有宗教信仰的人，比持不可知论、无神论或无信仰人的人际信任程度高。他指出，如果无宗教信仰的人对当今普遍为世人所接受的宗教都视而不见的话，那么他对别人表现出不信任的态度就不值得大惊小怪了。他指出，人际信任程度与社会经济地位有着密切的关系，来自社会经济地位低的家庭的孩子一般来说不满于现状和当权者的利益，似乎没有理由去信任别人；大学生人际信任的分值与父母的分值密切相关，这是由于为父母所信奉或支持的观点和态度很容易为自己的孩子所接纳而造成的。罗推尔还发现人际信任程度与可靠程度有很大的关系，人际信任程度高的个体很少说谎或欺骗他人，也很少有偷窃行为；人际信任程度高的个体一般生活幸福，易为别人喜欢和尊重，并且他多半会给他人提供机会，即使对方有错也允许其改正，对他人的权利和价值比较尊重；人际信任程度高的个体很少有内心冲突，精神失常或顺应不良，他愿意结交朋友，善于处理人际关系。

当然，这并不意味着具有高信任感的个体易于轻信他人或上当受骗。事实上，当情境变得含糊不清，真伪莫辨时，他并不比具有低信任感的个体易于受骗上当。相反地，大量事实表明，低信任感的个体为贪心或私欲所驱使，易于成为别人精心设计的骗局的冤大头。

除了上述三种比较主要的理论观点之外，罗推尔还对人格的发展、人的六种心理需要、适应不良者的特征、心理治疗的方法等问题，进行过专门研究，这里就不作介绍了。

二、对罗推尔社会行为学习理论的简要评价

我们拟从以下三个方面对罗推尔的社会行为学习理论进行简要评价：

(一)罗推尔社会行为学习理论的特色

罗推尔的社会行为学习理论有很多独到之处，大致可归纳如下：(1)他采用建构论的观点，着意形成和提出了一系列有预测效用的概念；(2)他特

别注意所使用概念的精确性,力图使它们简明扼要、周到精密;(3)他对每一个概念都努力下一个操作性定义,以便于进行实验验证;(4)他采用社会学的观点,将动机性变量(强化值)和认知性变量(期待)有机地纳入一个综合性的理论框架之中;(5)他的理论强调的是行为表现而非行为的获得;(6)他的理论试图解释个体为什么选择此行为而非彼行为,而不太注意研究行为获得的样式。

(二)罗推尔社会行为学习理论的贡献与影响

1.对传统人格理论的超越

在罗推尔构建其理论体系之际,最著名的人格理论是精神分析理论和人本主义心理学的理论,这两种理论对人格的分析大都模糊不清,对概念的界定也似是而非。罗推尔所采用的术语和概念力求简练、准确;理论简述力求周全、客观;实验设计、量表的制定力求科学、有效,使持不同立场的学者运用他的概念和理论对人的心理或行为进行分析、研究时能做到持之有据,行之有效,这在很大程度上弥补了上述两种人格理论范式的局限。罗推尔因此也成为学术界所推崇的人格理论家。

2.对传统学习理论的反叛

传统的学习理论无视认知变量的作用;不加分析地将由动物实验获得的结论推论到人的学习上;忽略了社会和人际因素对学习的影响;将人视为被动、消极、机械的接受者。罗推尔从几个方面对传统的学习理论进行了反叛:其一,尽管他重视由实验得来的关于动物学习的大量资料,但他关注和研究的焦点转移到了活生生的人身上;其二,他把研究的重点由实验室转到了临床应用上;其三,他所倡导的学习是社会行为学习而非华生、斯金纳、赫尔等人的个体学习,他认为人一生中最重要的学习是从父母、教师及同伴那里得来的;其四,他注重人与人之间的交互作用和影响,他表示,行为的主要的基本模式是在社会情境中获得的,行为模式总是不可避免地同需要融合在一起,而需要的满足又必须通过其他人的中介作用;其五,他认为人并非是强化的机械反应者,期待等主观心理状态同样起着不可替代的作用。

3.对新的新行为主义产生的促进

行为主义在美国心理学舞台上处于支配和主导地位长达50年之久,到

20 世纪 60 年代初已表现出严重的缺陷与不足。在这种形势下,一部分新行为主义者既不愿意重蹈传统行为主义的覆辙,又不愿加入认知心理学行列,而试图在行为主义和认知心理学之间走一条折衷道路,从而促进了新的新行为主义的诞生。罗推尔在由传统行为主义向新的新行为主义转变的过程中起到了极其重要的作用,可视为发轫者。其他的新的新行为主义者如班图拉、米契尔、斯塔茨等人运用了他的一些理论观点和主张,并发扬光大,将其理论推向了新的高度和领域,使得新的新行为主义以一种强劲的势力出现在心理学舞台上,并取得了许多引人注目的成果。

4.关于类化性期待的研究有其理论意义和实践价值

罗推尔曾作过许多研究,探索解决问题的类化性期待,在他看来类化性期待这类认知变量如同态度、信仰等心理变量一样,都对问题解决起着多方面的影响,这类变量的参与有利于问题的解决。他着重探讨了控制点和人际信任这两种特殊的类化性期待,并设计自陈量表对它们进行测定,其理论意义及实践价值是显而易见的:有关控制点的研究开了社会心理学中归因理论研究的先河,随后的研究证实了其观点的正确性;有关人际信任的研究提示人们要相互理解、相互信任,以便于问题解决,利于身心健康。这两项研究启发社会、家庭、学校应想方设法帮助社会成员、子女和学生形成内在控制点和人际信任。发挥其主观能动性,培养其合作宽容的态度,对自己负责、对他人尊重,这些是不容推卸的责任。

5.发展了心理治疗的理论

罗推尔作为一位著名的心理治疗专家,提出了许多独到的见解,发展了心理治疗的理论。他指出心理适应不良者有如下特点:对重要需要满足的期待过低,内心充满焦虑和冲突,能力缺失,目标水准极微等。针对这些特点,罗推尔指出要想对他们的心理和行为进行调整和矫正,必须首先改变他们的需要价值和行动自由。为做到这一点,就要帮助他们建立内在控制点,矫正其行为模式,形成人际信任,洞悉他人的动机,制定长远的计划,分清情境的差异等。门诊医生对患者要及时指导,真诚信任。事实表明罗推尔的观点为当今比较流行的认知行为疗法等的形成打下了扎实的基础。

（三）罗推尔社会行为学习理论的局限与不足

1.其理论主张有失偏颇

罗推尔的理论强调行为表现而非行为的习得，他无意精确地阐述行为的习得。相反，他注意的中心在于预测行为是在什么情境中产生的。这不免有些顾此失彼、失之偏颇。不涉及行为的习得这一根本问题，该行为又何以表现呢？这种表现便成了无本之木、无源之水，这不能不说是其理论建设的一大缺憾。

2.理论建设缺乏内在统一性

罗推尔的理论缺乏富有内在统一性的框架，他关心的课题和研究结论，如何彼此相联，将其原理、结论、方法等紧密地结合到一起，形成一个完整的理论体系，尚是一大难题。这无形之中削弱了其理论的影响力。

3.研究方法有一定的局限性

罗推尔与其他新的新行为主义者一样，强调研究方法的客观性，那么，他理论中涉及人的主观心理活动的概念，诸如期待、控制点、人际信任等是怎样提出来的，又是如何研究的，不甚明了。同时，由于一味坚持研究方法的客观性，许多重要的研究课题，诸如同一性、人格内在统一性、内部动机、社会认知等都被忽略了，这无疑也是不可取的。

［原载《山东师大学报》（社会科学版）1996 年第 1 期］

6～17 岁儿童亲社会道德判断的研究

王美芳

一、问　题

柯尔伯格(Kohlberg)关于儿童道德判断发展阶段的理论丰富、发展了皮亚杰关于儿童道德发展的理论,开阔、加深了人们对儿童道德判断这一领域的认识。该理论还得到许多跨文化研究的支持。他断言,尽管不同文化的道德行为和道德风俗似乎很不相同,但在这些不同道德习俗背后,却似乎存在着一种普遍的判断和评价形式。但特里尔(Turiul)对该理论如此广大的普遍性提出了质疑,认为柯尔伯格没有很好地区分习俗和道德,把两者混为一谈。特里尔在深入地研究了儿童关于社会习俗的判断的基础上,揭示出了关于社会习俗判断的发展情况,进而证明社会习俗和道德是两个不同的领域,儿童的习俗判断和道德判断的发展规律也各不相同。特里尔的研究表明,柯尔伯格的道德理论并不适于儿童的习俗判断。

柯尔伯格的理论是否正确地概括了儿童道德判断这一领域的全貌呢?柯尔伯格本人认为他的理论适用于儿童对各种不同类型道德冲突所作的推理。许多人对此提出异议,其中较有代表性的是美国亚利桑那州立大学的心理学家南希·艾森伯格(Nancy Eisenberg)所持的观点。她认为,道德作为一个总的领域,包括许多不尽相同的具体方面,儿童对这些具体方面的判断会有所不同。柯尔伯格研究所用的两难故事在内容上几乎都涉及法律、权威或正规的责任等问题。如海涅该不该偷药的故事中,海涅必须在偷药和妻子死亡之间作出选择:偷药就会犯法,而让妻子免于死亡又是每一个丈夫的责任。这些法律、责任等问题会在一定程度上制约着儿童对故事中冲突所作的推理。因此,柯尔伯格运用其两难故事只是研究了儿童道德判断推理的一个方面——禁令取向的推理(prohibition oriented reasoning)。艾森伯格则区分并设计出不同于柯尔伯格两难情境的另一种道德两难情境——亲社会道德两难情境(prosocial moral dilemmas)来研究儿童的亲社会道德判断。亲社会两难情境特点是:一个人必须在满足自己的愿望、需要和(或)价值与满足他人的愿望、需要和(或)价值之间作出选择。在亲社会两难情境中,助人则意味着牺牲个人的利益,而不助人也不会受到法律的制裁。亲社会两难情境中并不强调法律、惩罚、权威和正规的责任,这也正是亲社会两难情境与柯尔伯格的两难情境的不同之处。

艾森伯格及其合作者运用亲社会两难故事进行了大量横向和纵向研究,总结、概括出儿童亲社会道德判断的五个阶段:阶段一:享乐主义的、自我关注的推理。阶段二:需要取向的推理。阶段三:赞许、人际取向和定型取向的推理。阶段四:分为两个阶段,阶段 4a,自我投射性的移情推理;阶段 4b,过渡阶段。阶段五:深层内化推理。艾森伯格对儿童亲社会道德判断的五个阶段作了比较谨慎的说明,她既没有把这五个阶段看作是跨文化的普遍性的,也没有把它们之间的顺序看作是固定不变,她仅认为这五个阶段勾画出了“美国中产阶级儿童发展的(一种)描述性的与年龄有关的顺序”。艾森伯格这一理论提出后,引起了许多国家的儿童心理学工作者的注意,他们(如 Fuchs,Boehnke,Sakagami,Tietjen 等)分别在德国、以色列、日本和巴布亚一新几内亚作了跨文化的研究。他们的研究表明,尽管不同文化背景下儿童的道德判断存在着一定的差异,但他们的亲社会道德判断的发展过程与艾森伯格提出的五个阶段基本一致。

从我国关于儿童道德判断的研究来看,主要考察、验证的是皮亚杰和柯尔伯格的有关理论,而极少涉及艾森伯格的理论。前几年我们曾对儿童的亲社会道德问题作过粗浅的研究。本研究在以前研究的基础上,采用更为严格的研究方法,运用亲社会两难故事来进一步考察我国 6～17 岁儿童亲社会道德判断的发展情况,探讨不同文化背景对儿童亲社会道德判断的影响,验证艾森伯格的亲社会道德理论，从而为我们客观地评价艾森伯格的道德发展阶段理论提供一定的实证依据。

二、方　法

（一）被试

采用随机抽样法分别抽取济南市一所幼儿园大班儿童 23 名，小学二、四、六年级学生分别为 24 名、21 名、22 名，初中二年级学生 21 名。高中一、二年级学生分别为 19 名、21 名。各年级组的平均年龄分别为 6 岁、8 岁零 5 个月、10 岁、12 岁零 3 个月、14 岁零 2 个月、16 岁零 1 个月、17 岁。被试总计 151 名，其中各年级组男女生大致各半。

（二）材料

1. 实验者参照艾森伯格设计的亲社会两难故事，结合我国儿童的生活实际，编制出两套亲社会两难故事，每套故事 4 个。共计 6 个故事(其中有两个故事是两套故事中共有的)。第一套故事用于测试幼儿园和小学儿童，第二套故事用于测试中学儿童。第一套故事的内容较贴近幼儿园和小学儿童的生活。第二套故事的内容较接近中学生的生活，但这两套故事中的主人公所面临的两难情境在性质上是相同的。

2. 与第一套故事内容相一致的黑白图片 4 张(面积为 25cm×35cm)，用于帮助幼儿园和小学低年级儿童理解故事内容。

3. 故事主人公的性别与被试的性别一致。故事所配用的图片中人物的性别也与被试性别一致。

（三）实验步骤

本研究采用个别交谈法进行。主试分别向被试讲述每个故事(幼儿园和小学二年级学生配有相应的图片，其他被试配有一份书面故事)。4 个故事的顺序随机排列。主试要求被试仔细听每一个故事，听完后让被试复述故事的内容。在确定被试真正明白故事的内容后，再渐次询问，让被试对两难冲突作出选择，并详细说明理由。主试将被试的原话记录下来。主试需向被试讲明故事的冲突并不涉及生死问题。

如果在主试反复询问后，被试仍不能说出自己作出某一选择的理由，或者是简单地重复故事中的内容，那么淘汰该被试。

（四）评分方法

本研究所采用的评分方法基本上与艾森伯格1983年的研究中所采用的方法一致。具体的评分过程是：先将所有被试的问卷混在一起（评分者不知道被试的年级和性别，这样可在一定程度上避免评分者的主观因素对评分的影响），评分者在仔细研究所有被试的记录材料的基础上，把被试所陈述的理由归入某一道德思想范畴，特殊的回答可归入两个或更多的范畴。本研究所采用的艾森伯格所提出的道德思想范畴如下：

1. 对权威和（或）惩罚的畏惧与迷信

避免惩罚和无条件地服从权威本身就是价值。儿童不管人的价值或需要如何，而是仅以行为对身体所产生的后果来决定行为的好坏。

2. 享乐主义的推理

（1）实用主义和享乐主义的自我得益观。儿童以自己的个人得益为定向。

（2）直接的互惠。以来自行为受惠者的个人得益为定向。

（3）情感关系。儿童考虑的是他（她）对一个人的认同，他（她）喜欢这个人，或者这个人与自己的需要有关系。

3. 对他人需要的关注

（1）对他人身体和物质需要的关注。以他人身体和物质和需要为定向。例如："他们没有东西吃，很饿。"

（2）对他人心理需要的关注。以他人的心理需要和情感状态为定向。

4. 定型推理

（1）好人或坏人的定型形象。以好人或坏人的定型形象为定向。例如："因为这个孩子是个好孩子，所以他应该帮助小朋友。"

（2）大多数行为的定型形象。以"自然的"行为和大多数人的所做所为为定向。

5. 赞许和人际取向

儿童在决定怎样做才正确时，是以他人的赞许和认可为定向的。例如：

"如果他帮助的话，他的父母会感到自豪，老师也会表扬他。"

6. 明显的移情取向

(1)同情取向。对他人表示同情和关心。例如："他们不会走路，很可怜。"

(2)角色采择。儿童能从他人的角度看问题，并且在他(她)的推理中清晰地运用他人的观点。

……

共有23种道德思想范畴，因篇幅所限，这里不一一列出。评分方法是按人次计算，并且对儿童的助人和不助人选择分别进行统计。

三、结　果

(一)各年级儿童对亲社会两难故事的推理

分别统计出各年级儿童使用各道德思想范畴的人次，并对所得数据进行χ^2检验(见表1)。结果表明，儿童所在的年级与其使用的道德思想范畴之间存在着极显著的相关($p<0.01$)，即儿童的年级不同，他们所使用的道德思想范畴也不同。幼儿园和小学二年级儿童主要使用"对他人身体、物质需要的关注"，分别占总人次的70％、75％，使用享乐主义推理各范畴的和"好人或坏人定型形象"范畴的也占一定的比例，幼儿园儿童分别有27％、8.3％，小学二年级儿童分别有22％、18％。小学四、六年级学生几乎不使用享乐主义推理中的各范畴，他们使用"对他人身体、物质需要的关注"范畴的分别占总人次的81％、67％，两个年级使用"赞许和人际取向"和"好人或坏人的定型形象"这两个范畴的分别占36％、26％，小学六年级学生使用"明显的移情取向""与后果相联系的肯定情感"范畴的分别占32％、41％。初中二年级学生使用"对他人身体、物质需要的关注""内化了的法律、规范和价值取向"范畴的分别占70％、35％，使用"赞许和人际取向""与后果相联系的肯定情感""对社会状况的关注"这三个范畴的分别占22％、19％、19％。高中一年级学生使用"对他人身体、物质需要的关注""出于丧失自尊或没有实践自己的价值观而引起的内化了的否定情感""内化了的法律、规范和价值观取向""对社会状况的关注"这四种范畴的分别占总人次的63％、15％、40％

和33%。高中二年级学生使用这四种范畴的分别占总人次的70%、15.5%、55%和28%。

表1　　亲社会道德判断的次数分布及 χ^2 检验

范畴	年级						
	幼儿园	小二	小四	小六	初二	高一	高二
绝对服从权威避免惩罚	4	2	0	0	0	0	0
实用主义和享乐主义的自我得益观	10	4	0	2	2	6	5
直接的互惠	0	4	1	4	0	4	6
情感联系	3	4	3	2	1	4	4
为社会接受的享乐主义的实用观	0	0	1	0	0	0	1
非享乐主义的实用观	6	7	3	0	4	6	1
对他人身体和物质需要的关注	59	72	68	59	58	47	59
对他人心理需要的关注	0	8	5	14	12	10	4
对人的关注	0	2	4	2	3	0	0
好人或坏人的定型形象	7	16	26	21	1	3	1
大多数行为的定型形象	0	1	7	21	2	2	0
他人及其角色的定型形象	0	0	1	2	1	0	2

续表

范畴	年级						
	幼儿园	小二	小四	小六	初二	高一	高二
赞许和人际取向	0	4	2	13	18	9	7
同情取向	0	1	4	15	1	2	10
角色采择	0	0	0	7	4	8	6
与后果相连的内化了的肯定情感	0	5	0	36	16	5	4
源于自尊和个人价值观的内化了的肯定情感	0	0	0	0	4	2	5
由行为结果而引起的内化了的否定情感	0	0	0	2	12	3	1
由于失自尊或没有实践自己的价值观而产生的否定情感	0	0	0	0	4	11	13
内化了的法律、规范和价值观取向	0	0	4	5	29	30	46
对他人权利的关注	0	0	0	0	1	3	2
一般性的互惠	0	0	2	2	0	2	1
对社会状况的关注	0	2	4	5	16	25	23
$\chi^2=135.81 \quad p<0.01$							

(二)儿童对冲突的选择与其判断水平之间的关系

分别统计出儿童作助人选择和不助人选择的人次,并对所得数据进行χ^2检验(见表2)。结果表明,儿童的选择与其年级存在极显著相关($p<0.01$)。从总体上看,只有5%的儿童作不助人的选择。从各年级看,幼儿园选择不助人的比例是13%,小学二、四、六、初二分别占3%、1.2%、1.2%、4%,高一、高二分别占13%和8%。幼儿园选择不助人的理由主要是为了个人利益,高一、高二不助人的理由除为了个人利益外,有近一半的是从社会、国家来考虑。

表2　　各年级儿童选择助人或不助人的χ^2检验表

选择	年级						
	幼儿园	小二	小四	小六	初二	高一	高二
助人	73	93	83	87	80	66	77
不助人	11	3	1	1	4	10	7
$\chi^2=22.78$　$p<0.01$							

四、讨　论

(一)儿童亲社会道德判断的发展具有一定的阶段性

从表1中我们可以看出,本研究中7个年级的儿童都把他人身体和物质方面的需要作为自己选择助人的基本理由。但是,随着年级的不断升高,他们又不断从其他方面来说明自己选择助人的理由。从本研究中各年级儿童的判断推理看,幼儿园和小学二年级儿童主要是把他人身体和物质方面的需要作为自己助人的理由,但也有20%的儿童从个人的受益、受惠者及其父母的感激和回报等方面来考虑自己助人的理由。他们大部分的判断推理处在阶段二——需要取向的推理阶段,有少数的判断推理是属于阶段一——享乐主义的推理阶段。小学四、六年级儿童除了作需要取向的推理外,还较多地把好人或坏人的定型形象、他人的认可和赞许作为自己选择助人的理由,他们的判断推理主要是处在赞许和人际取向、定型取向的推理阶段(即阶段三）。此外，还有 41％的六年级学生从朴素的内化情感和与后果相连的肯定情感来考虑助人，这部分儿童的道德判断处在阶段四——移情的推理阶段。

从初二学生的判断推理看，一少部分作赞许、人际取向的推理，大部分学生作移情推理和过渡阶段的推理，他们的道德判断主要处于第四阶段上。

大多数高中一、二年级的学生把个人的价值观和对整个状况的关注作为其助人的理由，他们的推理已达到深层化推理阶段。

从以上的分析我们可以看出，儿童亲社会道德判断的发展存在着一定的阶段性，幼儿园和小学二年级儿童主要处在需要取向的推理上。小学四、六年级儿童较多地作赞许和人际取向、定型取向的推理，六年级学生中还有一部分人作移情推理。初中二年级学生的判断推理主要是处在向深层的内化推理过渡的阶段上。而高一、高二学生主要是处于过渡阶段和深层的内化推理阶段上。

（二）儿童亲社会道德判断的跨文化比较

从本研究的结果看，我国儿童亲社会道德判断的发展趋势基本上与艾森伯格所提出的关于儿童亲社会道德发展的 5 个阶段基本一致。但是，本研究发现我国儿童的推理水平略高于美国中产阶级的同年级儿童。例如，艾森伯格的研究提出，学龄前儿童和小学低年级儿童大多数处在享乐主义推理阶段，而该研究中有 27％的幼儿园儿童和 22％的二年级儿童处于享乐主义推理水平上，大部分儿童则处在需要取向的推理水平上。

从儿童所使用的某些道德思想范畴的具体内容看，本研究中的儿童与美国儿童之间存在着一定的差异，这是由不同的文化背景、不同的教育内容所造成的。例如，许多小学四、六年级的儿童把自己是一名小学生或少先队员作为自己选择助人的理由。由此我们可以看出，在学校的品德教育中，老师注意用小学生守则、少先队员的有关章程来教育、激励学生，让他们认识到怎样才是一名合格的小学生、一名合格的少先队员，这对学生的道德认识水平的提高起了重要的作用。

（三）与柯尔伯格的道德发展阶段之比较

本研究所得出的关于儿童亲社会道德判断的发展阶段与柯尔伯格的阶

段理论不尽相同。在儿童的亲社会道德判断中,他们极少把避免惩罚和权威的强力作为其判断的理由,因此不存在柯尔伯格的第一阶段(以惩罚和服从为定向)。柯尔伯格的第二阶段是比较行为的工具作用为定向,他把儿童对个人需要的满足和对他人需要的满足都归纳在同一发展阶段里。本研究发现,在儿童的亲社会道德判断中,儿童满足自己的需要忽视他人的需要时表现为一种自私、享乐主义的思想,而满足他人的需要时表现为一种利他的思想,儿童的这种自私的推理随着年龄的增长呈下降趋势,而满足他人需要的利他思想随着年龄的增长呈上升趋势。前者成为儿童亲社会道德判断的最低阶段——享乐主义的推理。后者为第二阶段——需要取向的推理。柯尔伯格提出的第三阶段与艾森伯格亲社会道德判断的第三阶段一致,即儿童都是以外在于他们的"好人"和"坏人"的定型形象、他人的赞许等作为其判断的理由。柯尔伯格的后三个阶段与儿童亲社会道德判断的后两个阶段不同。从以上分析可以看出,柯尔伯格的阶段理论,尤其是第一阶段不是对儿童整个道德发展的正确概括。

(四)儿童对冲突的选择与其判断水平之间的关系

本研究中,各年级儿童绝大部分选择助人,助人的理由随着年级的不同而不同,这已在前面进行了讨论。各年级都存在选择不助人的情况,但人次相差悬殊:幼儿和高中一、二年级学生选择不助人的比例较大,分别占总人次的13%、13%和8%;小学和初中二年级学生选择不助人的比例很小。但是幼儿和高中一、二年级学生不助人的理由不尽相同:幼儿都是为了个人的利益,而高中一、二年级学生中近一半是为了个人的利益,另一半是为了社会和国家的利益。因此,从总体上看,儿童选择助人与否与其判断水平有关,儿童选择不助人时的判断推理主要是处在享乐主义推理这一最低级的阶段上。这与艾森伯格的研究一致。

为什么会出现幼儿和高中一、二年级学生选择不助人的比例较高,小学和初二学生选择不助人的比例较低这一现象呢?笔者认为这可能与下列因素有关:其一,家庭教育的影响。幼儿园儿童年龄较小,他们受家庭的影响较大。有些独生子女在家庭内娇生惯养,这样便使他们更多地关心自己的需要而较少考虑到家庭内其他成员的需要。幼儿的这种"以我为中心"的利己倾向自然会导致他们作出不助人的选择。其二，学校品德教育的影响。儿童入学后，受学校教育的影响越来越大，家庭教育的影响相对减少，小学生在学校里接受系统的品德教育，因此，他们在研究中往往作出助人的选择。其三，儿童认知发展水平的影响。小学儿童的知识经验较贫乏，思维的独立性、批判性较低。对于大多数小学儿童来说，“老师说的就是对的”。他们很容易接受学校教育的影响，以此作为认识事物和判断、评价事物或行为善恶的依据。因此，在本研究中，在面临亲社会两难选择时容易或更多地作出助人的选择。到了中学阶段，特别是到了高中阶段。学生的知识经验日益丰富。知识水平不断提高，思维的独立性和批判性不断增强。他们不再像幼儿和小学生那样简单地以家长或学校教师的是非为标准，对于他们中的绝大多数人来说，常常是“我自己论证、想通了的才是对的”。他们经常以独立、批判的眼光来看待、处理问题。再者，在当前市场经济大潮的冲击下，有些青少年萌发一定的利己主义思想。这些都可能导致中学生作出不助人的选择。

五、结　论

本研究得出以下结论：

1.我国 6～17 儿童的亲社会道德推理的发展存在着一定的阶段性，与艾森伯格的五个阶段基本一致。

2.儿童亲社会道德判断的发展阶段不同于柯尔伯格的阶段理论。

3.儿童对亲社会两难冲突的选择与其判断水平有关，儿童选择不助人时的判断水平较低。

［原载《山东师大学报》(社会科学版)1996 年第 2 期］

近代山东启喑教育述论

曹立前　郭大松

启喑教育起源于近代西方社会，是面向聋哑人的一门特殊教育学科。在近代中国，这一特殊教育学科是伴随着传教士的足迹踏上中国大陆的，并首先在齐鲁大地上落户、繁衍，从而使山东成为近代中国启喑教育的发祥地和中心。笔者拟对近代山东的启喑教育作一初步探讨，以求有助于对这一问题的深入研究。

一

在近代山东，启喑教育最早开始于登州（今蓬莱市），时间是1887年[①]，其创始人是美国传教士、基督教神学博士查尔斯·罗杰斯·梅理士（Charles Rogers Mills）牧师和他的继室夫人阿尼德·E. 汤普森（Annette E. Thopson）。梅理士是一位终身致力于传教事业和聋哑人教育事业的基督教传教士，1829年8月21日他生于美国纽约，曾先后在德拉维州维明顿私立高级中学和宾夕法尼亚州伊斯顿拉法埃脱高等专科学校学习，1856年以优

① 关于山东启喑教育开始的时间和地点问题，中外资料记载不尽一致。《中华归主》认为：中国第一所启喑学校由传教士“创办于益都（今青州市——引者）”。《中国第一次教育年鉴》认为：中国“聋哑学校，以光绪二十四年（1898）烟台启喑学校为最早”。《第二次教育年鉴》亦认为：“我国聋哑学校之创立，始自清光绪二十四年（1898）。”另外，美国宾夕法尼亚州的华裔学者曲拯民先生（原籍山东黄县）也认为，启喑学校最早出现在烟台。

异成绩毕业于新泽西普林斯顿神学院，随即被布法罗评议会（the Presbytery of Buffalo）任命为牧师（1883 年，梅理士从中国返美休假期间，母校又授予他名誉神学博士学位）。同年 8 月 20 日，梅理士同纽约布法罗的罗斯·安娜·麦克马斯特（Rose Anne McMaster）结婚，10 月 1 日即携新婚妻子乘“竞争号”快船离开纽约前往中国，次年 2 月 8 日抵达上海，从此开始了他在中国长达 39 年的传教生涯。

在上海，梅理士度过了他头 5 年的传教生活，由于不适应中国南方潮湿多雨的气候，梅理士夫妇便于 1862 年离开上海，北上来到山东登州。据档案记录表明，他从 1862 年起至 1895 年逝世，一直担任登州长老会牧师之职，此外还负责大量分教堂的工作，指导一些布道员和神学学生开办农村日讲学校。据称，由于梅理士牧师长期不懈的辛勤工作和努力，登州的小差会，已经发展为一个繁荣的教会，拥有一所青年男子高等学府，一所男中和一所女中，一座医院，一所启喑学校。而启喑学校的创办则和梅理士的聋哑儿子有着直接的关系，可以说是他自己儿子痛苦的自然结果。

1874 年，麦克马斯特在山东登州病逝，留给梅理士 4 个年幼的孩子，其中一个即是聋哑儿。由于当时中国没有启喑学校，梅理士便把这个聋哑儿子寄读在美国纽约罗契斯特（Rochester）启喑学校。通过对自己聋哑儿子不幸经历的痛苦体验，梅理士深切认识到教育和训练聋哑儿童、使之能够和正常人一样生活的重要性，从而萌发了在中国开办聋哑学校的设想。而且，也正是通过自己的聋哑儿子，梅理士结识了纽约罗契斯特启喑学校的女教师阿尼德·E. 汤普森，而梅理士与汤普森的结识和最终结合，则使他创办启喑学校的愿望由设想变成了现实。

1884 年，在纽约罗契斯特启喑学校从教数载、有着丰富教学经验和献身精神的汤普森应梅理士之邀来到山东登州，同年，两人在烟台结婚。婚后，汤普森即同梅理士一起，开始了创办启喑学校的筹备工作。经过两年多的悉心筹备，梅理士夫妇于 1887 年在山东登州正式创办了近代中国第一所专门教育和训练聋哑儿童的学校——登州启喑学馆。从此以后，作为西方近代文明产物的启喑教育，开始在齐鲁大地上落户生根，并逐渐传播到全国各地乃至亚洲其他国家。

二

登州启喑学馆开办后，由梅理士任馆长，梅耐德(汤普森的婚后名字)任教员，另聘一名懂英语的中国人任助教，经费则由梅理士所属的美国基督教长老会供给。在学馆开办之初，尽管衣食全由校方供给，但由于缺乏当地政府和社会舆论的支持以及人们对启喑教育的不理解和偏见，入学的聋哑儿童“寥寥无几”。以后经过梅理士夫妇的多方动员和宣传，人数逐渐增加到4人。但是，正当学馆的各项工作逐渐走上正轨、影响也不断扩大的时候，梅理士却不幸于1895年病故。由于梅理士的病逝，美国基督教长老会也随即停止了经费供给，从而使学馆无法继续开办下去，被迫于1896年关闭。总起来看，登州启喑学馆从创办到关闭，总共存在了10年的时间。在这段时间，尽管学馆的规模比较小，招收的聋哑学生数量也比较少，但它毕竟使近代山东的启喑教育迈出了从无到有的第一步，并为以后烟台启喑学馆的创办打下了初步的基础。因此，这10年可以说是近代山东启喑教育的初创时期。

为了恢复办学，梅耐德多方奔走求助，最后终于得到她曾经工作过的美国纽约罗契斯特启喑学校的有条件资助以及美国和英国朋友们志愿捐助的经费与“其他得知此事的人捐赠的”教学设备。1898年5月，梅耐德根据罗契斯特启喑学校的要求，毅然放弃传教工作，在烟台通伸村租借平房两间，重新恢复了启喑学校。恢复后的启喑学校名为烟台启喑学馆，梅耐德自任馆长，另聘请华人李可受为其助手和教师，陆续招收了7名学生。从此开始，近代山东的启喑教育进入了恢复和发展时期。

1900年，梅耐德利用梅理士逝后所得的人寿保险金和自己的全部积蓄，并以“大利息”从银行贷款5500元，在烟台东山海滨购地建楼，正式建起了烟台启喑学馆。新学馆建成后，学生人数迅速增加，很快就达到11人。

在学馆恢复和发展初期，经费问题始终是困扰梅耐德的一大难题。据称，为此，梅耐德在致力于办学的同时，继续奔走呼号，甚至远赴欧美各国游说，为学馆谋取合法地位，募集改善办学条件的捐款。在梅耐德的努力下，美国各地聋哑学校的师生以及其他国家热心于聋哑教育事业的友人纷纷伸出援助之手。利用这些援助,梅耐德不仅很快还清了银行贷款,而且还进一步扩充了校舍。1910 年,烟台启喑学馆终于正式划归“美国(北)长老会本部照管”,得以永久开办下去。

1903～1906 年,梅耐德赴欧美募集捐款期间,还特地邀请她的外甥女安妮达·E. 卡特(Anita E. Carter)来华,协助她开办启喑学馆。1906 年,葛爱德(卡特来华后的中文名字)放弃在美国卫生部的优越工作,只身来到烟台启喑学馆。据记载,在来华之前,葛爱德还专门学习了聋哑人使用的布莱尔(Braille)和贝尔(Bell)的可见语言(Visible Speech)符号,并学习了汉语,以使自己能够更好地完成这项工作。以后的事实也充分证明了这一点,葛爱德不仅成为梅耐德的优秀助手,而且也为烟台启喑学馆的繁荣和发展作出了卓越的贡献。

烟台启喑学馆开办初期(包括以前的登州启喑学馆),均只设男生部,只招收聋哑男童入馆学习。为了使社会上的大量聋哑女童得到受教育和训练的机会,葛爱德来到烟台启喑学馆的第二年,就在梅耐德的协助下,主持开设了女生部,招收聋哑女童入馆学习。到 1914 年,女生部已发展为两个班,共 19 名学生。在主持开设女生部的同时,葛爱德还总结了烟台启喑学馆开办以来的经验,并在此基础上,重新制定了办学章程。新章程共分 12 项,对办学宗旨、教学内容、学生入学年龄、日常生活、学杂费等问题均作了详细规定。女生部的设立和新的办学章程的制定,使烟台启喑学馆成为一所男女混合的日趋正规的聋哑学校。学生和教师数量迅速增加,学馆的机构设置也日渐完备,设有教务处、木工部、编织部,另外还增设了幼稚园。与此同时,启喑学馆也正式易名为烟台启喑学校,由梅耐德任校长,葛爱德任副校长,华人栾雪琴任教务主任。

1913～1923 年,是烟台启喑学校不断扩充和改建的时期。这一时期,学校占地面积达到 3 万平方米,共建有 6 座楼房,数十间平房,其中教室 76 间、办公室 16 间、男女生宿舍 20 间、礼堂 10 间、游艺室 10 间,另外还设有工厂、澡堂、食堂、接待室等,教学用具和设备也进一步充实。至此,烟台启喑学校已经发展成为一所具有一定规模和水平的近代化启喑学校。

1929 年,毕生致力于山东启喑教育事业的梅耐德校长在烟台病逝。此后,校长一职由葛爱德接任,华人栾雪琴任副校长。在葛爱德主持校务期间,烟台启喑学校还先后开设了两期专门培训正常人为启喑师资的师范班,以期在中国其他地区推广和普及启喑教育。参加师范班的学员几乎遍及全国各地,一些重要城市如上海、汉口、北平、天津、武汉、香港等都有人参加。师范班的开办,不仅培养了一批专业的启喑师资,而且也扩大了烟台启喑学校的影响,推动了学校自身的发展。到1936年,烟台启喑学校已拥有教职工24人(其中教师13人),男女学生65人[①],这是该校自创办以来在校职工和学生最多的年代,也是其发展的鼎盛时期。

从1937年开始,由于日本侵华战争的影响,再加上1939年葛爱德"期满回国",烟台启喑学校进入了萧条时期,学生和教师数量迅速减少。日本投降后,烟台启喑学校又复遭国民党军队的抢掠破坏。到1948年春天,学校被迫宣布停课,并将学生全部遣散回家。

1948年10月烟台解放后,党和人民政府重新恢复了烟台启喑学校,并改名为烟台市聋哑小学,随后又将烟台瞽目学道院和孤女院并入以扩大规模,1952年正式定名为"烟台市盲哑学校"。

三

从登州启喑学馆到烟台启喑学校,伴随着近代山东启喑教育的兴起和发展,数以百计的聋哑儿童走进了学校的大门,受到了基本文化知识的教育和基本生活技能的训练。这些受过学校教育和训练的聋哑儿童,不仅具备了独立生活的能力,由"残废无用者转为有用",甚至还成为对社会有所贡献的人才。

据统计,从1887年登州启喑学馆创办到1926年期间,共有168名聋哑儿童接受了教育和训练,其中男生115人,女生53人。[②] 到1936年初,总人数则达到234人。这些聋哑学生的来源不仅仅局限在山东,而是遍及全国各

① 参见烟台市政协文史资料研究委员会编:《烟台市文史资料》第1辑,烟台市政协文史资料研究委员会1982年印刷,第203页。

② 参见烟台市政协文史资料研究委员会编:《烟台市文史资料》第1辑,烟台市政协文史资料研究委员会1982年印刷,第203页。

地，甚至还有外国学生。如在烟台启喑学馆开办后的大约10年中，就有来自全国9个省份的40名聋哑儿在校学习，其中有一名盲聋哑人、一名朝鲜人。据说，在1909年上半年招收的7名学生中，就有宁波、苏州、登州、满州、沂州等地的。学校在招生方面不仅没有地区界限，在宗教信仰上也没有任何限制，尽管它"完全是基督教性质的学校"，但其实无论出身，都予接受。在入学年龄的要求上，学校根据聋哑儿童的教育特点，一般规定在幼年(6岁左右)入学，学习时间大约为12年。学校不拒绝接受12岁以上的学生。

启喑学校本着为身心有缺陷的人和不能治愈的病人尽力指导思想，努力为这些孩子们做到三件事：给他们一种用言语或文字同伙伴交流的方法，教他们一些有用的手工艺或训练他们做一个看家的人，教给他们一些人生责任的观念和救世的知识。所有课程都尽可能贯彻这些宗旨。

在教材方面，学校使用的全部是译自美国聋哑学校的课本，课程的设置和安排，也主要是依据美国一些最好学校的工作计划进行的。在所有开设的课程中，最为重要的，除了语言文字的学习之外，当推专门对学生进行基本生活技能训练和培养的工艺课，这门课程从幼稚园到高年级均普遍开设。而且，学校还根据男女学生的不同特点，安排不同内容的工艺课。男生主要学习木工、农作、手工和机器编织、烹饪等，女生则主要学习缝纫、编织、刺绣、花边、烹饪等。学校还专门配备有教授工艺课的教师。在梅耐德主持校务期间，烟台启喑学校还与上海商务印书馆建立了固定的联系，定期派一些素质比较好的学生去学习打字、排版等技术工作。这样，学生自幼年入学，通过大约12年的学习，在他们步入社会开始独立生活的时候，不仅掌握了比较完整的语言，能够书写比较通顺的短文和书信，而且还掌握一定的专门技术，初步具备了"自谋生计""自食其力"的能力。据梅耐德1906年的记载，在烟台启喑学校受训时间最长的男孩中，有三名现已能熟练地排字、做木工活和下厨房，而另外一名，则已经是年幼聋哑儿的师傅了。在1909年以前的毕业生中，有几名已经能自谋生计，其中一名现在他的家乡杭州教授四名聋哑儿，另外一名在沂州府教授两名小聋哑儿。他们不仅能够"自谋生计"，而且还为发展近代中国的启喑教育事业作出了重要的贡献，成为对社会有所作为的人才。

近代山东的启喑教育不仅取得了显著的成效,而且还直接影响和推动了全国启喑教育事业的兴起和发展,成为近代中国启喑教育的中心和摇篮。为了培训在其他地方为聋儿开办学校的教师,推广和普及启喑教育,烟台启喑学校在注重自身发展的同时,也注意接纳有志于启喑教育的正常人和聋哑儿童的亲属入校学习,或派出本校教工去外地帮助开办启喑学校。除此之外,烟台启喑学校还通过举行大规模宣传活动的方式以扩大影响,引起政府和社会民众对启喑教育的认识与关注。梅耐德认为,开办启喑学校的目的,不仅是要通过这一事实本身向中国人证明启喑教育是可能的,而且要通过实际示范,证明这种教育将使聋哑人本身受益,证明他们经过训练与否是截然不同的。基于这种思想认识,1908 年冬季,梅耐德率领烟台启喑学校的全体师生进行了一次旨在通过实际示范、宣传和推广启喑教育的长途旅行。记载显示,他们先后访问了 16 个城市,召开了 50 多次会议,在 3 万多名中国人面前作了示范表演。在聋哑学生所到之处,几乎每个地方都有官员参加会议,观看表演,其中著名的有学部侍郎和两名总督。这次活动收到了预期的效果,使政府对此有更大兴趣,制定了试办启喑学校的计划。各地教会学校也将选派正常学生到烟台启喑学校接受训练,以为开设这类学校的师资。次年秋天,山东巡抚还亲自视察了烟台启喑学校,对所见到的一切非常感兴趣,表示希望在中国其他地方开设一些同样的学校。可见,通过这次宣传活动,启喑教育开始得到政府和民众的承认与支持,这对促进启喑教育事业在全国的普及与发展,无疑将具有不可估量的积极意义。

由于梅耐德等人的努力,以及烟台启喑学校的直接影响和推动,从 20 世纪初年开始,各种类型的启喑学校陆续在全国各地出现。据统计:1914 年,全国已有了 3 所启喑学校,在校学生共 60 名;1936 年初,发展到 13 所,在校学生约 400 人,在包括烟台启喑学校在内的这 13 所聋哑学校中,其余的 12 所同样的学校,都是由它(指烟台启喑学校——引者注)发展起来的。这些启喑学校的建立,标志着启喑教育已开始在全中国范围内兴起和发展。虽然这些启喑学校大多数是由外国传教士创办,或是在外国教会的支持下创办起来的,中国人自己独立开设的并不多,但正如传教士创办的教会学校成为近代中国新式教育的开端一样,这些由传教士或教会创办的启喑学校也同样成为近代中国启喑教育的开端，并为近代中国启喑教育的进一步发展奠定了基础，提供了可资借鉴的成功经验。

值得指出的是，近代山东启喑教育的兴起和发展，也影响和促进了亚洲其他国家特别是朝鲜启喑教育事业的兴起和发展。在烟台启喑学校中，不仅招有朝鲜的聋哑学生，在1909年，还接收了一对正常的朝鲜夫妇入校学习和培训。据称，这对朝鲜夫妇经过学习和培训，回到朝鲜后，在平壤开办了一所学校，有数名学生入学。这所学校成为朝鲜境内的“第一所启喑学校”。1914年夏天，葛爱德率领烟台启喑学校女生部的本地教师参加在朝鲜平壤举行的“远东盲、聋人教师大会”时，又有一位朝鲜教师随同葛爱德一起返回接受训练，她将在美以美会（the M. E. Mission）的医学博士罗塞塔·浩尔（Rossetta Hall）夫人的照料下，负责一所朝鲜启喑学校。由此可见，近代山东启喑教育在其自身的成长和发展过程中，也为促进亚洲其他国家的文明与进步作出了贡献。

我国传统的封建教育一直把残疾人排除在学校教育的大门之外，特别是为历代封建统治阶级选拔官吏和人才的科举制度，更是没有残疾人的位置。对广大的残疾人来讲，他们不仅遭受着生理缺陷上的巨大痛苦，而且还被剥夺了人类与生俱来的享受教育和参与社会活动的权利，甚至受到社会的歧视。这种情况，反映了中国传统教育的局限性和落后性，也说明了近代中国与西方资本主义国家之间所存在的差距。因此，启喑教育在近代山东的兴起和发展，就成为中国近代史特别是中国近代教育史上一个具有划时代意义的大事，它不仅是对中国传统教育忽视残疾人的做法的冲击和否定，更重要的是它揭开了近代中国启喑教育的序幕，开了中国残疾人教育的先河。从此开始，启喑教育在近代历史上占有了一席之地，并逐渐在全国范围内发展起来，这对于改变长期以来残疾人受歧视的状况，提高残疾人的社会地位，推动中国近代教育事业的全面发展，促进整个社会的文明与进步，都具有积极的意义，而且也为我国当代的残疾人教育事业奠定了基础，提供了借鉴和经验。

［原载《山东师大学报》（社会科学版）1996年第4期］

何思源与抗战前山东教育的发展

张书丰

一、"临危受命"的教育厅长

1926 年,何思源由法国返回国内,来到当时中国革命的中心广州。此时,他已在欧美读书达 7 年之久,对西方哲学、政治学、经济学都有相当深入的研究,是一位饱学之士。到广州后他参加了中山大学的筹建工作,任经济系教授、系主任兼中山大学图书馆馆长,当年加入中国国民党。1928 年,何思源受戴季陶之荐当上了蒋介石北伐军的政治部副主任,并随军入鲁,于 5 月2 日进入济南。"五三"惨案发生后,何思源随蒋介石退至兖州。就在这里,蒋介石对何思源说:"华北情况复杂,我留你在山东做教育厅长。"[①]这样,本是一介书生的何思源"临危受命",于当年 6 月入主偏安泰安的山东省政府教育厅。

何思源任职期间,曾与 6 位非蒋嫡系的省主席打过交道[②]。尤其是 1930 年开始主政山东的韩复榘系由豫入鲁,一班人马皆自河南带来。何思源无疑是处在"四面楚歌""孤立无援"的境地。又加当时山东是日本久已垂涎之地,"五三"惨案后一年日军才退出山东,并虎视眈眈、伺机重来。因此,山东又是民族危机四伏的省份。何思源游刃于错综复杂的集团矛盾和个人

---

① 何思源:《我与韩复榘共事八年的经历和见闻》,中国人民政治协商会议全国委员会文史资料研究委员会编:《文史资料选辑》第 37 辑,文史资料出版社 1963 年版,第 195 页。

② 前后是:石敬亭、孙良诚、陈调元、韩复榘、沈鸿烈、牟中珩。

利害冲突之中，艰难地维持着山东的教育。他在山东18年，其中14年任教育厅长，他自称“把持”山东教育20年，被人骂为“山东学阀”。笔者查阅了民国政府时期各省教育行政长官的任职情况，像这样任职时间之长且对教育享有“把持”之权者为何仅有。何思源之所以能创此“奇迹”，与特殊的政治环境和何思源所具有的独特能力有关。

首先，何思源之任职是蒋介石控制山东教育的需要。1927年，南京国民政府成立后，蒋介石虽挟“中央”之名，却无统治之实。各地新旧军阀依然拥兵自重、离心离德。蒋介石为维持其独裁统治，在力所能及的范围内往往以武力相加，而对那些鞭长莫及之地则在慰抚的同时安插亲信予以分化。蒋介石深知教育之权在一省政治中的重要地位，他特别看重教育厅厅长的任命。1928年初，当蒋介石的北伐军即将入鲁之际，他急不可待地写信给中山大学校长戴季陶，要其推荐山东籍人随军入鲁，可见那时他已有了安插山东籍的“文化人”任山东教育厅长的意图。[①] 正是出于不能将教育权“拱手送人”的深意，当1930年何思源提出辞职时蒋介石不予批准，当韩复榘力荐张钺为教育厅长时蒋介石断然拒绝。何思源实际上是蒋介石打在韩复榘省政府内的一枚楔子，其目的在于控制山东的教育。

其次，何思源之能掌山东教育之权，是蒋、韩矛盾的产物。韩复榘是“中原大战”中的倒戈将军，蒋介石授之以山东军政大权实出无奈。韩复榘虽拥蒋为“中央”却公开经营自己的独立王国。何思源既非蒋介石亲信又非韩复榘旧部，他被夹在蒋、韩之间，虽必两头为难却也能为两人所同时接受。因为，蒋介石要利用他控制山东教育，并了解韩复榘的动向，而韩复榘也可以利用他表示对“中央”的某种服从，并观察蒋介石的意图。如果当时山东不是处于这样一种特殊的政治格局之下，像何思源这种资浅且毫无社会背景的学者是断难高居教育厅长之位的。

再者，何思源执掌山东教育符合韩复榘稳定山东政局的需要。韩复榘非一介武夫，他出身书香门第，有较深的文化功底，不但工于心计也颇得军

---

① 参见何思源：《我与韩复榘共事八年的经历和见闻》，中国人民政治协商会议全国委员会文史资料研究委员会编：《文史资料选辑》第37辑，文史资料出版社1963年版，第195页。

阀政治的要领。他深知,自己要在山东扎根除牢握兵权之外还须稳住山东之民心。他制定了四项“行政计划”作为其“求治”的纲领,即“澄清吏治”“普及教育”“根本清乡(以剿匪为主)”“查禁烟毒”。这四条都是关乎民心向背的大事,其中最重要也是最难办的当属教育。韩复榘曾对那些要求撤换何思源的一班官吏们说:“全省政府只有何某一个人是山东人,又是读书人,我们还不能容他,不要越作越小,那样,非垮台不可。”[①]可见韩复榘是看中了何思源既是山东人,又懂教育这一点,才利用他来执掌山东教育的。

最后,何思源所以能立足山东,与他敢作敢为的性格和善于利用矛盾以图自保的能力有关。何思源为人率直,凡事据理力争,从不俯仰随人。他曾在泰安的一个集会上“一时冲动,大骂胡汉民”,此举虽招致胡汉民大怒却很受蒋介石的欣赏。他曾因军务处的汽车轧伤女学生的事,大动肝火,“在省政府大发牢骚”,斥责军务处“无法无天”。军队被韩复榘视为命根子,一向无人敢于指责,韩复榘闻后却称赞“何是好人,直爽人”。[②] 当然,作为官场中人,何思源也不可能事事直情而为,他的行动是建筑在对蒋、韩矛盾及其各自心态都有清晰了解基础上的。他不但分析过蒋、韩矛盾,也分析过省政府和省党部的矛盾,他深知韩复榘视省党部如在背之芒。因此,他毫无顾忌地与省党部的人冲突,并不惜与掌握中央党权的“二陈”决裂。[③] 何思源透露自己当时的心态说:“尽量利用蒋、韩、日本在华北的微妙局势,乘机挑拨蒋与韩(也是韩与二陈)的关系,使蒋感到山东棘手,二陈无法在山东插足。在这种夹缝中,我也希望保存我的实力(在教育界),维持我的地盘。”[④]尽管如是说,何思源做事还是有原则的。他已对韩复榘的政治态度作出了基本的判断,他认为韩复榘决不会投降日本,也不会完全听日本人摆布,所以他可以放心地和韩复榘拉关系。当然,何思源极力拉拢韩复榘的根本目的,在于取

---

① 何思源:《我与韩复榘共事八年的经历和见闻》,中国人民政治协商会议全国委员会文史资料研究委员会编:《文史资料选辑》第37辑,文史资料出版社1963年版,第20页。

② 参见何思源:《我与韩复榘共事八年的经历和见闻》,中国人民政治协商会议全国委员会文史资料研究委员会编:《文史资料选辑》第37辑,文史资料出版社1963年版,第20页。

③ 参见何思源:《我与韩复榘共事八年的经历和见闻》,中国人民政治协商会议全国委员会文史资料研究委员会编:《文史资料选辑》第37辑,文史资料出版社1963年版,第203页。

④ 何思源:《我与韩复榘共事八年的经历和见闻》,中国人民政治协商会议全国委员会文史资料研究委员会编:《文史资料选辑》第37辑,文史资料出版社1963年版,第208页。

得韩的信任。他知道，没有韩复榘的支持，他在教育上是不可能有任何作为的。

二、教育上的主要政绩

在抗战前的几年中，何思源牢牢地控制着山东的教育权，使教育免遭军阀政治的摧残，使山东的教育在艰苦的环境中有了一定的发展。

（一）实现了教育经费的“独立”和教育投入的逐年增长

20世纪二三十年代，实现教育经费的“独立”始终是教育界的志士仁人所奋斗的目标。但是，在军阀政治之下，不但教育经费从来没有“独立”过，连教育行政长官的人选也多为军阀所左右。山东自1917年正式成立教育厅至1928年的11年里，教育厅长换了9人，“几乎每一个军阀督鲁都要更换教育厅长”①，足见教育受军阀政治影响之深。张宗昌督鲁3年（1925.4～1928.4），教育经费不但数量不足，所发之款还杂有张宗昌的军用票和其他地方钞，这些钞票每元折银元价仅3角左右。且各县教育经费都由县政府“经理”，“拖欠者有之，挪用者有之，各县小学经费竟有积欠至六个月之久者”②。因此，任军阀政府一意孤行，教育便永没有发展的余地。正是认识到了这一点，何思源一上任便下决心实现教育经费的独立。1928年6月1日，何思源公布了《山东省政府教育厅教育行政纲要》（以下简称《纲要》），指出，教育为建国要图，不当仅为消极之应付，端宜进图积极之建设。《纲要》规定了发展山东教育的18条基本原则。其中第三条便明文规定：“确定及扩充教育税收，并保障教育经费之独立。”③该条为保证省教育经费的来源，确定开征15项“教育税收”。何思源制定了一个详细的1929年省教育经费的预算书，将预算由1927年的不足140万元增至220万元，增幅达50%以上。为保证该款的落实，何思源向省政府会议提交了将山东全省每年221万元的漕米收入作为省教育专款的提案。该提案经省政府第25次会议通过，使教育

① 吕伟俊主编：《民国山东史》，山东人民出版社1995年版，第294页。

② 山东省政府教育厅：《山东省政府教育厅第一次工作报告》（1929年），第103页。

③ 山东省政府教育厅：《山东省政府教育厅第一次工作报告》（1929年），第2页。

经费有了初步的保障。何思源为该款的最终落实进行了艰苦的斗争。韩复榘的省政府刚成立不久,财政厅长和省府秘书长为排挤何思源而联合发难。他们以财政预算入不敷出为由,提议削减教育经费,并以不削减教育经费只有减少韩复榘视为命根子的军队的"协款"相威胁。何思源在其他人"全体赞成"的情况下,据理力争,毫不让步,他抓住了韩复榘急于拢络人心稳定山东政局的心理,向韩复榘说:"这不是我个人的事,事关后代青年。主席要我干,就得这样;不叫我干,我就走路。"在他的逼迫下,韩复榘表示"决不欠你的教育费"。① 从此,在何思源的努力下,省教育经费每年有所增加,1935 年已达 382 万元,居全国第二位。何思源曾说:"山东省库从来没有欠过教育经费。"②

县教育经费一向是办理的难点,何思源根据山东社会经济发展的实际情况,对县教育附税的征收作了严格的规定,规定征收的范围为:丁漕附税、宴席捐、遗产税、迷信捐、戏剧捐、庙产、祠产、荒山河滩籽粒、地租。这九项附税中只有丁银一项属于加重一般农民的负担。何思源为防止此项附税被任意增加,又向省政府提交了"每地丁银一两只准增加附捐一元"的提案,并获通过。何思源此举的目的在于最大限度地减轻一般农民的负担。在其他附税项目上,何思源是坚定不移的。辛亥革命后,以孔府为首的封建地主势力仍很强大,他们仍受政府的优待,占有大量的"祀田",教育厅会同民政厅拟《山东省先贤祠财产保管暂行办法》,规定"所有国家或县地方划拨或购置之房产祀田,及同性质之款产,均应拨充地方办理教育或文化事业之经费,不得挪作他用"③。该规定经省政府会议通过后,教育厅会同各县接管了冉子、孔子、闵子等祀田共计 537 顷。这一举措不仅极大地增加了地方教育经费,也是对封建残余势力的沉重打击。

为确保教育经费的独立使用,按照《纲要》的规定,山东在省和县都设立了"教育经费保管委员会"和"教育经费稽查委员会",各县和各级学校建立、

① 参见何思源:《我与韩复榘共事八年的经历和见闻》,中国人民政治协商会议全国委员会文史资料研究委员会编:《文史资料选辑》第 37 辑,文史资料出版社 1963 年版,第 198 页。

② 何思源:《我与韩复榘共事八年的经历和见闻》,中国人民政治协商会议全国委员会文史资料研究委员会编:《文史资料选辑》第 37 辑,文史资料出版社 1963 年版,第 198 页。

③ 山东省政府教育厅:《山东省政府教育厅第二次工作报告》(1932 年),第 169～173 页。

健全了管理和使用教育经费的会计制度，并规定了“教育经费使用公开办法”，定期予以稽核审查。据《全省教育经费稽核委员会工作纪要》载，自稽核委员会成立后，共稽核200余处，稽核经费达500万元之巨。对侵吞、挪用教育款的人员和因失察而造成教育经费损失的主管人员都作了严肃的处理。

(二)对学校布局作了较为合理的调整，各级教育有了较大发展

1.关于高等教育

山东的高等教育在清朝末年发展比较早，至民国初年，已形成国立法政、工业、商业、医学、农业、矿业六大专门学校，门类比较齐全。但进入20年代后，经费渐绌。1922年六校学生927人全年的教育经费才11.4万元，办学日渐困难。1926年，张宗昌将六大专门学校合并成立山东大学，由教育厅长王寿彭兼任校长。1927年，张宗昌自任校长。“五三”后，学校被迫停办。何思源深知办好一所高校对一省教育的发展具有极重要的意义。他履职不久即积极动议并遵教育部令筹设国立山东大学。

1929年，按照教育部令改设国立青岛大学，定址青岛，并由何思源、蔡元培、杨振声等为筹委会委员。为加快筹建工作，当年由省、市和胶济路局筹款18万元，1930年又拨了36万元。国立青岛大学(后又改为国立山东大学)1930年6月正式建成并开始招生。该校虽名称“国立”，大部分经费却由省开支。整个看，山东大学经费较充裕，且逐年有所增加，至1934年经费已达57.5万元。正因经费充裕，所以该校延聘了许多国内一流学者来校任教，一时成为国内学子向往的著名学府。

2.关于中学教育

1929年前，山东仅有高级中学1所(设济南)，初级中学11所(分别设在济南、聊城、泰安、惠民、临沂、菏泽、济宁、蓬莱、掖县、益都、临清)，另有女子中学2所(设济南、惠民)。这一设学状况的缺陷是明显的：一是高级中学过少，影响高等教育的发展；二是布局有明显的空白点，有些地区的学生无法就近上学。为使山东中学教育的布局趋于合理，何思源在全省教育设计委员会专设中学教育组。经过反复酝酿讨论，决定八中(设蓬莱)迁烟台、九中(设掖县)迁牟平(因故未迁成)，同时在德县(今德州)和诸城分别增设两所

中学。这样，虽然只增加两校，整个布局显得较为合理，基本能覆盖全省的各个地区。另外，为加强高中教育，在四、五、六、八中各增一个高中班，从而使济南、惠民、临沂、菏泽、烟台都有了高中班，在不可能大幅度增加学校的情形下，这一布局是大体合理的。

3.关于师范教育

1928 年，全省只有六所师范学校(包括两所女子师范)，分别设在济南、曲阜、聊城、益都、菏泽，不仅数量少且“各处相距形成三角，均不过一二百千米”。为发展师范教育培养大批合格的小学教师，何思源在对原师范作了部分调整的基础上，下决心创设乡村师范。办理乡村师范教育是山东的首创，其目的在于改变“城乡教育不能平均发展”的偏颇。1929 年夏天，教育厅请被称为“山东蔡元培”的著名教育家鞠思敏在济南创办了第一所乡村师范学校。该校有较强的师资和较充裕的办学经费，有占地六千多平方米的农业试验场，举办了 7 处民众夜校，有 19 个村庄的义务教育试验区，当年经费 13723 元，至 1931 年经费已达 23952 元。像这样的乡村师范山东共创建了 8 所(后改称“简易师范”)。截至抗战前夕，全省有省立师范6 所、省立简易师范 8 所、县立师范传习所 23 所。可见，山东当时师范教育有了相当可观的发展。

4.关于初等教育

初等教育是山东教育发展的重点，投资也最大。1923 年，山东共有小学 27167 所，在校学生 76.6486 万人。1929 年后，初等教育稳步发展，尤其 30 年代为推行“义务教育”各县又广泛设立短期小学，到 1936 年小学校数已达 42174 所，学生 190.1866 万人，专任教师 73864 人，年经费达 962.7 万元。

三、发展教育的基本指导思想

何思源不是那种唯上是从、只知“照章”办事的庸吏，他在当时复杂的政治背景下，为发展山东教育所表现出来的创新精神和坚韧的毅力，有其深刻的思想根源。

何思源信奉孙文主义，是反封建的民主主义者。他以深厚的西方哲学和政治经济学的理论功底，对中国资产阶级革命的指导思想——孙文主义作过深入的研究。他认为孙文主义的重要部分“是心理的革命和心理的建设”，即“打破旧有腐败思想和心理”，造成“新的前进的思想和心理”。① 作为封建主义的反对者，他不但反对固有的封建制度，对封建思想在新时期的反映也深恶痛绝。他在阐述孙文主义的心理革命、心理建设的含义时指出，个人崇拜也是一种封建心理，应“造成尊重真理的新思想。青年要养成尊重真理的是非心，打破一切个人间的封建思想”②。何思源对封建主义的危害性有着深刻的认识。他认为中国社会唯一的“致命伤”是“残余的封建势力”。对此势力不能仅喊打倒的口号，应遵照孙中山的遗教，向民众宣传“三民主义”，他认为只有这样才能完全“揭穿”封建势力赖以存在的“政治背景”和“经济背景”。何思源是将山东教育当作“中国资产阶级革命”的一部分而努力奋斗的。他在工作中始终贯穿着彻底的反封建的精神。

何思源把教育作为“强国”的根本，是反对帝国主义的民族主义者。早在北京大学读书时，他就深受新文化运动和进步思潮的影响，极度关注国家的命运和前途。他切齿痛恨军阀政府的腐败和无耻的卖国行径，曾毅然投身于“五四”反帝反封建的学生运动的行列。1922 年，在华盛顿召开太平洋九国会议，山东问题是众人瞩目的焦点。何思源受山东留学生之推，专程前往华盛顿，联络各团体代表组成“中国留学生代表团”，为争山东问题的公正解决，何思源曾“与顾维钧发生很大的吵闹”。③ 何思源是“五三”惨案的亲历者，面对“同胞的尸体狼藉，血肉模糊”和日军“焚杀之残酷”，何思源震怒了，他把这一惨案喻作“唤醒我们的警钟”，认为我国应从这惨案中汲取六条教训：(1)国内的军阀不铲除，外侮的发生便不能杜绝；(2)应将教育权完全收回，厉行义务教育，使中国人人具有爱国的热忱、雪耻的决心；(3)认清帝国主义者“亲善”的假面具，只有自己努力的民族才有在世界上存在的权利；(4)将一切中外的不平等条约根本取消，租地收回；(5)对日厉行经济绝交，力防文化侵略，对国内应努力唤起民众，共同奋斗；(6)“五三”惨案虽发生于

① 参见何思源:《青年与革命》,《山东教育行政周报》1929 年第 74 期。

② 何思源:《青年与革命》,《山东教育行政周报》1929 年第 74 期。

③ 参见何思源:《我的学生生活》(续),《山东教育行政周报》1930 年第 96 期。

济南,受辱的却是整个中华民族,凡我国人都应记此国耻。[①] 正是基于这一认识,何思源对日本的侵华野心始终保持高度的警惕,他置蒋介石的“不要刺激日本,停止反日宣传”[②]的告诫于不顾,利用各种形式向青少年进行“反日爱国”宣传,他主持编写了关于日本问题的《学生问答手册》,通令各级学校每天升旗时举行学生问答会,以便“使学生认清敌人,鼓起学生的反日爱国情绪”。他利用“视察普及义务教育运动的机会,大讲将来可能发生的中日战争”。[③] 何思源对日本必然发动全面的侵华战争有着清醒的认识,他在最大限度地利用自己掌握的教育之权,做“唤起民众”的工作,力图通过教育使“人人具有爱国的热忱”。他的工作中始终贯穿着反日爱国的精神。

综上所述,不难看出何思源有深厚的文化修养、敏锐的政治洞察力和疾言厉行的实践精神。他在复杂的政治环境中始终坚持反封建、反帝国主义的方向。经过他的艰苦努力和巧妙斗争实现了山东教育经费的“独立”和逐年增长。在他的苦心维持下,山东教育有了一定程度的发展,其教育政绩应予肯定。毋庸讳言,何思源当年是忠诚于国民党政府的,他也曾极力推行所谓的“党义”教育,这是他思想的局限性。

何思源坚持从严“治教”,他在教育行政方面的许多主张和措施是山东教育发展的必要保证。这主要有:第一,“立法选才”。何思源认为,发展教育的要务在于“立法选才”。他任职肇始在勉力应付各种困难局面的同时便“汲汲于立法选才”。他主持下的山东省教育厅制定了大量地方教育行政法规,许多法规定得相当细,确能使事事有“法”可依。何思源重视发挥人才的作用,他任职不久便成立了“山东省教育设计委员会”,聘省内教育名流分组规划山东教育发展的蓝图。他注意选任有真才实学的人担任重要职务并予以爱护支持。他在教育上能取得一定成功与他重视“立法选才”是分不开的。第二,“政务公开”。何思源认为“公开政务”有利于“自检阅”“测实际”,

---

① 参见何思源:《五三惨案给我们的教训》,《山东教育行政周报》1930 年第 90 期。

② 何思源:《我与韩复榘共事八年的经历和见闻》,中国人民政治协商会议全国委员会文史资料研究委员会编:《文史资料选辑》第 37 辑,文史资料出版社 1963 年版,第 195 页。

③ 参见何思源:《我与韩复榘共事八年的经历和见闻》,中国人民政治协商会议全国委员会文史资料研究委员会编:《文史资料选辑》第 37 辑,文史资料出版社 1963 年版,第 219～220 页。

是“督励进行之本”。何思源掌山东教育时，教育政务基本上是公开的。教育厅主办有《山东教育行政周报》定期出版。各种教育法规、教育上的重要活动、督学视察地方教育的视察报告等皆公诸报端。政务公开既有利于上情下达，接受民众监督，也有利于交流教育信息并能较好地增强教育的民主气氛。第三，“严谨治教”。何思源要求一切教育活动都要有严密的计划性。他要求督学视察地方教育后都要写出详细的视察报告，要求任何一次会议、一项活动之前要有周密的计划、明确的分工，活动结束之后都要形成详细的“纪要”以备查考。从1928年6月至1931年6月仅三年的时间里，山东省教育厅就汇编过两次工作报告，计百余万字。这在全国也是少见的，足可管窥何思源谨严的“治教”精神。

[原载《山东师大学报》(社会科学版)1997年第5期]

独生与非独生青少年父母教育方式的比较研究[①]

张文新

一、问 题

父母教育方式，是指父母对子女抚养教育过程中所表现出的一种相对稳定的行为方式或行为倾向。在所有影响儿童发展的家庭因素中，父母教育方式的影响最大也最直接。它对儿童青少年的成就动机、自我概念与自尊、品德、攻击行为和亲社会行为等社会性发展的诸多方面发展均有着深刻而广泛的影响。

在我国，独生子女在总人口中所占的比重越来越大。“一对夫妇一个孩子”的家庭结构必然相应地导致家庭内部成员之间，尤其是亲子之间发生互动的某些变化。父母的教养行为和教育方式，作为亲子互动过程中父母对子女行为的一种稳定而概括化的行为倾向或模式，自然也会随之出现一些不同于非独生子女家庭的特点，并进而对独生子女的心理和社会行为发展产生影响，成为影响独生子女发展的一个重要的社会文化变量。

近十几年来，不少心理学工作者和教育工作者针对独生子女认知与社会性发展的特点进行了理论和实证性的研究，但这些研究的着眼点大多放在独生子女认知与社会性发展的特点上，对影响独生与非独生子女发展差

① 本文系“中泰两国儿童自尊及相关因素跨文化研究”的部分成果。该研究得到泰国北柳师范学院和山东省教委资助。

异的社会与环境因素的系统研究极少。从研究对象的年龄上看，绝大多数被试的年龄集中在学前或小学阶段，关于青少年阶段的研究很少。然而，独生青少年在青少年总人口中占的比重已越来越大。因此，青少年阶段独生子女心理发展研究是整个独生子女研究工作中一个亟待加强的领域。本研究试图通过大样本抽样测量的方法，考察我国城乡两种文化背景下初中阶段独生与非独生子女父母教育方式可能存在的差异，对影响独生子女心理发展与社会适应的社会文化变量进行一些初步的探讨。

近年来有关父母教育方式与儿童发展之间关系的研究发现，父母教育方式或父母的教育教养行为对儿童的影响是通过儿童对这些行为的知觉而发生作用的，即父母的行为只有在被儿童理解的情况下才能对儿童的发展发生作用。同时，有关研究还发现，父母对自己教育方式的报告和子女对父母教育方式的知觉之间存在着很大的差异。上述研究结论的启示是，研究者在探讨父母行为对儿童发展影响时，应尽可能把儿童对父母教育方式的知觉理解考虑在内，而不应单纯从父母的角度来看待其对子女的教育方式。因此，在本研究中我们采用了儿童报告的父母教育方式量表作为研究的工具。

二、方　法

（一）被试与取样

采用分层抽样法，分别从山东省的省会济南市、一个较发达地区（潍坊市）和一个欠发达地区（临沂市）随机抽取三个社会经济文化层面（大中城市、县城和农村）上的6所初中19个教学班，共1035人。剔除无效问卷后，实得有效问卷（人数）895份（人）；其中少数民族（主要是回族）37人，占样本总数的3.7％。在全部被试中，独生子女455人，占50.8％，非独生子女440人，占49.2％；男生523人，占52.8％；女生468人，占47.2％；城市被试（济南市和县城）474人，占总人数的53％；农村被试421人，占总人数的47％；各年级被试的人数及平均年龄分别是：初一319人，平均年龄13.20岁；初二258人，平均年龄14.24岁；初三414人，平均年龄15.19岁。

（二）工具

父母教育方式评定量表（Egma Minnen av Bardndosnauppforstran，以下简称 EMBU）。EMBU 系由瑞典临床心理学家 C. Perris 等人于 1980 年编制的用以评价父母教育态度和行为的问卷。原量表由 4 个因子共 81 个条目组成，涉及父母 15 种教养行为。1993 年由岳冬梅修订出中文版。修订后的中文版的父亲量表包含 6 个因子，母亲量表包含 5 个因子。修订者用平均年龄 19.5 岁的青年作被试所获得的各分量表的同质性信度系数在 0.88～0.46，分半信度在 0.50～0.91。修订者通过比较精神病患者和健康人在量表上的得分考察了量表的实证效度，表明在情感温暖、惩罚和拒绝否认等三个分量表上两者得分存在显著差异。由于量表采用的是青少年报告的测验形式，如果被试在施测时的年龄过大，其对父母早年行为回忆的准确性会受到影响。考虑到原量表中文版修订时所采用的被试年龄偏大（19.5 岁），本研究采用了在年龄上更为适宜的被试（初中生）重新估计了量表中文版各分量表的信度系数。由于本研究中的被试大多为独生子女，所以在分析中没有把“偏爱被试”这一分量表包括在内。各分量表的克龙巴赫 α 见表 1。此外，鉴于原量表中的第 66 题（父母经常拥抱我）不大适合中国文化特点，在本研究中我们对该条目进行了修订。

（三）施测方法

集体施测。

表 1　　父母教育方式评定量表各分量表的 α

因子	父亲	条目数	母亲	条目数
情感温暖与理解	0.85	19	0.88	19
惩罚严厉	0.86	12	0.83	9
拒绝否认	0.66	6	0.77	8
过分干涉	0.57	10	—	—
过度保护	0.40	5	—	—
过干涉过保护	—	—	0.71	16

三、结果与讨论

(一)城市独生与非独生青少年父母教育方式的比较

由于在以前的有关研究中发现,父母教育方式存在城乡差异①,所以,在本研究中有必要对城市和农村青少年的父母教育方式分别进行考察。城市独生与非独生青少年父母教育方式各维度的平均得分、标准差及 t 检验结果见表 2。

表 2　城市独生与非独生青少年父母教育方式各维度的平均得分、标准差及 t 检验

因子	n	平均数	标准差	n	平均数	标准差	t	p
父亲	情感温暖与理解	329	49.0365	9.788	145	45.4069	9.451	3.81***
	惩罚严厉	329	19.4924	6.452	145	19.6276	6.392	−0.21
	过分干涉	329	20.9210	4.077	145	20.4897	4.123	1.05
	拒绝否认	329	10.0426	3.155	145	10.1586	3.216	−0.36
	过度保护	329	11.2888	2.731	145	10.8759	2.648	1.55
母亲	情感温暖与理解	329	54.1611	10.384	145	49.8690	10.069	4.34***
	过分干涉过度保护	329	38.2006	6.690	145	36.4828	6.596	2.60**
	拒绝否认	329	14.1672	4.380	145	14.0828	4.349	0.19
	惩罚严厉	329	13.8298	4.410	145	14.0414	4.979	−0.44

(注:***、**、* 分别表示在 1%、5%、10%显著水平上显著)

① 参见张文新:《城乡青少年父母教育方式的比较研究》,《心理发展与教育》1997 年第 3 期。

由表2可见,在父亲量表和母亲量表的"情感温暖与理解"维度上,独生子女的得分均极显著地高于非独生子女(t 分别为 3.81 和 4.34,$p<0.001$),表明作为独生子女的青少年,其从父亲和母亲双方所得到的情感温暖与理解均极显著地多于非独生子女。同时从表2还可以发现,在父母教育方式的母亲量表上,独生子女与非独生子女在"过分干涉过度保护"维度上的得分的差异也达到了极显著水平($t=2.60$,$p<0.01$),独生子女的母亲对子女的干涉和保护极显著地高于非独生子女。但在父亲和母亲量表的其他维度上,独生和非独生子女的得分没有差异。

(二)农村独生与非独生青少年父母教育方式的差异

农村独生非独生青少年父母教育方式各维度的得分的平均数、标准差及差异的 t 检验见表3。

表3　农村独生非独生青少年父母教育方式各维度的得分的平均数、标准差及差异的 t 检验

因子	n	平均数	标准差	n	平均数	标准差	t	p
父亲	情感温暖与理解	126	46.2857	7.364	295	44.4068	8.314	2.30*
	惩罚严厉	126	8.7778	5.110	295	18.7627	5.117	0.03
	过分干涉	126	20.7540	4.122	295	19.9017	3.733	2.00*
	拒绝否认	126	9.8016	2.589	295	9.4136	2.689	1.39
	过度保护	126	11.1429	2.392	295	10.7424	2.292	1.59
母亲	情感温暖与理解	126	53.5159	7.559	295	51.5695	9.562	2.23*
	过分干涉过度保护	126	37.8254	6.396	295	36.4102	6.011	2.12*
	拒绝否认	126	13.3968	4.020	295	13.4305	4.013	−0.08
	惩罚严厉	126	13.2937	3.560	295	13.3627	4.057	−0.17

(注:***、**、* 分别表示在1%、5%、10%显著水平上显著)

由表3可以发现，农村独生与非独生青少年所报告的父母教育方式在4个维度上存在差异。在父亲量表的“情感温暖与理解”和“过分干涉”两个维度上，农村独生与非独生子女的得分存在显著差异（$t=2.30, p<0.05$），父亲对独生子女的情感温暖与理解多于非独生子女，同时对独生子女的干涉也多于非独生子女（$t=2.00, p<0.05$）。但是在其他维度上独生与非独生子女的得分不存在显著差异。在父母教育方式的母亲量表上，独生非独生子女教育方式差异的表现与父亲量上的差异相似，独生子女在情感温暖与理解和过分干涉、过度保护的得分显著地高于非独生子女（t 分别为2.23和2.12），表明母亲对独生子女的情感温暖与理解高于非独生子女，同时其对独生子女干涉和保护也多于非独生子女。但在其他维度上独生与非独生子女的得分没有显著差异。

综合城乡独生与非独生子女的父母教育方式的统计结果，不难发现，不管是在农村还是城市，父母对独生子女的情感温暖都多于非独生子女，且这种差异既存在于父亲的教育行为，也存在于母亲的教育行为。同时，与非独生子女相比，父母对独生子女的干涉和保护也要多。但在其他维度上，父母对独生与非独生子女的教育方式没有差别。

心理学家曾以接受—拒绝和控制—允许两个维度及其不同的组合来刻画父母对子女的教育方式。[①] 接受意味着父母对子女的爱与温暖，拒绝意味着敌意和排斥；允许是指给子女心理与行为的自主，控制则恰好相反。以此模型为参照，我们可以把上述独生子女与非独生子女父母教育方式的差异概括为：在接受—拒绝维度上，父母对独生子女的爱与温暖多于非独生子女，但在该维度消极的一端，即拒绝方面，父母对独生子女与非独生子女没有差异，换言之，父母更爱独生子女，但不拒绝非独生子女。在控制—允许维度上，除城市父亲外，父母对独生子女的控制（干涉与保护）高于非独生子女。

依据上述模型，父母行为在接受—拒绝和控制—允许两个维度的不同组合构成了父母教养行为的不同类型。接受和控制两极之间的组合所构成

① 参见李丹主编：《儿童发展心理学》，华东师范大学出版社1987年版，第455～459页。

的父母教育方式主要是属于溺爱型和保护型的。因此,根据上述结果,从父母教育方式的类型特点上看,独生子女父母教育方式中溺爱、保护倾向高于非独生子女。

父母对独生子女和非独生子女教育方式的差异产生的原因是明显的:与非独生子女相比,独生子女的父母不仅在满足子女的物质需要方面更具备条件,而且更重要的是,由于只有一个孩子,他们能够有更多的时间和精力与孩子交往。有关研究发现,一方面,独生子女与父母的交流比非独生子女更频繁,并且在交流中能持续地得到来自父母的肯定性评价①,由此他们得到的父母情感温暖与理解自然多于非独生子女;另一方面,只有一个孩子的事实往往容易导致许多独生子女的父母对子女过分呵护和娇爱,导致其教养行为中的保护和干涉高于非独生子女的父母。

我国自从20世纪80年代开始探讨独生子女的心理与行为发展。总的来看,大多数研究发现,独生子女认知及智力发展与非独生子女无差异,甚至略优于非独生子女,但是在个性与社会性发展的某些方面,如合作、独立性、自理能力方面不如非独生子女。根据本研究的结果,我们可以认为,如果独生子女上述个性和社会性发展方面的弱点确实存在,那么这些问题的出现有其父母教育方式方面的原因。因为心理学的研究业已表明,过分保护、溺爱的教养方式往往导致儿童依赖性强、自理能力差以及不易合群等消极性格特点。

如前所述,我们在其他有关研究中发现,城乡青少年的父母教育方式存在差异,表现为城市青少年的父亲对子女的情感温暖与理解多于农村青少年的父亲,同时,其对子女的惩罚与严厉、干涉和拒绝与否认也高于后者;城市青少年的母亲对子女的干涉和保护、拒绝否认和惩罚严厉高于农村青少年的母亲,在对子女的情感温暖与理解方面两者不存在差异。但在本项工作中我们发现,父母对独生和非独生子女教育方式的差异在城乡两种文化背景中表现出大致相似的模式:城乡青少年的母亲对独生子女与非独生子女教育方式的差异几乎是完全一致的(两者对独生子女的情感温暖与理解

---

① 参见黄刚:《独生子女的人际关系及其社会意义》,《心理发展与教育》1991年第2期。

和过分干涉，过度保护高于非独生子女，在另外两维度上没有差异)；城市和农村青少年的父亲对独生子女与非独生子女在情感温暖与理解上的差异是一致的，两者的差别仅在于农村青少年的父亲对独生子女的干涉高于非独生子女。这一结果说明，虽然在总体上父母教育方式存在城乡差异，但仅就独生与非独生子女的父母教育方式的差异而言，城乡之间具有较强的一致性。

四、结　论

本研究条件下，得出以下结论：

(1)不管在城市还是农村，父母对独生子女的情感温暖与理解均显著多于非独生子女。

(2)城市父母对独生子女与非独生子女在情感温暖与理解方面的差异比农村更显著。

(3)母亲对独生子女的过分干涉，过度保护高于非独生子女，但这种差异在城市青少年母亲中更为显著。

(4)农村青少年的父亲对独生子女的过分干涉高于非独生子女，但在城市青少年的父亲中这一差异未达到显著水平。

[原载《山东师大学报》(社会科学版)1998 年第 4 期]

道德教育的实践目的论[①]

戚万学

任何对道德教育目的的确定，都与人们对道德、道德的本质以及道德的发生、发展等基本问题的看法有关。由于到目前为止，人们对这些问题有着极为不同的认识，因而，道德教育的目的问题便成为道德教育领域最根本也是最为众说纷纭、莫衷一是的问题。我们提出道德教育的实践目的观，一方面是基于对道德的重新理解，另一方面则是基于对其他目的观的反思。

一

道德教育实践目的观的提出，首先是对权威主义和认知主义目的观的一种反动。

权威主义道德教育目的观以权威主义伦理学为基础。这种伦理学"由权威说明什么对人是善的，并由权威规定行为的法则和规范"[②]，由于价值规范的制定者总是一个凌驾于个人之上的权威，对何者为善、何者为恶之问题的回答主要是根据权威(人或者是团体)的利益。因而"服从是最大的善；不

① 本文系作者主持的全国教育科学"九五"规划教育部重点课题暨霍英东教育基金会高等院校青年教师基金项目"面向21世纪中国现代道德教育的理论建构和实践模式探讨"研究成果之一。

② [美]埃·弗洛姆：《为自己的人》，孙依依译，三联书店1988年版，第30页。

服从是最大的恶"[①]。权威及权威的利益是不必也不能怀疑的。学校作为社会的代理机构，教师作为社会的"牧师"，借助一切可能的手段保证这种服从，避免不服从乃是最根本的任务；使学生行为规矩、不折不扣地按规则行事便成为学校、教师最直接的目的。

权威主义道德教育目的观突出了道德和道德教育的外在行为特征和社会团体特征。然而，仅仅把道德理解为对行为规范和外在权威的依从，理解为一套特定的行为准则或对这种行为准则的简单认同，则割裂了道德的整体内涵，忽略了道德的价值本体意义。以道德的外在约束性代替了道德的价值主体性和超越理想性，以道德的约束、规范性取代了它固有的引导性和创造性特征，以道德是人类对外部世界的一种特殊把握方式的认识，掩盖了它同时是一种人把握自身、提升自身的特有方式这一内在化特征，从根本上排除了主体精神活动在道德中的重要地位。团体或社会决定道德规则，而且这些规则在决定行为中起决定意义，这是很清楚的。但是，这些历史的和社会学的结论不应隐瞒这样一个事实，即道德的最终意义在于它是人生活的一个方面。道德是为了人更好地生活或改善人的生活质量而设，而不单单是约束人的枷锁。简单的对外部规则的依附因其缺少了主体的自觉自愿而不能参与真正的道德评价图。道德是灌注着人的主体精神的"自由自觉的活动"。它真实地反映着人的内在精神世界，也正是在这一前提下，道德才成为认识、肯定、完善自己的手段，才能真正构成个人生活的一部分，人才可能为它负责。

权威主义道德教育以服从外在的权威和准则为鹄的，以强迫性执行(包括对奖励和惩罚的滥用)为手段。在这种教育环境下，一个人依规则条文行事仅仅是尽义务或不得不做，因而与个人生活并无切身的联系。由于权威主义的教育在实践中剥夺了学生选择的可能性，事实上也就同时取消了人们负责的内在根据。在此情况下，学生可以对权威负责、对学校制定的纪律条文或对规则确定的任何其他人负责，但唯独可以对自己不负责。当然，这种强迫执行的方法在某种情况下确能"成功"地管理学生的行为，使学生服

① [美]埃·弗洛姆：《为自己的人》，孙依依译，三联书店1988年版，第32页。

从,但要注意的是,作为对严格要求的一种近乎条件反射式的行为,其道德意义是要大打折扣的。一个不可否认的事实是,任何强制性手段充其量可以迫使学生做什么、不做什么,说什么、不说什么,但不能迫使学生想什么、不想什么,也就是说,这种教育虽然可以暂时改变学生的行为,却难以从根本上改变学生的道德观念。在对学校德育工作的调查中发现:那些在校内“诚实”“尊敬师长”“热爱劳动”的学生却会在校外说谎、在公共汽车上争抢座位,回家衣来伸手、饭来张口。许多教师、家长对此大惑不解。其实,这正是权威主义、强迫执行的结果。因为在强迫执行的环境中,学生对纪律条文的依从通常不是出于一种道德的需要,而是一种外力的胁迫,其中毫无行动的自觉性和主体的责任感可言,而且更为严重的是,在外力的胁迫和诱使下,儿童往往会在不道德的动机下作出符合规则或纪律条文的行为。而这些依靠外力维持的行为一旦失去其赖以维持的外部力量,其后果是可想而知的。我们说,学校不是看守所,教师的任务也不只是在8小时工作时间里管好学生使其规规矩矩。学校、教师的根本任务在于为儿童未来生活其中的社会培养积极的建设者、自觉的责任者。如果我们的学校培养出的是一些言行不一、校内校外不一、有规则没有规则不一的人,那才真正是教育之悲哀、社会之大不幸。

如果说权威主义道德教育关注的是机械的行为目的,那么,认知主义道德教育观则发展了另一个极端,把知识和能力的获得与发展视为教育的根本旨趣。

20世纪,无论对道德教育理论还是对道德教育实践来说,都是一个认知主义、知识主义的时代。[①] 各种道德教育理论都在向人们传递着几乎是相同的信息:道德与知识或认知能力有关,随知识、认识能力的发展而发展,因知识的多寡、认识能力的高低而有不同的性质;道德的发展乃是逻辑范畴、智慧能力在伦理范畴的延伸;儿童的智慧和能力乃是道德发展,因而也是道德教育的决定因素。相对于权威主义道德教育忽视主体内在精神、忽视人的积极主

① 参见戚万学:《冲突与整合——20世纪西方道德教育理论》,山东教育出版社1995年版,第29页。

动性，把儿童的智力活动引入道德教育领域，有其独特的意义或价值，并通过张扬人的思维、判断能力为变化不居、多元价值并存的现代社会中的道德教育找到了一个新的立足点。而且从根本上转变了道德教育的观念，动摇了传统教育的根基。即如果道德发展的过程是一个借助自己的理智努力探索建构的过程，那么，道德教育的目的就不应是让儿童无条件地服从既定不变的条文，而是要鼓励他们接受理性的指导和自我决定；如果说道德教育的过程是一个需要学生智慧参与的过程，则势必抛弃说教、灌输、强迫执行等非理性方法，帮助和指导学生通过独立思维和自己的实践形成判断、作出决策。从这种意义上讲，对知识、认知主义道德教育计划的任何评价都不会过分。然而，单纯的知识、认知主义道德教育是片面的。认知之于道德既非唯一的亦非最终的因素。认知、推理并非道德的全部甚至不是道德的本质成分。道德教育的目的归根结底是行为的改善而非知识结构、认知能力的改善。而且，认为只要对道德的知识有所了解、只要发展了成熟的判断和推理能力，就能自觉自愿地遵守道德，道德行为不过是认知发展的一种逻辑的结果的看法也是错误的。因为无论从理论上，还是在现实中，人们都无法确证正确的推理和丰富的道德知识与道德的行为之间存在某种必然的逻辑上的因果关系。虽然我们的所知与所为之间有着某种联系，但所知本身并不能决定所为。① 把道德生活的改进和提高看成道德知识获得的逻辑结果事实上是混淆了道德上的“应然”与事实上的“实然”的区别。所以，要为学校道德教育提供合理的基础，就必须严肃地面对既要给学生以道德知识又要使他们依此来行动这一道德教育领域中最古老、最困难，也是最根本的问题。

关于如何弥合知行脱节，培养儿童独立、自主的道德人格历来有各种不同的观点。作者认为，弥合知行脱节、培养自主道德的重要途径就是儿童的自主活动或实践，在实践中通过实践或在“做”中并通过“做”实现知行的真正统一。因此，道德教育的真正目的就是做活动或实践道德生活。道德本质上就是实践的。

① 参见[英]戴维·布莱克莱吉、巴里·亨特：《当代教育社会学流派——对教育的社会学解释》，王波等译，春秋出版社 1989 年版，第 23 页。

二

道德教育实践目的观的提出也是基于对道德的实践主体性本质的认可和肯定。

从发生学的意义上讲,道德源于人的特殊需要,即源于协调人与社会、人与人之间的关系的需要已是理论上一个不争的问题。但是,道德不仅源于协调各种关系的需要,更重要的是产生于人类自身生存和发展的需要。而且,显然这是一种更为深层次的需要,也是人类何以需要协调相互间的矛盾和关系的最后根据。正是把道德作为认识、发展、完善自己的手段,作为肯定、确证自己本质力量的一种形式,道德才真正成为人自身生活的一部分,才能在人的生活过程中不断发展、不断进步。虽然作为个人行为准则的道德规范,一经形成,便具有了一种自然的约束和规范功能。但这种约束和规范并不只是反映了人类社会这个组织系统所需要的有序性要求,更是反映了作为这个组织系统成员的个人发展、完善自己的要求。把约束自身作为自己发展的一种需要,其中所包含的强烈的人类自主、自为理性意味是非比寻常的。它反映了道德是人对天然自由的放弃,对约定自由的选择;反映了人对自身兽性的抑制和规范,对人性的追求和发展;充分体现了只有人才能自觉地把自我约束和自我发展结合起来。

把道德厘定为调节各种社会关系、实现主体自我发展、自我完善的手段,事实上已经肯定了道德的根本特征就在于实践。道德在实践中诞生,通过实践确证其存在,并在实践中满足着主体最深刻的道德需要。

在人类思想史上,“道德根本上是实践的”,则是一个绵亘古今的主题。在中国,道德从来就是“做人”的学问。传统伦理精神强烈的人世态度决定了实践在道德中的举足轻重的地位。通过行动履行人伦关系的要求乃是道德的最高境界。人格的磨炼落实于人生或现实生活。所以,中国古代的道德圣贤都是因其在人生道路上体现了至高无上的仁德,或在行动上创造了丰功伟绩。于道德教育,知性化育固然重要,躬行实践更不可没,“行有余力，则以学文”[1]是典型写照。

在西方，道德哲学或伦理学，就是“实践哲学”(Practical Philosophy)。道德哲学之所以被称为“实践哲学”，“因为它研究实践或行为”[2]。在西方古代和近代伦理思想史上占绝对统治地位的“规范伦理学”就是一种“实践的伦理学”，它以研究道德与人的现实生活、与人生、个人需要、利益、幸福的关系为基本特征，以确定道德准则、道德原则并要人们依此行事为基本宗旨。在伦理学的开山鼻祖亚里士多德那里，伦理学这门学科就是根据实践来定性的。他认为，伦理学“这门科学的目的不是知识，而是实践”[3]。一个完全合乎德性而现实活动着并拥有外在善的人，就是最幸福的人、达于至善的人。至此以降，无论利己主义还是利他主义，无论是享乐主义还是禁欲主义，也无论是理性主义、非理性主义、义务论还是功利论，对道德哲学的界定均以此为定向。笛卡尔认为，为了要判明人们的真正见解是怎样的，与其听其言，不如观其行。而黑格尔则以更概括、明确的形式表述了同样的思想：“人做什么事，他也就是什么样的人……人不是别的，正是他的一系列的行动”“主体就等于它的一连串的行动。”[4]人的主体本质，只有通过许许多多的外部行为和客观效果才能得到正确的表现。康德虽重理性、谈意志，而且只谈善的意志，然而，在康德那里，道德哲学仍是一门实践科学。马克思主义经典作家则直接把实践或人的感性活动引入人的认识和道德领域，确立了实践在人类道德发生发展中的地位，把道德理解为人的现实活动“理解为人的实践”[5]。现代马克思主义伦理学家在这一问题上继承了马克思主义经典作家的观点，同样把道德纳入人的活动、实践框架加以解释。苏联伦理学家阿尼西莫夫认为，“如果离开人们的实践活动，离开他们的多种多样的实际行为，而孤立地研究道德意识的本质、特性、结构的话，显然是不可能完全、

---

① 冯国超译注：《弟子规》，商务印书馆2015年版，第83页。

② [美]弗兰克·梯利：《伦理学概论》，何意译，中国人民大学出版社1987年版，第4页。

③ [古希腊]亚里士多德：《尼各马科伦理学》，苗力田译，中国社会科学出版社1990年版，第3页。

④ 中国社会科学院哲学研究所伦理学研究室编：《现代世界伦理学》，贵州人民出版社1981年版，第48页。

⑤ [苏]列宁：《哲学笔记》，人民出版社1956年版，第30页。

充分地理解它们的”[①]。所以,在他看来,“行动之外没有道德”。

当然,在现代西方伦理学的发展中,实践道德哲学确曾随着“元伦理学”的兴起而受到挑战。然而,在目睹了西方社会20世纪60年代人们的行为堕落、道德沦丧的境况以后,伦理学家重新意识到伦理学应对现实的道德问题予以更多的关注,对改善人的行为承担责任。从60年代起,“回到规范伦理学”的口号日渐高涨。伦理学向规范的或实践的主题回归,重新证明了道德实践本性的永恒性。事实上,即使在20世纪上半叶,元伦理学兴盛的时期,道德的实践性也仍为许多哲学家所支持。像非理性主义伦理思潮存在主义伦理学就饱含着对具体的人生问题、对现实的生活问题诸如人在现实世界中的自由、责任、生活情景、行动、实践等的关注。在存在主义者看来,人在行动中获得自由,在行动中展现自己应尽的责任,从而确证自己的真实存在。[②] 其他像法兰克福学派第二代代表人物哈贝马斯(Jurgn Habemas)也是把活动、实践作为伦理学的核心,从而提出了以“交往和活动”为中心的“商谈伦理学”。

总之,道德的本性是实践的。道德就是现实的人的活动。于教育,促进人的实践理性的发展也就是促进人的道德的发展。使学生负责地去行动乃是道德教育的根本目的。事实上,没有人能比20世纪的教育家更清楚教育自身的实践特征,“20世纪的教育家更加觉察到,由于人不仅要思考,也要行动和关心,教育过程必须超出智力的训练,帮助青年学习如何有效地和负责地行动”[③]。

三

道德教育实践目的论的提出,其内涵是丰富的,其教育学意义是深远的。

---

① 中国社会科学院哲学研究所伦理学研究室编:《现代世界伦理学》,贵州人民出版社1981年版,第47页。

② 参见[美]约瑟夫·P. 德马科、理查德·M. 福克斯编:《现代世界伦理学新趋向》,石毓彬等译,中国青年出版社1990年版,第92页。

③ [澳]W.F. 康纳尔:《二十世纪世界教育史》,孟湘砥等译,湖南教育出版社1991年版,第30页。

（一）实践目的论肯定

学校道德教育的根本目的在于使学生形成、实践并能在实践中不断改善自己的道德生活。在于使学生形成一种善善、恶恶的行为方式、生活方式。

马克思、恩格斯指出："意识在任何时候都只能是被意识到了的存在，而人们的存在就是他们的实际生活过程。"[①]人作为道德的存在，其最鲜明、最生动的意义就在于他有属于自己的现实的道德生活。其道德的存在也无非是他实际的道德生活的过程。从根本意义上讲，把道德视为调节社会关系、完善主体自身的手段，就决定了道德生活是有关人们利益关系的实践理性生活，是追求人格完善、社会谐和与公正的创造性的生活[②]，显现了人自身从能动、实践的角度把握社会道德现象的特征[③]。实践道德生活是主体之为道德主体的确证，是道德之个体意义的最充分的实现。从这个意义上讲，道德教育作为一种教人为善的手段，只有把促进年轻一代在现实中实践自己的道德生活作为目的，才能尽自己的道德责任于万一。

具体说，把实践道德生活作为道德教育的目的，主要包含以下几种含义：

第一，道德生活乃是个人现实生活的一部分，是主体创造的结果。把道德作为主体生活的一部分，作为主体创造的产物，其意义在于把道德生活、把行动的意义置于主体自己手中。这样，在现实生活中，主体就不再是外在于自己生活的机械追随者，而是生活的开拓者、创造者。道德生活的选择因其自觉自愿，而能为其负责，能够主动地实践。在能动的现实道德生活中，人极其强烈地统一着自己的智慧、情感、意志，全身心地投入生活的实践、改造中去，使自身的一切潜能和可能性得到充分发挥，从而一方面确证着自己的本质力量，诱使人不断地投入生活的进程中去；另一方面从中体验履行道德生活的愉悦和道德之于人自身发展的价值。

第二，活动或实践道德生活不仅是实现其他目的的手段，而且活动、实

① 《马克思恩格斯全集》第3卷，人民出版社1960年版，第29页。

② 参见[苏]高兆明：《道德生活论》，河海大学出版社1993年版，第13页。

③ 参见[苏]高兆明：《道德生活论》，河海大学出版社1993年版，第10页。

践本身就是目的。在传统的或权威主义道德教育领域,也承认人的现实活动或实践,然而,这些活动或实践不过是达到某种外在目的的手段。其意义或价值仅在于它与代表权威利益的规范、准则相一致,本身并无任何意义。由于活动的目的游离于活动本身之外,活动只是为实现另一种目的不得不做的形式化运动,因而,活动也定然不会对主体自身的发展有所助益。这种目的、手段分离的最大弊害就是遏制了主体主动实践的愿望,从根本上排除了个人活动的积极能动性,并因而取消了个人对行为的责任。"社会规范开脱了个体对其行为的责任",因为这些规范或原则是"某种纯粹外在的东西","人们可以'按原则来做任何事情',因而也就不再有任何个人的责任"。① 一种真正具有主体意义的道德生活的实践,一定是既是目的又是手段的。这种目的是活动自身内部产生的结果。它不仅反映着主体对活动有计划进行的预设,也反映着促使这种预设实现的那些因素。由于活动本身成为目的,活动就不再是为做而做的纯形式化操练,而是带有主体意志的、具有真正个人价值的实践。这是活动因而也是主体自身发展的重要动力源泉。

第三,把实践道德生活本身作为目的,其更深刻的内涵在于认定:道德、道德生活本身是开放的而非封闭的、发展的而非静止的,在于确认道德生活的目的就是为了更好地履行道德生活。也就是说,道德生活没有一个最终的栖所。实践、改善道德生活本身就是它自身的要旨和意义。它意味着人不是附着于一个固定不变的目的,而是为了更好的道德生活而进行艰苦的奋斗和创造,意味着我们一切道德上的努力无非是不断地改善自己的道德生活。其中,包括不断增强实践理性、增强自己的创造能力、努力促进人际关系的和谐以及与社会关系的和谐。对这一过程负责就是我们全部的道德责任。

把活动本身作为道德生活的目的,暗含了没有既定不变的、绝对永恒的道德原则。任何道德标准都随社会文化的变迁而有不同,任何道德价值都向未来开放、向变化发展开放,向更理想的道德状态开放。于是,于治学,"活到老,学到老";于做人,则更复如此。道德的发展、变化实质上就是一个不断抛

---

① 参见[美]约瑟夫·P. 德马科、理查德·M. 福克斯:《现代世界伦理学新趋向》,石毓彬等译,中国青年出版社1990年版,第94页。

弃旧的、接受新的价值观念的过程，是一个不断改造、完善的过程。生活的目的，不在于作为终极目标的尽善尽美，而在于永远持续的不断改善。[①]

（二）道德教育的实践目的论支持一种实践性——强调在实践中通过实践的道德教育计划

首先，这种教育计划在课程观上坚持实践性或活动课程乃是道德教育的主导性课程，是真正的道德教育课程。实践性是道德教育课程区别于其他教育课程，如智育课程的根本特性[②]，因而实践性或活动性道德教育课程的实施也便有独特的原则要求：(1)实施活动课程必须贯彻主体性原则，必须突出道德教育的人学特征。这就要求在课程实施过程中，作为课程主体的学生活动应是学生的自主活动，即让学生始终按照他自己的思想而不是按照别人的思想进行活动，不是按已经安排好的严格要求去做的、形式化的行为操练。要求在指导思想上，始终把学生当作教育过程的真正参与者，当作选择、决策、行动的主体来看待。之所以特别强调教育过程中学生的自主、自为，就在于，只有经过学生自主选择来的、自己确定的，他才能主动负责。以往学校开展的活动，往往由学校、教师事先确定活动要达到的目的、活动组织方式、活动的程序，明确活动的纪律和具体要求，这些活动对学生来说通常是不得不做的一种程式化、履行公事式的机械操练，既无智慧力量的发掘，亦无情感的真诚投入，也就不可能对学生的心灵有所触动。(2)活动课程的实施，必须贯彻兴趣性原则。兴趣是自我对某一对象的积极、主动的认同，它包含着活动是自己的而不是外加的含义。所以，兴趣乃是学生活动得以富有成效地进行的稳定的动力，任何教育活动、对学生的任何训练，都必须考虑学生是否愿意和是否有能力接受。(3)必须贯彻民主性原则，活动课程的实施过程，不是一种简单的道德知识、道德价值观的传输，也不是一个“道德权威”对学生道德行为的模塑过程，而是一个学生利用内在和外在的道德资源主动学习的过程，是一个在民主的氛围下师生平等对话、合作、交流的过程，是一个师生共同解决道德问题，共同实现道德发展的过程，

① 参见赵祥麟、王承绪编译：《杜威教育论著选》，华东师范大学出版社1981年版，第248页。

② 参见戚万学：《活动道德教育论》，南开大学出版社1994年版，第166页。

是一个学生作为教育过程的参与者参与教育、参与教育管理,进行自我教育的过程。(4)实施活动课程,还必须贯彻科学人道主义原则,在道德教育的过程中,充分平等地对待每一个而不是某一个学生的独立人格和尊严,给每个人提供自主行为、履行自由意志和道德义务的机会,使每一个人最终成为有独立个性的、不断发展的责任主体,事实上这也是整个道德教育的根本任务。(5)实施活动课程,还应注意与社会生活相联系,通过学生的实践或活动沟通校内、校外生活,鼓励、指导儿童积极参与社会实践,使学生在实际参与社会道德生活中形成道德实践能力。

其次,这种教育计划坚持道德教育的过程、方法与其他教育过程和方法有着原则性的不同①,如智育过程,强调更多的是学生的理智活动,感性活动或外部活动断然不能作为主导性的方法(进步主义教育家杜威的杰出之处在于把儿童的活动引入教育领域,从而确立了儿童在教育过程中的中心地位,然而,其致命的问题也恰恰在于把儿童的外部活动泛化、绝对化),而道德教育过程则不同,如前所述,道德根本上是主体在实践中、在主体间交往和协作中得来的,道德教育要以学生的认知能力,以学生的道德智慧为基础,要求学生积极的理智参与,但更强调通过学生的实践、通过学生的感性活动来获得和实现道德价值。在以道德知识传授为中心的教育形式中,直接的讲授甚至灌输的方法有着不可替代的作用。但在道德教育中,说教的方法、直接讲授的方法既不是一种教授道德的方法——因为真正的道德包括对那些可能处于冲突中的价值体系作出审慎的决定,也不是一种道德的教授方法——因为合乎道德的教学意味着尊重儿童正在发展着的推理能力和对他们所学内容的评价能力。道德教育,由于立足于让学生在道德冲突或各种关系的冲突、利益的冲突面前学会判断、学会选择,学会如何与人合作、共处,学会如何理解和善待别人,学会如何自我调节、自我完善、自觉履行责任等。所以,在方法的选择上,间接的方法相对于直接的方法、教会选择相对于教给知识、参与或自主活动相对于强迫执行、讨论或激发思维相对于提供答案、通过实践的学习相对于通过静听的学习等,均重要得多。

---

① 参见戚万学、杜时忠等编著:《现代德育论》,山东教育出版社 1997 年版,第 343 页。

再次，以实践为中心的道德教育计划要求教师不单是一位道德知识的传授者，而且是学生道德生活的指导者。他不仅要有一套他正在做什么以及为什么这样做的理念，而且要明确他应该达到的目的以及达到这种目的应该采取的手段。他不仅要理解道德以及道德教育的实践性特征，而且必须懂得如何实践道德。一方面，他要具备儿童的活动因其年龄的增长而呈现不同的形态的知识，另一方面，要能够在此基础上设计最有利于儿童道德发展的活动形式。他既要懂得如何在活动、实践中磨练学生的意志，而且要深谙通过活动、实践培养儿童自我教育的能力和自主、自由、自觉的人格；教师不是教育过程的权威，而是学生的合作者。建立在学生自主活动基础上的道德教育也绝不意味着教师作用的削弱，而是意味着较之传统学校师生之间有着更为密切的合作和交流。正如杜威所说："建立在个人经验的基础上的教育也许意味着比在传统学校任何时候曾经存在的成人和儿童之间的更复杂和更亲密的接触，结果是更多而不是更少地受别人的指导。"①又如皮亚杰所言："除了一些极端的事例之外，这种新的教育方法的倾向并没有减少教师的社会活动，毋宁说，它是要在对成人的尊敬与儿童的合作之间求得协调，并且尽可能地减少教师所施加的约束，而把它转化为一种高级形式的合作。"②

总之，把实践道德生活作为道德教育的目的，其实质在于把道德的发展作为主题生活的一部分，因而把道德教育的过程转变为一个主动的、实践的、流动的而不是消极被动的、静止的过程；在于把道德的发展变成学生自身生活的一部分，使其更好地负起对自己、对他人、对国家、对社会、对自然的道德责任，为自我精神世界的丰满、为社会谐和与公正尽职尽责；在于从根本上凸显活动道德教育与传统道德教育的区别：主动与被动、发展与静止、开放与封闭的区别。

［原载《山东师大学报》(人文社会科学版)2001年第1期］

① 赵祥麟、王承绪编译：《杜威教育论著选》，华东师范大学出版社1981年版，第348页。

② ［瑞士］皮亚杰：《教育科学与儿童心理学》，傅统先译，文化教育出版社1981年版，第184页。

试论教育研究方法论的整合

潘庆玉

一、教育研究方法论的整合趋势

目前的教育研究方法论基本上有两种对立的研究倾向，即科学主义的定量研究和人文主义的定性研究。科学主义的定量研究在我国主要包括观察、调查、测量、实验等方法，在国外主要指“过程—结果”研究，也叫“教学效能研究”。人文主义的定性研究在我国主要指历史文献研究、个案研究、课堂跟踪研究、教育哲学研究等，在国外主要指教育的人类学研究、诠释学研究、教室俗民志研究等。

在研究方法论上，科学主义定量取向的研究从“经验—分析”立场出发，坚持以下几种原则：第一，以自然科学特别是数学化的物理学作为一切科学方法的标准或理想，教育科学应以此为蓝本。第二，采取事实与价值二分立场，主张教育研究过程中不带价值判断。第三，认为教育教学规律应符合既定的教育教学经验事实。第四，量化是达到真理确定性的必要手段。

这种研究方法论尽管在目前占有绝对的优势，但是它存在的问题也是人所共知的。第一，教育科学的数学化的理想并不能保证教育理论的科学性。数学化是科学演绎系统的内在要求，而教育理论在实质上并不具备经验演绎的价值，这是由教育活动的实践本性所决定的。这种对教育教学事实的量化研究取向其实仅仅适用于教育教学现象的表层存在，不可能到达意义与价值层面。第二,由于教育教学研究中存在着研究主体、研究客体与研究中介的相互缠绕和相互渗透的认识论"怪圈",教育教学研究从根本上来讲不可能做到主客二分、事实与价值的彻底分离。教育教学事实不仅是客体的存在,而且是价值选择、实现等主观活动的过程与结果,教育教学研究不仅要抽象出基于既定事实的一般特征,更要洞察事实背后的意义根源并进行有效的评判和选择,以创制新的教育教学事实以超越既定的经验。第三,教育教学规律符合既定的教育教学经验事实只能造成教育教学的宿命论思想。教育教学规律从本质来讲并不是对客观不变的既定教育教学事实的一种滞后的抽象,而是处于教育教学实践的不断制作、生成中的历时性的不可逆的过程性存在。它是教育教学理想与现实相互作用的产物。第四,量化所带来的是对教育教学现象复杂性的过分化约,同时也消除了教育教学中的意义与价值因素。第五,该研究取向大体上是依据传统行为主义心理学的理论基础,因此较忽视认知心理学的观点以及教育社会学与文化人类学有关人际关系的微观研究。这一模式偏重教师的行为表现,相对忽视教师的个性、素养与教学风格,对学生而言,重视学习的最后结果,而忽略了学生的学习体验和个性差异。从整体而言,偏重于对教育教学效能的研究,而忽视了教育价值的研究。可见,科学主义的定量研究必须得到应有的限定和制约。否则,教育研究将失去真正的现实意义。

人文主义定性研究从价值理解的立场出发,坚持以下几种原则:第一,教育教学过程及现象是一种主观的存在,研究教育教学规律并不是研究的终极目的,不可能以抽象的教育教学规律为核心建构教育教学理论。除了教育教学规律,还有教育艺术、教育伦理和教育理想等更根本的东西。最终决定教育教学过程的乃是最深刻的价值层次,即教育理念或教育理想。因此,单纯的量化研究对于教育过程是不足用的。第二,在教育研究中,不可能保持主客分离和价值中立的立场,研究主体的自我反省、参与式研究和对于教育过程及现象的直觉理解等方式不仅是必要的,而且是积极的、深刻的、整体的。第三,要重视对于教育教学现象的微观研究,因为从宏观上进行量化分析的技术破坏了教育教学过程的完整性、意义性和真实性。他们主张在自然情境中,进行长期的"田野"研究或个案研究,并透过"理解"的程序，来探讨师生双方如何“磋商”教学过程，深入了解他们如何诠释教育教学情境的意义。第四，研究注重批判性和建设性。把一般视为“理所当然”的事情，重新当作问题加以处理。因此，研究态度是由以往被动地接收问题转而注意到主动地发现或提出问题，由以往注重“事实”的问题，进一步探讨“如何与为何”等深层问题。

人文主义的定性研究取向尽管具有上述几种优点。但是仍有许多局限和困难。首先，人文主义的定性研究一般侧重于描述具体学校和班级生活中师生间的生活景象，过分强调研究对象的独特性，因而无法解释班级活动的整体结构和功能，目前还无法形成理论体系。其次，所采用的“田野观察法”通常仅适合特定情境中对小样本深入的观察，研究者要集观察者、晤谈者、记录者与分析者于一身，需要有较高的专业素养和“拟情”能力，能够对主观的经验与感受进行不带偏见的整理和研究。否则，研究的结论便会丧失真实的价值。再次，研究过程是由参与观察、访问、记录与文件分析等组成，取得的研究资料缺乏严谨研究设计，没有标准化的测量工具，研究过程也是随时变化的。因此，研究结果带有极强的主观的、感性的、印象的特征，缺乏严格的学术性。最后，人文主义的定性研究侧重于对教育的内容价值和意义的诠释与理解，忽视了对教育作为社会有机组成部分的外在价值的研究，从而使内部的研究取向带有很大的理想色彩，缺乏现实可能性的论证。

比较而言，科学主义研究取向是一种实证的研究，它是以心理学为研究基础，进行单向因果联系的研究，重视知识学习层面，注重对外在行为的分析。人文主义研究取向是一种诠释与理解的研究，它以人类学、诠释学为指导，进行双向复杂情境的研究，注重对内在意义的探究。

针对科学主义和人文主义两种研究方法论之间存在的对立互补关系，学术界提出了对二者进行整合研究的观点，以图消解二者之间的悖谬和冲突。但是，在如何整合上，大家莫衷一是，各持己见。有的把二者看作并列的互补关系，提倡对教育进行多元化研究，分别解释教育教学现象的不同本体层面。有的把二者看作交叉关系，主张价值取向的研究要渗透科学分析实证的精神，科学研究中要贯穿价值指导原则。也有人把二者看作包容关系，认为应把价值取向的研究包容进科学研究中去，使科学研究成为兼容事实描述与价值规范的综合体。以上的几种模式都是可喜的尝试，在实践中还都处于探索阶段。笔者认为，上述几种主张都不同程度地存在着问题。第一种观点把二者看成并列的互补关系是不妥的，价值的研究和事实的研究是处于不同的本体论层次的，不可能具有同等地位，没有统一的理论基础的多元化研究最终将导致教育研究的内在分裂与冲突。第二种观点其实是对二者无原则的调和，尽管科学研究和价值研究二者都不适用于教育教学的整合本体，但并不意味着通过人为改变科学研究和人文研究的性质就能达到整合的目的，科学研究和价值批判的调和将使教学研究既丧失了科学求真的品质，又造成价值标准上的混乱。第三种观点其实是对传统科学研究的一种修正，但同第二种观点一样，在实践中是难以操作的。笔者认为，构建教育研究的模式既不能简单化地消解事实研究与价值研究之间的矛盾，也不能以多元化的研究模式取消教育教学本体各层次之间的内在统一性，更不能坚持各自为战、相互攻诘的立场。我们应该合理划定科学研究和价值研究、理论研究和应用研究的有效的本体范围和层面，对各种研究方法作出来自本体论的约束和规范。基于这种考虑，笔者尝试建构一种综合的教育研究方法论模式。

二、综合教育研究方法论构建

我们所提出的综合教育研究方法论的建构，是以对教育过程及现象的本体论所进行的广泛而深刻的考察与研究为基础的。从哲学的角度对教育过程及现象的本体进行形而上的分析，可以从以下两种维度进行描述：

其一，从横向解剖教育现象可把它分为四个层面：一是教育的物质—环境层面，它包括进入教育过程中的各种物质环境、教学设备及教学媒体等。它提供了教育得以进行的物质上的保证，但是并不具有决定意义。二是教育的生理—心理层面，它指向教育过程的微观发生领域，从受教育者身心发展变化的角度刻画了教学所带来的直接效果。三是教育的社会—文化层面，它包含了特定历史条件下的教育教学活动所反映出来的政治、经济、文化特征及社区、家庭、校园文化、同伴群体等因素同教育教学活动形成的复杂关系。这些特征与关系是客观存在的,它们从宏观和中观的层面铺设了教育过程的现实基础。四是教育的精神—价值层面。精神价值层面是教育本体中最深层的结构,它统摄着上述三个层面。教育精神价值层面指明了教育教学对于社会及人生的终极意义——教育教学要以培养人的幸福生活能力为最终追求。因此,它在整个教育教学的本体结构中具有最终的决定意义。

其二,从纵向的角度来解剖教育过程,可把它看作由几组相互对立的范畴组成的集合体。它具有以下几个侧面:第一,教育过程是规范化与创造性相互作用、转化的过程。规范化要求教育活动开展必须遵循基本的教育教学原则,符合学生身心发展的规律,有计划、有步骤地实施;创造性是指充分发挥师生的积极主动性,不断打破程式化的教育教学模式,防止教学活动的机械化、僵硬化。第二,教育过程是植根于事实判断追求价值的活动。教育教学活动要依据科学事实所揭示的规律,但不能局限于事实,而是要以事实为依据追求正当的价值,不能为消极的、落后的目的服务。第三,教育过程是历史继承性与时代创造性相同一的过程。教育过程的时代创造性不断地转化为历史事实,丰富着历史,也创造着历史。

从以上两点本体论定位中,我们可以隐约地发觉教育过程及现象本体背后所隐藏的方法论的脉络,察悟出价值论的走向:横向的解剖结构对于划定教育的哲学研究、科学研究所适用的本体层面有极为重要的决定作用,而纵向解剖结构则为教育教学的应用或行动研究提供了本体论的依据。我们将从上述教育过程及现象的形而上阐释出发,探讨研究方法论和价值论问题,使隐含的脉络走向清晰起来、突出起来并贯通起来,在这同时,教育教学过程及现象的本体将逐步显现它的丰富性、层次性、可塑性。根据上述本体论的界定,我们提出综合研究方法论的模式图,如图1。

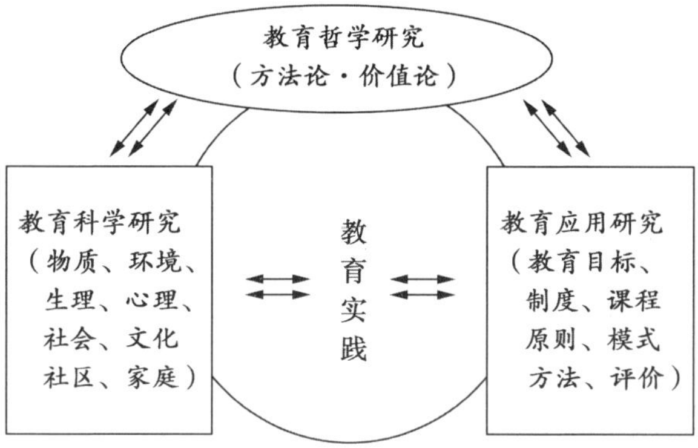

图1　综合教育研究模式图

在上述综合研究模式结构中，教育哲学研究适用于教育现象的精神价值层面，教育科学研究适用于教育现象的物质—环境、生理—心理、社会—文化层面，而教育应用研究则以对教育过程的纵向解剖结构的分析为依据。

在上述综合研究结构中，教育科学的研究和教育应用的研究是以教育哲学及教育目的的研究为对称轴左右对称展开的。教育科学的研究是一种理论研究，它着重揭示影响教育的各种内外因素对教育教学过程的制约作用；教育应用的研究着重利用教育科学研究的成果进行教育教学行动研究，以干预教育教学实践；教育哲学和教育目的的研究则是联系教育科学和教育应用研究的中介环节，它一方面对教育科学研究的成果进行形而上学的理性批判和价值选择，另一方面为教育应用研究提供直接的规范和价值指导。三者之间是一种对话互动关系。所谓“对话”，就是指各研究主体之间要放弃各自为政、互不相干的研究态度，保持经常的信息交流，进行平等的对话。所谓互动就是指在具体的研究过程中，三种研究一方面要相互协作，相互促进，另一方面要相互批评、相互监督。在这三者之间，由于教育哲学的研究处于核心的位置，对于沟通其他两种研究具有决定性的意义，因此，三者之间不仅有对话，而且还有指导与被指导、决定与被决定的关系。

在教育科学研究中，追求客观性、普遍性和必然性仍然是首要的标准，它贯穿在所有教育科学研究中。教育生理、心理学的研究侧重于揭示在教育教学过程中特定发展阶段的儿童身心发展的现实水平及其规律,为教育教学应用研究中确立教学的最近发展区提供确凿的理论依据。教育的社会、政治、经济、文化的研究在于确定教育教学应用研究的特定的历史背景,揭示影响教育教学过程的来自社会政治、经济、文化等各方面的制约作用,为教育教学的应用研究提供现实的可能性社会基础,为选择符合时代特征的教育内容框定合理的范围,有利于保障教育社会功能的正常发挥。教育的社区、社团、家庭因素的研究侧重揭示特定地区、文化团体和家庭背景等因素对教育教学过程的影响作用,为教育教学应用研究的地方性、特殊性提供依据与参照。

教育哲学研究,一方面对教育科学研究的过程和成果进行形而上学的理性批判和价值选择,揭示教育科学研究的哲学依据和前提,进行方法论上的检讨,并通过价值论的批评确立科学研究成果对于教育应用研究的意义;另一方面为教育目的的制定提供直接的价值依据,为课程的编制、教学模式的建构、教学方法的选择提供价值参照。教育哲学研究一方面要保持积极的批判意识,另一方面要进行建设性研究,通过价值论的探讨不断地向教育教学实践注入精神的活力,结合时代精神构建教育教学价值观。

教育的应用研究,是真正意义上的教育研究,因为它是对教育教学过程内部各组成因素的直接研究。如果说教育科学研究重在对既定事实进行分析和归纳,那么应用研究则是对教育发展可能形态的研究。它奠基在教育教学的可能性、潜在性和可塑性之上,是以追求价值意识的现实实现为根本目的的。教育教学目标的研究主要是把抽象的教育目的转化为切实可行的、具体鲜明的教学目标和教学要求,用实质性的内容充实空洞的框架,使教育目的真正地转化、渗透到教学实践中去。课程的研究是教育过程中最重要的研究,因为课程既是知识的载体,也是价值的寓所。它是教育过程中对学生发展产生实质性影响的最关键、最核心的部分。按照协同学的观点,它就是整个教育过程的序参量。课程的研究必须以教育价值的研究为指导,以教育科学研究所提供的影响教育教学发展的各种因素的制约作用为前提。教育模式和教学方法的研究是直接针对教育教学实践的研究,它是使静态的课程获得现实的意义，实现教育教学目标的重要环节。它应在科学研究所揭示的客观规律和事实基础之上，充分发挥师生的主体性，以近似于艺术的方式创造生动的、现实的教学过程。教育评价研究其实质是对具体的教育效果和现实问题而进行的对教育理论与实践的整体性反思，它既要评价结果，又要评价过程；既要评价学生，又要评价老师；既要评价实践，又要评价理论，而且又要把上述各种评价统一起来，形成综合的、全面的认识。教育评价为下一步的教育理论研究和实践提供宝贵的反馈信息和建议。由此可见，教育应用研究的实施和实践直接形成了教育科学研究的新的事实，为教育科学研究的发展提供了根本的本体论依据，从而使整个研究过程形成了一个良性的循环。

在整个研究结构中，科学研究的内部存在着互释现象，应用研究的内部诸因素之间存在着相互制约性，哲学研究和教育目的的研究更是内在地交织在一起。同时，科学研究、应用研究和哲学—目的研究之间在本体论意义上来讲，构成了一种逻辑的圆环，使本体的各种层面在整个研究的过程中均有相应的方法论依据。我们不难发现，这个圆环并不是在同一平面内呈封闭状态，而是在立体的架构中呈螺旋型上升趋势。在这个结构中，不存在固定不变的起点和终点，而只有连续不断地向前发展。这种综合研究模式对科学主义与人文主义研究取向的整合不是通过对二者研究性质的同化实现的，而是在严格限定各自适用的本体层面基础之上，充分加强各自的研究个性和特色，形成巨大的张力，为实现二者的平等对话创造条件，使事实研究与价值评判真正地处于动态的相互作用之中，使相互沟通成为内在于研究主体的现实需要。在这种方法论的连续运作和相互作用下，教育教学过程的本体的生命力才能得以充分展示，教育教学过程的价值才得以健康地实现。

三、教学研究方法论与价值论的契合

教育研究认识论上的困难不只是单纯的认识论问题，还存在价值论上的根源。因为教育既不是完全物化、丧失主体价值、促进社会发展的纯粹工具,也不是完全脱离社会发展和儿童身心发展规律的任意价值选择与实现过程。把教育看作纯粹的工具来研究往往陷入科学主义的追求外在功效忽视主体价值的误区,把教育看作纯粹的理想实现过程则往往陷入人文主义追求人生意义忽视现实可能性的幻境。因此,教育教学本体的价值往往在理想与现实、外在与内在、工具与目的、社会与个人之间摇摆动荡,教育发展史已经清晰地表明了这一点。面对如此困境,我们所提出的教育综合研究模式并不妄图设计一种完美的方案,采用逻辑上的辩证思维力图从理论上消解冲突,而是主张通过研究主体之间的对话和交流,疏通内外价值论的隔阂,取得彼此的理解。综合研究方法论尝试在教育的目的价值和工具价值相互映照的基础上,以现实社会发展为根据,以教育教学内部主体的价值实现为媒介,使教育教学过程处于价值选择和实现的动态决策之中。它主张以内在价值的实现作为外在价值实现的前提和保障,以外在价值的要求作为内在价值实现的依据。这样,教育教学的功效价值的实现必须以不伤害内在价值的形成为转移,内在价值的选择和实现又必须充分考虑到外在价值所提供的社会可能性。当然,这只是理论上的一种理想情境,在教育教学实践中,教育的内外价值必定是通过不断地相互作用、相互干预、相互转化来实现的。

如何在内外价值之间找到一个理想的平衡点,是我们所关注的重要理论问题。笔者认为,教育的价值实现是集中体现在教育教学的应用研究与教育实践之中的。教育价值只有经过教育教学实施过程的一系列环节的转化才可能真正地实现。首先,教育目标的设定是教育价值观最直接的体现,它从抽象的意义上确定了整个教育教学过程的基本价值走向。它往往受到特定历史条件的限制而具有每个时代不同的特色。因此,教育目标的制定要充分考虑到现实与未来、社会与个人、生存与发展等基本价值取向的关系,而教育制度的制定则要充分体现教育目标的精神实质,既不能教条化,也不能违背基本教育原则和要求。其次,课程的设置与编制要明确价值取向,采取相对宽容的态度,力求通过多元之间的竞争使学生获得价值选择、评价的能力。因此,在具体的教育教学过程中,所采用的教学方法和教学模式不应只追求知识技能的学习效率,而且要强化知识技能本身所蕴含的精神价值，使教学过程成为一种价值熏陶和转化的过程。当然，师生之间良好的人际关系和情感交流，同样是促进价值认同、内化及实现的重要条件。在教育评价方面，在加强对学生知识技能的量化考察之外，更要关心学生的学习态度和学习体验。我们要警惕因对学生学业成绩的片面强化而带来的普遍的厌学情绪和反社会倾向。可见，只有我们在教育教学过程的各个环节上，都保持自觉反省和积极的价值意识，教育的内外价值才可能获得积极的相互作用，教育的功能才可能得以充分发挥。

[原载《山东师大学报》(人文社会科学版)2001 年第 4 期]

科学主义心理学方法论基础的动摇

高峰强

机械论自然观和实证主义作为科学主义心理学的方法论基础，曾经为科学主义心理学的繁荣和发展提供了契机、前提、样板和目标，也为其提供了五大基本原则和立场(强调研究对象的可观察性；笃信客观普适性真理；坚持以方法为中心；信奉价值中立的立场；固守人为机器的模型)及五大研究法则(原子论、还原论、客观论、决定论和定量分析)。但是，伴随着时代的进步和科技的发展，科学主义心理学的方法论基础——机械论自然观和实证主义，相继在20世纪遭到了挑战和反动，基础的动摇和削弱，昭示着科学主义心理学已经陷入了进退维谷的窘境之中。

一、现代科学视野的转向

当机械论自然观在19世纪的科学研究中高歌猛进、节节胜利之际，也为自身日后的式微与衰落播下了种子。可以说，机械论自然观正是在它取得辉煌成就的地方为自己挖掘了坟墓。19世纪中叶的三大发现——能量守恒与转化定律、细胞学说、生物进化论，从根本上撼动了机械论自然观在自然科学界的统治地位，为有机论自然观的兴盛奠定了基础；偏振现象的发现与诠释动摇了机械论在光学研究中不可侵犯的霸权；而以法拉第和麦克斯韦为代表的“场”的观念与图景的提出，又对机械论在电磁领域的权威性予以致命的一击,这成为机械论自然观面临危机的真正标志。到19世纪下半叶,以马赫、普恩凯莱、迪昂为最杰出代表的少数思想最敏锐的科学家,开始了对机械论自然观的全面批判,这一举动拉开了一场激动人心的深刻科学大革命的序幕,吹响了大规模地向牛顿机械还原论科学纲领开战的号角。

在经典物理的框架内,以电磁场理论为基础,对经典物理加以重新改造而形成的洛伦兹理论,是科学革命的第一个信号。在20世纪之初,同时兴起的相对论和量子力学则从根本上瓦解了机械论自然观的根基,引发了机械论世界图景的全线崩溃。由之,机械论自然观便退出了历史舞台。以相对论和量子论的创立为标志的物理学革命,不仅诱发和促进了整个自然科学的改观,导致了人类宇宙观、世界观的重大改变,而且还带来了科学技术的空前进步,并使现代社会和人们生活的方方面面都发生了巨大的变化。

爱因斯坦的狭义相对论彻底改变了人类对时间、空间的看法,“与牛顿物理学有关(无论正确与否)的绝对空间、时间与现实性已被相对性所推翻驳倒”①。同时它还大大地变革了质量、能量观念,人们信以为真的一致性、次序和协调的梦幻也随之破灭。爱因斯坦的广义相对论不仅修改了牛顿的万有引力理论,而且成为宇宙学这门现代科学的指导原则,并深刻地影响了人们对微观世界的看法。“相对论发现质量可变性与质量能量联系公式,打破了质量不变性与质量能量无关的旧观念,揭示了质量对于运动的依赖性与质量能量间的内在联系,从而进一步肯定了世界的物质统一性和物质与运动之间的不可分性,也影响着传统的物质观与运动观。”②

量子力学作为关于微观世界运动规律的科学,从根本上改造了物理学的基础。它所包含的基本观念——作用量子、波粒二象性、测不准原理、互补性、物理量不可对易性、非决定性等,都与牛顿的经典物理观念大相径庭。量子理论向人们显示出:“世界不能最终分解为一些独立存在的相互孤立的组成部分。相互分离的部分的概念,例如原子、亚原子粒子等,只是一种带

① [美]罗杰·S. 琼斯:《普通人的物理世界》,明然、黄海元译,江苏人民出版社2000年版,第26页。

② 顾毓忠:《现代物理学的概念革新与哲学精神》,吉林大学出版社1990年版,第5页。

有近似的确定性的理想化模型而已。它们之间的联系也不能用机械观意义上的由部分的性质与行为来决定整体的性质与行为的模式所把握。”[①]如果说经典物理学是以确定和决定性来回答问题的话,那么量子理论则用可能性和数据统计来作出回答。海森伯格于1927年提出了不确定性或测不准原理,在他看来,人们再也不能像经典物理学那样对原子过程作直观的描述,严格确定它们的因果关系了。对原子物理过程的客观描述,受到了测不准关系的限制,严格的决定论预言不能作出,所能预言的只能是几率。他指出:“在数学公式中所能确定的,不再是客观的事件,而是某些事件行将出现的几率。因而受严格自然定律的支配的,不再是实际所发生的事件,而是发生这一事件的可能性——或者‘潜力’。”[②]同年玻尔提出了互补原理,指出两种相互排斥的描述方式,并不是逻辑上的矛盾,因为它们是在不同的实验条件下被观察到的现象。他认为由于实验条件的不同,互相排斥的现象不是矛盾的图景,而是互补图景。这一原理旨在说明:只有互斥知识的汇总,方能穷尽客体的全部知识。他还指出,在观测过程中,被观测的客体是无法独立于观测过程之外的,也不能离开观测手段的作用。首先使用“量子力学”一词的玻恩坚信绝对的必然性、绝对的严格性和最终的真理都是虚构的东西,在任何科学研究中都是不能接受的。他断言在物理学原理方面有了质的改变:因果律改成了统计律,决定论改成了非决定论。他认为随着量子力学的流行,客体与主体之间的分界线已经模糊不清了,在观测过程中,被观察、测量的客体与测量、计算的主体之间是相互作用、相互依赖、不可分割的。

量子理论告诉人们:“我们观察什么取决于我们如何进行观察。观察的现象取决于观察即观察者。因此,量子理论对最深刻的科学信仰——客观世界是独立于我们的观察的——提出了质疑。看来不仅仅是我们对自然的运动视而不见。我们模糊的感知也不是客观和独立的,而是由观察者来决

① 黄顺基等主编:《科学技术哲学引论》,中国人民大学出版社1991年版,第320页。

② 孙显元主编:《现代国外自然科学家哲学思想》,安徽科技技术出版社1991年版,第114页。

定的主观的世界。”[①]量子力学所引起的概念革新，全面地冲击了经典力学的基本假定与基本特征：简单性、不变性、机械论、普适性、决定论、可逆性、直观反映、经验归纳、人与自然的分离等。这些旧观念或者被打破或者被动摇与怀疑。[②] 英国学者阿伦·布洛克在《西方人文主义传统》一书中也指出："随着波尔提出'互补性'概念和海森堡1927年阐述'测不准原理'，对发现和思想本身的特殊兴趣仍继续存在，除此之外，历史上很少有什么事情可以同这场革命相比，它持续不断地表明，当理性与想象力在它们达到顶峰的时候相互结合，可以做出什么奇迹来。这种结果是大大超出实证主义的科学方法的老套的。”[③]

20世纪四五十年代，主要是在第二次世界大战及其前后期间，出现了一系列振奋人心的科学技术与理论：电子计算机、控制论、信息论、运筹学与一般系统论等。这些科学技术与理论的面世表明了各门自然科学的蓬勃发展、学科逐渐分化又相互渗透、彼此交叉的趋势。加上耗散结构论、协同学和突变论这新三论在六七十年代的相继问世，则从整体上导致了机械决定论、机械因果律和机械还原论的衰落，由此也带来了规律观的变革。现代自然科学所取得的辉煌成就，还为我们引入了客体的主体性、或然性等内涵，强调了思维的创造作用，弘扬了统一性和整体性的精神。现代科学的发展给人们的思维带来了许多新的特点：第一，在现代科学思维方式中，主导理论由经典力学转向了系统科学，主导方式由机械还原转变为系统分析；第二，现代科学思维方式的逻辑本质由严格决定性的转变为概率统计性的；第三，现代科学思维方式的向度由一维的转变为多元互补的。研究课题和研究方法的复杂多样，为我们提供了一幅用多种互补色彩绘制的认识图景。[④]毋庸置疑，在现代科学研究中，由于各种科学的相互交叉和相互渗透，特别是由于系统论、控制论、信息论等“横向学科”的兴起与发展，在更加广泛和

① ［美］罗杰·S. 琼斯：《普通人的物理世界》，明然、黄海元译，江苏人民出版社2000年版，第134页。

② 参见顾毓忠：《现代物理学的概念革新与哲学精神》，吉林大学出版社1990年版，第4页。

③ ［英］阿伦·布洛克：《西方人文主义传统》，董乐山译，三联书店1997年版，第205页。

④ 参见黄顺基等：《科学的哲学反思》，中国人民大学出版社1987年版，第80～84页。

深刻的层面上变革了人们的思维方式。随机性、非线性、或然性、模糊性、离散性等观念进入了科学研究的视野,现代科学逐渐迈入了随机理论、模糊逻辑、离散数学、灰色理论和协同理论的新时代。传统意义上的自然科学与人文科学的对峙与分裂已渐趋弥合,自然科学的迅猛发展为人文社科研究提供了动力与楷模,而自然科学也开始关注价值判断与直觉体验,形成了包括多种科学在内的统一的大科学系统。

作为一门中间科学的心理学,横向科学的一般方法论的意义就显得更为重要。譬如,一些心理学家用系统论、信息论、控制论来研究思维的结构和过程,即把思维结构看成是一个整体动态的开放系统,而把思维过程看成是一个信息的流通和自我调控的过程,这就使我们摆脱了传统心理学研究的元素论和还原论,为研究人的高级心理现象提供新的方法和新的途径。事实上,现代认知心理学正是利用系统论、信息论、控制论和计算机科学,才促进了信息加工心理学的产生和发展的。

二、科学哲学理念的更新

实证主义的衰微和科学哲学态度的转变是导致科学主义心理学方法论危机的另一个重要原因。进入 20 世纪 20 年代,逻辑实证主义取代了前两代实证主义,在科学哲学界占据了主导地位,但到了 40 年代,逻辑实证主义面对新一代科学哲学家的挑战,本身也走投无路,进了一条死胡同。新一代科学哲学家相信,成功的科学模式并不像逻辑实证主义者所描绘的那样,仅有一种理性的模式。事实上,科学的模式是多维的,有时甚至是混乱的、受社会文化条件制约的。他们认为一切知识都依赖于观察者,不可避免地带有个人主观的色彩。科学哲学理念的更新,动摇了科学主义心理学的哲学基础,其危机的到来就成了在所难免、情理之中的事情。60 年代后期实证主义已渐渐销声匿迹,其标志是 1969 年出版了《逻辑实证主义的遗产》这样一本论文集。

在西方科学哲学中,逻辑实证主义(即 40 年代改称的“逻辑经验主义”)是一个起点,由此出发有许多条线:第一条线是逻辑经验主义的自身演变的线索；第二条线联系着否证论，主要代表人物有波普尔、拉卡托斯和沃金斯，这条线的方向与逻辑实证主义背道而驰，实证主义尤其是证实原则受到猛烈攻击；第三条线联系着历史学派，也可以说由逻辑主义转向了科学历史主义，主要代表人物有图尔明、库恩、费耶阿本德、劳丹等人，他们对实证主义的批判更根本，更全面，也更激烈，指向的问题也更深层；第四条线联系着科学实在论，主要代表人物有本格、普特南和夏皮尔，由于它的实在论基础和科学性要求，科学实在论在思想观点上局部地有倾向于逻辑主义和逻辑经验主义的特征。[①] 因为后三条线索涉及的代表人物较多，我们仅选择几家有代表性的观点略加释介。

波普尔等人对逻辑实证主义的经验证实原则、客观主义原则、归纳主义和经验主义教条以及还原分析方法提出了挑战。波普尔指出科学知识并非始自经验，而是开始于问题；理论先于并指导经验观察，因为科学观察具有目的性和选择性，人们总是以一种预想的理论去观察事物，一切观察与实验都是在一定的理论指导下进行的。他坚持认为科学知识或理论不能用经验"证实"，而只能用经验"证伪"，他提出了一个以"证伪"为方法的科学标准。据此标准，凡能为经验事实检查其真伪的理论便是科学的理论，反之，凡不能为经验事实检查其真伪的理论，就是非科学的理论。波普尔打破了"科学"意味着真理，真理即经验事实归纳的结果等迷信。他反对科学进步是知识逐步积累的过程，而主张科学就是不断否证、不断批判和不断革命。波普尔的理论先于并决定观察的观点与美国科学哲学家汉森的观察和事实渗透着理论的思想，表明了由经验获得的知识不可能完全是"客观"的，观察本身也不是客观的和中性的，一个人的知觉必定依赖于其信念、价值观、以往的知识和经验，由经验所获得的知识也必然会受到主体已有的概念和理论的影响。

美国著名的科学哲学家库恩在 1962 年出版的《科学革命的结构》中，提出了其享誉科学界的科学范式论。在他看来，范式是科学家集团所共同接

① 参见舒炜光、邱仁宗主编：《当代西方科学哲学述评》，中国人民大学出版社 2007 年版，第 8～10 页。

受的一组假设、理论、准则和方法的总和,范式决定着科学家共同体对科学活动目的的确立,也决定着对如何达到活动目标的研究策略的确立。他认为范式具有坚韧性,不能为经验证实或证伪;它又具有相对性,不同的范式之间具有不可比拟性和不可通约性。在科学的发展观上,他既反对逻辑实证主义的“逐步积累观”,又反对波普尔的“不断推翻的增长观”,认为科学发展实际上是一个进化与革命、积累与飞跃、连续与中断的不断交替的过程。他还指出,科学家在具体的理论选择过程中,不仅取决于理论的精确性、自洽性、广泛性、简明性和成效性等几条客观标准,还与科学家个人的个性、信仰以及其他社会因素有关。因此,他的观点是:每一个人在相互竞争的理论之间进行选择,都取决于客观因素与主观因素的混合。库恩关于科学发展的一般方法论的提出,引起了学界的热烈讨论,其中不少西方心理学家也就其范式论能否成功地重建心理科学的发展史,范式革命是否能有效地说明心理科学的革命展开了激烈的争论。

费耶阿本德作为当代科学哲学的最大异端,属于历史学派。他反对科学主义、经验主义、实证主义和理性主义,倡导相对主义、非理性主义、理论多元论和方法多元论。他和库恩、劳丹等人被划归到后现代主义阵营之中。费耶阿本德以反对一切科学方法论为突破口,认为任何方法论规则都会束缚科学家的创造性和科学的发展。他指出逻辑实证主义关于经验事实不依赖于理论而独立存在的观点为“自主性原则”,是根本无法成立的;他批判了逻辑实证主义关于“逻辑一致性”和“可通约性”的方法论规则,认为理论之间的一致性及理论与观察事实之间的一致性是不存在的;他所主张的唯一科学方法论规则是:不要任何假定;他喊出的“怎么都行”“反对方法”的口号成了尽人皆知的命题。费耶阿本德的“无政府主义方法论”“多元方法论”、相对主义和非理性主义的观点,的确成为了后现代文化思潮的一个重要的组成部分。他所主张的科学研究的实践随时间、地点和条件而变化,因而适合科学研究实践的方法也随之变化,没有适合于一切时间、地点和条件而一成不变的永远有效的科学方法、科学理性的观点也成为后现代思想家的理论共识。后现代心理学在对科学主义心理学进行抨击时,所强调的方法多元、视角多维、立场多重、理论共生的论点,毫无疑问受到了费耶阿本德思想的影响，对此，后现代心理学工作者们也“供认不讳”。

普特南对证实主义和心理学的行为主义持批评态度，认为它们要把关于人的感觉或情绪等不可公开观察的现象的陈述，还原为有关身体行为这样可公开观察的现象的陈述是不可取的。他指出：“按照我的观点，证实主义和行为主义从根本上说是引错了方向的教条。”[①]他在1982年出版的《理性、真理与历史》中写道：“我一开始提到的那个攻势，即拒绝逻辑实证主义的证实原则的那个攻势，之所以是深刻的，恰恰是因为它拒绝为合理性的唯标准观点辩护的每一个企图，是因为它拒绝认为只有可根据标准加以证实的才是可合理地证实的这样一个论题。”[②]普特南对以实证主义或唯物主义形式出现的极端科学主义的立场深感不满，他认为科学主义的一个重要的特征在于：将科学视为唯一或最有价值的东西。对此，普特南曾无情地指出：“科学的成功把哲学家们催眠到如此程度，以致认为，在我们愿意称之为科学的东西之外，根本无法设想知识和理性的合理性。”[③]这里所说的“哲学家们”，便是指“科学主义的信奉者”。普特南对事实与价值的判然二分颇不以为然，他论证道：“每一事实都含有价值，而我们的每一价值又都含有某些事实。”[④]其论据概要说来是，事实（或真理）和合理性是相互依赖的概念。事实也就是可合理地相信的东西，或更确切地说，事实（或真陈述）的概念，是对能合理相信的陈述的概念加以理想化的结果。

近年来，伽达默尔的阐释学、德里达的解构理论、劳丹的新工具主义科学观、罗蒂的新实用主义的反本质主义的真理观等都对实证主义的理论根基进行了反拨与攻击。

逻辑经验主义、否证论、科学历史主义和科学实在论的不断更迭，表明了科学主义的价值取向的不断“弱化”和动摇，也历史地证明了仅仅在科学

---

① 舒炜光、邱仁宗主编：《当代西方科学哲学述评》，中国人民大学出版社2007年版，第271页。

② ［美］希拉里·普特南：《理性、真理与历史》，童世骏、李光程译，上海译文出版社1997年版，第124页。

③ ［美］希拉里·普特南：《理性、真理与历史》，童世骏、李光程译，上海译文出版社1997年版，第124页。

④ ［美］希拉里·普特南：《理性、真理与历史》，童世骏、李光程译，上海译文出版社1997年版，第223页。

主义的框架内抱残守缺、画地为牢,除了阻滞科学哲学的前行之外,绝无任何益处。所以,某些故步自封、闭域锁界的科学主义的僵化教条,便日益作为一种被意识到了的锁链而自觉不自觉地被松懈了。在这样的背景下,汲取和融合某些人文主义的有效研究方法和价值观念,弱化科学主义的规范理性,形成一个开放的科学价值系统,便成为可供选择的一条合法途径。

随着否证论、科学历史主义和科学实在论的粉墨登场、势力壮大和对逻辑经验主义的尖锐批判与反动,实证主义在科学哲学领域一统天下的格局便土崩瓦解了。在自然科学内部,伴随着相对论、量子理论的深入人心,传统的机械论自然观的种种局限与弊端也逐渐暴露无遗。科学主义心理学所赖以安身立命的自然科学与哲学两大支柱遭到了重创和蛀蚀,它所虚幻的以严格的客观实证的研究方法为唯一合理的方法和接受实证方法检验的理论构建为唯一合法可靠的知识形式的美妙图景也随之成了泡影。"随着心理科学的发展,心理学家已经越来越认识到了,单是实证的方法或实验的方法,并不就能够确定心理学的科学性质。也就是说,凭着由实证方法获取的事实累积,并不就能够筑成心理科学的大厦。"①

目前,国内外许多学者对心理学的百年历史及未来前景表示了深切的疑虑与担忧,究其实质,大都是针对心理学的囿于科学主义的立场而造成的困境有感而发的。他们认识到,在客观、实证的号令下,心理学家盲目信从和接受经验证实的原则,将其作为不可触动的圣旨而顶礼膜拜,他们自觉不自觉地以为凡不能以经验或实验证实的事件或理论都是伪科学的,是必须予以清除的垃圾。由于大多数心理学家埋头或醉心于客观的观察、实验、实证研究和定量分析,结果使得心理学探索过于琐碎而又条块分割。每一位研究者恪守一小块阵地,从事小作坊式的工作,所得的成果彼此间很难沟通与交流。虽然西方心理学从表面上看红红火火,然而真正切近现实生活、深入人的行为与心理实质的研究并不甚多。具体事实材料的不断积累、日益丰富与系统理论体系构建的相对贫乏、明显滞后之间形成了强烈的反

① 葛鲁嘉:《心理文化论要:中西心理学传统跨文化解析》,辽宁师范大学出版社 1995 年版,第 7~8 页。

差。处于心理学非主流地位的人本主义心理学家、理论心理学家和后现代心理学工作者都从不同的层面上对科学主义心理学进行了深入的剖析和无情的批判，这为心理科学在研究对象、探求方法、学科定位、实际应用和理论构建等诸方面实施视角转向和范式转换，是大有裨益的，也体现了时代的精神。

［原载《山东师范大学学报》(人文社会科学版)2002年第2期］

论大学教育观念现代化的特征与属性

韩延明

何谓大学教育观念现代化？我们认为应从广义和狭义两个方面进行理解和表述：从广义上讲，大学教育观念现代化，是指国家、社会、团体或个人适应社会现代化和教育现代化的要求所确立的对整个高等教育活动（现象）的较为系统的、理性的认识或主张；从狭义上讲，大学教育观念现代化，是指国家、社会、团体或个人适应高等教育现代化和大学现代化要求所确立的对大学教育系统的理性认识、主张以及直接参与大学教育诸活动的师生员工和管理人员对大学本身迈向现代化的看法、观点和态度。

大学教育观念现代化是大学教育现代化的一项基本内容。由于大学教育观念的形成一般说来取决于三个互为牵制、彼此促进的基本条件，即观念的载体——人的因素、观念的对象——教育实践以及观念自身的成长发展过程。因此，大学教育观念的涵盖面甚广，涉及面也相当宽泛。大学教育观念现代化，从正面而言，是指要树立、确定或倡行那些适应大学教育现代化建设的大学教育观念，如教育本质观、教育功能观、教育价值观、教育质量观、教育发展观以及教师观、学生观、课程观等；从反面来说，是指要摒弃、改革或转变那些不适应大学教育现代化建设的大学教育观念。在这方面，既有推陈出新的问题，即从陈旧的、迂腐过时的传统教育观念转变为新兴的、现代化的教育观念问题；也有祛邪归正的问题，即把各种偏离正确轨道或被扭曲、误解的教育观念回复到正确的、顺应时代发展潮流的教育观念上来的问题。

大学教育观念现代化的核心，是大学教育与社会、人、文化之间的基本关系，它对大学教育现代化的深刻作用不是以物化的形态显现的，而是以隐性的内在规约表现的。综括而言，大学教育观念现代化具有如下显著的特征与属性。

一、全面性

全面性是大学教育观念现代化的本质属性和基本特征。德智体全面发展，是我国人才培养的总目标，也是对个体素质的整体要求。现代大学教育观的全面性与传统大学教育观的片面性是相对立的。传统大学教育观在办学形式上侧重于固守“象牙之塔”，而轻视参与社会生产和社会生活；在培养对象上侧重于占极少数的“精英”，而轻视占绝大多数的“民众”；在人才规格上侧重于培养社会管理阶层和知识阶层的后备力量，而轻视培养社会生产第一线的基层职业工作人员；在教育内容上侧重于知识的传授和记忆力的训练，而轻视生产和生活技能及思维能力和创新能力的培养。总之，片面的传统大学教育观导致了大学教育实践中的许多弊端，亟须转变为全面的现代大学教育观。

现代大学教育观的全面性，除有针对性地纠正、弥补和变革传统大学教育观所导致的上述弊端外，在内涵上还具体表现为“四个面向”，即面向每一类教育，面向每一所学校，面向每一个学生，面向学生的每一个方面。由此可见，坚持全面发展，并不否定个性发展，因为人的全面发展归根到底还在于个性的全面发展。个性全面发展的基本内核，是尊重个人、注重“四发”——发现人的价值，发掘人的潜能，发展人的个性，发挥人的力量，强化事业心、责任感和创造精神与创新能力。因此，坚持人的全面发展与人的个性发展的有机统一，是现代大学教育观的重要内容。这既有利于实现社会发展需要与人的发展需要的辩证统一，也有利于使个性发展渐臻完善。

二、时代性

众所周知,教育观念与教育规律既有联系又有区别。教育规律是一种客观存在,是不以人的主观意志为转移的,而教育观念则是教育这一社会现象在人们头脑中的能动反映,既受到教育规律的制约,又与时代背景密切相关。在人类发展的历史长河中,曾经在时代的召唤下形成了许多有进步意义和推动作用的教育观念,并且在不同历史时期发挥了不同程度的重要作用。

大学教育观念,是一个动态的、与时俱进的概念,是一个与特定的时间、空间和条件相联系的概念,具有鲜明的时代特征。它总是在一定时代的社会经济、政治、科技、文化、教育等基础上产生和发展,并体现出一定的人们的需要、目的、动机、情感和意志。正如恩格斯所言:“每一时代的理论思维,从而我们时代的理论思维,都是一种历史的产物,在不同的时代具有非常不同的形式,并因而具有非常不同的内容。”[①]大学教育观念反映着人们现实的社会关系或从不同层次上反映着人们的实际利益,是对大学培养人才规律和规格的认识和体现,它也总是随着时代的发展与变化而在不断地变革与进步。以大学教育质量观念的转变为例:我国“文革”后70年代末80年代初,大学生对知识、技能的学习和掌握是大学教育质量观的主体内容;到了80年代中期,伴随着新技术革命的冲击和西方教育理论强调能力培养的影响以及用人部门对学生能力方面的要求,大学生智力与能力的培养、训练和发展成为大学教育质量观的主导内容;进入90年代以来,随着社会主义市场经济体制的确立,大学生非智力因素和文化素质薄弱现象突显,特别是知识经济的初现,大学生素质的全面发展、个性的健康发展和创造精神与创新能力的充分发展又逐渐成为大学教育质量观的主导内容。可见,在我国改革开放的20年中,大学教育质量观就相继发生了三次重大的变革。实践证明,1978年以来,在我国展开的每次教育观念的大讨论,都是时代的呼唤;而每

① 《马克思恩格斯全集》第20卷,人民出版社1971年版,第382页。

一次教育观念的大讨论都引发了人们思想上的空前解放并推动了我国教育特别是高等教育全方位、多层面的改革。

总之，大学教育观念具有时代性，改革开放时代大学教育的发展需要大学教育观念的变革，而大学教育观念的深刻变革又会促进改革开放时代大学教育的健康发展。二者彼此促进，相辅相成。

三、发展性

马克思曾经指出："人们按照自己的物质生产率建立相应的社会关系，正是这些人又按照自己的社会关系创造了相应的原理、观念和范畴。所以，这些观念、范畴也同他们所表现的关系一样，不是永恒的。它们是历史的、暂时的产物。"①可见，观念归根到底是社会存在的反映，随社会的变迁而变化，受一定社会的政治、经济、科技、文化、教育等状况的制约，由此就决定了观念的变革性、社会性、历史性和发展性。换言之，观念的产生和发展都是一定社会历史条件的产物。因此，观念属于上层建筑。不同的社会制度就有不同的社会观念：原始社会是原始平等观念和绝对平均观念；私有制社会是私有观念和等级观念；社会主义社会和未来的共产主义社会（公有制社会）是公有观念和"各尽所能、按劳分配"及"各尽所能、按需分配"的观念。

回顾和反思 20 年来我国新时期教育战线思想逐步解放、观念不断更新的历程，对我们进一步理解大学教育观念现代化的发展性特征大有裨益。这个"历程"大致可分为四个阶段：第一阶段是 1978～1984 年，这是我国教育思想的解放和教育理论研究的初步探索阶段。其成果是推翻了"两个估计"，纠正了"两个凡是"，拨乱反正，正本清源，冲破了教育理论和实践研究中的某些"禁区"，思想大为解放，思路大力拓展。第二阶段是 1985～1992 年，这是我国教育改革全面展开和教育思想、教育观念逐渐转变与端正的阶段。其成果是围绕《中共中央关于教育体制改革的决定》进行了全国范围内的教育思想、教育观念大讨论，涉及人生观、价值观、人才观、质量观、教学

① 《马克思恩格斯选集》第 1 卷，人民出版社 1995 年版，第 142 页。

观、课程观、发展观等内容，有力地推进了教育改革的深入开展。第三阶段是1992～1996年，这是我国教育界进一步解放思想、更新观念、繁荣教育科研和加快教育改革开放步伐的阶段。其成果是人们眼界更加开阔，思想更加开通，观念更加开放，活跃了学术气氛，明确了市场经济与教育的关系，促进了教育改革的进一步深化，教育整体改革实验大面积展开，素质教育思想深入人心。第四阶段是1996年至今，这是我国大学首先是在理工科大学悄然兴起而后迅速波及全国高校的关于加强大学生文化素质教育（或称人文素质教育）的一场教育思想观念大讨论。它严重冲击和严厉抨击了大学教育中存在的“精于科技，荒于人文；精于电脑，荒于人脑；精于谋利，荒于仁义；精于商品，荒于人品”的不正常、不协调现象，促进了科学教育与人文教育的有机结合、整合与融合，并由此展开了对高等教育内涵式发展、培养多类型多层次人才、树立现代全面教育质量观等问题的讨论，与世界教育改革潮流渐趋吻合。与此相适应，大学教育观念也经历了20年的冲击、变革和洗礼。

观瞻我国新时期大学教育20余载的改革与发展，历经拨乱反正、高教体制改革初步展开、高等教育整体改革全面展开和加快改革开放步伐几个阶段，风正帆悬，潮平岸阔。由此不难发现，每当跨入一个新的历史时期，大学教育观念就会向前推进一步，而大学教育观念的更新又推动了大学教育改革的不断深入。我们说，大学教育改革是对已有的大学教育的重构、扬弃和改造，而不是彻底推翻和整体抛弃。因此，大学教育观念的转变和确立，也是以对已有大学教育观念的反思和扬弃为基础的，社会在不断发展，观念也在不断更新。因为现代大学教育的一个重要特征，是面向未来，与日益加速发展的社会相适应，为未来社会培养合格人才。换言之，大学教育观念本身始终处于一个不断发展与变革的动态过程之中。唯其如此，才促使大学教育观念由不完善变得较完善，由不合理变得较合理，由较保守变得较开放，最终迈向现代化。

四、导向性

马克思主义基本原理昭告我们：观念并非只是社会存在的消极被动的反映和体现，其本身还具有一定的创造性、变革性、超前性和导引性。因为观念在一定条件下具有相对的独立性，它立足于现实，但又超越现实，指向未来，从而对具体的社会实践活动起指导作用。大学教育观念也是如此。它并不只是单方面受社会发展状况的制约，还能对社会的发展起巨大的反作用，具有积极的能动性。著名教育人类学家米德曾把人类教育文化的发展划分为三个阶段或类别，即"过去导向文化"（Pre-figuration）、"同时导向文化"（Co-figuration）和"未来导向文化"（Post-figuration）。一般说来，传统大学教育侧重于"过去导向文化"和"同时导向文化"，重在对传统文化的继承、累积和持续；现代大学教育则侧重于"未来导向文化"，重视未来社会发展的需求及对未来社会文明的导引和创造。

经验表明，作为文化意识形态的现代大学教育观念，既可以直接支配人们对大学教育改革路向的选择与调控，也可以通过影响社会改革而对大学教育的发展态势进行促进或抑制。不仅80年代我国高教领域的拨乱反正与恢复、整顿都发轫于教育观念的变革和教育思路的拓展，而且90年代成效卓著、影响深广的高教体制改革、教学改革、招生与分配制度改革、投资体制改革以及在全国上下形成一股强烈冲击波的"高教内涵发展战略"（高校间的共建、合作、合并、划转及协作）和"大学生文化素质教育"，同样也是肇始于大学教育观念的深层次变革及以升温教学质量意识和加强综合素质教育为中心内容的教育观念大讨论在全国许多大学的悄然兴起。正因如此，大学教育观念的现代化转变与更新一直是我国高教界的热点、焦点并已引起了政府部门及社会各界的广泛关注和大力支持。1985年5月27日公布的《中共中央关于教育体制改革的决定》、1993年2月13日颁发的《中国教育改革和发展纲要》、1998年12月24日国家教育部制定的《面向21世纪教育振兴行动计划》，以及1996年6月13日颁行的《中共中央、国务院关于深化教育改革全面推进素质教育的决定》，实质上都是充分体现了新时期教育观念的纲领性文件。它们从理论和实践的结合上初步回答了建设有中国特色的社会主义教育的一系列基本问题,确定了现在和未来我国高等教育发展与改革的指导思想和战略方向。在1999年1月1日生效实施的《中华人民共和国高等教育法》(以下简称《高等教育法》)中,也吸纳和融入了近年来涌现出的许多新的高等教育观念和改革经验。《高等教育法》的颁行,不仅为大学教育的决策与管理科学化、民主化、现代化、法制化提供了法律依据,而且为进一步制定大学教育改革的有关制度和配套措施提供了强大的舆论氛围、法律保证和观念支持。大学教育观念的导向性,由此可见一斑。

五、层次性

大学教育观念实质上是一个观念系统。它既不是某一个人的看法与观点,也不是某一些人的认识和观念,而且从不同角度有不同的概括,不同领域、不同主体,其理解和论述的侧重点也会有所不同。因此,错综复杂的大学教育观念系统可以分为不同的"层次"和不同的"维度"。持"层次说"的学者,把高等教育观念划分为宏观、中观与微观三个层次:宏观层次的高等教育观念是指影响一个国家或地区高等教育发展的观念,如高等教育发展观等,其有效持有者主要是高等教育管理者与高等教育宏观问题研究者;中观层次的高等教育观念是指对某一高等学校的运行与发展具有影响的观念,如高等学校发展观等,其有效持有者主要是高校管理者与相关问题的研究者;微观层次的高等教育观念是指有关高等教育过程方面的观念,如人才观、课程观、教学观、德育观等,其有效持有者主要是学校有关管理者、教师、学生、家长、用人单位的有关管理者及有关问题的研究者,等等。[①] 持"维度说"的学者则认为,教育观念是一个教育现象的认识集合,是一种思想积淀,是具有广泛规范意义的教育价值评价标准的总和,其内涵至少包括五个维度:"第一,赋予教育本身以'我'的解说。第二,设立教育的理想目标。第三,确立教育价值的基本标准。第四,提出教育运行的最佳原则。第五,限定教育的运作方式。"[②]

---

① 参见朱国仁:《关于转变高等教育观念问题的思考》,《江苏高教》1999年第1期。

② 黎君:《略论教育观念的现代化》,《上海高教研究》1998年第1期。

六、创新性

时代的变革,社会的发展,呼唤着富有创新的观念。中国人历来对“新”观念情有独钟,如汤之《盘铭》曰:“苟日新,日日新,又日新。”[①]《周易·大畜·象》曰:“日新其德。”[②]江泽民同志也指出:创新是一个民族进步的灵魂,是一个国家兴旺发达的不竭动力。知识经济的生命和源泉也在于创新。创新即生存,创新即发展,创新即升华。基于此,中国科学院于1997年向国家提交了《迎接知识经济时代,创建国家创新体系》的报告,其中就蕴涵了观念创新的内容。观念创新是一切创新的母体和源流。知识经济将带动一切新的产业革命,牵引着未来的经济走向,从而在新的经济结构中占据主导地位。要形成立于不败之地的竞争力,就必须不断创新,而不是不断复制。新观念是一种巨大的推动力。观念也是资本,思路也可以创造财富。新的时代呼唤新的教育,新的教育渴求新的观念。就大学教育而言,要培养出创新型的人才,必须要有创新性的大学教育观念。这种“新”观念将会带来一系列新的变化:新的管理体制、新的办学模式、新的教育内容、新的课程体系、新的教学方法、新的学习形式、新的人才规格等。著名物理学家杨振宁教授曾以其亲身体验讲过西南联大教会了他严谨,西方教会了他创新。正是由于杨先生将中国的严谨之风和西方的创新之法融为一体,才使他最终登上了人类科学成就的光辉顶点。这对我国大学教育的改革与定位不乏启迪。

此外,在创新性的教育观念中,还应注入“法”的意念。现代化的社会不仅是一个伦理社会,而且是一个法治社会。在1999年3月15日九届全国人大二次会议通过的《中华人民共和国宪法修正案》中明确规定:中华人民共和国实行依法治国,建设社会主义法治国家。从某种意义上可以说,现代人的生活其实就是法制生活。在教育观念上,我们过去历来倡导道德伦理第一,而法的意念未能注入教育观念的深层结构,这是需要改进和完善的。

---

① 王云五、朱经农主编:《礼记》,商务印书馆1947年版,第229页。
② (商)姬昌:《周易》,宋祚胤注释,岳麓书社2000年版,第129页。

七、特色性

特色性是大学教育观念现代化的又一属性和特征。何谓特色?特,有突出、独具之意;色,引申之,有品类、表征之义。所谓"特色",是指某种独具的品类,人无我有;或指某种突出的表征,人有我优。特色,就其行为说,是一种争先创优的改革与发展过程;就其结果说,是一种优质事物或优良现象(活动)的特殊规定性。所谓"办学特色",就是一所大学在长期的教育改革与实践过程中逐步形成的独特的、优质的、稳定的个性化特征或校风校貌。办学特色集中体现了一所大学占主导性的教育观念尤其是一校之长所富有特色的大学理念、教育思想、理论观点、治校方略和领导风格等。卓有成效的办学特色是独特性与共同性的有机结合或融合。一般说来,各校的常规建设是共性,而在教育、教学、专业或管理上的独特之处是个性。其中共性是基础,没有共性,抓不好常规建设与管理,独特之处就难以形成,就缺乏必要的依托;而特色(优势)臻于成熟和完善后又会较快地转化为新的常规或模式被相对固定下来,成为大学内部发展和外部形象的重要组成部分。办学特色的形成,有赖于现代化的教育观念、正确的办学宗旨、科学的实施方案、高水平的校长及领导班子成员,以及高素质的教师队伍和浓厚的校风校貌基础。

在目前我国正向大学教育现代化行进的过程中,强调和倡行大学教育观念现代化的特色性,具有特殊而重要的意义。因为中华人民共和国成立以来,特别是1952年院系调整以来,我国大学教育从主导方面看一直是"以俄为师"的"大一统"办学模式,是计划经济的产物,不问基础,不看条件,不设重点,"千校一面,万人一书","十年动乱"期间更是将此推向于"绝对统一""均衡发展"的极端。直到南京大学名誉校长匡亚明等学者在1983年6月9日的《中国教育报》上发表了《建议加速建设一批重点大学》一文后,高校发展上的"大锅饭"平均思想才受到强烈冲击,办学特色观念才重新树立起来。后来,李鹏总理在七届全国人大四次会议的报告中又明确指出,要"下大力量重点抓好一批大学,使一些重点学科达到国际先进水平"。这就在全国范围内把“重点”发展问题提上了议程。我们认为，培植和扶持我国不同类型、不同层次的大学及学科办出自己的特色和优势，是一种历史的进步，是教育战线解放思想、更新观念、实事求是的主要标志，是改革开放的重要成果。形成并突出办学特色，有益于打破整齐划一的“标准件”模式，有助于与市场经济多样化需求相协调，有利于大学教育主动适应和投入社会主义现代化建设事业，并积极为我国的经济发展、科技开发、社会进步和教育现代化服务，以迎接21世纪知识经济时代的挑战和进展。

［原载《山东师范大学学报》(人文社会科学版)2002年第5期］

建立现代大学制度:高校管理体制改革的目标

毕宪顺

现代大学制度是社会主义市场经济体制不断发育和完善的产物。经济体制改革的目标确立之初,人们还没有提出过建立现代大学制度。随着经济体制改革的深入,传统的大学制度愈来愈不适应经济体制改革的要求,建立现代大学制度提上议程,教育部因而提出:"建立现代学校管理制度与运行机制。"①本文认为:我国经济体制改革的目标是建立社会主义市场经济体制;建立与社会主义市场经济体制相适应的现代大学制度,则是我国高等学校内部管理体制改革的目标。

将建立现代大学制度与高等学校内部管理体制改革联系起来并作为其目标,受启发于经济体制改革和国有企业改革。十四届五中全会通过的《中共中央关于制定国民经济和社会发展"九五"计划和2010年远景目标的建议》提出:"把国有企业改革作为经济体制改革的中心环节。国有企业是国民经济的支柱。以公有制为主体的现代企业制度是社会主义市场经济体制的基础。建立现代企业制度是国有企业改革的方向。"②"以建立现代企业制度为目标……全面准确把握'产权明晰,权责明确,政企分开,管理科学'的现代企业制度基本特征,加大改革力度,使大多数国有大中型骨干企业在本

① 教育部党组:《贯彻十六大精神,开创教育改革发展新局面》,《中国教育报》2002年11月29日。

② 《中国共产党第十四届中央委员会第五次全体会议文件》,人民出版社1995年版,第37页。

世纪末初步建立现代企业制度,成为自主经营、自负盈亏、自我发展、自我约束的法人实体和市场竞争主体。”[①]正是因为明确了国有企业改革在经济体制改革中的地位,确立了国有企业改革的目标,我国经济体制改革才取得了巨大成功。国有企业改革的目标是建立现代企业制度,事业单位管理体制改革的目标是“建立与中国社会主义市场经济体制和各项事业自身发展规律相适应的现代事业制度”[②]。高等学校是典型的事业单位,在事业单位管理体制改革中的地位和作用如同经济体制改革中国有企业的地位和作用。将“建立现代大学制度”作为高等学校内部管理体制改革的方向,有利于明确高等学校内部管理体制改革的方向,有利于推进高等教育乃至事业单位管理体制改革与经济体制改革相适应。

现代大学制度是相对于计划经济体制下的传统大学制度而讲的。现代大学制度是指与社会主义市场经济体制相适应,符合高等教育规律,政府宏观调控,高等学校依法自主办学,管理体制与运作机制相统一的高等学校管理制度的总称。现代大学制度分为广义和狭义两种,广义的现代大学制度是指高等教育系统,举办者、管理者、办学者权责清楚,政事分开,与社会主义市场经济体制相适应,符合高等教育规律的高等学校管理制度。狭义的现代大学制度是指高等学校(办学者),面向社会,依法自主办学,实行民主管理,与社会主义市场经济体制相适应,符合高等教育规律。本文所言我国高等学校内部管理体制改革的目标是建立现代大学制度,就是指狭义上的现代大学制度。现代大学制度包含四层含义:第一,现代大学制度的前提是与社会主义市场经济体制相适应,符合高等教育规律;第二,现代大学制度的核心是面向社会,依法自主办学,实行民主管理;第三,现代大学制度的特征是学术自由,政校分开,权责分明,管理科学;第四,现代大学制度的关键是建立高等学校法人制度。

---

① 《中国共产党第十四届中央委员会第五次全体会议文件》,人民出版社 1995 年版,第 37 页。

② 黄恒学:《我国事业单位管理体制改革研究》,黑龙江人民出版社 2000 年版,第19 页。

一、现代大学制度的前提:与社会主义市场经济体制相适应,符合高等教育规律

随着经济社会和高等学校自身发展,大学制度也不断发生变革。当高等学校的功能仅限于人才培养范围之内时,高等学校的组织形式以系、科变化为主;当高等学校的功能拓展到科学研究时,高等学校内部出现以研究为主、与教学机构并行的研究机构;当社会服务的职能进入高等学校后,开发中心、科技企业应运而生。高等学校职能的变化影响到制度的变化,而职能的变化又是由经济社会发展而引起的。归根结底,制度变化的根本动力来自经济社会发展。随着市场经济的发展和知识经济的来临,高等学校从经济社会的边缘走进经济社会的中心,高等学校的使命发生变化,从这个意义上讲建立现代大学制度是完成其使命的需要。但是,仅仅适应市场经济体制还不够,高等学校的本质和特征是建立大学制度的基础,无论是传统大学制度还是现代大学制度,都必须符合高等教育规律,否则,这种制度就没有生命力。值得注意的是,高等教育规律也不是静止的、一成不变的,而是随着经济社会和高等教育的发展而发展,是人们的认识不断深化的结果。

高等学校内部管理体制与社会主义市场经济体制相适应,包括两层含义:(1)社会主义市场经济是开放经济,以市场作为配置资源的基础。要求高等学校也应树立开放观念,把高等学校的改革和发展同建立社会主义市场经济体制的社会变革联系起来,不断顺应社会主义市场经济体制的要求,在改革中求发展,在适应中求发展;(2)为社会主义现代化服务,促进社会主义市场经济体制的建立和完善,是高等学校义不容辞的任务。高等学校具有人才培养、科学研究、社会服务三大职能,只有主动投入"科教兴国"的伟大实践,积极参与社会主义现代化建设,才能起到积极导引、规范和促进社会主义市场经济体制沿着健康轨道发展的作用。适应与促进是一个问题的两个方面,只有适应,才能发展,发展的成果又反过来促进社会主义市场经济体制的建立和完善。

高等学校内部管理体制与社会主义市场经济相适应,是主动的,而不是

被动的。适应市场经济体制,而不是适应市场。市场经济也不是完美无缺,也有自身的缺陷,如盲目性、逐利性以及拜金主义、享乐主义倾向等。市场机制是市场经济体制的灵魂,市场机制的核心是竞争和效益,通过竞争最终实现资源的高效和充分利用。适应社会主义市场经济体制,引入市场机制,主要是引入竞争机制,调动教职工和学生的积极性;讲求效益,实现资源配置的优化,增强办学实力,而不能商品化或完全市场化。高等学校内部管理体制改革必须符合高等教育规律。规律是事物的本质联系,高等教育规律是高等教育内部关系规律和外部关系规律的总称。高等教育内部关系规律,指高等教育作为一个系统,它内部各要素之间的相互关系规律;高等教育外部关系规律,指高等教育与经济、政治、文化等系统之间的相互关系规律。以上所述高等学校内部管理体制与社会主义市场经济相适应,实质是高等教育办学者遵循高等教育外部关系规律问题。市场经济规律与高等教育规律存在着矛盾,高等教育外部关系规律与内部关系规律也存在着矛盾。矛盾是客观存在,现代大学制度应该能够有效地解决矛盾。换言之,能够使高等教育规律与市场经济规律兼容。如何使高等教育规律与市场经济规律兼容?第一,要区分两类规律的作用范围和条件。高等教育内部关系规律是作用于高等教育自身的规律,高等教育外部关系规律是高等教育同社会之间的关系规律。高等教育内、外部关系规律就是应用于不同范围的关系规律。同样,市场经济规律(包括市场规律),其作用于高等教育时更需考虑特定的条件和范围。如市场规则和竞争法则不适应于教学过程内部,但可以适应于教学过程外部,包括高等教育经费筹集、高等教育资源配置、高校教师的聘任、办学条件的改善等。第二,高等教育外部关系规律作为联系市场经济规律与高等教育规律的纽带,架起了市场经济规律与高等教育规律相互关系的桥梁。市场经济规律通过高等教育外部关系规律起作用,作用于高等教育内部关系规律。“经济规律经过‘中介’过滤后,输出的是一些重要的‘原则’,而这些原则对于教育教学过程具有重要指导作用。”[①]例如:市场机制不完全适应用于高等教育系统,但其竞争机制或竞争原则、激励机制

---

① 胡赤弟:《教育规律与经济规律相互关系探析》,《高等教育研究》2002年第5期。

或激励原则是可以借鉴的。总之,现代大学制度是既适应社会主义市场经济体制,又符合高等教育规律的制度,正确处理和运用高等教育外部关系规律,是区别于传统大学制度的关键。

二、现代大学制度的核心:面向社会,依法自主办学,实行民主管理

《高等教育法》第十一条明确规定:高等学校应当面向社会,依法自主办学,实行民主管理。这是现代大学制度要解决的核心问题,是现代大学制度的基本标志。

面向社会就是要面向经济社会发展。一句话,高等学校要面向经济社会发展和日益增长的高等教育需求。面向社会办学,从根本上说是面向社会的发展,且是社会的可持续发展,为人类、民族带来幸福和进步的发展办学,而不只是眼前需要什么就办什么专业,什么赚钱就办什么专业。面向社会,不仅要体现在专业设置、办学形式、教学管理和实施等方面,更为根本的是要在培养人的质量方面努力。面向社会,也是学校办学走向开放的最基本特征,它不仅意味着高校要为社会发展服务、满足社会要求,同时意味着高校要善于依靠(不只依赖)社会,积极吸取社会对学校发展的有利因素,提高学校对社会发展的影响力和社会地位。唯有从各方面建立高校与社会的双向沟通,积极相互作用,高校才会在新世纪获得新的动力,形成新的生长点。①

依法自主办学是现代大学制度的精髓。高等学校自批准设立之日取得法人资格,在民事活动中依法享有民事权利,承担民事责任。《高等教育法》第三十二条至三十八条,用了七个自主规定高等学校的活动,包括:自主调节系科招生比例;自主设置和调整学科、专业;自主制定教学计划、选编教材、组织实施教学活动;自主开展科学研究、技术开发和社会服务;自主开展

① 参见叶澜:《深化中国高等学校内部管理体制与运行机制改革的研究报告》,《教育发展研究》2000 年第 5 期。

与境外高等学校之间的科学技术文化交流与合作;自主确定教学、科学研究、行政职能部门等内部组织机构的设置和人员配备;自主管理和使用举办者提供的资产、国家财政性资助和受捐赠财产。自主办学要求高等学校具有主体意识,明确本校的功能和任务,形成新的体制和机制保证功能目标的实现。依法是实现自主办学的条件,《高等教育法》在规定高等学校办学自主权时,用了“根据社会需求,办学条件和国家核定的办学规模”“依法”“根据教学需要”“根据自身条件”“按照国家有关规定”“根据实际需要和精简、效能的原则”等限制性语言表述高等学校办学自主权。这就是说自主办学是有条件的,这个条件就是依照法律和国家规定,在政府的宏观指导下进行。

实行民主管理是现代大学制度的保障。民主是现代政治的重要内容,任何一种社会制度,没有民主,就没有先进性。任何一种管理制度,离开民主,就不能成为先进的制度。没有民主管理,高等学校依法自主办学就成为空话。民主管理是具体的,不是抽象的。要通过教职工代表大会等形式,依法保障教职工参与民主管理和监督,形成高等学校自我发展、自我约束的机制,政府的宏观调控就会有效,高等学校的办学自主权就会落实。实行民主管理,是目前我国高等学校最为薄弱的一面。就外部环境来说,社会民主与政治的现代化还需要相当长的时间,高等学校的管理深深打上了时代烙印:高等学校民主意识不浓,“官本位”意识较强;学术氛围不浓,“行政化”倾向较为严重;学术权力淡化,政治权力、行政权力不够规范;服务意识弱化,权力意识强化。高等学校决策与运行,往往因领导人注意力的改变而改变,往往以领导职务的高低作为决策是否正确的标准,民主管理在体制和机制上都没有真正实现,民主化进程表现在某些方面甚至有下滑的趋势。民主管理与自主办学具有统一性,二者都是由高等学校的学术性所决定的内部管理体制不可或缺、同根同源的重要组成部分。

面向社会、依法自主办学、实行民主管理,是相互联系、有机统一的整体。面向社会是基础,依法自主办学是精髓,实行民主管理是保障。自主办学是面向社会的自主办学,民主管理是面向社会的民主管理;自主办学以民主管理为条件、为保障,民主管理以自主办学为中心、为目标;面向社会立足于人才培养,实质上是面向学生,面向培养社会主义建设者和接班人这一大目标。

三、现代大学制度的特征:学术自治,政校分开,权责分明,管理科学

唯物辩证法认为,特征是事物的特有属性和本质属性,是一事物区别于他事物的特别显著的征象和标志,也是事物的重大的特殊的现象或外部表现。本质是特征的依据,本质决定和制约着特征,并通过一定的特征表现自己的存在;特征反映本质,从属于本质。本质是事物的主体和全部,特征是事物的片面和个别。本文认为,前文所述面向社会,依法自主办学,实行民主管理,便是现代大学制度的本质,学术自治、政校分开、权责分明、管理科学则是现代大学制度的特征。

学术自治是高等学校的天性,是现代大学制度的第一特征。《世界高等教育宣言》明确指出:大学自治和学术自由是21世纪大学发展的永恒原则。学术自由是高等学校区别于政府、企业、其他事业单位的根本特征,彰显着高等学校的本质,是现代大学制度的根基。“缺乏大学自治和学术自由的根基,现代大学制度就失去了存在的土壤和发展的空间。”①学术自治与学术自由是联系在一起的,没有学术自治,学术自由就缺乏存在的条件,学术创新也难以实现,高等学校的民主则无从体现。从这个意义上讲,学术自治与实行民主管理是一致的,学术自治是实行民主管理的重要条件。

政校分开,是指政府作为公立学校的举办者和管理者与办学者分开,所有权与办学权分离,责权利分明。计划经济条件下,政府是高等学校的举办者、管理者和事实上的办学者。市场经济条件下,举办体制走向多元化,政府现在只是公立学校的举办者,随着中外合作、股份合作办学、公立高校转制的出现,政府将来不是唯一的公立高校的举办者。高等学校的所有权归属于国家,政府教育行政机关代表国家行使管理权,高等学校依法管理和经

---

① 邬大光:《现代大学制度的根基》,《现代大学教育》2001年第1期。

营学校资产。政府只是高等学校的管理者,高等学校是办学者。政校分开是政府宏观调控,高等学校面向社会依法自主办学的表现形式,是现代大学制度的重要特征。

权责清楚,是指高等学校内部,党委领导下的校长负责制体制完善,重大问题党委决策,以校长为首的行政系统运转灵活。横向,党政分工明确,学术权力与行政权力配置合理,党委决策系统、行政决策系统、专家(学术)决策系统能够相互支持,协调运作,形成合力;纵向,学校一级与院系一级分权合理,上下顺畅,执行有力,责权利相结合,能够调动基层的积极性,实现管理的优化。

管理科学,是指高等学校内部机构设置合理,决策系统、执行系统、监督系统、反馈系统健全,能够形成有效的闭合回路;竞争机制、激励机制运用适度,组织机制、工作机制完善;内部自治系统运转灵活、高效、协调、优化。管理科学包括两个层面:第一个层面是基础层面的管理,指校内规章制度健全,管理民主、科学。第二个层面是制度层面的管理,产权制度、领导体制、管理体制、运行机制健全。这里的管理科学主要指制度层面的管理。

现代大学制度的四个特征是有机联系,互相统一的。以与社会主义市场经济体制相适应、符合高等教育规律为基础和前提,围绕面向社会、依法自主办学、实行民主管理展开。面向社会、依法自主办学、实行民主管理是本质和核心。特征是本质和核心的外在表现形式,本质决定特征,特征彰显本质。学术自由是现代大学制度的本质在高等学校中的体现;政校分开是高等学校实现依法自主办学、实行民主管理的关键;权责分明是社会主义市场经济体制和高等教育规律的要求,是现代大学制度先进性的表现;管理科学是现代大学制度得以确立和运行的保障,是衡量现代大学制度科学性的准绳。

四、现代大学制度的关键:建立高等学校法人制度

建立现代大学制度,关键是建立高等学校法人制度,高等学校以独立法人资格处理与政府与社会的关系。《高等教育法》为现代大学制度提供了基

本的法理依据。第三十条规定,高等学校自批准设立之日起取得法人资格。高等学校的校长为高等学校的法定代表人。高等学校也按法律规定进行了法人登记注册,取得了事实上(实际是形式上)的法人资格。高等学校章程也按《高等教育法》的要求,明确了领导体制和法定代表人。但所有这些,只是从组织上、形式上完成了高等学校法人制度的认定,但离高等学校以独立法人资格处理与政府、与社会的关系还相差甚远。建立现代大学制度,落脚点在高等学校,关键在政府。正确处理高等学校与政府的关系,正确处理高等学校与社会的关系,实现高等学校举办者、管理者、办学者的角色转换和分离,真正建立起高等学校法人制度和法人治理结构,是现代大学制度的题中应有之意。

现代大学制度的关键是建立高等学校法人制度,而高等学校法人治理结构是现代大学制度得以确立,确保整个管理机构能够顺利实现这些目标和计划的组织制度,是高等学校法人制度的保障。建立董事会,明确董事会与校长的关系,是高等学校法人治理结构的核心问题。

我国社会转型期内,政府举办的高等学校董事会组成可以有三种组成形式:(1)政府主导型。以举办者为主体组成董事会,政府官员担任董事长。(2)学校主导型。以办学者为主体组成董事会,举办或投资者参加董事会,高等学校党委书记担任董事长。(3)社会主导型。以关注高等教育事业,与高等学校密切联系的社会人士组成董事会,董事长人选由举办者和办学者认为适宜的有影响力的人士担任。董事会的作用,主要是制定学校的大政方针,发展目标与战略规划,通过学校年度财政预算,招聘和任免校长。

校长是治理结构的一个范畴,是高等学校法人制度的一个重要方面。校长在高等学校法人治理结构中的角色就是CEO。校长执行董事会决议,向董事会负责。董事会与校长的关系体现在以下三个方面:(1)董事会并不管理学校的具体和日常行政事务,其制定的政策方针,由校长去具体实施。学校的日常工作主要是校长的职责。董事会招聘校长,校长向董事会负责。(2)董事会抓大事,校长管理具体事物。(3)董事会的主要职能是政策治理、战略管理,组织管理则授权和通过校长来实现,校长具体实施董事会确定的战略与规划,体现统一指挥和权责一致的管理原则。[①]

在社会转型期,我国高等学校实行党委领导下的校长负责制领导体制,坚持党管干部的原则。建立高等学校法人治理结构与实行党委领导下的校长负责制并不互相排斥。积极探索和改革高等学校内部管理体制,建立高等学校法人治理结构,以保障建立高等学校法人制度,走向现代大学制度。有效的途径是:采取学校主导的董事会模式,扩大社会各界有识之士参与,党委书记担任董事长,使董事会制定的政策符合社会主义办学方向,便于将党的政治领导变成董事会的决策,通过校长贯彻执行。这样,也从高等学校治理结构上有效地解决了政治权力与行政权力的配置问题,解决了行政权力与学术权力的调适问题,为高等学校依法自主办学提供组织和制度保障。

[原载《山东师范大学学报》(人文社会科学版)2003 年第 4 期]

① 参见熊志翔:《高等教育制度创新论》,广东高等教育出版社 2002 年版,第 248～250 页。

中小学生身体、言语和间接欺负的性别差异[①]

——中国与英国的跨文化比较

纪林芹　张文新　Kevin Jones　Nannette Smith

一、问题提出

攻击行为的性别差异问题一直是攻击研究，也是性别差异研究领域的重要课题之一。欺负（bullying）是一种特殊类型的攻击行为。欺负区别于攻击的特点有二：一是欺负行为双方力量具有不均衡性；二是欺负行为具有重复发生性，即欺负者与受欺负者在相当长的一段时间内形成稳定的欺负—受欺负关系。欺负行为对欺负行为双方以及学校和社会秩序都有消极的影响。[②]

与攻击行为的类型划分相一致，欺负行为就其实施方式而言可以分为身体欺负、言语欺负与间接欺负三种。身体欺负（physical bullying）是指利用身体动作直接对受欺负者实施的攻击，如打人、踢人以及损坏、抢夺他人财物等。言语欺负（verbal bullying）是指通过口头言语形式直接对受欺负者

---

① 教育部人文社会科学研究"十五"规划项目（项目批准号：01JAXLX01015）、全国教育科学"十五"规划重点课题（项目批准号：DBA010175）成果之一。本研究得到英国渥斯特大学学院的经费资助。

② 参见张文新：《学校中的欺负问题——我们所知道的一些基本事实》，《山东师范大学学报》（人文社会科学版）2001 年第 3 期。

实施的攻击，如骂人、羞辱、讽刺、起外号等。间接欺负(indirect bullying)是通过第三方来实施的欺负行为。间接欺负中包含社会操纵，是指利用同伴中的社会关系来伤害他人的迂回行为，包括背后说人坏话、对他人讲不要和对方做朋友等。

Smith 等人的研究发现，男生易受身体欺负，而女生易受间接欺负。而张文新等对中国中小学儿童的研究未能重复 Smith 等人的研究结论。他们的研究发现，男孩受到的身体欺负与间接欺负均多于女孩，受言语欺负的比例的性别差异不显著。①

显然，在考虑了不同的欺负行为形式后，关于欺负行为性别差异的研究发现并不完全一致。造成这些研究发现并不完全一致的可能原因在于，欺负行为的发生不仅受儿童性别的影响，而且还与儿童的年龄以及所生活的社会文化背景有关。因此，关于不同类型的欺负发生的性别差异的考察必须考虑各种类型的欺负行为因儿童年龄以及文化背景的差异而有所不同。

中国与英国分别属于东方与西方文化。两国的社会文化背景存在较大差别。已有研究发现，总体上中国中小学儿童中欺负行为的发生率低于英国中小学，在对待欺负问题的态度上中国儿童的态度更为积极。本研究的目的是考察中国与英国两种社会文化背景下中小学儿童受到各种类型的欺负的差异以及两国儿童受到各种类型的欺负的性别差异情况。

二、方　法

中国儿童样本由来自山东省和河北省的城市、县城和农村三类地区的 10 所小学和 9 所初中的共 8792 名儿童组成，其中小学儿童 3801 名(男孩 2041 名，女孩 1760 名)，初中儿童 4991 名(男孩 2550 名，女孩 2441 名)。英国样本由 1061 名儿童组成，他们来自英国渥斯特郡的 10 所小学和 3 所初中，其中小学儿童 603 名(男孩 296 名，女孩 307 名)，初中儿童 458 名(男孩

---

① 参见张文新:《学校中的欺负问题——我们所知道的一些基本事实》,《山东师范大学学报》(人文社会科学版)2001 年第 3 期;《中小学生欺负/受欺负的普遍性与基本特点》,《心理学报》2002 年第 4 期。

240名，女孩218名）。

工具采用修订的Olweus儿童欺负问卷中的受欺负类型分量表及其他有关题目作为测查工具。问卷的修订采取了回译的办法，从而保证了中英两国所使用的问卷的一致性。问卷分小学版和初中版，小学版中间接欺负的测量项目为：在课间休息时，其他同学不愿意跟你一起玩，结果你只好自己一个人玩。这样的事情经常发生吗？选项为：(1)本学期没发生过；(2)本学期只发生过一两次；(3)时常发生”；(4)大约一周一次；(5)一周好几次。如果被试选择(3)或更多，那么就是受到间接欺负了。身体欺负和言语欺负的测量题目为：别人是怎样欺负你的？选项为：(1)本学期我没有受到过欺负；(2)别人因我说话口音难听而骂我；(3)由于其他方面的原因而骂我；(4)打或踢我；(5)用其他方法欺负我。如果被试选择了(2)或(3)，那么就是受到言语欺负了；如果选择了(4)，则为受到身体欺负了。

初中版中间接欺负的测量题目为：(1)故意不让我参加某些活动，把我排斥在他们的朋友之外，或者让他们的朋友完全不理睬我；(2)散布关于我的谣言，并试图使其他人不喜欢我。如果这两种行为的任何一种“时常”或更频繁地发生，则被认为受到间接欺负了。身体欺负的测量题目为：(1)打、踢、推、撞或者威胁我；(2)强迫向我要钱，或者拿走或损坏我的东西。如果这两种行为的任何一种“时常”或更频繁地发生，则被认为受到身体欺负了。言语欺负的测量题目为：(1)给我起难听的外号骂我或者取笑、讽刺我；(2)因我说话口音和他们不同而给我起难听的外号。如果这两种行为的任何一种“时常”或更频繁地发生，则被认为受到言语欺负了。

问卷调查均采用匿名的自我报告形式，以班级为单位进行集体施测。主试由心理学专业硕士研究生或研究者亲自担任。中国样本的数据收集工作分别于1998年11月中下旬和1999年11月中下旬两次完成。英国样本的数据收集时间是1998年11月至12月中旬。

使用Foxbase 2.0进行数据录入，SPSS10.0进行数据分析。

三、结果分析

(一)身体欺负的差异比较

1. 中英两国中小学中身体欺负发生率以及小学和初中儿童中身体欺负发生率的总体比较

对中英两国中小学儿童中身体欺负的发生率进行独立性 χ^2 检验。结果表明,两国中小学儿童中身体欺负的发生率不存在差异($\chi^2=1.150$, $df=1$, $p>0.05$)(中国中小学儿童中受到身体欺负的比例为12.8%,英国中小学儿童中受到身体欺负的比例为11.6%)。

对小学和初中儿童受身体欺负的比率进行独立性 χ^2 检验。结果表明,小学和初中儿童中身体欺负的发生率存在极其显著的差异($\chi^2=236.299$, $df=1$, $p<0.001$),小学儿童中身体欺负的发生率高于初中儿童(小学儿童中受到身体欺负的比例为18.3%,初中儿童中受到身体欺负的比例为8.0%)。

2. 中国与英国中小学儿童中身体欺负发生率的性别差异

对中国小学和初中男女儿童中身体欺负的发生率分别进行独立性 χ^2 检验。结果表明,中国小学和初中儿童中身体欺负发生率均存在极其显著的性别差异(小学:$\chi^2=15.310$, $df=1$,初中:$\chi^2=46.002$, $df=1$, $p<0.001$),无论小学还是初中,男生中身体欺负的发生率均显著高于女生中身体欺负的发生率。

对英国小学和初中男女儿童中身体欺负的发生率分别进行独立性 χ^2 检验。结果表明,英国小学儿童中身体欺负发生率存在极其显著的性别差异($\chi^2=13.720$, $df=1$, $p<0.001$),男生中身体欺负的发生率显著高于女生中身体欺负的发生率。英国初中生中身体欺负发生率的性别差异不显著($\chi^2=2.860$, $df=1$, $p>0.05$),但由图2可以看出,英国初中男生比女生更多地受到身体欺负。

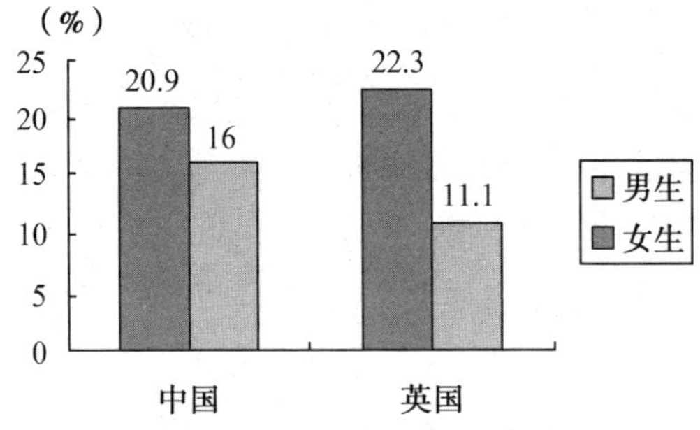

图1 中英小学男女儿童受身体欺负的比例

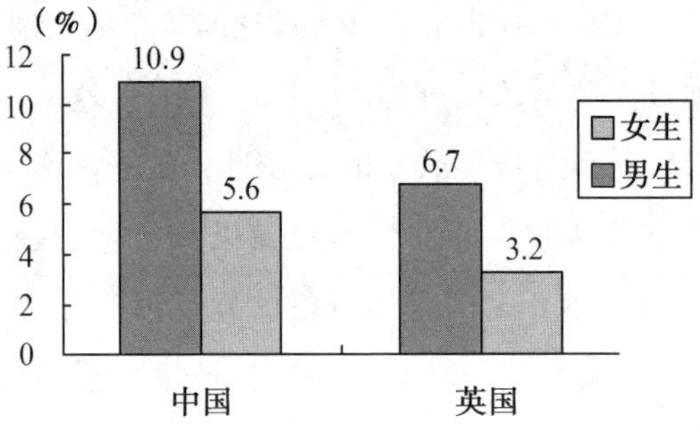

图2 中英初中男女儿童受身体欺负的比例

(二)言语欺负的差异比较

1. 中英两国中小学中言语欺负发生率以及小学和初中儿童中言语欺负发生率的总体比较

对中英两国中小学儿童中言语欺负的发生率进行独立性 χ^2 检验。结果表明,两国中小儿童中言语欺负的发生率存在极其显著的差异($\chi^2=63.758, df=1, p<0.001$),中国中小学生中言语欺负的发生率低于英国中小学(中国中小学儿童中受言语欺负的比例为31.0%;英国中小学儿童中受言语欺负的比例为43.2%)。

对小学和初中儿童受言语欺负的比率进行独立性 χ^2 检验。结果表明,小学和初中儿童中言语欺负的发生率存在极其显著的差异($\chi^2=478.482$, $df=1, p<0.001$),小学儿童中言语欺负的发生率高于初中儿童(小学儿童中受言语欺负的比例为43.8%;初中儿童受言语欺负的比例为23.1%)。

2. 中国与英国中小学儿童中言语欺负发生率的性别差异

对中国小学和初中男女儿童中言语欺负的发生率分别进行独立性 χ^2 检验。结果表明，中国小学生中男生和女生受言语欺负的比率不存在显著差异（$\chi^2=2.831, df=1, p>0.05$），初中男生受言语欺负的比率高于初中女生（$\chi^2=40.535, df=1, p<0.001$）。

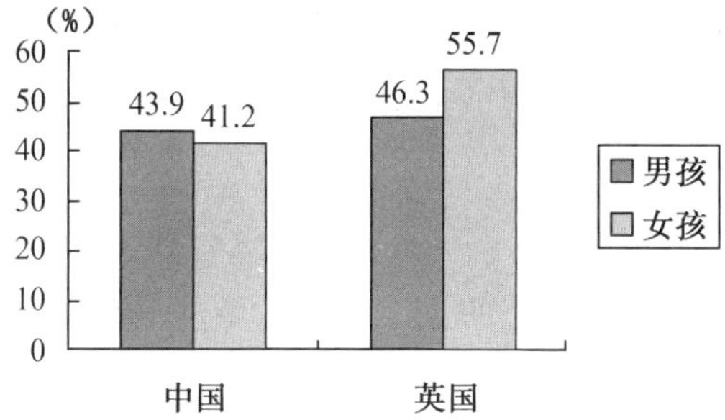

图 3　中英小学男女儿童受言语欺负的比例

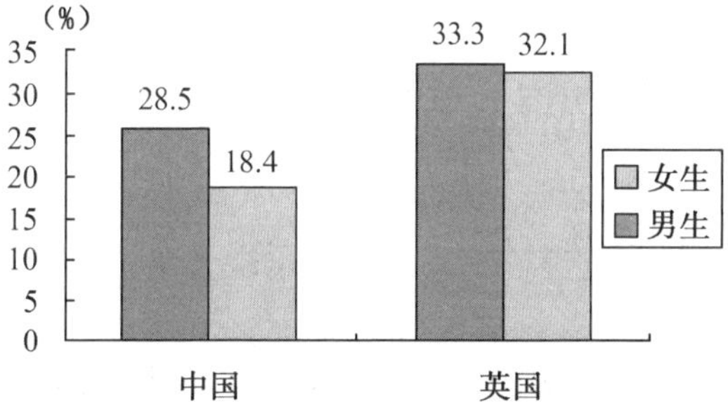

图 4　中英初中男女儿童受言语欺负的比例

对英国小学和初中男女儿童中言语欺负的发生率分别进行独立性 χ^2 检验。结果表明，英国小学男生和女生受言语欺负的比率存在显著差异（$\chi^2=5.348, df=1, p<0.05$），女生受言语欺负的比率高于男生。初中男生和女生受言语欺负的比率差异不显著（$\chi^2=0.078, df=1, p>0.05$）。

（三）间接欺负发生率的差异比较

1. 中英两国中小学中间接欺负发生率以及小学和初中儿童中间接欺负发生率的总体比较

对中英两国中小学儿童中间接欺负的发生率进行独立性χ^2检验。结果表明，两国中小学儿童中间接欺负的发生率存在极其显著的差异（$\chi^2=65.887, df=1, p<0.001$），中国中小学生中间接欺负的发生率低于英国中小学（中国中小学儿童中受间接欺负的比例为11.8%；英国中小学儿童中受间接欺负的比例为20.5%）。

对小学和初中儿童受间接欺负的比率进行独立性χ^2检验。结果表明，小学和初中儿童中间接欺负的发生率存在极其显著的差异（$\chi^2=188.048, df=1, p<0.001$），小学儿童中间接欺负的发生率高于初中儿童（小学儿童中受间接欺负的比例为17.8%；初中儿童中受间接欺负的比例为8.6%）。

2. 中国与英国中小学儿童中间接欺负发生率的性别差异

对中国小学和初中男女儿童中间接欺负的发生率分别进行独立性χ^2检验。结果表明，中国小学和初中儿童中间接欺负发生率均存在极其显著的性别差异（小学：$\chi^2=47.974$，$df=1$，初中：$\chi^2=23.202$，$df=1$，$p<0.001$），无论小学还是初中，男生中间接欺负的发生率均显著高于女生中间接欺负的发生率。

对英国小学和初中男女儿童中间接欺负的发生率分别进行独立性χ^2检验。结果表明，英国小学儿童中间接欺负发生率存在极其显著的性别差异（$\chi^2=10.170, df=1, p<0.001$），女生中间接欺负的发生率显著高于男生中间接欺负的发生率。英国初中生中间接欺负的发生率的性别差异不显著（$\chi^2=1.570, df=1, p>0.05$），但由图6可以看出，英国初中女生比男生更多地受到中间接欺负。

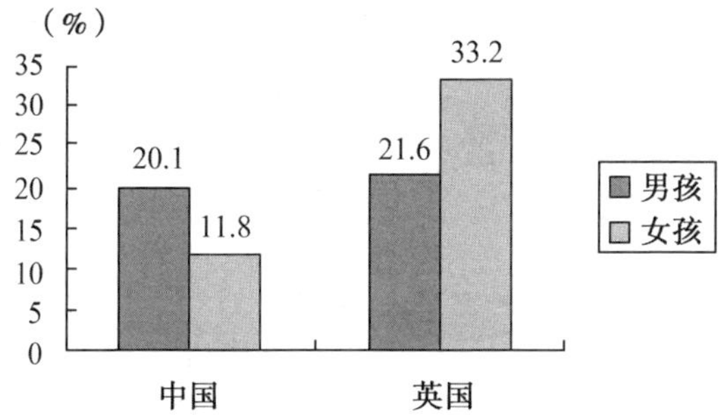

图 5　中英小学男女儿童受间接欺负的比例

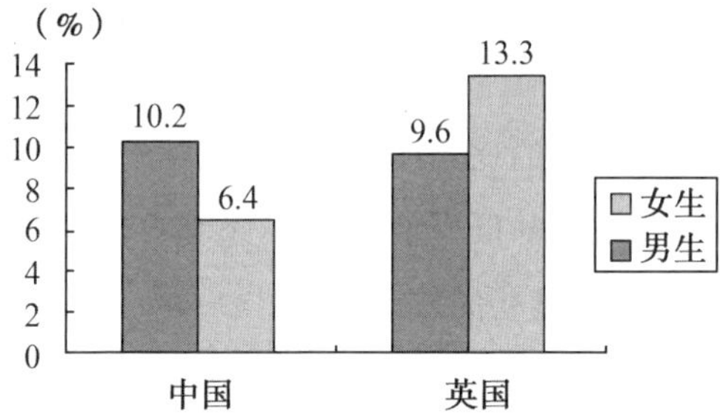

图 6　中英初中男女儿童受间接欺负的比例

四、讨　论

本研究发现,小学儿童受到三类欺负的比例均高于初中儿童。这与已有关于儿童受欺负经历的年龄特点的研究结果相一致。儿童受欺负的比例随年龄增长而下降,其主要原因包括两个方面:第一,儿童通常被年长于自己、在身体等方面存在优势的同伴欺负。随着年龄的增长,在同伴互动中儿童逐渐摆脱了体力等方面的不利地位,因而受欺负的比例发生了下降。第二,随着年龄的增长,儿童的认知及社会认知能力增强,在社会化过程中也逐渐养成了更加符合社会规范的行为习惯,他们知道哪些行为是符合规范的,哪些是不符合规范的,因而实施欺负行为的可能性减小了,从而受欺负者的人数也减少了。此外,年幼儿童在报告其受欺负经历时存在着一种“泛化”的倾向,即倾向于把一些不是欺负的行为报告为欺负,而年长儿童对其受欺负的经历的报告会更符合欺负的定义。年幼儿童报告其受欺负经历时的“泛化”倾向,也可能是造成研究发现随年龄增长受欺负发生率下降的原因之一。

本研究发现,除身体欺负外,中国儿童受到言语及间接欺负的比例均低于英国中小学儿童。这与已有欺负/受欺负普遍性的研究结果[①]是一致的。这种差异与中英两国的社会背景以及文化价值观有关。社会文化价值观一方面会影响个体发展过程中对攻击的社会化过程,另一方面还对在日常社会生活中暴力的动力学有影响。因而社会规范和价值观对攻击和暴力有决定作用。文化价值观的这种影响作用是通过起对攻击态度的变化而实现的。Fujihara 等人关于日本、美国和西班牙 18～21 岁青少年对身体、言语以及间接言语欺负的接受性的比较研究发现,相对于美国和西班牙青少年,日本青少年对间接言语欺负的接受性较低。这表明在东方集体主义定向的文化价值观下,人们更不能接受间接言语攻击。我们先前的研究则发现,中国儿童对待欺负的态度比英国儿童更积极。[②] 显然,对待欺负的态度的这些差异会影响不同社会文化背景中欺负行为的发生率。

无论中国还是英国,男生均比女生受到更多的身体欺负。这与已有大量研究结论相一致。中国中小学中男生受到的言语及间接欺负均多于女生,而英国女生受到的间接欺负多于男生。这一结果表明,男女儿童中各种形式欺负的发生率的性别差异具有文化变异性。欺负行为的发生除受男女儿童自身的生理及认知和社会认知、行为习惯等方面的影响外,社会文化因素也对欺负的发生产生影响,这种作用主要是通过态度来实现的。已有研究揭示东方集体主义文化和西方个人主义文化背景中人们对待不同类型的攻击欺负的态度存在差异。因此在考察各种类型的欺负行为的性别差异时,必须考虑到文化差异。

[原载《山东师范大学学报》(人文社会科学版)2004 年第 3 期]

---

① 参见张文新:《中小学生欺负/受欺负的普遍性与基本特点》,《心理学报》2002 年第 4 期。

② 参见纪林芹、张文新、Kevin Jones、Nannette Smith:《中国与英国儿童对待欺负问题态度的比较研究》,《心理与行为研究》2003 年第 2 期。

关于课程与教学论功能的思考

徐继存

从认识论上讲，无论自然科学还是人文社会科学，理性认识都基于感性认识之上。研究者必须从广泛地搜集材料开始，然后分析加工材料，进行从个别到一般的抽象，提出自己的观点或理论。任何理论都是对它所依据的材料的反映、概括和解释。课程与教学论像其他任何科学一样，不仅要求积累大量有关课程与教学实际的资料和信息并对之进行分析，而且要求理解其试图加以解决的课程与教学现实问题的意义，也即解释基本的课程与教学过程。但是，只有当课程与教学论不是被降低到经验论述或课程与教学描述学的水平时，它才能像其他科学一样得到人们的普遍尊重。也就是说，课程与教学论必须避免经验主义和抽象思辨的论述。在这一前提下，我们才有可能和必要阐释课程与教学论的功能。

课程与教学论既不能被看成某种课程与教学的描述，即对人们在特定时空条件下各种课程与教学存在形态的直观叙述，也不能被看成对现实课程与教学及其历史发展的某种思辨观点。但是，仅仅申明作为科学的课程与教学论不能归结为对课程与教学的现象描述或思辨构想，这对于正确理解课程与教学论这门科学仍然是不够的。每一门科学都要求根据逻辑原则对材料作相对系统的搜集并将它们联系起来，这样才能使其有某种严密的形式。一般说来，就是对经过客观分析的实际状况进行表层的分类。显然，对某些特殊的课程与教学事实进行表层的描述和分类是包括课程与教学论在内的任何科学的形成过程所必不可少的。但是,这也必然要求对相应的具体材料作出相对系统的分析和解释,并且只有通过分析和解释才能形成对课程与教学实际的理论构思,而这种理论构思应该成为现实课程与教学变革和发展的基础。科学发展史告诉我们,“正是对解释(这些解释是系统化的,同时也受事实证据的控制)的渴望产生了科学,正是在解释性原理的基础上对知识的组织和分类构成了科学与众不同的目标。更明确地说,科学试图发现并用一般性的术语系统地阐述不同种类的事件发生的条件,并作出把这些决定性的条件看作是对相关事件加以解释的陈述。这个目标只有通过区分或隔离所研究题材的某些属性、通过弄清这些属性相互依赖的可重复的模式才能达到。……关系模式也许可以在广泛的事实范围内出现。这样,借助于几个解释性原理,有关这些事实的无数个命题就会构成一个逻辑上一致的知识体系”①。描述、经验研究、观念化,从课程与教学理论出发再回到客观课程与教学实际,把证明为正确的课程与教学认识应用到课程与教学实践,所有这一切不仅是课程与教学认识逻辑的主要环节,而且也是试图既作为课程与教学实际的基础论述,又作为课程与教学实际的实践应用论述的科学的课程与教学论形成的必然阶段。自科学摆脱了经验主义和抽象—思辨模式的束缚以来,这种认识与科学的逻辑和历史已成为十分明显的和有代表性的过程。课程与教学事实及其有条不紊地严格描述本身不能构成取代各种课程与教学论体系的真正手段,因为它们不能理解和解释基本的课程与教学过程及其发生、运动和历史状态。建立一种新的理论观,即在具体—历史的课程与教学实际材料的基础上提出新的理论结构,也即以科学的体系来代替思辨的理论体系乃是课程与教学论学科发展和课程与教学改革深化的客观需要。

课程与教学描述尽管存在着理论——方法论的局限性,但它强调将课程与教学实际和事实放在首位,并试图描述各种具体形态中的共同特征,从而给课程与教学论提出了两条基本原则,即具体事实、材料第一的原则和课程与教学事实特殊性的原则。这也是现代科学的基本公设。列宁曾深刻地

① E. Nagel, *The Structure of Science*, London:Routledge & Kegan Paul, 1979, p. 3.

指出："在社会现象方面，没有比胡乱抽出一些个别事实和玩弄实例更普遍更站不住脚的方法了。……如果从事实的全部总和，从事实的联系去掌握事实，那末，事实不仅是'胜于雄辩的东西'，而且是证据确凿的东西。如果不是从全部总和，不是从联系中去掌握事实，而是片段的和随便挑出来的，那末事实就只能是一种儿戏，或者甚至连儿戏也不如。"[①]可以说，课程与教学描述是科学的课程与教学论形成的重要环节，没有它，课程与教学论也就失去了现实基础，不管体系的构筑是多么完美，充其量是一种美好的乌托邦。然而，我们又必须明确，事实的搜集和整理断然离不开课程与教学论已有的概念基础和原理以及真正跨学科的方法论。我们知道，美国学者汉森曾提出"观察渗透理论"。汉森认为，观察和事实总是渗透着理论的，任何人观察到的东西都和自己原有理论背景有关，任何观察和通过科学抽象来把握事物本质的过程，都必然会渗透理论，不受原有知识背景支配的纯粹"观察"是不存在的。近些年来，国内课程与教学活动的质化研究蓬勃兴起，走入日常课程与教学生活作"田野研究"，讲叙"课程与教学故事"，探求课程与教学真实，这应该说是对纯粹思辨研究和简单量化研究的叛逆，也表现了课程与教学论研究者直面课程与教学现实的勇气。但是，我也发现，许多研究者对质化研究存在着严重的误解，停留在流水账的描述水平上，缺乏透过现象看本质的理论理性和自我反思，更谈不上有应对现实课程与教学问题的策略干预。现实课程与教学依其所是存在着，课程与教学故事重演着，日常课程与教学生活中的课程与教学论研究者消失了，而讲叙课程与教学故事的所谓课程与教学论著作出版了。我本人是很难苟同这样的课程与教学质化研究的。因为，我不知道它到底解决了什么样的课程与教学问题。我甚至怀疑研究者本人也无法清楚地说出来。似乎研究者就是为了寻找已经存在的答案，或者仅仅是将课程与教学论著述的一些内容转化为用以表明自己有所感觉和感受的课程与教学的经验。这恰是米尔斯所批判的："设计一个田野研究只为了找一个可以在图书馆找到的答案，是很笨的，同样地，将书中的内容转换成适当的经验研究——即转换成事实的问题——之前便自

① 《列宁全集》第23卷，人民出版社1958年版，第279页。

以为彻底理解了这些书,也是很笨的。"①在我看来,国内的许多课程与教学质化研究不仅仅存在着"笨"的问题,也蕴涵着研究者自身无法公开言表的价值取向或意识形态上的倾向问题。

课程与教学论研究者所应该做的不仅仅是总结已知的东西,更重要的是尽可能严格地确定现在还不知道的东西——预测课程与教学问题,提出课程与教学假说。课程与教学论中的问题无非意味着对课程与教学现实提出某种严密的、明确的和假说性的疑问。一门科学只有从假说出发,也就是说,只有从已知的事实、问题与未知通过组织和进行有效的理性实践活动能够知道的事实和问题之间的明确差别出发,才能在理论和方法上确立起来。假说,是思维形式之一,是理性认识形式,是人们在科学研究活动中由已知推测未知时所采用的一种思维形式。恩格斯曾以辩证唯物主义的观点,从自然科学的发展中,对于科学假说的作用给予了很高的方法论评价。他说:"只要自然科学在思维着,它的发展形式就是假说。一个新的事实被观察到了,它使得过去用来说明和它同类的事实的方式不中用了。从这一瞬间起,就需要新的说明方式了——它最初仅仅以有限数量的事实和观察为基础。进一步的观察材料会使这些假说纯化,取消一些,修正一些,直到最后纯粹地构成定律。如果要等到构成定律的材料纯粹化起来,那么这就是在此以前要把运用思维的研究停下来,而定律也就永远不会出现。"②

因此,课程与教学论的科学价值在本质上可以说取决于两点:承认科学的假说性和确认课程与教学现实的问题性。事实上,我们也必须承认存在着这样两个相辅相成的侧面:总结我们所知道的东西和严密地提出疑问、规定课程与教学问题。换言之,即用尽量具体的方式明确规定现在未知的东西。无论是对于具体地确定课程与教学论研究者的社会作用来说,或者对于随着课程与教学实践需要的发展而创造性地发展课程与教学理论来说,规定和解决课程与教学问题都具有十分重要的方法论意义。我认为,长期以来我国课程与教学论研究中表现出来的抽象——思辨性、裹足不前和教

---

① [美]C. W. 米尔斯:《社会学的想像》,张君玫、刘钤佑译,巨流图书公司1996年版,第272页。

② 《马克思恩格斯选集》第3卷,人民出版社1972年版,第561页。

条主义的产生根源就在于缺乏或不重视课程与教学经验和信息基础，或者把这种基础视作只是说明为人熟知的课程与教学原理和原则以及虚假甚至错误地提出课程与教学问题。如果我们对此有深刻的认识，就可以尽可能地矫正，进而不断地消除课程与教学论研究的偏向以及受其影响的课程与教学变革所产生的不良后果。与此同时，我们还必须注意不要把一般思想（公众舆论）对课程与教学问题的理解同科学的课程与教学认识混淆起来。课程与教学论中的课程与教学问题应以这样的形式出现：我们虽然还不知道它们的答案，但可以通过系统的、严格的研究来找到答案。只有我们能够用可以通过研究和实验验证的论题的形式表达课程与教学问题时，课程与教学问题才能成为课程与教学论中真正的科学问题。课程与教学论只有通过这种方式来认识、规定和解决课程与教学问题，才能对认识课程与教学现实、促进课程与教学变革作出贡献。因此，掌握课程与教学论的概念、规律和原理就意味着发展对课程与教学现实提出问题的能力。课程与教学论要有活力，其首要条件就是要干预课程与教学问题，就是从课程与教学变革、发展和进步的明确观点来规定课程与教学问题，并提出解决方案。这种干预意味着既要从整个人类发展的广阔视野出发规定课程与教学问题，还要从具体社会的实际情况出发规定课程与教学问题，同时又要把普遍性课程与教学问题和局部性课程与教学问题区别开，并确定传统上被看作具有根本意义的普遍性课程与教学问题与局部性课程与教学问题之间的相互关系。这就是说，我们需要开出一张当今世界和各国课程与教学状况的“清单”，制定一个比较严密和合适的经验模式。由于课程与教学本身的复杂性，课程与教学问题的“模式”就需要建立在跨学科研究和复杂的认识、诊断和预测的基础之上。相应地，那些分学科的、范式性的、本体论的和认识论的片段研究与争论尽管重要，但也应该逊位于跨学科研究。正是在这种意义上我们可以说，对课程与教学进行认识、诊断和预测是科学的课程与教学论最基本的功能。

与上述密切相关的是课程与教学论的整合功能。“整合”一词源于地理学，原指两套地层的走向和倾斜都一致，在沉积上没有明显间断的接触关系。从课程与教学论学科发展的意义上讲，课程与教学论的整合功能在于把课程与教学论的各分支学科及相关学科所开展的研究工作加以综合,同时又划定分工以及相互调整和兼顾,达至和谐与合理。毫无疑问,课程与教学论所有分支学科及相关学科都试图认识课程与教学的不同侧面、各种结构和功能机制,但是这些学科往往都是从某一侧面、某一维度来探求课程与教学某一层面的规律性联系。课程与教学论论述角度的特殊性在于试图把课程与教学作为整体来加以分析和解释。课程与教学论探讨课程与教学的一切问题、侧面、面貌和规定性。课程与教学虽有区分,但在实际的教育过程中又是一个难以分割的整体,它是以统一的和前后一贯的方式进行的。课程与教学论必须以反映具体课程与教学实际的综合理论的形式实现这种统一。因而,课程与教学论具有把其分支学科及相关学科的研究成果整理和综合的功能。为此,课程与教学论研究者不仅应该密切关注课程与教学论分支学科及相关学科的发展,及时掌握这些学科所取得的研究成果,而且应该时刻注意重建自己的研究思路。也就是说,任何课程与教学论研究者都必须破除那种封建式的从一而终的迂腐观念,能在不同的方法间为自己保留必要的选择余地,决不要轻易对自己说什么是绝对正确的,什么是完全错误的;决不要成为某种方法程式的俘虏,以致作茧自缚。在思想观念中,每个课程与教学论研究者都应当允许互补的视角、方法、程式同时并存,重要的是善于比较和作具体的取舍,善于在它们之间保持必要的张力。爱因斯坦在谈到认识论和方法论时说:“寻求一个明确体系的认识论者,一旦他要力求贯彻这样的体系,他就会倾向于按照他的体系的意义来解释科学的思想内容,同时排斥那些不适合于他的体系的东西。然而,科学家对认识论体系的追求却没有可能走得那么远。他感激地接受认识论的概念分析;但是,经验事实给规定的外部条件,不允许他在构造他的概念世界时过分拘泥于一种认识论体系。因而,从一个有体系的认识论者看来,他必定象一个肆无忌惮的机会主义者:就他力求描述一个独立于知觉作用以外的世界而论,他象一个实在论者;就他把概念和理论看成是人的精神的自由发明(不能从经验所给的东西中逻辑地推导出来)而论,他象一个唯心论者;就他认为他的概念和理论只有在它们对感觉经验之间的关系提供出逻辑表示的限度内才能站得住脚而论,他象一个实证论者。就他认为逻辑简单性的观点是他的研究工作所不可缺少的一个有效工具而论，他甚至还可以像一个柏拉图主义者或毕达哥拉斯主义者。"[①]这段论述道出了不同方法之间的辩证关系，如经验方法和思辨方法，任何一种经验方法都有其思辨概念和思辨体系；同时，任何一种思辨思维，它的概念经过比较仔细的考察之后，都会显露出它们由以产生的经验材料，因此把两种思维方法完全对立起来是无法获得科学认识的。爱因斯坦的唯理的实在论（唯物论）和探索性的演绎法、彭加勒的经验约定论和理论选择论、库恩关于两种思维形式之间的必要张力等，都贯串着这样一种两极或多极互补的现代方法论原则，渗透着现代科学发展的基本精神。方法选择应用的真正关键即在于根据对象和目的，在方法的对立两极或鼎立之间找到恰当、适切的支点。因此，我们可以说，倘若您有足够博大的胸怀，能够接纳一切有意义的方法论思想，又有同样的睿智把它们放在适当的位置，让它们在课程与教学论研究中配合着发挥作用，那么您就有资格欣慰地说，您真正是课程与教学论研究的主体。

同课程与教学论的功能相联系，还存在着一系列认识论和方法论方面的问题，直接关涉对课程与教学论学科的把握及其功能的定向。例如：研究者得到的是什么样的课程与教学认识？这种认识是关于课程与教学现实的真正图像还是歪曲的图像？诸如此类。我在这里应该指出的是，回答这些问题决非易事，因为在认识课程与教学现实的活动过程中有许多因素发生着作用，会遇到多方面的困难，其中有一些来自课程与教学论研究者所处的特殊地位。课程与教学论研究者不仅是认识者和研究者，而且是积极的参与者。也就是说，他们既是主体，又是客体。不仅如此，我们也应该清楚地认识到，实际上每个人都是"研究者"，存在着某种现实的"民间"课程与教学论。这种民间课程与教学论的代表人物往往不具备必要的科学理论素养。从认识论方面来说，缺乏理论和方法论素养常常表现为形形色色关于课程与教学的虚假或歪曲的观念，从荒谬或错误的描述，到完全主观任意地偏爱这个或那个领域、这个或那个课程与教学问题、这种或那种研究技术，可谓无奇不有。有学者认为，在论述人的各门科学领域中，特别需要保持认识论

① 许良英、范岱年编译：《爱因斯坦文集》第1卷，商务印书馆1976年版，第480页。

观点的清醒,因为在这些学科里,一般舆论与科学体系之间的区别比其他学科更不确切。对于课程与教学论研究者来说,人们同课程与教学活动广泛普遍的接触是一个认识论的障碍,因为这种普遍接触或共同认识在不断产生虚假的观念或虚构的系统化的同时,也产生着使人认为其可信的条件。这说明必须把科学事实同直接认识区别开来。课程与教学论研究者在进行观察或经验调查时,进入了同"对象"的联系,但这种联系不是纯认识,它们"试图作为对象的结构出现"。认识是一种创造性的活动,永远不能归结为单纯地观察实际,因为它同时要求与实际及其所给予感觉的外在形象分离。在课程与教学论中,严肃的研究应该把有别于通俗认识的东西加以重新整理,把混同于通俗认识的东西加以区分。要做到这一点,单纯反对虚构的认识还不够,我们还必须学会用一种适当的特殊语言——课程与教学论的语言,把对于课程与教学所固有的活动方式的科学解释同一切人为虚构的解释区别开来。在教育日益成为社会公众关注焦点的今天,尽管人们对于课程与教学活动似乎都有所了解,可以表达一些看法,而且课程与教学论的一些词汇也不同于特殊学科的概念,大都是日常使用的词汇,不过,我们应该强调指出的是,并不是每一个人都能了解它们的含义,也不是每一个人都能对这些概念所引起的问题给予足够仔细的考虑。这样,课程与教学论研究者就必须担负起分析和澄清的责任,警惕"先知论的错误倾向",因为课程与教学论研究者同公众和非课程与教学论研究者的特殊关系,很容易产生消极的影响。事实上,能否恰当地运用课程与教学论的语言表达课程与教学的思想,也是课程与教学论研究者与一切非课程与教学论研究者的重要区分之一。

课程与教学论研究者极容易受到那些自以为是的非课程与教学论研究者的模棱两可的含糊判断的影响。同时,非课程与教学论研究者又随时可能否定他们所不赞同的科学结论的有效性,除非这些结论合乎他们的常识或狭隘利益。我们知道,常识是有关每个人在日常生活的一般基本活动方面应当懂得的事情的一套可靠的指望,它在一般人类事务上能保证有可靠的预见,不致出乎预料而惊慌失措。在使一般工作和社会生活成为可能,划清行动上的随意性和危险性方面,它的作用是极其重要的。但是,常识"既不是明确地系统的，也不是明确地批判的，就是说，既没有把它的所有各个部分同所有其他部分联系起来，也没有自觉地企图把它当作一个首尾一贯的真理体系”①。而科学必然意味着以确立模式、严密体系、概念和原理作为具体表现的理论构造活动，意味着提出理论假说、确定各种相互联系和发现规律。简言之，科学意味着建立某些全面的体系及相应的子体系。为了获得真正的认识，必须根据这些体系和子体系与我们所描述事物的状态、因果关系和功能关系，把它们相互连结起来，并在严格的经验研究和实验研究的基础上验证理论。可以说，这也是课程与教学论的基础（包括它的认识论问题）。认识论是对于各种原理、假说、科学研究成果的批判研究，其目的是确定理论结论的逻辑及其价值和客观性。应该指出，今天在认识论中还严重地存在着对课程与教学论的地位产生消极影响的怀疑主义、教条主义和先验论，种种无视课程与教学论学科发展逻辑的思想和做法依然广泛地盛行于课程与教学的理论和实践领域。认识和解释课程与教学现实不仅决定于从字面上掌握某些课程与教学论学科的理论、认识论和方法论原理，而且决定于社会的物质和文化——精神发展和成熟的水平。人们形成的关于时代和文明的形象也常常被移入课程与教学论的理论和对课程与教学现实的经验研究中。不仅如此，我们还可以在理论中，特别是在研究中发现直接的环境烙印，以及某些民族、地域和家庭等特点的影响。毋庸置疑，意识形态对课程与教学的理论和研究工作产生着影响，特别表现在提出和规定课程与教学问题的方式上。因此，我认为，所谓非意识形态化只是一个神话，不存在没有明确意识形态和政治态度的课程与教学论研究。意识形态作为社会意识的一个重要组成部分，是人们的现实活动和“现实的社会关系”的有意识的“表现和征兆”，是人的现实关系的抽象，是社会生活过程的“反射和回声”②。课程与教学论是研究处于课程与教学实践活动过程中人的科学，人类的课程与教学实践活动是根据作为人的需要、利益、希望的表现的明确价值和规范来进行的。但是，我们不应当把这些论断理解为课程与教学论研

---

① [美]M. W. 瓦托夫斯基：《科学思想的概念基础——科学哲学导论》，范岱年等译，求实出版社 1989 年版，第 84～85 页。

② 《马克思恩格斯全集》第 3 卷，人民出版社 1960 年版，第 30 页。

究者在进行科学研究时完全成为某个社会集团的意识形态的化身,或者认为意识形态或"集体意识"作为客观事实不应像其他任何课程与教学事实一样,受同样严格的客观分析。随着教育民主化和课程与教学改革的不断推进,许多课程与教学论研究者却把主要的注意力集中于政策和行政管理领域,使得课程与教学论研究变得越来越以政策为取向,商业化的研究行为日趋突显。而这些研究者"为了达到自己的目的就不得不把自己的利益说成是社会全体成员的共同利益,抽象地讲,就是赋予自己的思想以普遍性的形式,把它们描绘成唯一合理的、有普遍意义的思想"①。由于这种意识形态掺进了研究者主观的心理的动机,因而在反射课程与教学生活时"就像在照相机中一样是倒现着的"②,只能停留在对课程与教学现实存在颠倒反映的"虚假的意识"的范围之内,始终达不到对课程与教学现实存在正确反映的"真实的意识"。

概上所言,课程与教学论及其研究者的功能和地位首先受他们介入课程与教学现实的深度、他们提出和解答课程与教学问题的能力制约的。这些课程与教学问题既不可能从其他社会中照搬过来,也不能出于对某些美好传统的偏爱或者出于对思辨精神和浪漫情感的执着空想而杜撰出来。课程与教学论永远是一门理论与实际相统一的科学。课程与教学论研究课题如果完全以"具体"课程与教学论问题为轴心,就不可避免地导致经验主义,归根到底导致主观主义。如果把课程与教学论理论知识局限于抽象而一般的原则和公式,就会导致公式主义和教条主义。所以,课程与教学论研究必须把理论和方法论知识同课程与教学实践的实际需要紧密结合起来。

当前,我国课程与教学论存在着两个极其危险的极端:一是课程与教学论可能成为一种纯学术学科,甚至蜕变为经院哲学,其功能被限定为传授课程与教学论知识和对课程与教学世界进行阐释,而缺乏现实课程与教学经验基础。二是课程与教学经验研究只能在功利主义价值导向下发展,成为应时的策用之术,而没有改进课程与教学论知识现状的目标。这也是我今

---

① 《马克思恩格斯选集》第1卷,人民出版社1972年版,第53页。

② 《马克思恩格斯全集》第3卷,人民出版社1960年版,第29页。

天重释课程与教学论功能的重要原因。课程与教学论研究者如果要肩负起学术建设和课程与教学改造的社会职责，就必须坦诚地面对这些令人不快的事实，认真地反思自己，任何伦理的虚饰，不但是对现实的歪曲，而且也意味着对自我行为后果的逃避。人是社会进步的最主要力量，是物质价值和文化——精神价值的唯一创造者。在培养人的系统中，课程与教学论责无旁贷。

［原载《山东师范大学学报》（人文社会科学版）2004 年第 5 期］

高校传统人文学科教学改革的初步探索

——关于历史专业教学改革的思考与尝试

王克奇

自 2000 年至 2004 年，山东师范大学历史文化和社会发展学院（原历史系）承担了“山东省普通高等学校教学改革试点专业”的课题任务。经过了长达 5 年的改革探索，在理论和实践两个方面取得了一些初步的成果，特别是对高校的传统人文学科在新的历史条件下，如何适应、调整和发展，进行了一些思考和尝试。

一

历史学专业属于传统人文学科。像其他传统人文学科一样，它曾经有过历史上的辉煌。但随着社会转型时期的到来，历史学科受到了空前的冷落和冲击。历史学科目前的境遇有其深刻的历史和现实原因。

首先，从历史看，在“历史研究为政治服务”的导向下，历史学科偏入歧途，造成了历史学科的政治庸俗化，使得历史学作为一种人文科学的价值受到了质疑。中国古代，史学为“显学”，其“资治”的功能受到了历代统治者的高度重视，在漫长的历史发展中逐渐塑造了中国传统史学挥之不去的“政治”情结。传统史学“资治”的功能，作为一种文化传统，具有两重性。一是强调“资治”，使古代史家有一种高度的社会责任感和自觉意识，他们力图通过历史的变迁和国家的兴亡，提炼出“通古今之变”的规律性认识，这一点尤以司马迁的《史记》和司马光的《资治通鉴》为典型，从中体现了一种尊重历史的科学精神和社会责任感。同时又通过“褒贬”的评价手段，宣扬一种以道德的“善恶”为中心的价值观念。抛开这种做法的现实功用和政治功能，其中所强调的道德价值观念，宣扬了一些人类社会历史发展一以贯之、具有永恒意义的传统美德，表现了人类社会所公认的普遍的价值原则和中国人独有的人文精神和社会关怀，具有积极的作用。这是传统史学的人文魅力和科学价值所在。二是从强调“资治”功能出发，屈曲从于在政治上保持一致的要求，形成了传统史学的政治附庸性。1949 年以来，在史学传统和政治导向的双重作用下，史学走向了“历史研究为政治服务”的褊狭道路，其极端发展是“文化大革命”中的“影射”史学和“评法批儒”，史学的科学精神与人文精神丧失，堕落为政治的侍婢。这一经历使得历史学的学术性和人文性受到了巨大的破坏以至丧失殆尽。

其次，从现实看，在社会主义初级阶段的商品经济大潮中，历史学在学术文化领域的传统地位，面临着冲击和挑战。拨乱反正之后，国家走上了以经济建设为中心的发展道路，社会主义商品经济迅速发展，反映在教育领域和学术领域，呈现为和经济发展紧密相关的学科专业受到了社会的重视，而作为传统人文学科的文史哲则受到了冷落。在社会主义初级阶段，与追逐经济利益的冲动和竞争的无序相适应，学术界和教育界也充斥着急功近利的心理和浮躁的学风，历史学“无用”的看法流行，历史学科有被边缘化的危险。总之，历史学本身的发展局限和社会生态环境的变化，造成了历史学科地位与影响的下降。包括历史学科在内的传统人文科学社会地位和影响的削弱是不争的事实，其直接的社会后果是社会学术生态发展的失衡，并引起了一系列的不良社会后果，重新估价包括历史学科在内的人文科学的价值成为一个亟待解决的重要课题。党和国家已经认识到了问题的严重性，最近，党中央提出了《进一步繁荣发展哲学社会科学的意见》，为传统人文科学的发展提供了一个很好的契机。重要的是历史学及其他人文学科如何把握住这一契机，通过自身积极地调整，找准社会定位，承担其社会责任，加快本学科的发展。

目前,在传统人文学科教育中,存在着许多与时代发展要求不相适应的方面。以历史学科的高等师范教育为例,首先,高等师范的历史学科教育,存在着与素质教育相背离的倾向。在以往的历史专业教学中,偏重于一些先入为主的理念和知识点的灌输,而忽视了对学生独立分析和解决问题能力的训练,抑制了学生的活跃思想和创新思维。历史学作为一种传统的人文科学,在培养学生的科学精神与人文素养方面有着独特的作用,特别是在培养学生的爱国主义与民族气节、集体主义与群众观点,形成正确的人生观和价值观等方面,而这些方面的历史学教育都遭到了不同程度的忽视。素质教育以培养大学生正确做人做事的基本品质为中心,人文素质又是各种素质的基础,因而,历史学科的教育应该侧重于学生人文素质的培养。以往的历史学科教育偏重于知识性的灌输,而忽视了对人文素质养成方面的作用,说明高等师范历史学教育存在着缺失。其次,高等师范的历史学科教育,存在着教学内容陈旧老化的问题。一是史学观念的陈旧,如以阶级斗争史观来阐释历史,将复杂的多元因素和线索交叉作用的历史进程简单化了。适应政治需要的套用与比附,又使得史学庸俗化。二是教材内容老化,教材因循守旧,陈陈相因,没有及时地将学术研究的新成果吸收进来,使得史学的学术研究与学科教育严重脱节。此外,课程体系的结构也不尽合理。再次,高等师范历史学科教育在教学方法与手段上也落后于时代。如在课堂教学模式上实行"填灌式",没有最大限度地发挥学生的自主性和积极性。检验考试方法的标准化也制约着学生的独立思考和创造性思维。教学手段也落后于时代,信息化手段的介入成为一个亟待解决的重要课题。最后,高等师范历史学科教育的改革,缺乏系统化的整合。历史学科的教学改革尝试一直都在进行,并形成了许多成果。但这些改革尝试和措施往往是自发的、局部的、单一性的。尽管一些新观点、新思路、新方法、新技术不断涌现,但还没有整合成一些具有系统性的教学模式,形成比较成熟定型的以科学的史学观念为灵魂,以合理的教学模式为框架,以先进的方法技术为手段,以新的教材为依托的整体改革。

基于上述认识,从历史学科的特点出发,适应于时代的需要,形成了我们对本学科教学的基本改革思路。

历史学属于人文科学。作为人文科学的历史学具有两种基本属性,即科学性和人文性。历史学首先是一门科学。马克思和恩格斯曾说:“我们仅仅知道一门唯一的科学,即历史科学。”①尽管这里所说的“历史科学”是对自然科学和人文社会科学的概括,但科学性是历史学的基本属性是无可置疑的。历史学的一项根本性的任务就是通过对历史现象及其相关性的考察研究,揭示人类社会发展的基本法则。历史的发展是曲折的,历史的现象是复杂的,而历史发展的基本规律隐含在繁复的现象和过程之中,所以认识历史发展的客观规律,要有正确的理念与方法,这就是马克思主义的辩证唯物论与历史唯物论。但仅此还不够,还要掌握更多的知识和细节,并对此进行去伪存真的分析研究,并把这些细节、片段加以连接,探求其内在联系和基本规律。所以高等师范历史专业教学的首要任务是让学生掌握基本的历史知识和研究方法,培养学生的科学精神。所谓科学精神就是“求真”,“求真”是科学精神与科学方法的统一。同时,历史学还是一门人文色彩浓郁的社会科学,除了上面所说的作为一般的科学所应具有的性质和所承担的任务外,它还具有“潜在的价值和意义功能”,即可以陶冶人的情操,培养人的智慧,提高人的综合素质,促进人类的全面发展和社会的协调平衡的进步。历史学教育应该培养人文精神,所谓的人文精神是求善求美。科学精神与人文精神教育的结合促成了大学生的全面发展。“21世纪我国文科学科专业人才培养宏观发展战略研究”课题组在《我国文科学科专业人才培养改革研究》一文中指出:充分认识文科教育在市场经济条件下的独特性质和潜在价值,借助(而不是牺牲)文科教育自身的优势,将文科教育推向世界,推向全社会,从而进一步开发可能的资源。如果说历史学教育作为人文科学所发挥的科学教育是一种显性的社会功能的话,那么历史学所承担的人文教育则是一种隐性的社会功能。在过去,在历史学教育中,过多地强调了前者,而忽视了后者,注重了历史学的“有用之用”,而抹杀了它的“无用之用”,确是历史学教育的重大失误。

① 《马克思恩格斯选集》第1卷,人民出版社1972年版,第21页。

二

循着上述的探讨与思路，围绕着突出高校历史学教育的两个重点——科学精神与人文精神的培养，我们进行了较系统的专业教学改革的尝试，并取得了一些初步的成果，现将我们的经验和做法介绍如下。

首先是关于历史学科教学内容和课程体系方面的改革尝试。我们先把教学内容和课程体系改革的突破口放在基干课程教材的建设上。教材是教学内容的基本载体，基干教材的建设是我们进行教学改革的基石，所以我们提出了以教材建设为主线和重点。在近5年的时间里，先后完成了山东省统编教材《世界通史教程·近代史》和《中国通史教程·近代史》的修订再版，以及与之相配套的教学参考的编撰出版，教育部统编教材《世界历史配套教材》古代史、近代史、现代史3卷。此外还编著出版了各种专史教材9种之多。在教材的建设中，特别注意到史学理念的更新和内容的充实更新。如在编写新世界史教材时，采用了新的史学观点。以往的世界历史教材，往往使用“阶级斗争史观”去解释历史的发展，认为一切社会的历史都是阶级斗争史，阶级斗争是历史发展的直接动力。这种褊狭的史学观念导致了一些弊端，如教材内容覆盖范围狭窄，理论与史实严重脱节，简单化和概念化的倾向突出等。在编撰新教材时，我们提出了“两线论”模式的全球史观。这种史观立足于人类文明发展的大视角，高屋建瓴地对世界历史尤其是近现代史的运动变迁进行整体研究。这种新的史学观念认为，人类历史沿着“全球一体化”和“世界秩序合理化”这两条线索发展。“一体化”是历史发展的主流，“合理化”则是对“一体化”进程出现的谬误进行纠正。世界结构走向一体化以及国际秩序和规则的合理化，共同组成了世界历史向前发展的两条线索，它们之间的互相制约平衡、交错互动，使整个世界历史的发展呈现出动态性、曲折性、周期性和阶段性。由于采用了“全球史观”，新编的世界历史教材视野更广阔，内容更丰满，线索更清晰，更真实地反映了世界历史发展的多元性、复杂性和规律性，还克服了长期统治国际史坛的“欧美中心论”的局限性和用国别史拼合世界史的历史编纂方法。新教材得到了教师与学生的普遍认可和欢迎，在教育部2001年编制的《历史课程标准》中也得到了相应的肯定。在教材建设上通过更新史学观念和内容更新，更进一步体现了历史学教育的科学精神。

在教学内容和课程体系的改革中，我们还进行了“传统文化与大学生人文素质教育系列课程”的设置尝试。1998～2001年，我院主持承担了教育部“高等师范教育面向21世纪教学内容和课程体系改革计划立项”项目“文化传统与大学生人文素质教育系列课程”的研究工作。该研究课题的主旨是，针对目前大学教育中，对科学技术知识学习的强调和对人文素质教育的忽视，以及随着对外开放，西方的一些价值观念对大学生思想观念的冲击，而造成的大学生人文素质的整体退步，借助于历史学科的特点优势，通过“传统文化系列课程”的设置，从多个侧面介绍民族优秀的文化传统，增加大学生对本民族传统文化的认识与认同，并把这种认识与认同逐渐内化为一种素质，提高大学生的人文素养，增强建设中国特色的社会主义国家的自觉，激发对民族文化的归属感和爱国热情。“系列课程”设计了“中国传统思想”“中国社会风俗史”“中国传统道德概论”“中国传统政治制度”“中西文化交流史”和“传统文化名著述要”等7门课。与此同时，我们还先后编写了5部与之配套的教材。“系列课程”绝不是原历史专业课程简单的缩版，而是适应于大学生人文素质教育的整体需要，针对跨专业的特殊教学对象的需求，经过精心组织设计，并在数年的教学实践中不断充实调整，逐渐定型的。在本校的跨系选修课程中，该系列课程占据了重要的地位，并受到了学生的欢迎，选修人数一直名列前茅。“系列课程”以“跨系选修”的形式融入现有的教学体系中，取得了良好的兼容互补的作用，特别对理科专业大学生的人文素养的提高发挥了作用。我们认为，“文化传统与大学生人文素质教育系列课程”的尝试，为高校历史学科教育的发展开拓了新的途径与空间。面对历史学科的自我封闭和历史教师市场需求的萎缩，如何振兴发展高校的历史学科教育成为高校历史专业关注的热点问题。而开设“系列课程”不仅是向历史学科融入大文科教育迈出的重要一步，而且也是发挥高校历史学教育“无用之用”的有益尝试，它在大学生人文素质教育这一大的舞台上重新展示了历史学科独有的魅力和不可或缺的地位作用。

其次是关于历史学科教学方法与手段的改革尝试。在这个省级“教学改革试点专业”项目中,与之配套,我们还承担了2个校级教学改革的立项项目。一是“历史学‘三个一’教改模式”,二是“中国近代史教学内容与体系改革”。前者尝试在教学模式上有一种创新,它借助于典型效应推动全专业的教学模式的改革;后者则立足于一个二级专业,通过点的实验取得经验以求获得面的突破。“三个一”教改模式的立项主要针对传统的人文学科教育存在着的重传授而轻探讨,重知识积累而轻方法训练的缺陷,立足于激发学生学习的自主性、能动性和创造性而提出的。所谓“三个一”,即在文科大学生中提倡在完成基本学习任务的前提下,“读一本书,研究一个问题,发表一篇文章”。“读一本书”即结合自己的学习目标先确立一个研究领域,在这个领域中通读、精读一本有代表性的经典著作。强调读一本书不是仅局限于一本书,而是以一本书起家开路,获得体验进而博览众书。“研究一个问题”即在读书的基础上,在强烈的问题意识的驱动下,选择一个有价值且富于挑战性的问题,在研究问题的过程中,不断深化学习,探索研究方法。“发表一篇文章”,即将读书研究的成果最终凝结为一篇学术论文。这既要一个学习过程,又是一种成就体验,是对学习研究的归纳性总结。“三个一”的教学模式绝不局限停留在“一”上,而是通过三个“一”的基本训练,以点带面,以面带全地展开读书和研究,使学习具有个性化和挑战性,激发学生的潜能与创造性。“三个一”教改模式旨在构建新的教与学的互动机制,是一种关于大学文科教学的通用方法,具有一定的典型意义。

在教学方法与手段的改革尝试中,如何把作为传统人文学科的历史学教学和现代的教育技术手段相结合,也是打破历史学科教育困境的途径之一。在这方面我们也做了一些探索。我们以世界近代史课程为突破点,投入了力量,制作完成两个教学课件:《多媒体教学课件世界近代史》和《世界近代史网络课程》。充分利用现代教育技术,发挥多媒体教学和网络教学的优势,实现了优秀教学资源与现代教学手段的有机结合。以课件《世界近代史网络课程》为例。该网络课程主网页采取了框架结构,包括横向导航栏、纵向导航栏、学习栏3个部分。横向导航栏有8大模块的超链接,即“课程学习”“问题解答”“学习资源”“自我测验”“专题讨论”“搜索查询”“在线帮助”

"关于我们"等。纵向导航是不同模块的栏内导航。两种导航形式以"课程学习"模块为中心。在"课程学习"的模块中,学习内容以章、节、目依次排列,每章都有"学习目的""学习内容"和"学习时数"等说明。课程以"目"为基本学习页面,设有导论、基本内容,并配有丰富多样的名词解释、图片、表格、地图等超链接。为引导学生开阔视野和深入思考,每目还设有"主要内容""重点问题""请您思考""影视学习"等栏目。此外"学习资源"模块中还设有"研究综述""史著导读""史料摘要""论著索引""大事年表"和"人名地名中外文对照表"等。在"专题讨论"模块中,师生之间、学生之间可以通过网络答疑、交流、研究、讨论。在"自我测验"模块中,学生可以通过抽题测验,来检验自己的学习成绩。这套课件的设计,立足于辅助性质,有利于学习的自主性、创造性,为自学和创造性、研究型学习提供了一个平台。该课件成为"教育部新世纪网络课程建设工程教材"。

再次,在教学内容和教学方法手段改革尝试的基础上,2003～2004 年,我们把工作重点放在了"精品课程"的设计与实施上,力求抓住重点,实施突破,取得经验,进一步推动整个历史学科试点专业的探索发展。我们确定了"世界近代史"和"中国社会风俗史"两门课程作为精品课程申报项目,前者为历史学科教育的主干课程,后者则为一般必修课程。目前,"世界近代史"课程已获得山东省精品课程建设的立项,并推荐申报国家教育部"精品课程"建设的立项。该项精品课程建设的立项,有着深厚的学科积累。该专业设有博士点,并为省级重点学科。该课程自 20 世纪 80 年代以来先后出版了有重大影响的教材 10 余部,其中包括教育部统编教材、教育部"七五"规划教材、"八五"国家重点书目、教育部推荐教材、教育部面向 21 世纪课程教材、教育部新世纪网络课程建设工程教材、山东省高校通用教材等,并先后获得国家级教学成果一、二等奖和省级教学成果一等奖。该精品课程建设的基本指导思想是:严格遵循教育规律,广泛吸收国内外优秀的史学成果,以科学研究为先导和基础,以建设和使用一流的、立体化的教材为依托,以运用现代教育技术为突破口,以提高学生的综合素质和创新能力为目的,着重于科学精神和人文精神的培养,对本课程的教学内容、课程体系和教学模式进行全面深入的创新改造。其中把建设立体化教材为工作重心,突出特色,带动整体,推动课程全方位的改革。通过精品课程的建设,对历史学科的教学改革做示范性的尝试。

三

我们通过"历史学教学改革试点专业"的教学改革实践,经过了由个别到一般的总结归纳,获得了以下认识:

首先,在传统人文学科的教学改革中,应注意发掘它们的"无用之用",使之在大学生的人文素质教育中发挥其潜在的功能。以往的传统人文学科教学,往往等同于理科教学,注重于知识性、技术性的灌输和学习,抹杀了文科教育的固有特性,忽视了对其人文内涵的阐发和领悟,文科教育及学习被工具化了。这也是传统文科教育的路越走越窄的重要原因之一。在强调加强大学生人文素质教育的今天,应注意发挥传统人文科学教育的独特作用。在现代社会里,对科学技术进步的片面追求往往造成人格构成上的缺失,而传统人文科学的学习教育可以提高对人性的自觉,有助于道德人格的完善和矫正人构成的失衡,促成人才的全面发展。所以如何在传统人文学科的教育中强化人文素质教育的功能,是一个值得探索的课题。

其次,在传统人文学科的教学改革中,应注重学生学习的自主性、创造性和个性化的培养。人文社会科学不同于自然科学,人类社会发展的多元化和复杂性决定了人文科学很难标准化、量化以及模式化。而以往的传统人文学科的教学却有一种标准化、量化和模式化的倾向,严重束缚了学生学习的自主性和创造性,教学双方缺乏自主空间,千人一面,缺乏个性,导致了学科本身的僵化。在教学改革中应提倡引导和激发,引导是开阔思路,选择正确的方向;激发是刺激尊重学生的创新思维。关键是如何把正确的引导与保护学习的创造性的关系处理好。

再次,在传统人文学科的教学改革中,现代化教育技术手段的应用是十分重要的。在传统的人文学科教学中,课程的信息容量和信息处理是关键性的问题,特别是一些特殊的学科,如中国古代史、世界史、古典文学等,背景资料、语言疏通等都是非常重要的。但在以往的教学中,教材形式单一,往往只有少量纸质教材，信息量不足，且在信息的分类及联系的处理上很难形成体系，制约了传统人文学科教育的发展。此外，传统人文学科的教学还承担着对学生进行人文素质培养的重任，尤其在大学跨系选修课的教学中，如何适应不同专业的学生，使传统人文学科课程的教学内容能通俗易懂、喜闻乐见、获得学生的认同，是这类课程开设成功的关键。有鉴于此，采取先进的技术手段，通过多媒体、网络，建设立体教材和教学课件，丰富教学内容，增强教学效果，这将成为今后文科教学改革的一条重要途径。但如何避免形式主义，注重于实际效果，也是应该注意的问题。

最后，在传统人文学科的教学改革中，应该注意改革措施的系统化和整体性。教学改革应该是一个系统工程，各个改革措施的衔接配套是十分重要的。所以在进行每项具体的教学改革时，应考虑到它与整个系统的兼容性，如我们在“传统文化与大学生人文素质教育系列课程”中就进行过跨系选修性质的“系列课程”与“两课”和各专业课程体系兼容性的论证。教学改革的过程具体地讲是由局部到整体，由渐进到突变，在这个进程中，如何处理好教改的总体目标设计与具体的改革措施步骤间的协调，是一个富有挑战性的问题。

［原载《山东师范大学学报》(人文社会科学版)2004 年第 6 期］

新式教育下的课程设置与五四文学的发生

李宗刚

我们如果把新式教育下的学生接受西学和西方文学的先后次序作一比较的话，便可以发现这样一个基本的事实：他们在接受西方文学之前，就已经学习了西学课程。如标示着五四文学创作实绩的鲁迅，便是从接纳新式教育下的西学课程入手，开启了他对西方文化和文学的接受过程；像胡适也是从与文学很难搭界的农学和哲学出发，提出了改良文学的"口号"；陈独秀则是从一个志在社会改革实践的"革命家"出发，加入文学思想革命的行列中。这就是说，他们是以接纳西学课程为起点开始了对西方文化和文学的接受，新式教育奠定了他们成长为五四文学的创建主体的重要基石，离开了新式教育，他们既无法完成知识上的转型，也无法成长为五四文学的创建主体。如此说来，我们要找寻和阐释五四文学的发生，也必然要回到其原初的起点——新式教育下西学课程的设置上。

新式教育下的西学课程的广泛设置，从根本上改变了学生既有的知识结构，颠覆了他们对既有知识的信仰，重构了他们的文化心理结构。像鲁迅在进入江南陆师学堂附设矿务铁路学堂就读时，所学习的课程就是西学的"格致，地学，金石学"①。显然，包括"格致"在内的这些西学课程都是中国传

① "格致"这一名称，源出《四书》中的《大学》"致知在格物"，意思是穷究事物的道理而获得事物的知识。当时把西方的物理学、化学、博物学等自然科学，都叫作"格致"。

统教育所没有的。在新式教育下，学生通过学习这样一些“非常新鲜”的西学课程，就从根本上改变了既有的知识构成，从而造就了他们与传统教育下的“士大夫”的不同的文化心理结构。所以，我们要深入考察新式教育下的学生的文化心理结构的建构过程，就必须深入考察新式教育下的学生的知识构成的变化，知识构成则又和课程设置紧密地联系在一起。这样一来，我们对新式教育下的课程设置的考察，就不仅是本文逻辑思辨的基点，而且还是五四文学发生的基点。

一

传统教育从根本上规范了人们的知识构成。这种教育不仅使学生对西学茫然无知，而且还使他们对西学更加排斥。如在19世纪中叶以鸦片战争为肇始的中西文化对话中，一般士大夫还停留在视西方人为粗野无文的“夷狄”阶段，以致将一切西人及物称“夷人”“夷俗”“夷船”“夷器”等。像大学士倭仁在奏议中称：“天下之大，不患无才。如以天文、算学必须讲习，博采旁求，必有精其术者。何必夷人，何必师事夷人？立国之道，尚礼义不尚权谋。根本之图，在人心不在技艺。”[①]当时，类似倭仁这种鄙视和排斥西学的人并不在少数。如叶德辉也不无愤懑地说：“考之六经……从未闻弃旧如遗，悍然以开新为事者”[②]；朱克敬也指责：“近日学西方者，多糟粕程朱，批糠孔孟，赞美夷人，以为事事胜于中国，用夷变夏，即可自强，此大误也。……今我方舍旧谋新，而彼乃广购经史，教其国人诵习，我专学彼之短，彼尽得我之长。则强弱之势愈悬，猾夏之祸愈烈，不数十年，衣冠礼义之邦，将成兽蹄鸟迹之区，此鄙人所大惧也。”[③]俞樾也不无忧虑地说：“今士大夫读孔子之书，而孜孜所讲求者则在外国之学。京师首善之地，建立馆舍号召生徒，甚至选吾国之秀民，至海外而受业焉。岂中国礼乐诗书不足为学乎？”[④]显

① 转引自董宝良、周洪宇主编：《中国近现代教育思潮与流派》，人民教育出版社1997年版，第84页。

② （清）苏舆编：《翼教丛编》，上海古籍出版社2002年版，第124页。

③ 转引自董宝良：《中国近现代教育思潮与流派》，人民教育出版社1997年版，第85页。

④ 转引自丁伟志、陈崧：《中西体用之间》，中国社会科学出版社1995年版，第394页。

然，这些士大夫们正是从他们所接纳的传统教育所形成的知识结构和价值观念出发，来衡量当时的西学，当然是极为荒谬的。然而，如果没有新式教育下的西学课程和教科书的介入，学生依然接受着倭仁、叶德辉、俞樾等人所接受的课程和教科书的话，这种荒谬的思想将依然被视为理所当然的。这正如外国学者所意识到的那样，"从古代到现在的一千多年以来，中国教育的实质内容并没有经历什么变化"①，"当今的学生们正在接受着与十个世纪以前他们的前辈所经历的一模一样的教学模式，无论是教科书还是教学方法都没有丝毫的变化"②。显然，人们的文化心理结构世代承袭的根本缘由，正在于他们所接受的教育没有发生根本变化，他们所学的课程没有发生根本变化。这种情形随着晚清新式教育下西学课程的设置发生了根本的改变。

晚清的新式教育的诞生可以从洋务运动算起。洋务运动中创办的新式学堂，打破了以科举选士制度为核心，奉程朱理学为圭臬，以私塾、官学和书院为基本形式的传统教育体制，开启了输入西方知识体系的新纪元。这一时期的新式学堂主要是为了培养当时社会所急需的专门人才而建立的。有适应外语人才需求的外国语学堂，这类学堂有京师同文馆（1862 年建立）、上海广方言馆（1863 年建立）、广州同文馆（1864 年建立）等；有适应掌握西方技术需求的学堂，如上海机器学堂（1867 年建立）、天津电报学堂（1879 年建立）等；有适应强兵需求的军事学堂，如天津水师学堂（1880 年建立）、天津武备学堂（1885 年建立）、江南水师学堂（1890 年建立）等。新式教育的确立，标示着西方知识正式楔入中国传统的知识结构中。新式学堂不同于中国传统的旧式学校。如果从教育的目的来看，新式学堂不再培养"仕"，而是为救亡图存培养能够掌握西方技艺的"士"。这目的就决定了其教学内容不再是四书五经和八股，而是"西文"（外国语文）和"西艺"（外国科学技术知识和军事技术知识）。但这并不说明新式学堂已经确立了西学的主导地位，诚如张之洞所说的那样"学堂之法约有六要。一曰新旧兼学"，新旧兼学的首要任

① ［美］何天爵：《真正的中国佬》，鞠方安译，光明日报出版社 1998 年版，第 179 页。

② ［英］麦高温：《中国人生活的明与暗》，朱涛、倪静译，时事出版社 1998 年版，第 62 页。

务则是“改定课程，一洗帖括词章之习，惟以造真才、济时用为要归”[①]。这就规范了当时的西学还只能是在中学之本中找寻到自我存在的位置。

对晚清新式教育具有深远影响的是甲午战争和庚子事变。在甲午战争之前，中国人一直认为“倭不度德量力，敢与上国抗衡，实以螳臂当车，以中国临之，直如摧枯拉朽”[②]。然而，战争的结果与人们的期望恰好相反。对此，梁启超认为：“唤起吾国四千年之大梦，实自甲午一役始也。”[③]吴玉章曾经这样评说中日《马关条约》：“真是空前未有的亡国条约！它使全中国都为之震动。从前我国还只是被西方大国打败过，现在竟被东方的小国打败了，而且失败得那样惨，条约又订得那样苛，这是多么大的耻辱啊！”[④]这给国人封闭自大的文化心理结构以重创，迫使人们找寻日本为什么会战胜“强大”的中国，促成了人们对日本明治维新以来的新式教育的关注。在庚子事变中，八国联军侵入北京，“中国数千年来，外侮之辱未有甚于此时者也”[⑤]。这甚至使慈禧太后也变得“宵旰焦劳”，从而促成了“取外国之长，乃可去中国之短；惩前事之失，乃可作后事之师”[⑥]的话语从边缘走向中心，成为主流意识形态下的话语。这不仅显示了主流意识形态激进的变革姿态，而且还显示了励精图治的宏大决心，从而为新式教育提供了强力支持。对此，有国外学者认为，“清朝在它的最后的十年中，可能是1949年前一百五十年或二百年内中国出现的最有力的政府和最有生机的社会”[⑦]。如果着眼于五四文学发生所需要的创建主体和接受主体大都直接成长于晚清最后十年的客观事实，我们就会感到，五四文学的发生的确和晚清的新政以及新政下的新式教育有着莫大的关联。

对新式教育产生了直接影响的是戊戌变法和晚清新政。在戊戌变法

① （清）张之洞撰：《张文襄公奏稿》卷二十九。

② 转引自蒋廷黻：《中国近代史》，上海古籍出版社1999年版，第66页。

③ 梁启超：《改革起原》，《饮冰室合集》专集之一，中华书局1989年版，第113页。

④ 吴玉章：《甲午战争到辛亥革命的回忆》，《吴玉章回忆录》，中国青年出版社1978年版，第2页。

⑤ 梁启超：《本馆第一百册祝辞并论报馆之责任及本馆之经历》，《饮冰室合集》文集之六，中华书局1989年版，第56页。

⑥ （清）朱寿朋编，张静庐等校点：《光绪朝东华录》，中华书局1958年版，第4601页。

⑦ [美]费正清：《剑桥中国晚清史》下卷，中国社会科学出版社1993年版，第566页。

中,光绪帝发布了数十条“除旧布新”的改革命令,其中有关教育的主要有:改革科举制度,废八股取士之制,改试时务策论。上谕曰:“著自下科为始,乡会试及生童岁科各试,向用《四书》文者,一律改试策论。”[①]这样的举措,不仅对科举制度的变革具有深远的影响,而且也对学生的知识构成产生了深远影响。特别是光绪皇帝在《明定国是昭》中宣布筹办京师大学堂,对五四文学的发生具有更直接的影响。“以期人才辈出,共济时艰”[②],这使京师大学堂成为孕育五四文学这一“基因团”的温床。

如果说戊戌变法对新式教育的影响表现在筹办了京师大学堂的话,那么,晚清的新政则把新式教育真正推向了深入。这可以看作民间意识和主流意识形态的重合的结果:“甲午庚子以还,内为志士所呼号,外受列强之侮辱,始知教育为中国存亡之绝大问题,于是众口一声,曰教育、教育”[③];在主流意识形态方面,则正如上谕所宣示的那样:“时经大创后,太后已恍然于国家致弱之原因,知此后行政之方针,不能不从事于改革,以图补救,乃以决行新政之谕旨,布告中外。”[④]正是在这种情景下,张百熙于1902年上《进呈学堂章程折》,主张“各省督抚责成地方官核实兴办。凡名是实非之学堂及庸滥充数之教习,一律整顿从严,以无负朝廷兴学育才之盛心”[⑤],这促成了新式教育的进一步发展。由此一来,就基本上奠定了新式教育未来的基本格局。从京城到省城再到府州县,相继建立起了一体化的新式学堂:“除京师已设大学堂,应行切实整顿外,著各省所有书院,于省城均改设大学堂,各府及直隶州均改设中学堂,各州县均改设小学堂,并多设蒙养学堂。”[⑥]这就使整个新式教育从当初的零散布局转变成了全国规模的布局,大学、中学、小学和蒙养学堂均成为新式学堂。在此上谕的号令下,各省兴办的大学,都如雨后春笋般地竞现于神州大地。这种新式教育格局,不仅使新式教育下过

---

① 陈元晖主编,汤志钧、陈祖恩、汤仁泽编:《中国近代教育史资料汇编 戊戌时期教育》,上海教育出版社2007年版,第76页。

② 朱有瓛主编:《中国近代学制史料》第一辑下册,华东师范大学出版社1986年版,第633页。

③ 脱勒:《教育箴言》,转引自钱曼倩、金林祥主编:《中国近代学制比较研究》,广东教育出版社1996年版,第57页。

④ 黄鸿寿:《清史纪事本末》,上海书店出版社1986年版,第515页。

⑤ 舒新城:《中国近代教育史资料》上册,人民教育出版社1981年版,第194页。

⑥ (清)朱寿朋编,张静庐等校点:《光绪朝东华录》,中华书局1958年版,第4719页。

去的少数人无奈的人生抉择变成了大多数人的共同选择，而且还促成了五四文学发生的“基因团”获得了更为广阔的社会基础。

晚清的新式教育在主流意识形态的制导下开启了教育功能的转向。如《钦定京师大学堂章程》指出，“京师大学堂之设，所以激发忠爱，开通智慧，振兴实业”[①]。这就是说，主流意识形态已经认同了“学生”学习的目的除了“学而优则仕”之外，还可以“从事于各项实业”。于是，在忠君尊孔之外，“尚公、尚武、尚实”被当作亟须提升的民质：“中国政教之所固有，而亟宜发明以距异说者有二：曰忠君，曰尊孔。中国民质之所最缺，而亟宜箴砭以图振起者有三：曰尚公，曰尚武，曰尚实。”[②]这就使传统的文化难以认同的西学课程获得了存在的资格，科学作为西学的重要内容，开始从边缘走向中心。

总之，晚清政府对新式教育的进一步认同，使新式教育从洋务运动时期的单枪匹马式的左冲右突，转向了主流意识形态认同下的体制规范，认同西方政体逐渐地成为主流意识形态的话语。对此，慈禧太后自我开脱说，自己并不是不想实行变法，而是不能让“康逆”一党实行变法。[③] 这正如蒋廷黻所说的那样：“戊戌年康有为要辅助光绪帝行的新政，这时西太后都行了，而且超过了。”[④]这种激进的变革态势，甚至连梁启超都深感意外。他在1901年10月所作的《维新图说》中说过，此时的维新之语，已“弥漫磅礴于国中，无论为帝、为后、为吏、为士、为绅、为商”[⑤]，均以维新为时尚，“吾昔见中国言维新者之少也而惊，吾今见中国言维新者之多也而益惊”[⑥]。原来被看作康梁所提倡的“乱国之策”，此时却挟主流意识形态的霸权话语，成为社会的主导性话语，这对新式教育的发展起到了重要的推动作用，也为五四文学所提倡的科学和民主等话语拓展了自由表达的空间。

中华民国的成立，标志着占据主流意识形态的话语开始了根本的转型，即传统的“三纲五常”伦理法则失却了其存在的合法性，取而代之的是对民

---

① 陈登原：《陈登原全集》第3册，浙江古籍出版社2014年版，第283页。

② 陈学恂：《中国近代教育史教学参考资料》上册，人民教育出版社1986年版，第564～565页。

③ 参见林甘泉等著：《从文明起源到现代化》，人民出版社2002年版，第611页。

④ 蒋廷黻：《中国近代史》，上海古籍出版社1999年版，第85页。

⑤ 梁启超：《梁启超全集》，北京出版社1999年版，第367页。

⑥ 梁启超：《梁启超全集》，北京出版社1999年版，第367页。

主共和等文化理念的认同。任何有悖于这一文化理念的话语都与主流意识形态下的话语相抵牾。这正如教育部呈送大总统的咨文中所说的那样:“急应改订新制,期合共和政体。”①蔡元培也指出,“忠君与共和政体不合,尊孔与信教自由相违”②,发出了“毁孔子庙罢其祀”的吁求。显然,作为教育总长的蔡元培的教育理念,对学生的文化心理结构的影响是不容置疑的,特别是当新式教育在把“忠君与共和政体不合,尊孔与信教自由相违”这样的文化理念转化为学生的自觉文化理念时,五四文学的发生就找寻到了最为坚实的基点。

中华民国的成立,还从政体上确保了五四文学发生的政治基础。五四文学的发生离不开政治体制的支持,共和政体恰好为五四文学的发生起到了清道夫的作用。所谓的文化革命、思想革命、文学革命,不仅没有超越政治革命的基本诉求,反而是建立在政治革命这一基石之上的。其实,辛亥革命不仅赶跑了皇帝,而且也把专制制度一同驱逐出去了。所以,有学者指出,从此以后,任何人想复辟君主专制制度,想穿龙袍、当皇帝,没有不遭到彻底失败的。

中华民国的成立,为主流意识形态容纳民主和科学等话语奠定了重要的制度保证。如在1912年9月颁布的《教育部公布小学校令》就明确指出:小学校教育以留意儿童身心之发育,培养国民道德之基础,并授以生活所必需之知识技能为宗旨。教育部公布的中学校令也明确指出:中学校以完足普通教育、造成健全国民为宗旨。这里所谓的“健全国民”,就把个人与国家的命运结合起来、对国家负有责任、承担义务的合格国民。这样的话,晚清主流意识形态中一直强化的尊孔忠君等话语就被中华民国的主流意识形态所驱逐。共和政体的确立以及与共和政体相对应的教育宗旨,就确保了五四文学发生所必需的创建主体和接受主体通过新式教育源源不断地转化为“新青年”,即他们在新的教育宗旨的导引下,确定了五四文学的民主科学等话语存在的合法性。并且,这一时期的教育宗旨相对于同期的文学思想来

---

① 《教育部呈大总统报明筹开临时教育会议改订新制文》,璩鑫圭、唐良炎等编:《中国近代教育史资料汇编　学制演变》,上海教育出版社1991年版,第637页。

② 高平叔编:《蔡元培教育文选》,人民教育出版社1980年版,第7页。

讲，新式教育恰好走在了文学的前而。如蔡元培在《社会改良宣言》一文中就非常清楚地宣示过："以人道主义去君权之专制，以科学知识去神权之迷信。"[①]这既可以看作对五四文学所认同的科学和民主精神的高度概括，也可以看作新式教育在实践了这一精神后，他们在文学上的必然要求。

总之，中华民国的成立，既然确立了以科学与民主为宗旨的新式教育的合法性存在，那么，它也就为以科学与民主为圭臬的五四文学提供了广阔的发展空间。尽管在其发展的道路上，还会出现诸如袁世凯复辟这样的逆流，但这已经无法阻挡人们对科学和民主的诉求——甚至很多的逆向诉求，不仅无法阻挡，反而可能进一步激发或强化人们对科学民主的诉求。这恐怕正是五四文学发生时以如此激进的姿态呈现于世的一个重要缘由——如果没有袁世凯的复辟，如果没有复古的文化思潮，五四文学的发生方式，也许并不会以如此激进的姿态出现，而是以另一种更为温和或渐进的方式完成对现代文学的确认。

二

新式教育从诞生到发展到最终取代传统教育，也就是以西学为内容的新式课程设置从教育的边缘位移到中心的过程。与这一过程相伴随的，是学生既有的知识构成发生裂变与重构的过程。课程的设置固然体现着主流意识形态的内在要求，但设置后的课程一旦为学生所掌握，那是否会按照主流意识形态的规范来运行，则是介于两可之间的事情了。实际上，设置后的课程不仅改变了学生的知识结构，而且还由此动摇了他们对既有知识结构的信仰，从而促成他们接纳新知识同时又抛弃了对既有知识的信仰。从这样的意义上说，晚清新式教育下设置的课程，正是促成五四文学创建主体的文化心理结构裂变与重构的原初动因之一，这就成为五四文学发生的原点。

"课程"一词，英文为 Curriculum，由 Racecourse（赛马的跑道）转化而来。就像运动员牵马沿着跑道向目标赛跑一样，学生也须在教师的指导下，

① 蔡元培：《中国人的修养》，民主与建设出版社 2015 年版，第 202 页。

按学校规定的内容进行学习,才能实现教育目标,由不成熟走向成熟。这就是说,课程的设置和教育的目的紧密地联系在一起,具有强烈的意识形态色彩。事实上,从晚清新式教育来看,新式教育正是与带有西学特质的课程设置联系在一起的,而这些课程又和意识形态的导引纠缠在一起,简言之,晚清是为了应对救亡和启蒙的双重需要,终于把那些能够满足这一需要的西学课程纳入教育中,从而使晚清时期新式教育下的课程设置带有浓郁的意识形态色彩。

西方近代教育下的课程,大致分为自然科学和社会科学两大门类。自然科学类课程主要包括数、理、化、天文、地理、地质、生理、生物学等,社会科学类课程主要包括文、史、哲、政、法、经、逻辑、社会学等。而中国传统教育所涉猎的主要课程主要有经学、小学、史学、算学、天文历法、舆地学及所谓“儒家四学”(义理之学、考据之学、辞章之学、经世之学)。中国的算学、天文、舆地、史学,并没有受到主流意识形态的高度关注。也就是说,在中国的传统教育中,西方的自然科学是作为技艺而附丽于“道”之上的。

在新式教育中设置的西学课程主要有西文和西艺两大类。西文主要是指外语,包括英语、俄语、德语等;西艺主要是指西方科技知识,如数学、化学、物理等,后来又增设了天文、算学等课程。这些课程的设置主要是为了达成富国强兵的目的,如他们设置天文、算学,主要是基于“思洋人制造机器火器等件,以及行船、行军,无一不自天文、算学中来。现在上海浙江等处讲求轮船各项,若不从根本上用著实工夫,即习皮毛,仍无稗于实用”[①];再如在同文馆的数学课程中,按规定第四年有算术、代数,第五年习几何,以及平面和球面三角,第六年有微分积分。这些课程的设置,正如沈葆桢等所奏请“特开算学科”中所宣称的那样,“水师之强弱,以炮船为大宗,炮船之巧拙,以算学为根本”[②];李鸿章也认为“为造就将才起见,要皆以算学入手”[③],这都

① 中国科学院近代史研究所史料编辑室、中央档案馆明清档案部编辑组编:《洋务运动》(二),上海人民出版社1961年版,第23页。

② 白寿彝总主编,周远廉、龚书铎主编:《中国通史》第八卷《近代前编(1840～1919)》(下),上海人民出版社2015年版,第1460页。

③ 白寿彝总主编,周远廉、龚书铎主编:《中国通史》第八卷《近代前编(1840～1919)》(下),上海人民出版社2015年版,第1460页。

说明西学课程的设置被严格地置于实用需求之上。

随着新式教育的发展，同文馆由一个翻译学校转变为一个实用科学的学校，其所设置的西学课程就发生了很大的改变，如在第八年所学的课程中，就是“天文测算。地理金石。富国策。练习译书”[①]，这就是说，同文馆中的课程尽管仍以外语为主，但西学的其他课程已基本齐全。这种课程设置在同时期的其他学堂中也大致如此，如严复在1866年考入福州船政学堂后，学习的科目除了英文外，还有算术、几何、代数、解析几何、三角、物理、力学、化学、地质学、天文学和航海学，最后接触的是西学中的社会科学层而，如西学中的万国公法、外国史等人文课程。[②] 严复正是从西方科学知识出发，把中国传统文化中奉为“天理”的一些儒家学说打翻在地。如他针对《易经》所说的“天尊地卑，乾坤定矣”[③]，以及由天尊地卑而引申到人类社会，强化尊卑上下观念、君臣父子夫妻名分等牵强附会之说，指出哥白尼的日心说原理，说明地球是一行星，围绕太阳循轨旋转，无所谓上下，更无所谓尊卑贵贱之说。[④] 这说明新式教育下的课程一旦为学生所接纳，他们势必会反过来对建立在传统知识之上的观念产生怀疑。严复正是由天文学知识出发，在凸现了西方的科学和平等观念的同时也解构了儒家学说存在的根基。

洋务运动期间，其所设置的课程基本上包括了西学中的主要课程，特别是西学中的自然科学课程，虽然这些课程当时还没有成为晚清所设课程中的主要课程。但洋务运动期间所培育的学生已经取得了一定的话语权，如严复对西学的翻译，林纾和口译者对西方文学的翻译，都对五四文学的发生起到了重要的作用。

随着新式教育的进一步发展，西学课程逐渐地成为众多洋务学校所开设的主要课程，这种情形在19世纪末表现得特别明显。如鲁迅在1899年进入江南陆军学堂附设的南京矿务铁路学堂后，就对该学堂的功课和书籍感觉“非常新鲜”。鲁迅所在的学堂，是张之洞4年前奏请“仿照德制”创办的，

---

① 朱有瓛：《中国近代学制史料》第1辑上册，华东师范大学出版社1983年版，第72页。

② 参见[美]本杰明·史华兹：《寻求富强：严复与西方》，叶凤美译，江苏人民出版社1996年版，第24页。

③ （商）姬昌：《周易》，宋祚胤注释，岳麓书社2000年版，第315页。

④ 参见严复：《严复集》第5册，中华书局1986年版，第1241页。

课程以矿务为主,铁路为副,外文教德文,汉文除了《左传》,还教《小学集注》,此外还有格致(即物理、化学)、地学、金石学、算学、历史、体操、绘图等课程。生理学虽然教师不教,但同学们却有机会阅读了木版的《全体新论》《化学卫生论》之类的书。鲁迅正是从这些课程中获得的"非常新鲜"感觉入手,不断地丰富着自己的西学知识,最终促成了其知识结构的转型。

戊戌变法和晚清新政促成了课程设置上的突破。如果说戊戌变法的意义在于为新式教育勾勒了一个全新的蓝图,晚清新政的意义则在于把这一蓝图付诸实践。如1902年确立的《钦定京师大学堂章程》中,就专门仿照日本的学制模式分科,下设七科三十五目。① 1903年颁布的《奏定大学堂章程》指出,大学分为八科:经学科、政法科、文学科、医科、格致科、农科、工科和商科。这一课程体系尽管凸现了经学等课程,但从总体上说,这是对西方现代教育下的课程设置的一次全面借鉴,这正如课程的设置者所说的那样:"数月以来,臣等互相讨论,虚衷商榷,并博考外国各项学堂课程门目,参酌交通,择其宜者用之。"②很显然,该章程下的课程设置,西学已经攻城略地,在学堂中占据了大半江山。在1902年《钦定中学堂章程》公布的中学课程表③中,算学、中外史学、中外地理、外国文、图画、博物、物理、化学、体操等课程,已经基本上包罗了西学的各个主要课门,其中的很多课程要求,已基本上奠定了嗣后的课程要求的总体面貌。这就使"西方文艺复兴以后形成的百科全书式的学校课程模式开始为中国正式接受。教学计划中设置的十二门课程,奠定了我国普通中学课程架构的基础,以后长期沿用,基本未变"④。如《奏定学堂章程》对历史课程的规范要求,"先讲中国史","次讲亚洲各国史","并示以今日西方东侵东方诸国之危局","次讲欧洲美洲史,宜就欧美诸国讲其古今历史中之重要事宜(上古不必多讲);详于大国而略于小国,详于近代而略于远年;五十年以内之事尤宜加详,说近事者十之九,说古事者十之一","凡教历史者,注意在发明实事之关系,辨文化之由来,使得省悟强

① 参见舒新城:《中国近代教育史资料》中册,人民教育出版社1961年版,第551页。
② 朱有瓛:《中国近代学制史料》第2辑上册,华东师范大学出版社1987年版,第77~78页。
③ 参见舒新城:《中国近代教育史资料》,人民教育出版社1981年版,第494页。
④ 吕达:《中国近代课程史论》,人民教育出版社1994年版,第153页。

弱兴亡之故，以振发国民之志气”[①]，就从根本上改变了新式教育下的学生关于世界历史的基本概念，为他们确立世界化视野奠定了基础。至于算学和外国文几乎占了全部课时的15/37，修身、读经、词章则相对处于边缘地带，这样的课程设置，加大了西学知识在学生的知识结构中所占的比重，为造就新式教育下的大批具有科学知识的学生奠定了坚实的基础。

在课程设置的过程中，值得一提的是“中国文学”课程的设置，这突显了文学在教育中的作用。1903年实施的《奏定学堂章程》提出了“学堂不得废弃中国文辞”，要设立“中国文学”课，并且还要求各级学堂都要把“中国文学”科列为重点必修课，其对普通中学课程标准的具体规范是：“凡学为文之次第：一曰文义……二曰文法……三曰作文……以清真雅正为主：一忌用僻怪字，二忌用涩口句，三忌发狂妄议论，四忌袭用报馆陈言，五忌以空言敷衍成篇。”[②]这说明，在“中国文学”一课的具体规范要求中，强调了文义、文法、作文。其中，在作文的清真雅正中，“忌用僻怪字”和“忌用涩口句”可以看作晚清以来的白话文要求的折射，是历史的一大进步，但在“忌发狂妄议论”“忌袭用报馆陈言”和“忌以空言敷衍成篇”的规范要求中，则体现了主流意识形态对西学东渐的文化思潮的排斥。特别是它所排斥的“报馆陈言”，恰恰是体现新思想的新名词。正是从抵制新思想出发，晚清主流意识形态对体现新思想的新名词采取了封杀的方式。如《奏定中学堂章程》章程的制定者在《学务纲要》中直言不讳地道出了内心的忧虑：近日少年习气，每喜于文字间袭用外国(按指日本)名词谚语。这里面有三种情况，一种是“欠驯雅”，如团体、舞台、代表等，另一种是“取义与中国旧解迥然不同”，如牺牲、社会、机关等，还有一种是“并非需要此字”，如报告、困难、观念等。都不利于“存国文，端士风”。因此，学堂章程规定，一是必须“戒袭外国无谓名词”[③]；二是“小学堂勿庸兼习洋文”，“万不准减少读经讲经，及中国文字功课钟点”，“以

① 吕达：《中国近代课程史论》，人民教育出版社1994年版，第161～162页。

② 吕达：《中国近代课程史论》，人民教育出版社1994年版，第161页。

③ 张百熙等：《奏定学堂章程·学务纲要》，舒新城：《中国近代教育史资料》上册，人民教育出版社1961年版，第205页。

免抛荒中学根抵”。[①] 由此可见,随着新式教育的发展,人们从话语到观念,都已经和传统规范下的要求具有了一定的差异性,人们的文化心理结构呈现出了裂变与重构的过渡性特征。

至于1903年颁布的《奏定大学堂章程》中,主张在“文学科大学”里专设“中国文学门”,主要课程包括“文学研究法”“《说文》学”“音韵学”“历代文章流别”“古人论文要言”“周秦至今文章名家”“世界史”“西国文学史”等总共十六种科目。[②] 属于西学范畴的“世界史”“西国文学史”也“鱼目混珠”般地“忝列”于“中国文学门”中。这说明西学所包括的范围已超越了自然科学的局限,使“政治学”“法律学”“西方文学史”等学科都成为大学堂的必修科目。如此一来,西学便突破了中学的藩篱实现了全面登陆。对以中学知识为主的学生来说,这促进了他们用西学整合中学的心理进程。

文学独立设科后,先是借用旧时成书,以后陆续编了一些。其中最有代表性的是1906年刘师培编的《中国文学教科书》。这套教材共有十册,先明小学,次分析字类,后讨论句法、章法、篇法,再总论古今文体。林纾在京师大学堂期间,也曾经编写过类似的文学读本。尽管这样的文学教育和现代的文学教育相去甚远,但中国文学单独设科改变了传统文学教育中文史哲不分的现象,确立了中国文学独立的学科地位,特别是“中国文学”课程不仅包括中国文学,还包括了外国文学,这就把中国文学纳入到了世界文学的系统中。文学单独设科,不仅使西方文学找寻到进入中国文化中的畅通渠道,为西方文学观念取代中国文学观念奠定了重要的基石,而且还使中国传统教育下那些为君子不为的小说,诸如《红楼梦》《水浒传》等小说,也堂而皇之地进入了学生的阅读视野,成为学生的课外阅读材料,从而抬高了小说的社会地位,这对五四文学的发生具有积极的促进作用。

当然,在设置“中国文学”一科的初衷中,主流意识形态主要还是基于“中国各体文辞,各有所用”的考虑。中国各种文体,历代相承,实为五大洲文化之精华。这就是说,“中国文学”一科的设置,主要还是从“中学为体、西

---

① 参见张百熙等:《奏定学堂章程·学务纲要》,舒新城:《中国近代教育史资料》上册,人民教育出版社1961年版,第206页。

② 参见舒新城:《中国近代教育史资料》中册,人民教育出版社1981年版,第587~588页。

学为用”的体用观出发，把“中国文学”当作突显中学的一种重要方式。然而，当“中国文学”一科把“西国文学史”也纳入其中后，这就和实际结果有了一定的背离。从五四文学的发生来看，“中国文学”既培植了一批“国故”的拥趸，也培育了一批五四文学的追随者，这种情形在五四文学运动前夕的北京大学表现得最为明显。

中华民国成立后，西学课程变动不是太大。如1912年《教育部公布中学校令施行规则》所规定的中学课程表①中，国文和外语所占的课时则相对提升，音乐作为美育的重要组成方面，和修身一课所占的课时相等。说明课程的内容由忠君尊孔转变到现代国民文化品格的培育上。这些变化，对五四文学的创建主体的文化心理结构的影响可能不如对世纪之交出生的一代学生那么大，因为这一时期，五四文学的创建主体大都初步完成了中学教育，或直接走上教育岗位，从事新式教育；或留学他国，在国外接受着比中华民国的新式教育还要“新”的教育。胡适就是在这一时期接受着美国的现代教育，并在美国教育的熏染下，开始了自我现代的文化心理结构建构的艰难历程，这为其成为五四文学的发难者奠定了坚实基础。然而，这一时期的新式教育对五四文学的接受主体却具有特别重要的意义，如五四文学运动期间的学生罗家伦、傅斯年、顾颉刚等人大都在这一时期接纳了小学和中学教育，这成为他们进入北京大学后建构新的自我文化心理结构最为直接的平台。当然，与五四文学的创建主体相比，他们持有更为激进的文化立场，便可能与他们在中小学时所接受的教育有一定的关联——因为他们在接受中小学教育的过程中，变革社会乃至变革教育，正好潜移默化地影响到他们的思想和情感。

中华民国为了确保自我存在的合法性，必然要在教育上突现和其政治文化主张相吻合的内容，体现在1913年教育部公布的大学规程中，则是大学只分文科、理科、法科、商科、医科、农科、工科。这就从课程的设置上根除了经学科的存在——恰恰是经学科的存废这一根本性变革，成为五四文学发生的最为直接的催化剂。

---

① 参见舒新城：《中国近代教育史资料》中册，人民教育出版社1981年版，第523页。

总之，新式教育经过晚清和中华民国这两个历史时期，已经基本上确立了以西学为主的课程体系。新式教育下课程设置变了，学生的知识构成便必然会随之改变；学生的知识构成的改变，又必然会引发学生的既有文化心理结构的改变；学生既有的文化心理结构的改变，则又必然会引发学生既有文学观念的改变。这使新式教育和文学观念之间形成了环环相扣的因果链，这不仅使一脉相传的主流意识形态制导下的儒家文化出现了断裂，而且也使学生在断裂的同时获得了建构新的文化心理结构的机缘，并因此初步实现了从尧舜禹汤文武周公孔孟以及程朱理学，到哥白尼、马丁路德、培根、笛卡尔、牛顿、达尔文、赫胥黎、孟德斯鸠、卢梭以及空想社会主义、无政府主义等知识结构的转型。这意味着历史上未曾有过的文化转型时代已经悄然而至。事实也的确如此，五四文学的创建主体和接受主体正是从知识构成的变化作为切入点，开启了文化心理结构解构和建构的历史过程。自然，他们在新的知识结构基础上建构起来的文化心理结构，也就为他们创建五四文学这一历史所不曾有过的新的文学形态提供了最为坚实的基础；同时，这些西学课程中的科学知识，还成为五四文学的科学与民主主题的最为直接的来源。

［原载《山东师范大学学报》（人文社会科学版）2006 年第 3 期］

陈炽教育思想述论

张登德

陈炽(1855～1900),号次亮,江西瑞金人。中国近代维新思想家代表人物之一。陈炽生活的时代,是中国历史发生巨变的半个世纪,如何处理中西文化关系和实现中国的近代化,成为士大夫苦苦探索的问题。从魏源的"师夷长技以制夷"①到冯桂芬"人无弃才不如夷,地无遗利不如夷,君民不隔不如夷,名实必符不如夷"②,知识分子的带有近代色彩的忧患和赶超意识相继涌现,前仆后继。在经济上追求富强的同时,教育与国家的关系也引起了中外之士的普遍关注和探索,他们开始从教育的角度挖掘中国贫弱的原因。志士仁人纷纷著书立说,阐发自己对当前教育的认识。陈炽也是其中代表人物之一。他通过对时局的密切关注和高瞻远瞩,对当时教育中存在的问题进行指陈和批判,同时提出了适合时代潮流的教育构想。以往论者多侧重于陈炽的经济、政治思想、海防思想的研究,而对其教育思想探讨较少。本文试图在前人的基础上对陈炽的教育思想作一系统探究,希望能更好地剖析陈炽及其时代,同时对我们今天的教育建设提供有益的借鉴。

---

① (清)魏源:《四库家藏·海国图志》,山东画报出版社2004年版,第21页。

② 冯桂芬:《校邠庐抗议》,中州古籍出版社1998年版,第172页。

一、变通科举制度,增加技艺学科

科举制度在取代察举制和九品中正制后,在选拔官吏和稳定社会秩序方面起了不可替代的作用。不过其弊端亦显而易见,降及清末,更是尤甚。洋务运动需要大量实用型人才,而传统科举制关注的主要是伦理道德的修养和心灵的完善,鄙视技艺,所培养的学生多为迂腐、僵化的书蠹与东烘,只知三纲五常,读圣贤书,而缺少治国安邦、经世济民的英才。学用脱节的悖谬,已经暴露得十分明显。鉴于科举制度之危害,许多思想家都不同程度地对科举制进行了批判。龚自珍即认为科举制度"摧残人才",呼出了"我劝天公重抖擞,不拘一格降人材"[①]的呐喊。康有为更是痛心地指出:"巍科进士,翰苑清才;而竟有不知司马迁、范仲淹为何代人,汉祖、唐宗为何朝帝者。若问以亚非之舆地,欧、美之政学,张口瞪目,不知何语矣。"[②]可见,八股取士不仅钳制了世人思想的发展,而且极大地扼杀了民主思想的产生和发展。

陈炽在批判和抨击科举制度的同时,主张变通科举。他认为社会上鄙视制造,轻技艺之风愈演愈烈,因此主张开设艺学科,招致"智巧之士"学算学。他指出,"变通之法,考之乡评,试以政事,已见于乡官一议矣。欲推而广之,非增设艺学科不可","世运由静变动,人事由略致详,将来日出其奇,所当酌改旧制,以范驰趋者必不少,而如天算制器之法,则尤为今日至急之务"。[③] 虽自同文馆倡议始设天文算学科已有三四十年,但"往者循其端而尚未竟其绪"[④],以致没能培养出实用人才。如此下去对中国的发展极为不利。所以,他主张在各级学校和私塾中,除学习四书五经外,兼习算学,并在科举考试中立算学作为一门,对那些能创造发明的,国家"给凭专利之章"[⑤],以激励志气。他乐观地认为"变通尽利,体用毕赅,综贯中西,权衡今古,斯久安

---

① (清)龚自珍:《龚自珍诗选》,刘逸生选注,浙江人民出版社 1980 年版,第 195~196 页。

② 汤志钧编:《康有为政论集》上册,中华书局 1981 年版,第 269 页。

③ 参见赵树贵、曾丽雅编:《陈炽集》,中华书局 1997 年版,第 78 页。

④ 赵树贵、曾丽雅编:《陈炽集》,中华书局 1997 年版,第 334 页。

⑤ 赵树贵、曾丽雅编:《陈炽集》,中华书局 1997 年版,第 205 页。

长治之良模也”[①]。当然，变通科举的主张并非始自陈炽。随着西学的逐渐输入，改革和废除科举制度的呼声连绵不断。鸦片战争刚结束，魏源便提出在福建、广东两省科举考试中增设水师科的建议；1867年京师同文馆曾开设天文、算学馆；1870年船政大臣沈葆祯奏请设算学科；1884年国子监司业潘衍桐奏请开设艺学科等等，作为对科举制度的补充。陈炽的改革科举的主张，内容不免单一，仅是变通的折中方案，而不敢提出彻底废除科举制度。他说：“科目之制，变而通之，推而广之，可也，因而废之，不可也。”[②]这一点不如王韬提出的“时文不废，天下不治”[③]，废除八股取士制度的主张。不过，两人毕竟身份和地位不同，王韬身为在野之士，可以放言无忌，不必顾虑前途俸禄，而陈炽为高级官僚，出言谨慎也是可以理解的。陈炽在批评科举弊端的基础上提出的合理化建议，虽然不是率先提出者，但也是符合时代发展潮流的。1898年戊戌变法期间，清廷下令改革科举制度，增加经济特科，以至1905年科举制度被废除，除了科举制的适应范围越来越小外，陈炽、康有为、梁启超等大批思想家和李鸿章、张之洞等官员的呼吁也是一个重要因素。

二、禁止妇女缠足，倡导妇女教育

在中国封建社会中，强调男尊女卑，推崇“女子无才便是德”，广大女子受旧制度、旧礼教的沉重压迫，接受学校教育的机会少之又少。随着近代女权运动的发展，女子教育引起了广泛的关注。陈炽在《庸书》中专列《妇学》篇，谈论女子教育问题，为近代女子教育的发展开辟了道路。

陈炽认为，中国古人立教，本是男女并重，但是后来因妇学失传，“其秀颖知文者，或转为女德之累，遂乃因噎废食，禁不令读书识字，寖至骄佚偏僻，任性妄为”[④]。在南宋以后，女子缠足之风遍于天下，“及四五岁，即加束

---

① 赵树贵、曾丽雅编：《陈炽集》，中华书局1997年版，第79页。

② 赵树贵、曾丽雅编：《陈炽集》，中华书局1997年版，第78页。

③ （清）王韬：《弢园文录外编》，上海书店出版社2002年版，第8页。

④ 朱有瓛主编：《中国近代学制史料》第一辑下册，华东师范大学出版社1986年版，第868页。

缚”[①],致使女子“终生蹇弱,有如废人。不及格者,父母国人引为深耻”[②],更是使妇女失去接受教育的机会,在客观上约束和钳制了女子教育的发展。陈炽十分欣赏西方国家重视女子教育的做法,认为兴办女子教育有利于富国强兵。他指出:“泰西风俗,凡女子纺绣、工作、艺术,皆有女塾,与男子略同,法制井然,具存古意。故女子既嫁之后,皆能相夫佐子,以治国而齐家,是富国强兵之本计也。”[③]接着,针对女子不受教育的危害之严重性,他悲痛地指出:“中国四万万人,妇女约居其半,安居饱食,无所用心,无论游惰之民充塞天下,即一家论之,而已半为弃民矣。”[④]况且如果女子“弱龄失教,习与性成,始以淫贱妖蛊为长,终为暴戾奸食为事。夫承其弊,子效其尤,人心日漓,风俗日坏,其害之中于深微隐暗之间者,永无底止也”[⑤],强调妇女在种族血统延续和改良中扮演的重要角色,即妇女素质的低下,将会导致国民素质的降低。因此,他建议严禁妇女缠足,广设女学,让妇女接受教育,“各省郡县之间,就近筹捐,广增女塾,分门别类,延聘女师”[⑥],而促其各有所成。并且有年龄限制,“女子自四岁以上至十二岁为期,皆得就学”[⑦]。对那些家道中落、孤独无依的世家妇女,他主张设立绣花局,让她们“居以邃室深堂,课以织作纺绣”[⑧],由官府帮助售货,并严禁男子进入此地。

妇女接受教育是妇女解放乃至整个社会解放的前提和标志。陈炽提出的女子教育思想,与同时代思想家郑观应的主张较为相似,具有许多民主思想,如男女平等,均有受教育机会,反对缠足等等。但是陈炽提出把妇女教育与国家利益相联系,认为妇女接受教育是国家“正本清源之要术,久安长治之初基”,是“富国强兵之本计”的主张,则超过了同时代其他思想家的水平,而且他的女子教育思想具有更加深刻的含义:“既是社会生产力发展的

① 朱有瓛主编:《中国近代学制史料》第一辑下册,华东师范大学出版社 1986 年版,第 868 页。
② 朱有瓛主编:《中国近代学制史料》第一辑下册,华东师范大学出版社 1986 年版,第 868 页。
③ 朱有瓛主编:《中国近代学制史料》第一辑下册,华东师范大学出版社 1986 年版,第 868 页。
④ 朱有瓛主编:《中国近代学制史料》第一辑下册,华东师范大学出版社 1986 年版,第 868 页。
⑤ 朱有瓛主编:《中国近代学制史料》第一辑下册,华东师范大学出版社 1986 年版,第 868 页。
⑥ 朱有瓛主编:《中国近代学制史料》第一辑下册,华东师范大学出版社 1986 年版,第 868 页。
⑦ 赵树贵、曾丽雅编:《陈炽集》,中华书局 1997 年版,第 129 页。
⑧ 赵树贵、曾丽雅编:《陈炽集》,中华书局 1997 年版,第 105 页。

需要，也是资产阶级自由、平等理论在妇女问题上的具体表现。”[①]当然，陈炽的妇女教育思想也有局限性，不过他对女子教育的关注，与康有为、梁启超、宋恕、陈虬、严复等人的思想在19世纪末期形成了一股要求妇女解放的潮流，这是符合社会发展趋势的。另外，封建举人出身、曾受封建纲常理论熏陶多年的陈炽，在当时的中国社会条件下便提出让妇女平等接受教育也是难能可贵的。

三、边疆设置学校，教化民众培育根本

陈炽非常重视学校教育在培养人才方面的重要作用，认为学校是“兴贤造士”的主要场所，是造就人才之地，治天下之大本。因此，他主张大力发展学校教育，不仅在城乡四邑广设学校，而且将“犯案”的丛林道院一律查封，改为学校。值得重视的是，他主张在边疆地区设置学校。例如，陈炽建议在东北的奉天、吉林，“筹款募捐，广建书院”，建立图书楼，“博收典籍”，“以渐化其犷悍而大启其灵明”。[②] 在蒙古，“建立学校，教习汉文，已出痘者，入京就学，化以礼义，泽以诗书”，使“大漠穷边，无殊内地”。[③] 在海疆，“宜急建书院，广储经籍，延聘师儒，以正人心，以维风俗”。[④] 在南洋各地，国家应该拨款或者劝说中外富商巨贾捐款筹建中西大学堂或书院，“教以中西之学”[⑤]，不仅“使数百万之华民智慧渐开，才能渐出”[⑥]，而且“他日必有奇材硕彦应运而生，为海上之夫余以藩屏中国者”[⑦]。对于在边疆设立学校一事，另一早期维新思想家宋恕在《〈六字课斋卑议〉同仁章》中也提出在少数民族中办学校，“以渐化之”的主张[⑧]，但是远没有陈炽的认识详细而深刻。在19世纪末

---

① 熊月之：《中国近代民主思想史》，上海人民出版社1986年版，第187页。

② 参见赵树贵、曾丽雅编：《陈炽集》，中华书局1997年版，第47页。

③ 参见赵树贵、曾丽雅编：《陈炽集》，中华书局1997年版，第60页。

④ 参见赵树贵、曾丽雅编：《陈炽集》，中华书局1997年版，第30页。

⑤ 赵树贵、曾丽雅编：《陈炽集》，中华书局1997年版，第119页。

⑥ 赵树贵、曾丽雅编：《陈炽集》，中华书局1997年版，第60页。

⑦ 赵树贵、曾丽雅编：《陈炽集》，中华书局1997年版，第119页。

⑧ 参见胡珠生：《贬旧危言：唐才常、宋恕集》，郑大华、任菁选注，辽宁人民出版社1994年版，第204页。

期举国上下对边疆危急束手无良策之机,陈炽独树一帜,指出在边疆设立学校教化民众才是根本,可谓远见卓识,高瞻远瞩,不仅能更好地应付危机局势,而且也能开发边疆,培养边疆人才,提高边疆人民的文化,加强民族团结,这对整个国家的稳定和发展都是有较大促进作用的。

四、发展留学教育,培养奇才硕彦

留学教育是近代中国教育的一个重要内容。在容闳、曾国藩、李鸿章、丁日昌等人的倡导和支持下,1872 年中国向美国派出了近代第一批官派留学生,1876 年又向欧洲派出学生学习航海和造船技术;1890 年,总理各国事务衙门奏准,出使英、美、法、德、俄五国的大臣,每届可带学生数人,一边在使馆工作,一边向驻在国学习;1896 年,首批 13 名官派留学生赴日本。实施留学教育对近代中国社会产生了多方面的积极影响,不仅造就了一批新型科技人才和管理人才,还涌现出许多资产阶级改良派和革命派志士。在陈炽的教育构想中,留学教育也是重要组成部分。陈炽指出:“夫生知之哲,伊古罕闻,天下人材,大都由学问而成,由阅历而出。”[①]“不有以磨练而试验之不可得也。”[②]“学问之道非游历多、见闻广不足济大艰、任大事、兴革大利弊。”[③]接着,他以日本为例,指出日本自明治维新后,派遣大批青年人出国留学,“锲而不舍,前后出洋者至二千余人之多,故行政用人,左宜右有,遂致堂堂大国受制小夷”[④],与中国半途而废形成鲜明对比。显然,他认为出国游历、留学既是学习西方富国强兵的一种方法,也是培养人才的必由之路。

留学教育固然重要,选择合适年龄的学生出国也是必须考虑的问题。薛福成说:“童子志识未定,去中国礼仪之乡,远适海外,饕利朋淫腥膻之地,岁月渐渍,将与俱化。归而挟其所有以夸耀中国,则弊博而用鲜。”[⑤]陈炽也认为“髫年稚齿,书数未谙,携以出洋,懵无知觉,虽涉西学,仅属皮毛,而先

① 赵树贵、曾丽雅编:《陈炽集》,中华书局 1997 年版,第 19 页。

② 赵树贵、曾丽雅编:《陈炽集》,中华书局 1997 年版,第 238 页。

③ 赵树贵、曾丽雅编:《陈炽集》,中华书局 1997 年版,第 385 页。

④ 赵树贵、曾丽雅编:《陈炽集》,中华书局 1997 年版,第 306 页。

⑤ 丁凤麟、王欣之编:《薛福成选集》,上海人民出版社 1987 年版,第 46 页。

已厌薄中朝,沾染异俗,此非立法之不善,由所遣之未得其人耳。"[①]为了取得留学的效果,陈炽主张由各省挑选"聪颖诸生,年在二十岁以内,通古今,识大体,而气体充实,能任辛劳者,询其父母及其本身,厚给资装,咨送总署"[②],由使臣携带出国,分赴各国大学堂学习,"期以十年",学成归国后,赏给官阶,"量材器使,予以事权"。若如此,陈炽兴奋地指出:"奇才硕彦,应运而生。万里中原,媲隆三古,我国家亿万载无疆之业肇于斯,即全球大一统无外之规亦开于是矣。"[③]这"奇才"里当然包括留学生在内。同时,陈炽认为也可派遣留学生出国学习专门技术。早在《庸书》中,他就建议清朝政府"宜选聪俊子弟,随节出洋,于克虏伯及著名各厂,专门学习"[④]。在《葡萄制酒说》中,他提出"选觅聪颖学生,通达各国语言文字者十人,分赴英法德奥俄意六国,专考葡萄酿酒之事"[⑤]。在《军械之工说》中,又指出"选学生之熟悉西文而通古今、识大体者,分赴各大学堂,分门学习,暇则游历各厂,考证见闻,博访西国著名工师,籍而记之,期以五年,学成归国"[⑥]。陈炽提出留学教育的目的,就是希望清廷多派学生出国,通过直接向西人学习,耳濡目染,培养一批掌握西方科技的人才以为国服务,更好地促进中国的发展。他倡导的留学教育,不仅对19世纪末20世纪初的留学热潮起了推动作用,而且对今天改革开放中发展留学教育的理念也有一定的现实意义。

五、开展职业教育,增加商业学堂

陈炽在1894年写成的《庸书》中曾提出发展资本主义工商业以图自强。1896年为救中国之贫弱又撰成《续富国策》,其中商业占了较大比重,可见他对商业的重视。陈炽指出,"富国强兵,非商曷倚"[⑦],"制国用者,必出于商",

① 赵树贵、曾丽雅编:《陈炽集》,中华书局1997年版,第77页。
② 孔祥吉:《晚清史探微》,巴蜀书店2001年版,第144页。
③ 赵树贵、曾丽雅编:《陈炽集》,中华书局1997年版,第78页。
④ 赵树贵、曾丽雅编:《陈炽集》,中华书局1997年版,第90页。
⑤ 郭旭:《壶里乾坤 中国酒业政策与文化》,吉林人民出版社2018年版,第80页。
⑥ 赵树贵、曾丽雅编:《陈炽集》,中华书局1997年版,第223页。
⑦ 赵树贵、曾丽雅编:《陈炽集》,中华书局1997年版,第80页。

“商务之盛衰,必系国家之轻重”①。陈炽认为,西方富强在很大程度上得益于经济人才的培养,“其人才之众多则皆出于商学”,“西人于通商辟埠之区皆安家业,长子孙,设商学”。② 同时,西方各国非常重视职业教育,根据学生资质,分途授学。“其学之浅者,本国语言文字、外国语言文字、算数会计而已矣。其深者,则天文、地舆、测量、绘画、文事武备、光、重、化、电诸学”③,至于日后专习何业,则又分设学堂,如轮船公司,则有管轮学堂也,驾驶学堂也;轮车则有铁路学堂也,电报则有电报学堂也,丝业则有蚕桑学堂也,制茶、制糖、制磁、制酒、制一切食用各物,无不有学堂,开煤炼钢则有煤铁学堂也,纺纱织布则有织作学堂也。“每创一业,必立学堂,是以造诣宏深,人才辈出,凡一材一艺之微,万事万物之赜,无不考求整顿,精益求精,遂能创开大利之源,尽夺华民之业。”④在这种情况下,中国人如果继续鄙视百工,就会造成“外国轮舟、轮车、电报、火器以及机器制作之属,入中国者永须用西人管理,华人瞠目直视,束手而无可如何”⑤的局面。因此,为挽回利权,中国也要仿效西方国家设专门学校,以满足不同需要。

在沿边沿海设学堂不仅能增加兵源,提高素质,也能满足当时设立官方制造各局对人才的需求。他说:“沿边沿海广立学堂,参酌中西,延聘教习,学成后编入兵籍,拨隶勇营。”⑥农业科技教育是提高农业生产的关键,这是陈炽通过中国古今和中西对比得出的结论。因此,他提出应“荟萃中外农书,博采旁稽,详加论说,宜古亦宜今,宜西亦宜中,宜南亦宜北,不求难得之物,不为难晓之文,括以歌辞,征以事实,颁之乡塾以教童蒙,俾屋穷檐,转相告语,家人妇子,力穑劝功”⑦。在《讲求农学说》中,他再次阐发了同样的主张,即不仅要“将旧日农书,删繁就简,择其精要适用者,都为一卷”,还要“翻译各国农学,取其宜于中国凿凿可行者,亦汇为一编,颁布学官,散给生童,

① 赵树贵、曾丽雅编:《陈炽集》,中华书局1997年版,第84页。
② 参见赵树贵、曾丽雅编:《陈炽集》,中华书局1997年版,第271页。
③ 朱有瓛主编:《中国近代学制史料》第一辑下册,华东师范大学出版社1986年版,第475页。
④ 朱有瓛主编:《中国近代学制史料》第一辑下册,华东师范大学出版社1986年版,第475页。
⑤ 赵树贵、曾丽雅编:《陈炽集》,中华书局1997年版,第271~272页。
⑥ 赵树贵、曾丽雅编:《陈炽集》,中华书局1997年版,第109页。
⑦ 赵树贵、曾丽雅编:《陈炽集》,中华书局1997年版,第27页。

转教农人之识字者"[1]。他认为这样既可以提高农民的素质,也可以提高农业劳动生产率,促进农业经济的发展。

为了提高中国商人的素质,陈炽建议建立专门的商业学校以培养商业人才。例如,在各城各埠广设商务局,普遍设立商务学堂,"以激扬鼓舞、整齐教诲诸商"[2];他呼吁中国商业资本丰厚者,"自宜各提公积,倡立学堂。如丝业则宜设蚕桑学堂,茶业则宜设茶学堂,轮船江海通行关系尤巨,宜分设管轮驾驶两学堂。其余纺纱、织布、炼钢开煤以及铁道、电报中西制造各事,每创一业,开一厂,设一局,均应附设一学堂,或独立创兴,或数家合办"[3]。这样,"无论扩充何事,推广何业,分布何地,制造何工,需用何人,取之宫中而皆备"[4]。陈炽主张广泛设立学堂以培养精通专业人材来发展工商业与对外国"商战"的认识,是比较深刻的。1895 年,康有为在《上清帝第二书》中指出:"商学者何? 地球各国贸易条理繁多,商人愚陋,不能周识,宜译外国商学之书,选人学习,遍教直省,知识乃开,然后可收外国之利。"[5]直到 20 世纪初年,学习西方国家创办商业学校之举才提上日程。各地所创设的商会也把商学作为其活动的重要内容之一,纷纷办起了商业学堂或业余商业补习学校。1903 年的《奏定学堂章程》规定,实业学堂分农业学堂、工业学堂、商业学堂和商船学堂四类以及实业教员讲习所,其中商科大学分三门,即银行及保险学门、贸易及贩运学门、关税学门。因此,陈炽、康有为等人呼吁振兴商学的主张是带有前瞻性的,近现代中国的职业教育便在此基础上发展起来的。

六、注重官员教育,提高官吏素质

治国之道,不外乎行政、法律、教育三种手段。由于民众与最高执政者并不直接相处,所以,大量的教化工作要靠各级官吏去做,这就使官吏们的

---

① 赵树贵、曾丽雅编:《陈炽集》,中华书局 1997 年版,第 174 页。

② 赵树贵、曾丽雅编:《陈炽集》,中华书局 1997 年版,第 233 页。

③ 朱有瓛主编:《中国近代学制史料》第一辑下册,华东师范大学出版社 1986 年版,第 476 页。

④ 赵树贵、曾丽雅编:《陈炽集》,中华书局 1997 年版,第 272 页。

⑤ 汤志钧编:《康有为政论集》上册,中华书局 1981 年版,第 128 页。

素养显得十分重要。晚清政府政治上腐败日益严重,官员素质也是江河日下,“内外官吏营私骫弊之方,亦日趋而日巧”[①],“偶有尽心民事者,则上官掎之,同僚笑之,众庶疑之,不入考成,不登荐牍,群掣其肘,必溃于成而后已。不肖者,专揣缺分之肥瘠,以图饱私囊。其贤者,亦第求案牍之清厘,以规避处分。于设官为民之本意,上下泰然,久已忘之,而且习之矣”[②]。因此,整顿吏治刻不容缓。陈炽深知,“得人则治,得人而不能尽其才,则仍不能治”[③],“用人为行政之本”,“用之,既不考其真;课之,又不求其实”,导致“贪庸塞路、豪杰灰心。”[④]民众也对吏治失去信心。因此,他强调,政府用人应当严格考绩,罢黜昏庸,择贤而用。除了监察、考核外,陈炽又提议加强文武百官皇族子弟的教育培训工作:一是到太学学习中西课程,“上书房皇子、贝勒、镇国公及王公大臣子弟,统令每月至学,以考学业,广见闻”[⑤];二是鼓励官员出国游历,近支王公及中外大臣,“有能比迹张骞,乘槎海外者,官给资斧,许其自陈,预由总署照会列邦送迎接待。回华后,阅历有得,量材器使,予以事权。其有壮志华年愿留学习者,亦助其费”[⑥];至于四品以下文武员弁,有欲出洋游历者,“先由官长考验,如果学识通敏,亦准予资装,惟须计日往还,略示限制。如愿留学习,并给半费,随时由使署稽察,以广裁成”。1898 年 6 月,康有为在为杨深秀所拟奏折中也建议皇帝,“特派近支王公之妙年明敏有才志者,游历泰西各国;其有美志良才,自愿游学,习政习兵者,尤有裨益”[⑦]。在“人治”高于“法治”的行政机制下,陈炽能够提出加强官吏培养教育的设想,不仅对以后的戊戌变法和清末新政的官制改革具有重要作用,而且对于今天加强国家公务员队伍建设也具有借鉴意义。

以上六点,是陈炽教育思想的主要内容。总结上述分析,陈炽的教育思想显然是一种与传统教育思想不同的新型教育思想。这反映了刚刚诞生的

---

① 赵树贵、曾丽雅编:《陈炽集》,中华书局 1997 年版,第 6 页。
② 赵树贵、曾丽雅编:《陈炽集》,中华书局 1997 年版,第 20 页。
③ 赵树贵、曾丽雅编:《陈炽集》,中华书局 1997 年版,第 7 页。
④ 参见赵树贵、曾丽雅编:《陈炽集》,中华书局 1997 年版,第 11 页。
⑤ 赵树贵、曾丽雅编:《陈炽集》,中华书局 1997 年版,第 31 页。
⑥ 赵树贵、曾丽雅编:《陈炽集》,中华书局 1997 年版,第 76 页。
⑦ 汤志钧编:《康有为政论集》上册,中华书局 1981 年版,第 253 页。

民族资产阶级的要求，并在一定程度上接近或达到西方资产阶级教育思想的高度。对此，我们可以从教育目的、教育内容和教育对象三方面窥见一斑。一是教育目的，传统教育旨在培养统治阶级的接班人——官僚队伍，片面追求所谓伦理道德修养和心灵的完善，而陈炽则把教育与育才、工商发展以及国家强弱相联系，认为教育应为各行各业培养合格人才，以适应新形势的需要；二是教育内容，传统教育多以研读四书五经为主，科举取士也以此为标准，而陈炽则把“艺”“技”之学放在教育的重要位置，并强调其重要作用；三是教育对象，传统教育制度下受教育的对象为身列庠序之士或诸生文童，实际上还是一种“精英教育”，范围过于狭窄，而陈炽则认为应采用新的教育制度，设立各级各类学校，开设自然科学和社会科学的各种课程，使教育职业化、社会化，男女老少、士农工商皆有受教育机会。这是一种进步的教育思想。

然而，陈炽毕竟受过多年的封建传统教育，儒家的伦理纲常依旧存其脑中。所以，他虽然提倡兴办新式学校，学习西学，但是又要求学生所学内容应“体用兼备”[①]；出国留学生在学西学时，“仍以半日温经读史”[②]，即既懂孔孟之道，又学有专长。这并没有超出当时的文化指导原则“中学为体，西学为用”，而且为了减轻办西学教育的阻力，他打着“礼失求诸野”的旗号，从儒家颂扬的三代中去寻找依据，穿凿附会。对于这一点，美国学者李文森在剖析中国近代知识分子的思想状态时曾指出，中国知识分子在思想转变过程中有一个理智与情感的分离，即在理智上他们毫无疑问地承认西方价值，但在情感上便免不了对儒家旧说缱绻不舍。[③] 这同样适合陈炽的思想。不过，我们不能求全责备。陈炽的教育思想因时代和阶级的局限，其缺陷明显可见，但相对当时的社会，仍然是比较进步的，并为以后的戊戌维新运动提供了丰富资料，同时对今天不断完善教育体制也有重要的参考价值。

［原载《山东师范大学学报》(人文社会科学版)2007 年第 6 期］

① 赵树贵、曾丽雅编：《陈炽集》，中华书局 1997 年版，第 30 页。

② 赵树贵、曾丽雅编：《陈炽集》，中华书局 1997 年版，第 77 页。

③ 参见张海林：《王韬评传》，南京大学出版社 1993 年版，第 349 页。

教育公共性的意蕴和诉求[①]

张茂聪

从世界范围看，教育的变革与发展正在呈现“公共性”这一新的时代特性。教育公共性的彰显不仅是教育特性的一种时代变化，也是当代教育发展的一种新的价值诉求。教育的公共性不仅关涉公共教育经费的合理分摊和教育资源的优化，从而影响社会公众的共同利益，而且不可避免地与教育机会的公平、教育质量的提升和教育服务之公共职能的发挥等密切地交织在一起。

一、教育公共性的流变

公共性的变迁及其实践价值的显现，对社会的政治、经济、文化的变革与发展带来愈益显著的影响，教育的发展亦不例外。因为，教育作为一种社会的公共事业，它所提供的是一种公共服务，它凭借以运转并依赖的资源、所提供的产品以及自身活动进行，这些都具有某种程度的公共性。

（一）教育公共性发展及特点

教育所蕴含的公共性不是人为赋予的，亦非主观思维的结果，而是人类

---

① 本文系山东省哲学社会科学重点课题“山东省义务教育管理体制改革与创新研究”(07JDB037)阶段成果之一。

教育发展过程中历史地展现出来的。这在西方近现代教育发展过程中表现得尤为明显。众所周知,在西方社会的前工业化时期,儿童教育主要被囿于家庭范围,教育的公共性尚未显现。家庭作为社会生产与组织的基本单位,对子女享有绝对的权威和负有完全的责任。工匠的作坊或农人的田地是训练儿子的理想场地,家庭则是训练女儿的合适场所。儿童与成人都被禁锢在一个大家庭内,成人对儿童的教育与训练仅仅局限于那些对维持家庭生产力似乎是必要的内容。这种家庭式教育是在封闭状态下进行的,无论是教育目的还是教育方式,都是指向私人个体的,没有什么公共性可谈。然而,工业革命的来临打破了教育活动的私人性,家庭作为自我生存的经济单位和训练场所的双重功能发生变化。家庭之外的各种经济组织迅速崛起,家庭不再具备从事经济活动的功能,其教育与训练功能也开始丧失,而穷人及残疾者的赡养更近乎一种社区责任。这样,儿童接受的教育逐渐成为全体社区成员共同关心的问题,教育的公共性开始显现,建立公共的教育体制已成为必然。

资本主义国家政权形成以后,其建设不仅包括政府的政治和行政机构以及构成公共领域的由政府控制的机构建设,还包括国家权力合法化,国家与民族意识形态和集体观念的内化。后者的需要间接地推动了公共教育的发展,即利用公共教育向社会成员传播主流价值观,形成共同认知。这样,公共教育除了被用来为工业文明培养劳动者后备军,还具有为生活在一个多样化的社会中的国民提供共同的道德价值体系的价值承担功能。[①] 为顺应历史发展的需要,资本主义民族国家政权建立之后,不约而同地开始进行公共性的教育改革。

(二)现代教育公共性的消退

教育的公共性是就教育基于正当性或正义性而关涉公民社会的公共事务及公民品质而言,应当以对公共事务的关怀和公民品德的培养为旨归。教育的这个功能需要通过培养学生共同的价值观念来完成,然而现代社会

① 参见陈俊山:《教育公共性内涵的历史变迁及其对我国义务教育的启示》,《内蒙古师范大学学报》(教育科学版)2008 年第 2 期。

却给教育带来公共性的缺失。

1. 公共性机制观念的消解

不同族群(阶级、阶层、民族、种族、性别、年龄、党派等)之间难以调和的价值冲突,使人们不仅在思想上,而且在社会现实的行为层面上,陷入混乱、无序和无所适从之中,带来"公共价值观"的缺位。现代社会的特质和精神气质表明,在这样一个社会中,文化本身将会逐渐丧失公共性品格,难以构成社会成员之间的基本共识。在我国,经济改革给中国的公共生活带来意味深远的变化,公共生活的生态在相当程度上已由全民式转变为群体式和个体式。道德生活价值取向的多样性已经在经济改革带来的社会结构变化中获得赖以生存的土壤,原有既定的全民共享的价值体系已不再有社会约束力。共有的价值体系已名存实亡,生活的伦理秩序失去一致性,各种利益行为的冲突和某些极端的利益行为把社会推向道德失序状态。面对价值冲突与混乱,教育难以用一种主流价值观来培养学生的集体观念,其应对公共事务的关怀和公民品德的培养也就变得无能无力。[①]

2. 教育的市场化

20 世纪 70 年代后,代表新保守主义的新右派政府上台以后,西方主要国家开始进行新自由主义改革。在新自由主义支配下,国家的公共政策领域推行"去国家化"运动,出现一股对公共产品和服务私有化的浪潮,也由此打开公共教育市场化之路。1987 年,英国教育和科学大臣贝克正式向议会提交一份《教育改革议案》。该议案指出:政府倾向于从理论的角度看学校,使消费者在学校事务中具有更多的影响力。解除家长为子女选择学校的人为限制,通过把个人的选择权和受教育的责任都交还给个人,摆脱对国家的依赖,使教育提供者和教育消费者之间建立直接的经济关系。以《1988 年教育改革法案》为起点,保守党政府出台系列法案和报告,公共教育系统发生重大变革,在整个英国产生强烈的反响,给英国教育制度带来根本性变革。在美国,1981 年里根总统在就职演讲中阐述"政府并不能解决问题,要解决的问题是政府"的著名论断,掀起一场"里根革命",开始私有化改革。只是

① 参见袁祖社:《"公共性"的价值信念及其文化理想》,《中国人民大学学报》2007 年第 1 期。

与英国直接私有化相区别，美国采用“部分私有化”。里根政府提出，“美国公共服务不再以直接生产公共服务（如高速公路建设和教育）的方式来提供服务，而是从私人供应商（接受政府的包出任务）那里购买，或者向个人、机构和公司提供凭单让人们去购买”[①]，试图把联邦政府对经济的干预降到最低限度。20 世纪 80 年代以来，美国主要对现有公立中小学进行改造，学校通过与政府部门签订合同，订立招生、课程、办学质量和财务等方面的标准，来换取政府的办学经费。当时出现了一些诸如“有吸收力学校”“特许学校”以及“选择性学校”等新型学校。到 20 世纪 90 年代，美国开始推广教育券计划，1990 年威斯康星州的密尔沃基市（Milwau-kee）正式实施教育券制度。1995 年，俄亥俄州立法机构通过克利夫兰市（Cleveland）的教育券项目；1999 年，佛罗里达州议会批准全美第一个全州性教育券实施计划。在我国，受新自由主义理念影响，“教育民营化”或“教育市场化”浪潮开始蔓延。特别是 20 世纪 90 年代中期以后，通过市场来向社会提供教育服务，成为一种重要的教育运行机制。正是在这种变化中，原先的政府与学校的关系开始分化、改组，出现政府、市场和学校三种既互相联系又互相制约的力量。其中，政府和市场分别代表教育这种社会产品的两种不同的提供途径。然而，近年来人们发现仅仅依靠市场的力量，并不能达到改革的目的，反而进一步加大了教育的不公平。市场机制的缺陷使其作用的范围非常有限，它仅在私人产品范围内有效，在公共产品的范围内无效。公共产品是为公共需要的满足而生产、供给的物品。教育产品具有非垄断性公共产品的特征，同时，它并非绝对以营利为目的，它主要是通过政府和非营利机构来调节其与其他领域的活动。因此，它实际是用私人领域的原则解决处在公共领域中的教育问题，必定给教育的公共性带来影响和冲击。[②] 市场竞争导致学校两极分化，出现了“择校热”和教育腐败现象。市场机制对教育资源的分配坚持“效率优先”的原则，这种高效率通过价格机制、公平竞争机制和自由选择机制来实现。在市场机制进入教育领域后，教育资源的配置路径发生很大变化：

① 李其庆主编：《全球化与新自由主义》，广西师范大学出版社 2003 年版，第 65 页。
② 参见樊改霞：《现代公共教育的制度转型：公共性的失落》，《教育导刊》2008 年第 4 期。

一方面,一大批优质教育资源流向重点学校或在市场竞争中处于优势地位的学校,使这些学校的办学条件和办学质量日益提高;另一方面,在市场竞争中出现大量薄弱学校,这些学校教育教学资源极度匮乏,教学质量每况愈下。学校两极分化的结果是出现严重的“择校热”。那些在市场竞争中产生的所谓“名校”充分利用市场机制,在蜂拥而来的生源市场中收取高额学费和花样不断翻新的各种费用,从而为教育腐败现象的滋生开了方便之门。近些年来,教育乱收费屡禁不止,即是这种情况的反映。可以说,学校两极分化与教育腐败现象是相伴而生的,都严重背离教育公共性的特征。同时,市场化区域之间和城乡之间教育的差距拉大,受教育机会不均等程度加深,不仅制约了国家和社会的整体协调发展,而且加剧受教育机会的不均等,导致教育公平的丧失。①

3. 公共价值精神的丧失

教育公共价值观念的消解以及教育市场化影响,必将带来教育在目的、形式和内容上的变化,特别是以潜在的无形力量给学生带来公共价值精神的丧失。在公共性消解的教育场域中,正在成长的学生不可避免要受到影响。当今,后现代思潮对一切既成的规范价值所抱的意义虚无态度,以及非理性主义、怀疑主义弥漫,导致学生公共精神面临严峻挑战,而教育公共性的消解,恰恰助推学生公共性不足的恶化。

二、教育公共性的内涵

基于对教育公共性流变的梳理,可以发现,教育公共性一方面表达了教育作为公共领域事务的事实存在,另一方面,更重要的是教育公共性已成为公共性延伸的下位概念,它既是对公共性在教育领域的具体说明和应用,也是教育在特定领域对公共性的反映。因此,教育公共性的功用主要体现为:(1)分析和批判教育的工具;(2)建立教育制度,构建教育内容和目的,选择教育手段和形式等诸多教育关系的公共原则;(3)教育立法和教育政策的合

① 参见鲍传友、邓涛:《论市场经济条件下义务教育的公共性》,《中国教育学刊》2006年第3期。

法依据;(4)政府提供教育公共服务的价值尺度和财政基础;(5)教育作为公共事务和公共物品接纳社会参与其中和存在于社会公共空间的正当性。总体说来,其在宏观方面,诸如制度安排、政策设计上,从立法、财政、社会环境等体现教育公益性、公正性;在微观方面,诸如教育目的、内容、形式上,指向培养具有公共品质的人,教育过程上体现教育平等。

1. 教育公益性

公共利益符合社会全体或大多数成员需要,体现他们的共同意志,具有开放性或非排他性。教育是公共利益之所,是一种对个人利益的超越,是公众对社会文明状态的一种愿望和需要,具有整体性和普遍性的特点,即公共利益在主体上是整体而不是局部利益,在内容上是普遍的而不是特殊利益。[①] 它既能为个体寻求私人利益、谋求生存发展奠定知识、人格基础,更能为国家繁荣进步作出贡献。教育的发展是整个社会发展的奠基石,个人的发展必然影响社会的发展,从事教育工作是对社会发展作贡献。教育的目的是基于对平等的公民身份的尊重,达到对民族情感和共同生活的维护,对良好的社会公共秩序的追求,对人类文化科学与共同价值的认同以及对教育质量与效益的严正承诺。当前,许多国家已将教育作为重要的民生问题,着力提高社会所有成员分享教育这一公共物品的能力。这已经奠定政府提供教育公共服务的价值基础,不可能靠单纯的市场增进公共利益。教育的公共性是一种公共利益与私人利益的统一体。然而,上述教育公共性的流变说明,教育不会自觉地按照那样的逻辑去发展,教育的公共利益和私人利益经常处于矛盾之中。或者公性过于扩张,吞没私性;或者私性过于蔓延,微化公性。这特别需要政府干预。保证教育的公共性,既是一种义务和责任,也体现出国家一种强制性要求。学校、家长和社会团体都必须维护教育的公益性,特别是教育资源均衡配置,教育机会均等,以体现国家意志和社会公共利益,实现社会的共同利益,培养合格的公民。其实,这也是政府正当性的基础之一。

教育公益性也为社会参与教育这一公共事务提供正当性合法依据。教

① 参见蒲蕊:《公共利益:公共教育体制改革的基本价值取向》,《教育研究与实验》2007年第1期。

育作为公共事务和公共物品,不仅仅是面向社会所有成员开放、提供无差别的公共服务,另一方面,不可忽视的是,教育公益性也表明教育作为存在于社会公共空间的公共性活动,必然接纳社会公共空间力量参与,例如,社会监督,社会参与决策与管理,接受社会舆论批判,等等。教育作为政府提供的公共物品,占有的是社会的公共资源,必然接受社会参与,这是教育公益性带来的必然结果。当前,对教育公益性这一属性的重新认识,已经在现代学校制度建设中得到了愈来愈明显的体现。在我国,现代学校制度主要是推进以学校法人制度为基础,以管、办、评分离为目标,实施政府宏观管理,学校依法办学,社会参与管理与监督的办学体制改革。当前,学校资源对社会开放,社会参与学校教育共享共建等思想和实践,已深入人心。特别是教育借助网络媒体这一新兴的公共力量,增进公民福祉和社会公共利益;同时,社会共同参与和完善教育……大大拓展和丰富着教育的公益性内涵。可以说,教育公共性的存在比过去任何时候都显得迫切而必要。

2. 教育公正性

公平正义不仅是人类社会自古以来就追求的理想,还是人类世界、人类关系和人类行为的准则,也是人类发展和完善的目标。公正与平等密不可分。它作为一个政治上的概念,通常以社会成员实际享有平等的多少与公正(公平)程度的高低,来衡量一种社会制度的好坏。同时,它体现人类社会的文明进步。公正在政治层面表现为平等的自由权利和民主政治;在经济层面表现为平等分配资源。教育公正包含两层基本意义。其一,即公正作为政府正当性的“基本价值取向”,按照同一原则或标准对教育关系中的人与事进行“一视同仁”的处理。它排斥任何团体或利益联合体或党派或特殊个人,平等面向所有社会成员,以全体人民的福祉为指向。其二,公正作为教育实践理想的正义,不仅通过教育实现社会之正义,而且教育本身也应当表现出正义的追求,体现公共教育的公益性,关注社会公共利益、公共价值和公共秩序的存在。因为良好秩序的保持有赖于公民的正义观念和正义感。没有公民的正义观念和正义感,正义社会之良好秩序便不可能维持。

“因此，公民教育的平等对待，是培育公民社会、保持良序社会之正义的需要。”[①]罗尔斯指出，教育的公共性所表明的是，教育基于正当性或正义性而关涉公民社会的公共事务及公民品质。因此，教育在教育目的、内容、形式上必须指向培养具有公共品质的人，以增进教育公共利益，促进教育公正；同时，教育政策和制度安排，要以公共利益为旨归，公正平等地向社会成员提供公共物品和公共服务。教育公正不仅体现在制度设计、资源分配和教育规则等程序和形式上的公正，还应体现为个体发展的公正。根据罗尔斯差别补偿原则，教育公正还体现为给弱势群众，即最少受惠者带来利益补偿，使教育权利分配尽可能达到公正合理。当然，普适性、终极性绝对的公正公平并不存在，但教育价值公正在事实本身的实践，无疑是对推进事实公正的最好阐释。

可见，教育公正性既是价值观，又是方法论。它不是单纯为了获得教育利益或地位，从人存在的本质意义看，更重要的在于它提升和丰富人的内涵，把人的发展、人的价值、人的尊严视为人的世界、人的关系以及人的行为的根本。伦理上，教育公正性在于以正义对人类自身意义的关照，帮助实现人类的道德“内在之法”与人类社会需求的统一。经济和政治上，教育公正性的意义在于，它以社会价值、理想和基本准则和手段，实现人们的教育利益和个人发展。当前，我国教育公正性研究主要从教育问题出发，例如在义务教育均衡问题、高等教育机会平等、教育资源公正分配、弱势群体教育等方面，在价值理念、制度设计、操作框架上进行探索，其成果多见于2000年以来袁振国主编《中国教育政策评论》丛书中，为探索教育公正性概念提供丰富的理论与实践基础。

3. 教育平等性

平等作为一种社会关系，总是以一定的制度形式来表现和保障，因此，社会平等是制度公正的重要标志，也是制度公正的一项重要原则。平等是教育公共性的价值取向。其核心思想就是无差别地对待所有公民。社会如

① 朱家存、周兴国：《论公共教育的公共性及实践表征》，《华东师范大学学报》（教育科学版）2007年第4期。

何实现教育平等,这是一个与教育制度安排有关的政治问题,努力追求实现教育平等则是公共教育之公共性的价值要求。平等并非指一种结果或事态的平等,而是一种无差别待遇的平等,是法律面前和社会行为规则面前的平等,即尽管人们在事实上存在着差异——这个事实不仅无法消除,而且从根本上说是有助益于社会进步与发展的,但每个人都应当得到平等的待遇。因此,“平等”乃是指“平等对待”,公共教育政策应以平等为核心价值,体现教育的平等性。

首先,根据罗尔斯机会平等优先于差别的原则,教育平等首要的是教育机会的平等。所谓“机会平等”,简单的理解就是所有社会成员做某事时具有同样的、等同的参与和完成这件事的可能性以及获得同样回报的可能性。教育机会平等是教育公平的重要体现和实现途径。教育机会平等的理念,作为一种重要的价值取向,深刻影响着现代教育。它以个体人为基本出发点,主张确立一种自致性的努力方向,以开发每个人的潜能,并为社会成员提供一种平等竞争的公正环境,力图消除影响个人发展的不正常因素。教育机会平等,意味着每个人都有平等地接受教育的权利,并且能够站在同一个起跑线,有相同的成功机会。主要体现为:(1)起点平等,主要体现为受教育权利平等,即无论人的资质差异,都应得到受教育权利的保障;(2)教育过程的成功机会平等,即尊重差异,根据个体差异提供适宜的教育机会,并通过各种相应措施(如宏观的制度安排,微观的课程与教学等方面的帮助等),尽可能使每个人取得学业成就。可见,推进机会平等一方面是政府立法和政策安排的结果,另一方面也是教育过程中教育价值观和教育行为的应有之意。

其次,作为教育机会平等的发展和深化,另一种更高的实质性平等吁求便呈现出来。如果说教育机会平等仅仅是基本的、程序与规则的形式平等的话,那么,随着机会平等的实现,特别是教育资源的丰富而突破公平与效率二元困窘后,教育平等必将迈入教育实质性平等。教育实质性平等是一种真正的面向个体或局部的具体的实体平等,它主要体现在区域、城乡、校际、性别、阶层、群体等层面的平等和公平。当前,我国已经摒弃20世纪八九十年代“效率优先、兼顾公平”的价值与伦理取向的形式上的教育平等,而转向城乡区域教育协调均衡发展的实质性平等。特别是党的十七大后，以科学发展观为统领，指导探索教育全面、协调、可持续发展，在推进教育体制改革，教育结构调整，尤其是教育财政全面落实免费义务教育，农村中小学布局调整，以及调整政府、市场、社会、学校在教育中的关系，政府职能向公共服务职能的转变等等，预示着我国教育开始步入建立实质性教育平等时期。

［原载《山东师范大学学报》（人文社会科学版）2010 年第 3 期］

制度安排之于道德教育的价值①

冯永刚

“制度安排”(Institutional Arrangements)是制度经济学频繁使用的术语。近年来逐渐波及哲学、政治学、社会学、文学、心理学、教育学等学科领域。诺贝尔经济学奖获得者、新制度经济学的代表人物诺斯从经济学的角度对制度安排进行了诠释:制度安排就是支配经济组织之间可能出现的合作与竞争方式的一种安排。这一观点揭示了制度安排的基本特征,对于不同学科对制度安排的定位和认识,都有着重要的启发和借鉴意义。在教育学领域,我们认为,制度安排是一种结构性安排,是教育制度的具体化,它是把抽象的教育制度加以形式化的一种行为方式选择。同一教育制度的不同规则以及各项教育规章制度之间的组织或结合的方式就是制度安排。它是支配和协调教育主体之间、教育部门与其他社会组织、教育部门之间可能合作与竞争方式的一种安排。

对制度的价值取向研究一直是道德教育中经久不衰的基础性课题。按照价值澄清学派的解释,道德教育实质上就是价值的教育,应将道德教育的重点放在对善与恶、好与坏、真与假、是与非等价值判断的问题上。尽管价值澄清学派的道德教育理论没有严格区分道德价值和非道德价值,贴上了

① 本文为作者主持的国家社科基金教育学青年基金课题“制度框架下的道德教育研究”(CEA090132)的阶段性成果。

道德相对主义的标签，有时不仅无法予以价值澄清反而导致了价值上的混乱和不确定。但价值澄清学派的道德学说重视价值教育，立足于现实生活，尤为关注个体的价值选择与价值判断能力的培养，具有较强的实用性和可操作性，因而深受人们欢迎。制度与价值是相互依存、不可分割的。之所以说制度离不开价值，是因为对社会信息的价值判断是制度的基本精神，制度丧失了价值属性就迷失了方向；之所以说价值依赖于制度，是因为价值要靠制度及制度安排来体现，价值离开了制度及制度安排就会成为“空中楼阁”。所以，制定什么样的制度？在何种理念指导下作出制度安排？其在价值纬度上作出何种诉求？又是如何体现的？这些问题的有效解决，不仅关乎一项制度的平稳运行和可持续发展，而且直接影响道德教育的健康运转，对于推进道德教育研究具有基础性和建构性的作用。

一、正义与公平：核心价值

作为一种基本的社会标准和价值观念，正义是衡量制度好坏、善恶的尺度。正义是一个历史范畴。对正义研究的最早起源，应追溯到古希腊关于道德和正义的论述。在古希腊，智慧、勇敢、节制和正义被奉为四大德行。在亚里士多德看来，政治学上的善就是正义。正义是人们在相互联系和交往中所产生的一种美德。他把美德分为两类：理性美德和伦理美德。他认为正义为百德之首，是贯彻一切德性的唯一至上的道德原则，个人道德修养和社会道德复兴都要依靠它。古罗马的西塞罗进一步主张，人的一些言行，只要是正义的，就都是道德的、善的和有理性的。而罗尔斯将正义与制度联系起来。他认为，社会正义原则的主要问题是社会的基本结构，是一种主要的社会制度安排。罗尔斯关于正义研究的贡献在于，他旗帜鲜明地将正义作为制度的首要原则和价值追求。罗尔斯开宗明义地指出：“正义是社会制度的首要价值，正像真理是思想体系的首要价值一样。一种理论，无论它多么精致和简洁，只要它不真实，就必须加以拒绝和修正；同样，某些法律和制度，不管它们如何有效率和有条理，只要它们不正义，就必须加以改造或废除……作为人类活动的首要价值,真理和正义是决不妥协的。"[①]我国学者唐代兴教授在《公正伦理与制度道德》一书中也表达了同样的思想。他认为,正义问题,既是一个道德问题,又是一个政治问题,同时还是一个普遍的人本要求问题。要使正义在社会生活领域中得以实现,制度正义是首要的条件。制度不公正或者丧失了正义的理念,对人和社会的发展都有着负面的影响。倘若不能以公平与正义作为制定制度的价值标准,制度就可能沦为强权的附庸,则会加剧人与人之间的矛盾和敌意,形成异化的社会和被异化的人,后果的严重性难以估量。因此,正义对于制度而言是极为重要的,制度的设计要符合道德理性和伦理精神。柏拉图提出的"制造不公比承受不公更可耻"的言论,其内涵也正基于此。因而,我们在进行制度安排时,必须深刻地认识正义的价值。制度只有是正义的、合理的,人们才会接受并认同它。反之,则可能引发人们对制度的不信任。"当个人深信一个制度是非正义的时候,为试图改变这种制度结构,他们有可能忽略这种对个人利益的斤斤计较。当个人深信习俗、规则和法律是正当的时候,他们也会服从于它们。"[②]

既然正义是评价制度的道德标准,是制度公正社会公正的基础,那么,制度公正如何体现,又是怎样影响人的道德行为?在对这一问题的作答上,高兆明博士的分析值得我们借鉴和参考:"即使是最不幸、占有社会财富最少的人,其基本自由与正当的权益也不会因为其不幸与资源占有的匮乏而受到伤害;即使是无赖,也不会因为其无赖而得到比应得更多的利益;即使是权贵富豪,也不会因为其权力与财富而可以为所欲为,得到自己所不应得的;即使是追求私利的人,也不会因为其追求私利而使他人、共同体的正当利益受到伤害,相反,其追求个人私利的行为在总体上还能给他人与社会带来益处。一个人生活在这样的制度中,会有更大的行为正当公正向善的可能。"[③]

---

① [美]约翰·罗尔斯:《正义论》,何怀宏等译,中国社会科学出版社 1988 年版,第 3～4 页。

② [美]道格拉斯·C. 诺思:《经济史中的结构与变迁》,陈郁等译,上海三联书店 1991 年版,第 12 页。

③ 高兆明:《制度公正论:变革时期道德失范研究》,上海文艺出版社 2001 年版,第 132 页。

正义的价值要体现公平的精神。正义与公平是制度的核心价值和最高命题，统摄着制度的整个价值体系。制度的其他价值诸如自由和平等、秩序和效率都要受到正义与公平的限定、支持和调节。只有在正义与公平价值允许的范围内，制度的自由与平等、秩序与效率等不同价值的诉求方可共存、协调并达到最大程度的发展。一个社会没有正义与公平作为核心价值，就不能协调一种价值与另一种价值激烈冲突和碰撞时产生的问题，整个社会制度的价值体系就会紊乱，容易引发各种个人性风险和社会性风险，社会就处于混乱失范的状态中。罗尔斯在《正义论》中的首篇就以"作为公平的正义"为题，并对之作了详尽的论述。在罗尔斯看来，作为一种价值原则取向，公平就是没有偏见。一个理性的人摆脱了各种偏见之后，就是公平。他反复强调，作为公平的正义是通过公众一致认同的社会契约来实现的。罗尔斯对正义与公平问题的探讨不乏深刻之处，值得我们认真学习。

马克思主义认为，正义与公平是密切相关的。正义是公平的保障，公平的实现有赖于正义的维护；公平是正义的表现，正义是公平的正义。失去了公平，正义将被非正义取代。任何社会的正义和公平都是相对的、历史的、具体的，世界上不可能存在永恒的正义与公平。恩格斯在批判蒲鲁东小资产阶级社会主义的永恒公平观时深刻地指出，"公平则始终只是现存经济关系的或者反映其保守方面，或者反映其革命方面的观念化的神圣化的表现。希腊人和罗马人的公平认为奴隶制度是公平的；1789 年资产者的公平要求封建制度，因为据说它不公平。在普鲁士的容克看来，甚至可怜的行政区域条例也是对永恒公平的破坏。所以，关于永恒公平的观念不仅因时因地而变，甚至也因人而异"①。虽然正义与公平受到特定社会历史背景、科学技术条件和政策倾向的限制，但这并不会阻挠我们对正义与公平的期冀、向往与追求。但是，我们也应该认识到，不能将公平与正义寄托于乌托邦式的空想，"不应当到人们的头脑中，在人们对永恒的真理和正义的日益增进的认识中去寻找，而应当到生产方式和交换方式的变更中去寻找；不应当到有关

① 《马克思恩格斯选集》第 3 卷，人民出版社 1995 年版，第 212 页。

时代的哲学中去寻找,而应当到有关时代的经济中去寻找"①。正是在此种情境下,人们才会在道德教育实践中不断地迸发出选择与设计正义、公平制度的热情和激情。

二、自由与平等:目的价值

道德的本性在于追求自由。"自由"一词,源于拉丁文 libertas,原义指从被虐待、被束缚中解放出来,后被引申出多种含义。在哲学的层面上,自由是指对必然的认识和对客观世界的改造;在社会学领域内,自由指的是能够自主地决定自己的行为,免受他人的限制和奴役;在法学视野中,自由是在法律范围内活动的权利等等。无论对自由作何种解释,我们都不能否认这样一个基本事实:自由是人的基本属性,是人固有的东西。在人的发展历程中,追求自由的活动贯穿于人的生命的全过程。人类的实践活动,为了谋求更为广阔的生存空间和发展领域,无不体现出人对自由的追求和实践。按照马克思对自由的洞见,没有一个人会反对自由,即使有,也只能是反对他人的自由。实际上,自由的反对者在反对他人自由的同时也追求和实现着自身的自由。尽管制度构成了对自由的限制,但它并非为单纯约束自由而存在。就形式来看,规范与自由是根本对立、水火不容的;就实质而言,规范与自由又是密切联系、不可分割的。如果我们把追求自由的人际交往作为一种分析工具,不难发现,对一些人的约束实际上是对另外一部分人的解放。规范作为人类理性的产物,界定了人们自由选择和自由活动的空间,从道德关系上规定了人们可以"做什么"的自由,也规定了人们"不做什么"的自由,实际上是保障和促进了人的自由,其最终目标是为自由服务的。因此,制度安排是规范与自由的"合金",制度安排本身就包含了自由,自由是制度的目的价值。

主体的自由不是绝对的,自由的实现要靠规范作为保障。对个人自由无限制的制度,实际上就是无自由的制度。因此唯有有了规范,自由才会成

① 《马克思恩格斯选集》第 3 卷,人民出版社 1995 年版,第 741 页。

为可能。人创造了制度,实际上也规定了自己活动的边界。在制度规定的范围内,人们可以享有自由,但超出这个框架的自由则要受到限制。制度可以限制已被历史或经验证明的与自由不相兼容的行为。某些对个人自由限制的规则,看似约束了个人的行为,而实际上却加强了人的自由。因此,当我们遵守制度时,并不是屈从他人的意志而不得已的行为,反而有益于自由的增进。英国著名的哲学家和政治家、20世纪杰出的自由主义思想家伯林曾说:"如果我按照我自己的意志,去计划我的生活,我就是自由的,而且也才是自由的。计划之中就隐含了'规则';某一规则,如果是合乎理性的,也就是说,合乎事物之必然性的,则不论这规则是我自己,或是别人所发明的,只要我理解了它,而有意识地把它施于我的身上,或是自由地接受了它,那么,这规则就不是迫我屈从的外物。"①自由是相对于纪律、责任而言的,给人自由并不意味着可以为所欲为。"人是自由的,尽管是屈服于法律之下。这并不是指服从某个个人,因为在那种情况下我所服从的就是另一个人的意志了;而是指服从法律,因为这时候我所服从的就只不过是既属于我自己所有、也属于任何人所有的公共意志。"②而存在主义者萨特却扭曲了这一关系。他宣称"人是注定自由的",其所标榜的自由是绝对的,实际上是把自由和必然对立起来。③

平等是一个社会关系范畴,在人与人和平相处的道德活动中体现出来。按照马克思主义的观点,平等是人在实践领域中对自身的意识,也就是人意识到别人是和自己平等的人,人把别人当作和自己平等的人来对待。"平等"是法国的用语,它表明人的本质的统一、人的类意识和类行为、人和人的实际的同一,也就是说,它表明人对人的社会关系或人的关系。平等是人类社会追求的终极价值目标之一。它同自由一道,共同构成了制度安排合乎目的的价值原则。"给人自由主要是给人成人的自由和成才的自由。给人

---

① [英]以赛亚·伯林:《两种自由概念》,刘军宁等编:《市场逻辑与国家观念》,三联书店1995年版,第224~225页。

② [法]卢梭:《社会契约论》,何兆武译,商务印书馆2009年版,第20页。

③ 参见[法]萨特:《存在与虚无》,陈宣良等译,安徽文艺出版社1998年版,第562页。

成人自由是指尊重人的道德人格,在政治、经济、文化、条件、机遇上给人平等。"[①]因此,平等的内涵极为丰富,是指组成社会的成员在经济、政治、文化等方面享有同等的权利。在制度面前,人人都应是平等的。平等是制度的应然价值追求。在历史发展过程中,反对不平等和向往平等的价值追求,往往会引发最广泛、最深刻的社会制度变革,推动了制度安排的进程。卢梭在其代表作《论人类不平等的起源和基础》一书中揭示了人类社会不平等的根源。按照卢梭的主张,私有制是造成人类不平等的根源。他鼓励人们行动起来,用暴力颠覆封建王国,建立平等的国家,对后世产生了巨大的影响。

苏格拉底与美诺在关于美德的讨论中总结出了一条规则:"一条原则如果有某种正确性,它不应该只是此刻,而应该永远是站得稳的。"[②]自由与平等的价值取向,正是一个制度能够"永远是站得稳的"的原因所在。特定社会中实际存在的不平等状态,推动了人们追求平等的社会制度的进程。在文艺复兴时期,激进的启蒙者在打破中世纪宗教枷锁对道德教育钳制的同时,却又使道德教育坠入了世俗主义的陷阱。资产阶级以"自由、平等、博爱"为锐利的思想武器,把人的尊严、地位、价值提高到至高尺度,成为团结广大人民群众反对封建地主阶级的强大精神动力,冲破了宗教和神学对人的思想的禁锢和行为的束缚,沉重打击了封建教会和封建势力。然而,当资产阶级革命胜利后,他们却把人民排除在"自由、平等、博爱"的大门外,具有极大的欺骗性。这一口号仅是他们利用人民力量反封建的幌子和精神欺骗,在制度面前和道德面前实现的也只能流于形式。正如马克思在《路易·波拿巴的雾月十八日》中精辟地指出,当利益受到损害时,资产阶级就把曾经作为战斗口号的"自由、平等、博爱"这句格言代以毫不含糊的"步兵、骑兵、炮兵",变为镇压反抗的灵便武器。从法律的角度来说,自由和平等有形式和实质之分。资产阶级的虚伪性和两面性,决定了他们所坚持的"自由和平等"仅是形式上的自由和平等。

---

① 门里牟:《社会转型时期社会治理的道德教育体系》,《内蒙古师范大学学报》(哲学社会科学版)2007年第4期。

② 北京大学哲学系外国哲学史教研室编译:《古希腊罗马哲学》,商务印书馆1982年版,第167页。

三、秩序与效率:工具价值

道德教育的顺利开展要以秩序为前提,以效率为条件。秩序与效率是制度安排的工具价值。制度的核心价值和目的价值的实现,离不开工具价值的铺垫与辅助。作为制度的工具价值,秩序和效率不具有终极的目的意义和终极的社会价值,但指向、服务于核心价值和目的价值,对于增进和巩固正义与公平、自由与平等有着特殊的意义。这一道理简单而深刻:一个正义与公平、自由与平等的社会一定是一个安定有序、富有效率的社会,而这个社会是由制度的工具价值来支撑和维系的。秩序和效率是社会得以发展的前提和基础。没有效率和秩序,就会中断社会发展的进程,制度的其他价值也就无从体现,更何谈价值的提升!可以说,形成秩序和提高效率,是一切制度产生的直接动因。没有制度的保障,易使社会秩序趋于混乱。社会秩序趋于紊乱,必然造成人际冲突和管理效率低下,整个社会就不能正常运转,便无从实现制度的其他价值诉求,道德教育也因失去制度的价值指引和制度安排的外在保障而难以为继。

秩序是事物内部诸要素之间、事物与事物之间合乎规则和合乎规律的关系状态,具有规范性、稳定性、一致性、连续性与和谐性的特征。自然界中存有秩序,人类社会也存在秩序。所以,秩序有自然秩序和社会秩序之分。自然秩序不以人的意志和活动为转移,而社会秩序则是由人设计和创造的,是社会实践活动中人能动的创造物。早在古希腊城邦时期,亚里士多德就开始重视制度的秩序价值。"法律(和礼俗)就是某种秩序;普遍良好的秩序基于普遍遵守法律(和礼俗)的习惯。"①制度(规则)与秩序是英国政治哲学家哈耶克思想体系中的重要概念。在哈耶克那里,制度(规则)被称为复杂现象,而秩序是描述和解释复杂现象不可或缺的一个概念。按照哈耶克的秩序观,所有的社会秩序都可被分为"人造的秩序"和"自生自发的秩序"。人造的秩序是一种外部的秩序或安排,是一种建构性秩序,而自生自发的秩

① [古希腊]亚里士多德:《政治学》,吴寿彭译,商务印书馆1965年版,第353～354页。

序是一种内部的秩序,也被称为增长的秩序和扩展的秩序。人类的生存和发展、社会的进步都离不开秩序。博登海默曾说:“如同在自然界中一样,秩序在人类生活中也起着极为重要的作用。大多数人在安排他们各自的生活时都遵循某些习惯,并按一定的方式组织他们的活动和空闲时间。”[①]秩序与失序是一种对立的概念,秩序代表了稳定性和规则性,而断裂性和无规则性是失序的表征。从失序到秩序,制度安排是一个重要手段。或者说,制度本身就代表着一种秩序。制度中包含着对未来的预期,有助于克服不可预测性因素,建立和稳定社会秩序。在经济活动中,“制度提供了对于别人行动的保证,并在经济关系这一复杂和不确定的世界中给予预期以秩序和稳定性”[②]。同样,在道德和道德教育中,制度对秩序的建立,自不例外。实际上,从混乱、无序的严重失衡状态到平稳、有序的相对平衡状态的过渡,既是对不合理制度作出重新安排的结果,也是合理制度发挥维护社会秩序的工具性作用的重要表现。

从词源上讲,“效率”是个经济学概念。在经济理论上,效率指的是投入与产出、劳动的效果与劳动量的比率关系。随着经济活动对整个社会生活的广泛渗透,“效率”一词也被扩展到社会学、政治学、教育学等其他领域。提高道德实效是道德的向往,是社会道德进步的主题,是制度演进与人的发展的基本要求。人类社会制度本身包含效率,效率是制度安排的产物。按照马克思主义的观点,一种新的制度设计取代旧的制度安排,归根到底就在于前者比后者创造出更高的社会生产力,创造出更高更多的经济效率和效益。新制度战胜旧制度的过程,既是劳动生产率提高的过程,也是推动人类真正解放——不断地从必然王国向自由王国飞跃的过渡阶段。制度安排下稳定的社会结构,增加了把许多松散的个人组织起来并采取集体行动的几率,可获得仅凭个人难以实现和改进的高效率。具体到道德教育领域,制度安排是获取集体行动收益的重要手段,为人类提供了追寻道德生活和幸福

---

① [美]E. 博登海默:《法理学——法律哲学与法律方法》,邓正来译,中国政法大学出版社1999年版,第223页。

② [美]丹尼尔·W. 布罗姆利:《经济利益与经济制度——公共政策的理论基础》,陈郁等译,上海人民出版社1996年版,第23页。

生活的动力，对于提升人类的生活质量和生命价值具有极为重要的意义。"无论是纯经济学意义的效率，还是广义的社会效率，其所以值得追求，最根本的就在于它合乎人类生活的目的，有助于人们实现人类的生活目的，并为人类自身的发展和完善提供坚实的基础。效率价值不是一种独立自显的价值，不具有最终的目的意义，它是一种手段性价值或者说工具性价值。"①

制度的秩序与效率之间有着复杂而丰富的互动关系。一个缺乏秩序的社会一定是一个缺乏效率的社会，反之亦然。良好的秩序是效率的保证。同理，缺乏效率的制度也不利于秩序的建立。在良好的社会制度下，秩序和效率是统一的。一个无秩序、无效率的制度也绝不是一个道德的制度。但不能说制度是为了体现秩序和效率而存在的，效率和秩序也不能作为制度安排的根本依据。如果贬低或压抑制度的核心价值和目的价值，仅仅为了效率和秩序这种工具价值而设计制度，很容易导致专制制度和等级制度，导致新的道德困厄。然而在道德教育活动中，我们常常犯这种本末倒置的错误。一些人在道德教育过程中过分追求制度的效率与秩序的工具价值，这在一定程度上阻碍了道德合作的深入发展，进而使人们对制度安排的道德价值产生猜忌、质疑和批评，这也是制度安排在道德领域中不受人们欢迎的缘由之一。因此，在制度安排的价值选取上，一定要慎重对待，以避免类似错误的发生。

[原载《山东师范大学学报》(人文社会科学版)2011年第1期]

① 施惠玲:《制度伦理研究论纲》，北京师范大学出版社2003年版，第176页。

后　记

在担任山师学报主编后，我时常翻阅学报历史上曾经刊发的论文，逐渐对学报的历史有了一个大体的了解，对学报的相关栏目有了一个真切的把握，并由此产生了按照学科属性编选一套学报优秀论文集的想法。

这样的想法犹如春天播撒在沃土里的种子，一旦时机成熟便会破土而出，似乎没有任何东西可以阻止其勃发的生命力。这一美好的想法最初是在2017年开始付诸实施的，此后断断续续地结出了一些果实。如《〈山东师范大学学报(人文社会科学版)〉论文摘要(目录)汇编(1978～2018)》(李宗刚编，贵州人民出版社2019年出版)，这是一本字数多达90余万的大部头学报资料集，其完整收录了学报自1978年到2018年刊发论文的内容摘要(目录)，可谓山师40年学术演变历史的一个缩影，同时也透过学报折射出了中国学术艰难蜕变的历史。除此之外，我们还编选了四本书，即《多维视阈下的中国现当代文学》(李宗刚编)、《文艺学的探索与建构》(孙昕光编)、《马克思主义与中国社会运行》(寇金玲编)、《教育学心理学新论》(时晓红编)，这四本书由山东人民出版社2019年出版，其收录的论文主要是2012年至2017年刊发的优秀论文。另外，我们还按照专题编选了几本学报优秀论文选，如孙昕光编的《新世纪鲁迅研究论文选》(山东人民出版社2018年出版)等。

在编选完上述这些论文集等资料后，我还在2019年11月启动了《〈山东师范大学学报(人文社会科学版)〉发展纪略》这一工程。该书对学报历史作了一个相对全景式的扫描，尤其值得一提的是，学报在历史上曾经获得的相关荣誉证书都收录其中，为学报历史留住了一个可以端详的“影像”。今年年初，我又把学报历史上曾经刊发的鲁迅研究论文进行了系统的梳理，与我的研究生王沛良合作编出了《穿越时空的鲁迅研究——“山师学报”(1957～1999)鲁迅研究论文选》，也是与前面《新世纪鲁迅研究论文选》一书的对接。

2018年，我们还启动了“山师学人与山师学报”系列丛书的编选工作，已经完成了编选工作的有《山师学人与山师学报：中国现当代文学研究卷》(李宗刚编)、《山师学人与山师学报：马克思主义研究卷》(王盛辉编)、《山师学人与山师学报：历史研究卷》(张登德编)。但美中不足的是，这一系列丛书未能把教育学、心理学纳入其中。我们是把这种遗憾留给后来人解决，还是想办法自己克服困难？经过慎重考虑，我决定亲自来编选这本优秀论文选。

尽管我对山师的教育学院和心理学院有所了解，但与专业人士相比还是有诸多局限。为了克服这些困难，我又专门通览了山师学报历史上曾经刊发的教育学、心理学论文，拟定了初步入选的论文，然后按照时间顺序进行编排，时间为1957年至2011年。

缘于本书所编选的均是山师学人发表在山师学报上的论文，这便需要满足两个条件：一是曾经在山师的教育学院或心理学院任教(包括兼课)或求学的学者；二是曾经在山师学报上发表过的论文。这两个条件也许使我们所选择的论文不一定是山师学人最具有代表性的成果，但从学术成长的链条来看，山师学报作为他们学术跋涉历程中一个不可忘却的驿站，的确为他们在学术上走得更远起过一点作用。

翻阅学报历史上的过刊，犹如一次学术历史回溯的过程。在此过程中，我切实地感受到，山师学术史乃至中国学术史正是因为有了一大批有情怀的学人的不懈探索，才有了艰难的蜕变，才有了点滴的进步。值得欣慰的是,我们通过山师学报,可以切实追溯到傅统先、章益等一流学者的艰难跋涉之路,可以真切感受到山师学报与山师学人是共同提高一起发展的。今天,我作为学报的主编,面对着山师学报历史上那么多优秀的山师学人,不由得从脑海里映现出这样的画面——山师学报与山师学人相互扶持、相互成就、共同跋涉的温馨景象。

本书得到《山东师范大学学报》(人文社会科学版)文粹书系工程的资助,也得到学校“双一流”学科建设经费的资助,还得到了教育学院和心理学院有关专家的鼎力支持,他们提出的合理化建议确保了本书所编选的论文具有一定的代表性。

李宗刚

2020年5月8日